国家社科基金
后期资助项目
GUOJIA SHEKE JIJIN HOUQI ZIZHU XIANGMU

敦煌写本《四分律》用字研究

A Study on the Characters Used in
the *Dharmagupta-vinaya* of Dunhuang Manuscript

金双平 著

上海古籍出版社

2019年度国家社会科学基金后期资助项目

（项目编号：19FYYB026）

国家社科基金后期资助项目
出版说明

　　后期资助项目是国家社科基金设立的一类重要项目，旨在鼓励广大社科研究者潜心治学，支持基础研究多出优秀成果。它是经过严格评审，从接近完成的科研成果中遴选立项的。为扩大后期资助项目的影响，更好地推动学术发展，促进成果转化，全国哲学社会科学工作办公室按照"统一设计、统一标识、统一版式、形成系列"的总体要求，组织出版国家社科基金后期资助项目成果。

全国哲学社会科学工作办公室

目　　录

下编　考　释　篇

绪　　论

一、选题缘由

魏晋南北朝时期,政局不稳,社会动荡,但这也在客观上促进了民族间经济文化的交流,促使大量新事物、新概念涌入,从而一定程度上推动了汉语的发展。这一时期的汉译佛典就是中外文化交流的产物,其中含有大量口语成分,涉及的范围相当广泛,是汉语史研究极其重要的材料。

近年来,汉语史方面的专家学者纷纷把眼光转向汉译佛典,只是研究对象大多局限在经藏方面,律藏还少人问津。其实,律藏当中也含有不少口语成分,正如郭在贻先生所说:"三藏之中,除'经'而外,'律'藏蕴含口语词汇资料颇丰,值得注意。"①作为律藏的代表作之一,《四分律》是汉语言文字研究不可多得的材料。戒律有着"随犯随制"的特点,即僧尼中某人做了错事,遭到居士的讥嫌,世尊就随之制出某条戒律。居士的讥嫌和世尊的告诫都是对话,因而该书口语性极强。另外,《四分律》针对的是广大僧尼,而广大僧尼文化程度又不是太高,从而要求其语言通俗易懂。除传世刻本外,敦煌文献中存有一百六十余件抄写《四分律》的写卷,近 36 万字;同时,还有两百余件抄写《四分比丘尼戒本》的写卷、两百余件抄写《四分律比丘戒本》的写卷和二十余件抄写《四分僧戒本》的写卷。这些写卷书写面貌自然而真实,是文字研究较为珍贵的材料。

(一)《四分律》及相关敦煌写本概述

《四分律》,亦称《昙无德律》,原为印度上座部系统昙无德部所传戒律。据吕澂《新编汉文大藏经目录》:"《昙无德律》,60 卷,姚秦佛陀耶舍译。"②《四分律》由四部分构成,初分为比丘戒,共 21 卷,即四波罗夷、十三僧伽婆尸沙、二不定、三十尼萨耆波逸提、九十波逸提、四波罗提提舍尼、百众学及七灭净法,共 250 戒;第二分为比丘尼戒(即八波罗夷、十七僧伽婆尸沙、三

---

① 郭在贻《友朋函札选录》,《郭在贻文集》第四卷,北京:中华书局,2002 年,第 431 页。
② 吕澂《新编汉文大藏经目录》,济南:齐鲁书社,1980 年,第 62 页。

十尼萨耆波逸提、一百七十八波逸提、八波罗提提舍尼、百众学、七灭净法，共348戒)和二十犍度中的前三个半(受戒、说戒、安居及自恣前半部分)，共15卷;第三分为中间十四个半犍度，即自恣(后半部分)、皮革、衣、药、迦缔那衣、拘睒弥、瞻波、呵责、人、覆藏、遮、破僧、灭净、比丘尼、法等犍度，共13卷;第四分为房舍等杂法，即最后两个犍度，共11卷。关于《四分律》的得名由来，道宣律祖认为，是因结集时分四次诵出;而义净三藏则认为，是因梵本由四箧组成。

道宣后，《四分律》一枝独秀，在中华大地影响深远，所以后来陆续出现改编本和有关戒律的别行本。其中，有怀素集并序的《比丘戒本》和《比丘尼戒本》，内容与《四分律》的相关部分一致;另外，还有《四分僧戒本》，内容与《四分律》有出入，印顺《原始佛教圣典之集成》认为，该戒本应为《四分律》译出之前耶舍单独译出①。

我们调查已发行的敦煌文献，共搜罗到一百六十余件有关《四分律》的写卷。略述如下:

卷一存3件:上图054、津艺182及傅斯年图书馆藏188099;卷二存1件:BD10394;卷三存1件:BD11271;卷四存4件:BD07413、BD14668、Дх.1630A及Дх.4729;卷五存1件:BD14668;卷六存2件:BD03667及BD14668;卷七存1件:BD15438V;卷一〇存3件:BD07604、大谷10412及S.984;卷一一存3件:BD06024、S.1895及S.1937;卷一二存1件:BD05335;卷一三存1件:羽237;卷一五存2件:BD14505及大谷7029;卷一六存1件:BD14505;卷一七存7件:BD01605、BD06101、BD08103、S.2795、S.6749、大谷7132及Дх.3523;卷一八存2件:BD01605和Дх.4687;卷一九存4件:BD01605、S.7039、S.7049及大谷10496;卷二〇存2件:Дх.5662和Дх.5854;卷二一存2件:S.4876及Дх.5258;卷二二存1件:S.11026;卷二三存7件:S.6862、S.8896、S.10626、S.11687、S.11706、大谷10267及Дх.8892;卷二四存2件:S.6862及S.6366;卷二五存3件:S.6366、Дх.17396和Дх.17414;卷二六存4件:BD01832、BD05822、Ф.325及北大D087;卷二七存4件:BD01832、BD05822、Дх.583V及BD00239;卷二八存8件:BD05822、BD00239、S.4036、S.4896、S.11920、S.12666、Дх.5342及BD14149;卷二九存4件:S.4036、S.9077、BD05522及BD14149;卷三〇存4件:P.3560、BD05522、BD05553及BD05321;卷三一存4件:P.3340、S.3898、大谷9160及BD11696;卷三二存5件:BD02960、BD03675、

---

① 印顺《原始佛教圣典之集成》，北京:中华书局，2011年，第67页。

BD03677、S.3898 及 S.9073；卷三三存 1 件：BD02960；卷三四存 3 件：S.510、S.8475 及 BD10311；卷三五存 4 件：BD06011、S.9511、Дx.7039 和 Дx.8838；卷三六存 2 件 BD05330 和 Дx.10130；卷三八存 3 件：Дx.2077、大谷9159 和 Дx.8203；卷四〇存 3 件：S.2793、Дx.3446 和 Дx.12460；卷四一存 2 件：BD07434 及 BD11685；卷四二存 2 件：BD14038 及敦研 032；卷四三存 6 件：BD14038、Дx.4410、Дx.4471、Дx.9710、Дx.12723 和 Дx.12887；卷四四存 3 件：BD00148、BD02009 及 S.287；卷四五存 3 件：BD09726、S.287 及 S.9863；卷四七存 4 件：BD09436、Дx.3233、Дx.5242 及 Дx.10767；卷四八存 4 件：甘博 039、S.9910、Дx.4201 及 Дx.2857；卷四九存 13 件：BD14940、BD10182、甘博 039、Дx.29、Дx.3386、Дx.3613、Дx.3431、Дx.3741、Дx.14959、Дx.18695R、Дx.8927、Дx.6874 和 Дx.7128；卷五二存 1 件：S.969；卷五三存 1 件：S.3971；卷五五存 3 件：BD07278、S.12224 及 S.1415；卷五六存 2 件：S.6636 及 BD14519；卷五七存 1 件：BD14519；卷五八存 1 件：傅斯年图书馆藏 188100；卷五九存 3 件：BD05479、S.4104 及 P.2521；卷六〇存 11 件：BD06249、BD05309、S.4104、S.1970、BD10123、BD10183A、BD10198、BD13664、BD15378、BD12169 及 Дx.2350A。

还有一些写卷仅存护首：BD12430、BD12443、BD12454、BD12480、BD12596、BD12646、BD12686、BD12888、BD12963、BD13164、S.10980 等。

还有几个卷子具体卷数不明，有待进一步确定：P.2280、P.2321、P.3001、P.3148、P.6012、BD11657V、Дx.7989、Дx.8870、Дx.10751 等。

（二）敦煌写本《四分律》是汉字研究不可多得的材料

敦煌写本《四分律》近 36 万字，保存了文字使用的自然面貌，反映了南北朝至唐五代时期文字使用的真实情况，是文字研究不可多得的材料。

汉字研究一直存在厚古薄今的倾向，前人的研究大多注意小篆以前的古文字，至于隶书以下的今文字则不太重视。其实，隶书以后许多字都经历了很复杂的演变过程，与古文字一样值得研究。要描绘出这一复杂的演变过程，要研究其背后的演变机制，各个时期的文献资料都很重要。就近代汉字而言，敦煌文献是这些资料的首选，是近代汉字研究极其重要的载体。如写本《四分律》一共出现 10 处表愿意的"肯"，分布在 5 件写卷，均作"肯"，具有周遍性，可见当时这一字形更为流行。

敦煌文献是汉字研究颇为难得的"共时资料"（太田辰夫《中国语历史文法·跋》）。李运富先生在讨论"汉字职用研究"时也提到，"时代明确的文本字样是考察汉字职用的基础材料"，而敦煌文献的抄写时代较为明确。敦煌本《四分律》部分写卷有确切时间，如 BD14668 抄于"建初十二年"、

BD14505 抄于"天平十二年"、BD14940 抄于"咸通十二年";没有确切时间的写卷人们也能通过抄写面貌、避讳用字等推断出大致抄写时间。张涌泉先生在谈及敦煌文献的研究价值时,首先提及的就是文字学价值,具体包括"保存了一批失传已久的古代字书"和"提供了丰富的近代汉字字形资料"。(《敦煌写本文献学》第 29—37 页)

敦煌本《四分律》为近代汉字研究提供了真实而又丰富的字形,同刻本相比,写本是古人留下的原始资料,真实地反映了当时的用字情况,为研究汉字的使用和发展提供了十分重要的第一手材料。如写卷 BD14505 中既有俗字恩、渊、喫、喋、雅等,又有简体字形麦和从麦的麹和麸等;既有增旁的昔,又有换旁的瘭;既有增笔的戈、吐、致、堂、至等,又有省笔的押、思等。

(三) 敦煌写本《四分律》是汉语史研究不可多得的语料

除了用字外,该部律藏含有大量口语、俗语成分。句法方面的口语特色主要体现在虚词、词缀及句式方面。"云何"一词出现了一千一百余次,志村良治(1995)认为:"'云何'是按照脱口说出的口语原样记下来的。"词缀"子"大量出现,如"师子""蚁子""犊子""狗子""罴子""豚子""刀子""向榡子""钻火子""算子"等。句式方面如用"颇……不"(或"颇……耶")来表示疑问,如卷一八:"(末利夫人)即问左右人言:'舍卫城中颇有如此像貌沙门不?'"(《大正藏》22/690a)又如卷四四:"(世尊)问言:'彼颇有旧住比丘常供给众客所须,犹如泉水,汝等举耶?'"(《大正藏》22/885c)

词汇方面的口语特色更多还是体现在常用词的使用上,如"船"已经完全取代了"舟",前者共出现 97 次,后者则一次没有出现,而且还出现各式各样的船,如卷一:"船处者,小船、大船、台船、一木船、舫船、橹船、龟形船、鳖形船、皮船、浮瓠船、果船、悬船、杨船。"(《大正藏》22/574b)"脚"部分场合取代了"足",如卷八:"诸比丘受请后遍行诸房,见故坐具在温室中,或教授堂中,若经行处,若洗脚石上,或在户前埵上,或在杙上,或在龙牙橛上,或在衣架上,或在绳床、木床上,或在枕上,或在地敷上,处处狼藉,无人收摄。"其中"洗脚石"中的"脚"当是脚掌的意思。另外,表示寻找义有些场合用"寻"和"觅","求"和"索"的地位受到动摇,如卷一八:"波斯匿王大臣寻王车迹,来诣园中。"(《大正藏》22/689b)又如卷九:"时六群比丘畜钵好者持,不好者置。如是常营觅好钵,畜钵遂多。"(《大正藏》22/621c)关于这几组常用词的用法,汪维辉先生(2000)认为:"在南方口语中以说'觅'为主,也说'寻';在北方基本说'寻',很少说'觅'。"在文人诗中这一结论可能是正确的,但放眼佛典文献则值得商榷,仅《四分律》"觅"就出现 103 次,这也是该部律藏口语化的集中体现。另外,还有一些常用词反映当时口语的,如建造房屋用"起",穿衣服用"著",使某物着火用"烧"不用"焚"等。

语音上的口语特色集中体现在反映唐五代西北方音上。早在 20 世纪 60 年代邵荣芬先生就发表了《敦煌俗文学中的别字异文和唐五代西北方音》,同样写本《四分律》中的具体用字也能反映出语音上的一些变化,如:BD06024 第十二行"摩拉",《大正藏》与《中华大藏经》均作"摩扪","拉"属微母,"扪"属明母,可见当时明母微母相混,罗常培先生的《唐五代西北方音》归纳出的 29 类声母中明微即为一类。

同时,该部律藏还运用了大量譬喻和缩略语。例如形容雨下得很大用"天大雨堕如象尿①"(BD02960),又如形容动作很迅速,用"如力士屈申臂顷"(S.3898)。缩略语用得较多的是"十句义",共出现 338 次,每条戒律的后面都有"集十句义"。至于"十句义"的具体解释详见《五分律》卷一:"何等为十? 所谓僧和合故;摄僧故;调伏恶人故;惭愧者得安乐故;断现世漏故;灭后世漏故;令未信者信故;已信者令增广故;法久住故;分别毗尼梵行久住故。"(《大正藏》22/3b)另外,还有"二部僧""二道""三宝""三藏""三乘""三衣""四圣种""四军""四事""四方僧""四圣谛""四天王""四部兵""五欲""五法""五事"等。这些特点决定了该部律藏是汉语史研究方面极其重要的语料,尤其对于中古汉语研究更是意义重大。

另外,《四分律》还具有广阔的生活覆盖面,僧尼的衣食住行等方面内容均有所涉及。二十犍度部分与僧尼的日常生活息息相关,如衣犍度(卷三九后半部分、卷四〇及卷四一整卷)即关于着衣之法:有粪扫衣、十种衣、冢间衣、愿衣、檀越施衣、三衣等的受持,割截衣的制法、衣的分配以及病比丘的衣法等。

基于此,我们选取《四分律》及其戒本作为研究对象,全面搜集敦煌文献中有关写卷,考察其中语言文字的使用情况。

二、研究意义

现在人们看到的《四分律》多是《中华大藏经》和《大正新修大藏经》中的两个版本(我们统称为"传世六十卷本"),较早且较接近原貌的敦煌写本由于无人整理而难以与世人见面。本文以敦煌文献中有关《四分律》的写卷为对象,全面调查相关敦煌写本中的文字使用情况,从而寻求和把握汉字结构以及汉字书写规律,进而管窥汉字演变机制;分析异文,判断是非,寻求异

---

① 尿,原卷作"履",据传世本改。

文背后的原因,进而探求文字使用及演变的规律。具体而言,敦煌写本《四分律》的研究具有以下价值。

(一)文字研究方面

敦煌文献反映了抄写时代文字使用的真实情况,对其用字的考察能一定程度管窥近代汉字真实面貌。古汉字的研究一直以来受到重视,正如蒋礼鸿先生说的那样,"前人研究汉字,眼光大抵注射在小篆以前的古文字","至于隶书以下的文字研究,前人就不曾很好地系统地做过"①。近年来情况稍有改变,不少专家学者提倡加强近代文字研究,朱德熙先生曾提到:"从汉朝到现在,许多字都经历了很复杂的演变过程,这里有很多东西值得研究。古文字的研究不是不重要,但近代文字的研究尤其重要。"②要描绘出这一复杂的演变过程,要研究其背后的演变机制,要讨论近代文字的源头及演变,敦煌文献是极其重要的材料。文献中,俗字、简体字、借音字、古今字等现象自然而真实。尤其是俗字,正如徐复先生所说:"敦煌文献堪称俗字之渊薮。"③裘锡圭先生指出:"俗字在汉字发展过程中所起的作用十分重要。要想建立起完整的、高水平的汉字学,必须先深入研究各个时代的俗字。"④汉字俗体与简体多有交叉,汉字的俗体相对于正体而言大多笔画比较简单,其中一部分形体被世人接受后,最终进入《简化字总表》,一跃而成为今天通行的简化字,通过对写本用字的探讨可以追溯部分简化字的源头。

敦煌写本《四分律》保存了文字使用的自然面貌,反映了南北朝至唐五代时期文字使用的真实情况,是文字研究不可多得的材料。如表示病愈义写本《四分律》一共出现 24 处,分布于 10 件写卷,除 BD01605 一处误作"著"以外,其余 23 处均作"差"或其变体⑤,无一处作"瘥",具有周遍性。《古今字字典》分析"差—瘥"这组古今字认为:"(瘥)取代'差'的病愈义,约始于魏晋南北朝时期。"⑥从写本实际用例看,时间恐要推迟。又如表示狮子义,"師—獅"是一组古今字。狮子意义,写本《四分律》一共 8 处,分布于 5 件写卷,均作"師"或其俗写(左边构件省撇),无一处从"犭"作"獅"。

研究用字,分析异文,能够为文字学尤其是俗文字学的构建添砖加瓦。

① 蒋礼鸿《中国俗文字学研究导言》,《杭州大学学报》,1959 年第 3 期。
② 朱德熙《在"汉字问题学术讨论会"闭幕式上的发言》,《汉字问题学术讨论会论文集》,语文出版社,1988 年。
③ 徐复《敦煌俗字典序》,黄征《敦煌俗字典》,上海:上海教育出版社,2005 年。
④ 裘锡圭《汉语俗字研究序》,张涌泉《汉语俗字研究》,北京:商务印书馆,2010 年。
⑤ 11 处作"差"(BD07434 五处、S.6366 一处、S.6636 两处、P.2521 两处、BD14038 一处),7 处从"匕"作 差(S.3971 三处、BD14505 一处、S.1415 三处),5 处作 差。
⑥ 洪成玉《古今字字典》,北京:商务印书馆,2013 年,第 57 页。

如传世本《四分律》卷二九"袴髁衣"，敦煌写本 BD05522 作"贮𧿹衣"。《说文·贝部》："贮，积也。从贝，宁声。""袴"字《说文》未收，《通俗文》："装衣曰袴也。"《玉篇·衣部》："袴，敝衣也。"通过调查，我们发现："贮"与"袴"两字时间有先后，意义有广狭，当属古今字。𧿹是"跨"的俗字，"跨"通"胯"，之所以能写作"髁"，是由于"髁"发展演变成"髁₁"（苦卧切或苦禾切）与"髁₂"（苦瓦切），而"髁₂"正读作"跨"。《说文·骨部》："髁，髀骨也。"段玉裁注："髀骨，犹言股骨也。《医经》亦谓之股骨。""髁"一开始指髀骨，与"胯"意义不同，如《十诵律》："马乘处者，谓脚处、膝处、髀处、胯处、肋处、脊处、胸处、颈处、头处、耳处、鼻处、口处、鬃毛处、尾处。"（《大正藏》23/5c）"髀处"与"胯处"并列，可见其所指不同。后来，"髁"的意义有所扩大，除了指髀骨外，还能指髋骨，《医宗金鉴·正骨心法要旨·四肢部》："胯骨即髋骨也，又名髁骨。"表"髋骨"的"髁"读作"苦瓦切"，与"跨"同音。可见，"髁"字音义皆有所发展：从一读演变为两读，从专指髀骨扩展为兼指髀骨、髋骨等。其实，此时的"髁"字已经记录了两个词，一般的字书（如《汉语大词典》）标为"髁₁"与"髁₂"。"髁₂"的音义均与"胯"同。"髁"字意义的演变当属语音构词，即通过改变字音来表达一个新的意义，音义均发生改变，从而造出了一个新词。这一演变正好解释了为什么敦煌写本作"跨衣"，而刻本或作"跨衣"、或作"髁衣"。敦煌写本最接近原貌，《四分律》所处的姚秦时代很可能"髁"字还不能指髋骨，自然只能作"跨衣"；随着时间的推移，意义有所扩展，到《广韵》时代，"跨"（通"胯"）、"髁"两字在表示"两股间"时音义皆同，故而传世刻本在翻刻的过程中，有的版本径改"跨衣"为"髁衣"，即使改为"髁衣"，依然读作"跨衣"。《一切经音义》卷五九"袴髁"条："口化反。《三苍》：'尻骨也。'《字林》：'𩨗也，腰骨也。'口亚反。今以'𩨗'为'髁'，律文作'胯'，口故反。服也。又作'跨'，《字林》：'跨：踞也。'二形，并非此义也。"（《大正藏》54/702c）其中反映了俗字、古今字、通假字以及语音构词等现象，敦煌写本《四分律》的研究价值可见一斑。

对用字的辨认有利于我们理解文意，进而为佛教史研究扫除文字障碍。如上揭例中偷罗难陀比丘尼想穿某种衣服令身粗大，结果遭到居士的讥嫌，故而世尊以此因缘制戒，即比丘尼不得穿这种衣服。那到底什么是"贮𧿹衣"呢？𧿹，是"跨"俗字，写本中"亏"多写成"于"形，如甘博 039"污"作汙。传世六十卷本此处作"髁"，当读作"跨"，指髋骨；而"跨衣"又不在比丘尼五衣之列。结合语境，偷罗难陀比丘尼想令身粗大，从而吸引别人的注意。"跨衣"当属裤类，"贮跨衣"指在这种衣服里面填充棉、氎、絮等，穿上以后使得下身丰满从而吸引别人的注意，如卷四九："比丘尼以多衣缠体欲令广好。"

（二）文献整理、辞书编纂方面

敦煌写本早于诸刻本，较为接近文献原来面貌，保存了文字使用的真实情况。对其中字词的研究，有助于提高古籍整理的质量以及完善大型字书的编纂，详见后文。除讹误外，还有语序的错乱也能通过写本加以改正，如《中华大藏经》第四十册：

> 不失衣者堂有一界，失衣者堂有若干界；不失衣者库藏有一界，失衣者库藏有若干界；不失衣者仓有一界，失衣者仓有若干界。（40/304a）

这一段文字在写本中语序为：

> 不失衣者堂有一界，失衣者堂有若干界；不失衣者仓有一界，失衣者仓有若干界；不失衣者库藏有一界，失衣者库藏有若干界。（BD03667）

从行文习惯看，当从写卷。该部律藏在行文中为避免重复，经常出现"某乃至某"的表述，"乃至"后面的即上文罗列的最后一项。依据后文有"乃至库藏界"的表述，按照行文习惯，"乃至"后面的"库藏"当为上文列举的最后一项。故写本的语序较刻本更为准确。

敦煌写本《四分律》及其戒本的研究对辞书编纂也有着重要的意义，在纠正个别释义失误的同时，也补充了大型辞书失收的条目与义项。如《汉语大字典》（后文简称《大字典》）收"浔"，却未收"㳫"（见于 S.3898 等）。其实，这两个字都是由"彳"旁换写作"氵"旁而成，详见后文混用俗字部分，这一混用曾良先生（2006）也有专文论述。《汉语大词典》未收"粟散"一词，卷一八："除王刹利种，若入余粟散小王豪贵长者家，入过门阈者一切突吉罗。"又卷三一："岂可舍转轮王位习粟散小王位。"粟散，佛教文献习语，用来形容小国或小王位，《佛学大词典》："小王之数众多，犹如粟散，故称粟散王。"另外，"揩摩""检校""收检"等词例证较晚，可以用《四分律》相关语句提前。

（三）佛教史、文化史方面

敦煌写本《四分律》及其戒本的整理与研究为佛教史研究扫除文字和词汇的障碍，也为佛教文化的研究提供语言文字方面的支持。

《四分律》的研究在佛教文化上意义重大。《佛光大词典》称：

> 本书（即《四分律》）不仅为唐代律宗所依据之根本典籍，亦为我国所译各种律本中流传最广、影响最大之佛教戒律，凡言律者莫不指此而言，其普及可见。历来，本律之注疏书极多，现存中较重要者有：东塔宗之《四分律开宗记》十卷（怀素）、相部宗之《四分律疏》十卷（法砺）、

南山宗则有道宣之《四分律删繁补阙行事钞》十二卷、《四分律含注戒本疏》四卷。此外另有道世之《毗尼讨要》二卷。至宋代，有元照之《四分律行事钞资持记》十六卷、允堪之《四分律随机羯磨疏正源记》八卷等著作。

从后人纷纷为其注疏也可以看出，该部律藏在佛教史上意义重大，影响深远。人们常见的刻本或多或少存在一些文字方面的讹误，而这些讹误有不少是由具体用字的不同写法引起的，如后文谈到的"畜生果""不勉"等。这些讹误不利于人们对具体戒律的理解和掌握，而本书通过对相关写卷具体用字的考察能够纠正一些讹误，从而为人们阅读和理解扫除字词障碍。

汉字的书写本身也有一定的文化价值，如 BD14038 卷四二："尔时比丘患风须药，医教渍麦汁。佛言：'听服。'须油渍麦汁，须颇尼渍麦汁。佛言：'听服。'"其中，"医"原卷写作𦥺，写本从巫，反映了当时巫医不分的社会现象。又如 S.3971 卷五三："如余沙门婆罗门食他信施，专为嬉戏，棋局、博掩、樗蒲、八道、十道或复拍石，断除如是种种嬉戏。"其中，"棋"原卷从"石"作"碁"，反映当时棋子除了木制的，还有石制的。写本具体用字中还有特殊的一类，即避讳字，避讳现象有助于判断写卷大致时代，如 BD14038 卷四三："尔时众僧得果园。佛言：'听受。'复不知谁当料理。佛言：'若守僧伽蓝民，若沙弥，若优婆塞。'"其中的"民"原卷缺笔作𢀖。BD14038 卷四三："彼疮熟，应以刀破着药。自今已去，听以刀破疮。患疮臭应洗，若以根汤、茎、葉、华、菓汤及小便洗。"其中"葉"原卷作𦮼，构件"世"写本作"云"。这两处都是为了避唐太宗的讳，同时也反映了写本的大致年代。

写本中保存了一些解释性的文字，刻本却没有，而这些文字有不少写法特殊。故对特殊字形的考辨有利于理解这些写本独有的内容，帮助理解佛典和某些社会现象。如卷五六："时有比丘持苏毗罗浆去冢不远而行。尖标头人语言：'与我此浆饮。'比丘即与。饮已，便死。疑。佛问言：'汝以何心?'答言：'不以杀心。'佛言：'无犯。'时有比丘持水去冢不远而行。尖标头人言：'与我水饮。'即与。饮已，便死。疑。佛言：'无犯。'"（《大正藏》22/982c）两处"尖标头人"难以理解，传世刻本中没有解释，佛学工具书当中也无从查询，倒是敦煌写卷 S.6636 在抄写这一段时多出了十几个字，即："国法治人罪，以尖木贯身弃之冢间。"𡩋这一字形非常像"家"，若不识写本用字，当"家"字来理解则与文意相悖，其实𡩋为"冢"的俗字。从中我们可以清楚地看出"尖标头人"的意思，即被尖木贯身弃在冢间的犯人。

另外，部分写卷还有题记，而题记中多有纪年，如 BD14668 后有"建初十二年十二月廿七"等字样，BD14505 后有"天平十二年五月一日记"等。

这些有确切时间的写卷其价值尤为重要,为文字断代研究提供了宝贵的依据。

三、研究现状

(一) 关于《四分律》的研究

对《四分律》的研究分两部分:一是古人的注疏,主观上是为了弘扬律法,但客观上也是对文本本身的探讨;一是今人的著述,内容包括佛教史的和文化科技等方面。

《中华佛教百科全书》:"关于本书(即《四分律》)的注疏,旧注将近二十家(见《云雨钞》),现多佚失。"古人注疏中成果最丰硕、影响最深远的当属唐朝道宣律师。道宣律师被称为"南山律宗初祖",简称为"宣祖",宣祖生平的著述也很多,据汤用彤先生《隋唐及五代佛教史》统计有十八部。其中有三部是最主要的,被称为"南山三大部",即《四分律删繁补阙行事钞》、《四分律含注戒本疏》及《四分律随机羯磨疏》,简称为《行事钞》《戒疏》《业疏》。这是弘扬《四分律》最卓越的著作。佛经音义中也有所涉及,如慧琳《一切经音义》卷五九就是专门为《四分律》而设,其中不仅有注音和解释,还有对字形的溯源和辨析,如"伺之"条:"《埤苍》作'覗'。《字林》音猴。或作司。司,湄耄、胥史二反。《广疋》:'伺,候也,亦察也,狙也。'狙音千絮反。"到了宋朝,元照律师针对道宣律师的"南山三大部",又写了三部篇幅更大、更为详尽的著作加以解释,即《四分律行事钞资持记》《四分律羯磨济缘记》及《四分律含注戒本疏行宗记》,简称为《资持记》《济缘记》《行宗记》,大弘律法。宋以后,律宗逐渐走向衰微。其间,虽有高僧弘扬,如明末的莲池、藕益等,但影响不大,传世的著述也不多。其中,注释较为全面的当属明弘赞的《四分律名义标释》,其体例一般是先用直音的方式注音,再释义,如"褰,音牵。揭衣也。"

今人对《四分律》的研究自李叔同始,代表作有《四分律比丘戒相表记》,将《四分律》当中的比丘戒本用图表和图解的方式加以表格化,并择要整理供入门使用。此书简要概括、方便实用,对戒律的弘扬具有决定性的影响。对戒律的研究,劳政武也是其中的一位,其代表作为专著《佛教戒律学》。单篇论文的形式更为多见,如戴群英、王振钰《和合僧团正法久住——从〈四分律〉探究佛祖结戒本意》,如陈氏玉霜的硕士论文《道宣律师与四分律研究》,如介永强《中古西北佛教戒律学考述——以梁、唐、宋〈高僧传〉为中心》等。

对《四分律》的研究,大多是从佛教史的角度探讨其中的戒律思想及其影响,从汉语史的角度对《四分律》进行语言文字研究的还不多见。对其中的词汇进行系统研究的有钱群英的博士论文《佛教戒律词汇研究》。该文以《四分律》为主要语料,首先从内容分布、构词方式、词义概括三个方面对其中的复音词做了全面的描述;然后从产生方式、产生原因等方面对其中的新词新义进行了探讨;最后对其中的 69 组词语进行个案考释,弥补了大型语文辞书在相关条目上的缺失与不足。探讨其中部分形容词的有黄郁佳的硕士论文《〈四分律〉古今同形复音形容词研究》。该文最大特点就是历时比较,即比较 173 个古今同形的复音形容词在《四分律》与现代汉语中的使用情况,从而得出这些词汇的特点:过渡性、一定的成熟性、内部不平衡性、复音化及一定的稳定性。这两部论文对《四分律》中的词汇做了全面深入地探讨,可惜用的材料均是《大正藏》本,并未逐一核对《中华大藏经》或其他版本,更未提及敦煌写本《四分律》,也未留意其异文。讨论敦煌写本如卫燕红的《敦煌写本〈四分律〉复音词研究——以北 6800、6802—6805 号卷为例》,该文讨论这些写卷中的异文、复音词及新词新义等。

　　从文献角度研究《四分律》的有熊果的硕士论文《〈四分律〉异文研究》。该文以《大正藏》本为底本,系统分析其中的异文,从其成因和侧重点出发将异文具体分为缘音异文、缘形异文及缘义异文三类,试图构建《四分律》异文体系。

　　进行理论探讨的如张建勇的《〈四分律〉反义聚合浅探》。该文通过对《四分律》中用到反义聚合的 274 个文句分五类进行了全面的描写,并与汉语词汇史研究挂钩,提出了两点思考:一为"既要关注变,也要重视不变",一为"既要重视'线'研究,也要重视'网'研究"。该文由反义聚合的现象引发词汇史研究的思考,实属不易,确实值得提倡;只是学术规范意识不强,所有引用材料无一标明出处,连《四分律》的具体卷数都未注明。

　　《四分律》具有广阔的生活覆盖面,故而有不少学者探讨其中的名物、医学及社会文化等,如钱群英《雨衣、浴衣及其他》及《〈四分律〉中的外治法》,又如白化文《比丘六物》①及湛如《早期佛教僧衣净法辨析》②等。

　　国外的研究主要集中在日本。针对敦煌律典,土桥秀高(1980)有专门研究,概括出三大特点:《十诵律》《五分律》的卷子字体较为古旧,道宣后《四分律》独盛;吐蕃时期,律典略抄盛行;《梵网经》五世纪后半至十世纪后半流行于敦煌地区。土桥先生遗作《戒律辞典》由龙谷大学佛教文化所整

① 载《中国典籍与文化》,1998 年第 1 期。
② 载《世界宗教研究》,2001 年第 1 期。

理,由浅田正博先生于 2014 年主持出版。辞典以《四分律》及其注释为中心,对戒律术语加以解释,内容广泛,语言通俗易懂。上山大峻(1990)探讨了《四分戒本疏》的流传。池田温的《中国古代写本识语集录》中也能察见律藏在敦煌写本当中的痕迹。

总之,不论是古人的注疏,还是今人的著述,对《四分律》的研究多是为了弘扬律法,很少有人系统研究其中的字词,而对敦煌写本更是少有关注。在前贤时彦的基础上,我们全面而系统地调查敦煌写本《四分律》中的用字情况,以期在字形、释义、溯源以及俗字的构件等方面做一些有益的补充。

(二)关于汉字的研究

周有光曾说:"语言使人类别于禽兽,文字使文明别于野蛮。"作为记录语言的符号,文字本身是人类文明的一种体现,同时又记载着人类文明。汉字也一样,以其独特的形体记载着汉语和文化。学者们对汉字的关注度一直居高不下,纷纷著书立说,主要包括共时和历时两个方面,同时还包括比较特殊的汉字形体——俗字。

1. 关于汉字的共时研究

汉字共时研究以描写为主,还包括与西方拼音文字的对比。我们从汉字结构理论、汉字性质、汉字文化功能和汉字职用等方面,综述汉字共时研究现状。

汉字结构理论,是对汉字形体做静态分析而得出的观点。东汉许慎的"六书"说在古代长期被后人奉为圭臬。其中,假借和转注争议较大,故戴震提出了"四体二用",划出了造字和用字两个范围。"四体"一般都能接受,而"二用"中的假借却备受争议。唐兰先生和陈梦家先生对假借的态度截然不同。唐兰在《古文字学导论》和《中国文字学》里提出"三书"说,摒弃了传统的假借和转注,将汉字分为象形文字、象意文字和形声文字三类,只是象形和象意实际操作中难以区分;而陈梦家在《殷墟卜辞综述》中指出了唐兰三书说的问题,将唐氏的象形和象意合并为象形,重新将"假借"作为一书,并提出自己的"三书"说,即象形、假借和形声。裘锡圭先生在其《文字学概要》中基本赞成陈氏观点,只是把象形改为表意,同时扩大了假借的范围,不应该仅限本无其字的假借,应该扩大到本有其字的通假。

结合汉字特征,探讨汉字的性质,前贤时彦从不同角度得出不同的看法,大致分为"表意文字说""意音文字说""语素文字说"和"语素-音节文字说"等。依据象形、指事、会意和形声的形符,不少人赞同汉字属于"表意文字",索绪尔、梁东汉以及黄廖版《现代汉语》等都持这一观点。周有光《文字演进的一般规律》提出汉字是"意音文字","综合运用表意兼表音两种表达手段"。裘锡圭在《文字学概要》认为汉字早期是"意音文字",后来演变为使用意符、音符和记号的一种文字体系。赵元任在《语言问题》中提出汉字是典型的语素文字,王伯熙《文字的分类和汉字的性质》一文重申了这一观点:"古汉字是象形符号和象形符号组合,现代汉字(汉隶以后的汉字)是一种方块拼符表词文字,或者也可以说现代汉字是一种方块拼符语素文字。"裘锡圭在《汉字的性质》一文中将文字分为"音素文字""音节文字"和"语素文字"三类,进而依据汉字中假借字和表音节符号,将汉字称作"语素-音节文字"。

汉字记录了汉语,记载和传承着我国博大精深的文化,具有独有的文化功能。对其做系统研究,当属詹绪佐和朱良志。在《汉字的文化通观》中,詹绪佐和朱良志认为,汉字不仅具有文化变迁、道德和宗教等显型层面上的文化意义,还具有认知方式、思维模式、价值取向和行为方式等隐型层面文化功能。在《汉字的文化功能》中,詹绪佐和朱良志将汉字的功能进一步概括为传播功能、确证功能、镜象功能和表现功能等。申小龙《汉语和中国文化》一书也专门探讨了汉字的文化特征和建构规律。何九盈《汉字文化学》、陆忠发《汉字文化学》和韩伟《汉字字形文化论稿》等也是从文化的角度系统研究汉字和汉字字形。

汉字与汉语的关系一直以来也是文字学研究的热点,围绕字词的关系,学术界掀起了汉字职用研究的热潮,黄德宽、李运富等是汉字职用研究的倡导者。李运富主编的《汉字职用研究·理论与应用》和《汉字职用研究·使用现象考察》,汇集相关论文,系统阐述了汉字职用研究的材料、方法以及与汉语的互动等。这一系列的著述讨论汉字本体属性,从汉字的形体、结构和职用等方面加以阐述,在此基础上形成汉字形体系统、汉字结构系统和汉字职用系统,进而提出"汉字学三平面理论"。探讨个人用字职用观的有韩琳《从"六书假借"看段玉裁汉字职用观》、韩琳和黄冉《从假借看黄季刚汉字职用观》《从假借看朱从琦的汉字职用观》。单篇论文探讨具体汉字职用演变的更为常见,如李运富和何余华《"两"字职用演变研究》、焦树芳《"干"字的职用演变》、时玲玲《"内"字的职用研究》、雷世斌和土晨《"黄"字的职用演变研究》、王天娇《"斗"字的职用及相关字词研究》和韦良玉《佛经新造字"嘅"的职用与字际关系研究》等。

2. 关于汉字的历时研究

汉字的历时研究主要还是集中在汉字发展规律和演变趋势上。汉字发展的总体趋势是简化,早在民国时期,钱玄同先生就大力提倡汉字简化,提出了八种简化方法,同时采用类推的方法整理出 2 300 多个简化字。钱氏的汉字简化方面理论与实践的价值直到今天依然不可小觑。许威汉先生在《汉字发展的趋势》中提到汉字发展的两个突出表现:其一,汉字数量得到遏制,其二,汉字构形日益由繁趋简。王宁先生在《汉字的优化和简化》中提及汉字发展过程中有三个明显趋势,其中第三个就是构形系统日趋完善与简化。刘洪涛在《形体特点对古文字考释重要性研究》中将汉字形体变化分为省写、增羡、变形和其他四类,举例论证形体特点对文字考释的重要性。

除了有关理论外,简化字溯源也受到学者们关注。李乐毅的《简化字源》以《简化字总表》为准,列出 535 个字头,对总表 2 235 个字加以追根溯源。该书附有三个索引和两个附录,使用极为方便。在具体简化字追根溯源时资料翔实、旁征博引,不仅有汉简、汉碑还有敦煌变文,如探讨“备”字时就采用了居延汉简的两个字形①,只是这两个字形下部构件是“用”而非“田”。张书岩等编的《简化字溯源》分上下两编,上编是汉字简化史,简述了清末以来汉字简化和规范工作的历史;下编为 487 个简化字和 14 个偏旁溯源。该书在追溯清末以来汉字简化史的基础上,为已经简化的汉字一一溯源,如“盐”的简化追溯到《玉篇》和北魏的《石门铭》②。该书简洁明了,既有学术性又兼具工具性,正如许嘉璐先生在序中所说:“全书要言不烦,既有较充分的学术依据,又有较好的可读性。”

3. 关于敦煌文献用字的研究

敦煌学研究涉及宗教、思想、历史和语言文字等诸多学科,对敦煌文献用字的考察是诸多研究的基础。用字研究主要集中系统考察、具体字词考辨和俗字等方面。

系统考察用字的有黄征先生的《敦煌语言文字学研究》,该书以俗语言文字为重点,借文献异文的分析全面阐述写本用字的俗形、俗音等相关见解。另外,张涌泉先生的《敦煌写本文献学》,其《字词编》系统探讨了敦煌文献的字体、俗语词、俗字和异文,其《抄例编》全面描写了敦煌文献书写的真实面貌。考察敦煌文献用字形体变化的有陆忠发的《敦煌写本汉字形体变化研究》,该书以敦煌文献用字为研究对象,系统探讨其形体变化。前贤时彦们的努力和研究成果为人们进一步正确释读敦煌文献中的用字和魏晋以来碑刻文字提供有价值的参考,为古文字考释和古文献整理提供依据。

系统疏通敦煌变文用字的首推蒋礼鸿先生的《敦煌变文字义通释》,全书分为释称谓、释容体、释名物、释事为、释情貌、释虚字等六篇,并附有索

---

① 李乐毅《简化字源》,北京:华语教学出版社,1996 年,第 14 页。
② 张书岩等编《简化字溯源》,北京:语文出版社,1997 年,第 99—100 页。

引。该书一再修订出版,成为敦煌文献语言文字研究的一座丰碑,影响深远,被誉为"研究中国通俗小说的指路明灯"。敦煌文献中还保存有字书,不少学者纷纷对其探讨,如周祖谟《敦煌唐本字书叙录》、朱凤玉《敦煌写本字样书研究之一》、张金泉《敦煌古字书考略》等。除了字书的研究,敦煌文献疑难字词考辨也是热点之一,如赵家栋《敦煌本〈文选注〉字词考辨》、张小艳论文《敦煌文献疑难字词考释五则》、赵静莲专著《敦煌非经文献疑难字词考释》等。

敦煌文献用字研究主要集中在俗字方面。文字是记录语言、用于交际的工具,本该统一方能交流,可汉字本身特点是表意文字,加上雕版印刷发明之前都是手写,使得汉字在使用过程中出现了许多不规范的形体。这些不规范的形体中被人们认可并使用的,就是"俗字",俗字研究主要是俗字的收录工作以及有关俗字理论相关阐述。另外也有不少文章具体考辨敦煌文献中的俗字。

首先,关于俗字的收录。俗字的收录可以追溯到《说文》,其中收有"或体"和"俗体"。"或体"即同一汉字的不同形体或不同结构,用"或从"、"又作"及"或从……省"等表示。王筠认为:"《说文》之有或体也,亦谓一字殊形而已。"①其后的《字林》及《玉篇》对俗字均有收录,但收录最多、影响最大的还是《龙龛手镜》。《龙龛手镜》的收字不仅来自《说文》《玉篇》等传世字书,许多字形更是直接取自写本佛经。全书所用术语名目繁多,如"正""俗""通""俗通""今通""变体""古""今""或作"及"省"等,详见郑贤章先生的《龙龛手镜研究》②。其中的"俗""通""今""或作"及"省"等大多是指俗字。近代系统对俗字进行研究的有刘复、李家瑞的《宋元以来俗字谱》。该书收集了宋元明清12种刻本中的6 240个俗字。与前者不同,潘重规先生的《敦煌俗字谱》主要收录敦煌写本中的俗字。《敦煌俗字谱》以《敦煌卷子》和《敦煌瀛涯韵辑》两书所收的写卷为对象,共收俗字2 546组,按照214部排列,为人们阅读、研究敦煌写卷提供了帮助。只是,该书没有例句,资料有限且字形偏小,不利于使用。考虑到这些不足,黄征先生编出使用价值更高的《敦煌俗字典》,首次以字典的形式收录敦煌文献中的俗字及其例句,同时兼收避讳字、武周新字等,是阅读敦煌文献甚至古写本不可或缺的专用工具书。

---

①　王筠《说文释例》,《续修四库全书》,上海:上海古籍出版社,1996年,第215册,第673页下。
②　郑贤章《龙龛手镜研究》,长沙:湖南师范大学出版社,2004年。

其次,关于俗字的相关理论。最早提出"俗字"概念的当属《颜氏家训》,颜之推指出北朝时期俗字"遍满经传"。较早对俗字加以界定的是唐颜元孙的《干禄字书》,将汉字分为俗、通、正三体,"所谓俗者,例皆浅近,唯籍帐、文案、券契、药方非涉雅言,用亦无爽;倘能改革,善不可加。所谓通者,相承久远,可以施表奏笺启,尺牍判状,固免诋诃。"其实他所说的"俗"和"通"都属于今天一般认为的俗字。

从颜氏所说"倘能改革,善不可加"可以看出,古人一般反对"俗字"而提倡"正字"。与古人不同,今人多意识到俗字的重要性,唐兰先生、黎锦熙先生、朱德熙先生、蒋礼鸿先生、郭在贻先生、裘锡圭先生等均强调过俗字的重要性。其中,蒋礼鸿先生的《中国俗文字学研究导言》具有里程碑意义,该文辨析了正俗关系,并指出历史上俗字研究所存在的问题,阐述了俗字研究的重要意义,总结了俗字研究的内容当包括"辑录、辨析、致用"三个方面,为后来者提供了理论支持,指明了研究方向。

在前辈们的倡导下,人们逐渐意识到俗字的重要性,不少专家学者投身于俗字的具体研究,并取得了丰硕的成果,如郭在贻先生、张涌泉先生的《俗字研究与俗文学作品的校读》。该文以敦煌变文和王梵志诗为例,利用俗字相关知识纠正了一些失误,从中人们能真切地体会到俗字研究的价值。张涌泉先生的《敦煌文献校读释例》分俗字篇、俗语篇、佛语篇、行款篇、异文篇、校例篇等,其中指出通晓俗字是写本整理最基础的一环,并把敦煌文献整理中与俗字有关的失误分为十一类,为研究敦煌文献打下了坚实的基础。黄征先生的《敦煌俗字要论》,论证了俗字的一些基本特性,指出敦煌俗字丰富多彩、无处不在,并指出其兴衰受制于政治。黄征先生《敦煌俗字典》的前言部分也阐述了俗字研究的理论问题。

系统探讨俗字理论的当属张涌泉先生的《汉语俗字研究》。该书谈到了俗字的界定、古今、类型及特点,探讨了俗字研究的文献整理价值和字典编纂意义,还阐明了俗字研究的方法及研究者所具备的条件等。裘锡圭先生在序言中评价"本书是第一部俗文字学的概论性著作。它的出版无疑会有力地推动汉语俗字学和汉字学的发展"。

最后,俗字的具体考辨工作,主要分为字书俗字研究、敦煌俗字研究、碑刻俗字研究及其他。字书俗字研究主要是探讨《说文》《玉篇》《干禄字书》及《龙龛手镜》等字书中的俗字。其中,探讨《说文》及其注释中俗字的有顾之川《俗字与〈说文〉俗体》、侯尤峰《〈说文解字〉徐铉所注"俗字"浅析》、罗会同《〈说文解字〉中俗体字的产生与发展》及刘洋《〈说文段注〉俗字类型考略》等;对《玉篇》中俗字的研究有孔仲温《〈玉篇〉俗字研究》等;对《干禄字书》俗字研究的有刘中富《干禄字书字类研究》等,曾荣汾《字样学研究》也有专章讨论《干禄字书》;对《龙龛手镜》中俗字研究的有郑贤章《龙龛手镜研究》等,《敦煌俗字研究》也有专章讨论《龙龛手镜》。

碑刻及其他俗字研究的有曾良先生《俗字及古籍通例研究》及《隋唐出土墓志文字研究及整理》,欧昌俊先生、李海霞先生《六朝唐五代石刻俗字研究》,周志锋先生《明清小说俗字俗语研究》等。讨论俗字的专著还有张涌泉先生《汉语俗字丛考》,该书规模巨大,考释3 000余个俗字,对《汉语大字典》和《中华字海》中的字形、注音及释义等方面做了大量的纠正和补充,"《丛考》各条,几乎都是确凿有据,不容辩驳的"①。探讨"俗字"的单篇论文更是举不胜举,如张涌泉先生《史书俗字辨考五题》及《汉语俗字新考》,石云孙先生《论俗字》,黄征先生《欧阳询行楷〈千字文〉俗字与敦煌俗字异同考辨》等。

敦煌俗字研究较早的有潘重规、朱凤玉等先生,集大成者当属张涌泉先生《敦煌俗字研究》和黄征先生《敦煌俗字典》。《敦煌俗字研究》较为全面,分上下两部分。上编为导论部分,主要包括俗字概说、类型及研究意义、方法等;下编为具体的俗字考辨,每条下包括书证、例证及按语等内容,周一良先生称其与《敦煌变文字义通释》"堪称双璧"。这一方面的单篇论文也有不少,如郭洪丹先生《20世纪90年代以来敦煌俗字研究综述》以及张金泉先生《敦煌写本〈字宝〉研究》等。

四、研究方法

用字考察离不开包含文字的具体载体,更离不开其中具体的字形。讨论敦煌写本用字也一样,我们以敦煌文献为载体,摘录并分析其中的字形,探讨具体用字。操作流程为:首先通过敦煌文献的相关目录找到有关《四分律》及其戒本的卷子,并拍成照片;再利用电脑软件摘录出这些卷子中具体用字的特殊写法,从中寻求汉字演变机制;然后通过与其他版本比较来找寻异文、判断是非,以期提高文献质量。全面分析其中的用字,具体方法有以下几种:

(一) 描写法

在收集大量语料的基础上,运用描写法,对敦煌文献《四分律》中文字的使用情况进行比较全面而深入的描写,了解当时用字基本面貌的同时,也为后文的解释与归纳奠定基础。除了作整体描述外,还对个案进行了探讨,如

---

① 裘锡圭《汉语俗字丛考序》,北京:中华书局,2000年。

"笑"字,调查写本《四分律》共发现 10 种写法:

笑₁ 时比丘尼结跏趺坐,血不净出,污脚跟指奇间,行乞食时虫草着脚。诸居士见,皆嗤笑。（BD14940 卷四九）

咲₂ 若不解得广为说,若戏笑语,疾疾语,独语,梦中语,欲说此乃说彼,无犯。（S.1937 卷一一）

知₃ 若彼村落中有妇女若童女,共同一床坐起,同一器饮食,言语,戏笑。（BD14668 卷五）

状₄ 时诸居士见已自相谓言:"此是何人? 低目而行,不左右顾视,亦不言笑,亦不周接,亦不善言问讯,我等不应与其饮食。"（BD14668 卷五）

英₅ 云何阿湿婆、富那婆娑在羁连污他家、行恶行? 污他家亦见亦闻,行恶行亦见亦闻,乃至受雇戏笑。（BD14668 卷五）

咲₆ 若其事实尔,或戏笑语,或疾疾语,或独语,或梦中语,或欲说是错说彼,无犯。（BD01605 卷一八）

咲₇ 诸比丘尼数来诣寺住立、言语、戏笑,或呗、或悲哭者,或自庄严身者,遂乱诸坐禅比丘。（BD14149 卷二九）

咲₈ 不犯者,若无智人来谏者报言:"汝可问汝师和上学问诵经知谏法,然后可谏。"若谏者当用,若戏笑语,若独处语,若在梦中语,若欲说此乃错说彼,一切无犯。（BD14505 卷一六）

咲₉ 彼比丘藏他比丘衣钵、坐具、针筒,若教人藏,下至戏笑者,波逸提。（BD14505 卷一六）

咲₁₀ 若戏笑语,疾疾语,屏处语,若梦中语,欲说此乃错说彼,无犯。（BD14149 卷二八）

仅"笑"一字,相关写本就保存了十种写法,而且其中的第三种、第四种、第五种、第七种、第八种及第十种写法,《敦煌俗字典》未收,其在文字研究方面的价值可见一斑。

（二）解释法

在全面描写的基础上,我们将对具体用字的来源、演变及其原因等方面进行解释,力求更准确地认识和理解这些字词,更精准地探求字词背后的演变机制。试以"笑"为例,《说文·竹部》:"笑,喜也。从竹从犬。"段玉裁注:"徐鼎臣说:'孙愐《唐韵》引《说文》云:笑,喜也。从竹从犬。而不述其义。'考孙愐《唐韵序》云:'仍篆隶石经勒存正体,幸不讥烦。'盖《唐韵》每字皆勒《说文》篆体。此字之从竹犬,孙亲见其然,是以唐人无不从犬作者。《干禄字书》云:'咲,通;笑,正。'……自唐玄度《九经字样》始先笑后笑。……自后徐楚金缺此篆，鼎臣竟改《说文》'笑'作'笑'。而《集韵》、《类篇》乃有笑无笑，宋以后经籍无笑字矣。"①可见，上揭十种写法中第一种写法当为正体，其余变体均源于这一正体。《干禄字书》："咲笑，上通下正。"颜氏认为"咲"是通体，持不同观点的是《集韵》，《集韵·笑韵》认为"咲"是古字："笑，古作'咲'。"这一观点来自颜师古的《汉书注》，《汉书·史丹列传》："于是上嘿然而咲。"颜师古注："咲，古'笑'字。"②从字形上看，"咲"为古字的说法难以找到根据，倒是由"笑"演变为"咲"却是非常明显。其手写形式产生的步骤为：

第一步，笑脱一点而成笑，即：笑₁→笑。

第二步，"竹"头常作"艹"，"艹"又常作两点一横"丷"：笑→关，再增"口"旁而成咲，即：关→咲₂。

第三步，咲再换位而成知、欤、芺，即：咲→知₃、欤₄、芺₅。可见，第三、四、五种字形都是由第二种写法换位而成。

第四步，咲末笔上加一点而成哎₆。

第五步，哎右上方加一点而成哎₇，哎₇加一横而成哎₁₀。

第六步，哎左撇上加一点而成哎₈，哎₈加一横而成哎₉。

（三）比较法

将写本与刻本进行对校，全面考察异文，分析其产生原因，判断是非，有助于纠正刻本在翻刻过程中的讹误，从而提高文献品质。如刻本《中华大藏经》本中的"除断调愧"不辞。调愧，写本 S.3971 作"掉悔"，是。

敦煌文献保存了文字使用自然而真实的状态。通过与传世六十卷刻本相比较，力求找出敦煌写本《四分律》中用字、用词等方面的特点。如表"腋下"义写本《四分律》中共出现 17 处，其中 16 处用"掖"，1 处用"液"，无一处用"腋"。这 17 处在传世刻本中均作"腋"。一般认为"亦—腋"是古今字。从写本具体用字看，这两种字形之间还有"掖"，即"亦—掖—腋"。表"腋下"义本用"亦"字，《说文》："人之臂亦也。从大，象两亦之形。""亦"字隶变后示义特征不明显，再加上其副词义更为普遍，故借用"掖"来表示。《说文》收有"掖"，却未收"腋"，"腋"是"掖"的换旁分化字。

除了古今字以外，比较法还体现在其他用字方面。俗字是与正字比较而得出的不规范的异体字，没有正字也就无所谓俗字。误字、借音字等也都是两相比较而得出的。如表示拍打、击打这一动作，写本《四分律》一共出现

① （清）段玉裁《说文解字注》，上海：上海古籍出版社，1988 年，第 199 页上。
② （汉）班固撰，（唐）颜师古注《汉书》，北京：中华书局，1983 年，第 3377 页。

8处,均借用"博"或其变体(),具有周遍性,无一处作"搏"。传世刻本均作"搏"。

(四) 归纳法及演绎法

江蓝生先生《演绎法与近代汉语词语考释》指出:"考释词义,最基本、最常用的方法是归纳法,即把搜集到的有关语言材料加以排比,根据上下文推敲玩味,从而归纳出某一词语的意义。"同时该文又指出,"当归纳法难以奏效时,我们可以尝试用演绎的方法来另辟解决问题的蹊径。"不独考释词义需要归纳,调查具体用字时也可用归纳法。在充分描写的基础上,我们使用归纳法,排比归纳诸多用例,借以准确辨认出具体用字的字形,归纳出汉字书写规律。如表"怀孕"义写本《四分律》中共出现32处"身",竟无一处用"娠",刻本均作"娠"。或此为文献本来面貌,毕竟写本早于诸刻本;或写本时代在这一意义上"身"字更为流行。至于个别字词考释,当缺少具体用例时,根据用字规律和用词习惯用演绎法对这些字词加以考辨。

上编
文　献　篇

敦煌文献,是指敦煌莫高窟发现写本和印本、拓片等文献的总称。内容涉及方方面面,既有宗教文献也有世俗文献。宗教文献中既有佛教文献也有道教、景教和摩尼教等文献。其中,佛教文献占绝大部分。敦煌文献是人类文化遗产的瑰宝。自 20 世纪初,中国国家图书馆陆续以影印的形式出版发行其馆藏的敦煌文献,英藏、俄藏、法藏及其他各地所藏的敦煌文献也纷纷以影印本的形式问世。这为世人探求这块瑰宝打开了方便之门。

敦煌文献书写面貌自然而真实,时间跨度较大,李正宇先生认为最早的是题为甘露元年的《譬喻经》①,最晚的也是唐五代宋初时期。版本比传世刻本要早,更为接近原貌,故敦煌写本在文献校勘方面有着不可估量的作用。关于敦煌文献的这一作用,张涌泉先生有过论述:"敦煌文献中的许多佛经写本(或刻本)大都是现在可以见到的最早的本子,有着很高的文献校勘价值。"②其中有关《四分律》的写卷时间跨度同样较大,较早的是南北朝时期抄写的,有确切抄写日期的是 BD14668,其尾题为"西凉建初十二年"③;最晚的也是唐五代时期。故而我们有必要对敦煌写本《四分律》加以简单介绍,并利用这些写卷来校对传世刻本,进而提高传世文献品质。

① 李正宇《敦煌学导论》,兰州:甘肃人民出版社,2008 年,第 64 页。
② 张涌泉《敦煌文献密宗信仰研究的开创之作——再读〈敦煌密教文献论稿〉》,《敦煌研究》,2004 年第 2 期。
③ 该卷尾题:"建初十二年十二月二十七日沙门进业于酒泉西城陌北祠写竟,故记之。"

第一章　敦煌写本《四分律》叙录

藏经主要由经、律、论三部分构成，因此被称为"三藏"。对我国影响较大的律藏文献当属《四分律》，道宣在前人基础上创四分律宗，对其大力弘扬，简称律宗。律宗影响深远，而律宗又源于《四分律》，我国出家人一直奉《四分律》为圭臬。我们有必要对版本较早的敦煌本《四分律》加以整理。

《四分律》较早的版本当属敦煌写本，已公开发行的敦煌文献中存有一百六十余件抄写《四分律》的卷子，分属该书的五十余卷（按《大正藏》本分卷），现概述如下：

国图 57 件：BD00148、BD001605、BD01832、BD02009、BD02239、BD02960、BD03667、BD03675、BD03677、BD05309、BD05321、BD05330、BD05335、BD05479、BD05522、BD05553、BD05822、BD06011、BD06024、BD06101、BD06249、BD07278、BD07413、BD07434、BD07604、BD08103、BD09436、BD09726、BD10123、BD10182、BD10183A、BD10198、BD10311、BD10394V、BD11271、BD11685、BD11696、BD12169、BD12430、BD12443、BD12454、BD12480、BD12596、BD12646、BD12686、BD12888、BD12963、BD13164、BD13664、BD14038、BD14149、BD14505、BD14519、BD14668、BD14940-1、BD15378、BD15438V。

法藏 8 件：P.2280V-1、P.2521、P.3001V-1、P.3148-2、P.3148V、P.3340、P.3560、P.6012。

英藏 36 件：S.287、S.510、S.969、S.984、S.1415、S.1895、S.1937、S.1970、S.2793、S.2795、S.3898、S.3971、S.4036、S.4104、S.4867、S.4896、S.6366、S.6636、S.6749、S.6862、S.7039、S.7049、S.8475、S.8966、S.9073、S.9077、S.9863、S.9910、S.10626、S.10980、S.11026、S.11687、S.11706、S.11920、S.12224、S.12666。

俄藏 44 件：Ф.325、Дх.29、Дх.583V、Дх.1630A、Дх.2077、Дх.2857、Дх.2350A、Дх.3233、Дх.3386、Дх.3431、Дх.3446、Дх.3523、Дх.3613、Дх.3741、Дх.4110、Дх.4201、Дх.4471、Дх.4687、Дх.4729、Дх.5242、Дх.5258、Дх.5342、

Дх.5662、Дх.5854、Дх.6874、Дх.7039、Дх.7128、Дх.7989、Дх.8203、Дх.8838、Дх.8870、Дх.8892、Дх.8927、Дх.9710、Дх.10130、Дх.10751、Дх.10767、Дх.12460、Дх.12723、Дх.12887、Дх.14959、Дх.17396、Дх.17414、Дх.18695R。

其他 16 件：大谷 5152-2、7029、7132、9159、9160、10267、10412、10496；傅图 188099、188100；敦研 32、甘博 39；津艺 182、上图 54、羽 237、北大 D087。

1. 卷一存 3 件

（1）上图 054 存 131 行，行约 17 字，为四波罗夷法之一的部分内容，起"尔时佛游苏罗婆国，与大比丘众五百人，俱渐渐游行至毗兰若"，讫"须提那习沙门威仪、无事不（知）"。有武周文字。

（2）津艺 182 存 386 行，行约 17 字，为卷一的结尾部分，起"欲法。是比丘波罗夷不共住"，讫"无犯者，最初未制戒痴狂心乱痛恼所缠，是谓无犯（第二波罗夷竟）"。有武周文字。

（3）傅斯年图书馆藏 188099 存 56 行，行约 17 字，起"知触事皆行亦能转教"，讫"犯不净行行淫"。有武周文字 𡉄、𥁕 等，其中"漂"当为"标"的讹误。

2. 卷二存 1 件

BD10394 存 1 行，44 字，即"作是念：世尊与诸比丘结戒：若比丘实无所知，自称言：'我得上人法，我知是，我见是。'彼于异时若问若不问欲自清"。

3. 卷三存 1 件

BD11271 存 12 行，行约 17 字。写本属于卷二的结尾部分，按传世六十卷本属于卷三的部分内容。起"自叹誉身突吉罗"，讫"不犯者，最初未制戒，痴狂心乱，痛恼所缠（四竟）"。

4. 卷四存 4 件

（1）BD07413（北 6793）存 29 行，行约 17 字，为卷四的部分内容。起"若闻床声"，讫"若彼人不清净不见彼犯波罗"。

按：写卷中"若闻交会声"，《大正藏》本作"若闻交会语声"，并注宋、元、明三本均无"语"。此处当以无"语"为准，《大正藏》中当是涉上句"若闻共语声"而衍。

（2）BD14668，存 732 行，行约 30 字，从写本看当属初分第三卷整卷，依传世六十卷本分属四、五、六 3 卷。卷四部分起"佛在罗阅祇耆阇崛山中"，讫"对曰：'如是。世尊。'"后有题记 1 行："建初十二年（416）十二月廿七沙门建业于酒泉西城陌北祠写竟。故记之。"

(3) Дх.1630A 残存 3 行律文加 1 行卷号:

犯不犯者见根闻根疑根说实戏笑说疾疾

说若独说梦中说若欲说此错说彼不犯

犯者最初未制戒痴狂心乱痛恼所缠(九竟)

四分律藏卷第三(初分律卷第三)

从最后一行卷号看,当属写本的卷三的卷尾部分,传世刻本中属卷四。行约 17 字。

(4) Дх.4729,残存 3 行,共 13 字。第一行存"莫生贪着",第二行存"世日日从",第三行存"饮食正可增"。

5. 卷五存 1 件

BD14668 中间部分存卷五整卷。

6. 卷六存 2 件

(1) BD03667(北 6794)存 28 行,行约 17 字,为卷六的部分内容。起"义如上",讫"若比丘留衣着僧伽蓝内往场处宿明"。

(2) BD14668,卷六部分起"尔时佛在舍卫国祇树给孤独园",讫"最初未制戒,痴狂心乱,痛恼所缠。(**十**二竟)""十"的右边有三点,表明该字当删去。

7. 卷七存 1 件

BD15438V,残存 3 行:第一行"得衣者善若不得",第二行"往若遣使往语",第三行"此是时"。

8. 卷一〇存 3 件

(1) BD07604(北 6795)存 26 行,行约 17 字,为卷一〇的开头部分。起"尔时佛在舍卫国祇树给孤独园时",讫"若比丘断僧物而自入己者尼萨(耆波)逸提如"。

(2) S.984 存 60 行,行约 17 字,为卷一〇的部分内容。起"(毗)舍佉母,此事如实,何以故",讫"僧中拾雨衣竟不还者突吉罗。还时有人"。

按:BD07604(北 6795)中第九行:"尔时长者便不复与僧辨具衣,即其夜供辨种种多美饮食。"其中写卷的"辨"当是"办",写本中"办"常作"辨"。

S.984 第九行"告言",《大正藏》本与《中华大藏经》本中均作"告诸比丘言",当以后者为准。

(3) 大谷 10412,存"创世""病"等字。

9. 卷一一存 3 件

(1) BD06024(北 6796)存 76 行,行约 17 字,为卷一一的部分内容。起"金报此人恩",讫"我非犯波罗夷人僧"。

（2）S.1895 存 25 行，行约 17 字，为卷一一的部分内容。起"释子不知惭愧，断他命根"，讫"世尊以无数方便呵责已，告诸比丘：自今已去与比丘结"。

（3）S.1937 存 79 行，行约 17 字，为卷一一的部分内容。起"尔时佛在舍卫国祇树给孤独园"，讫"无犯者，最初未制戒，痴狂心乱，痛恼所缠"。

按：BD06024（北 6796）第十二行中的"摩攃"，《大正藏》与《中华大藏经》本中均作"摩扪"。第十六行"能改往言更不名字形相我者"，据《大正藏》本与《中华大藏经》本，"相"后当脱一"毁"字。第六十五行"汝似木作师"，《大正藏》本与《中华大藏经》本均作"汝似木作人"，两者皆通，从下文第七十五行看，当以"木作人"为长。第七十五行"竹作师人车师人"，《大正藏》本与《中华大藏经》本均作"竹作人车作人"，当以后者为准。

S.1895 第一行"我知正"后面脱"法而自掘地断他命根"9 字。第二十行"以"后面脱一"此"字。

S.1937 从笔迹看，该卷似为三人抄写，首尾工整、中间潦草。第四行涉上文衍一"说"字。第六十五行"有"下脱一"知"字，当是解释"有知男子"的。第七十七行"疾疾诸"当作"疾疾语"。

10. 卷一二存 1 件

BD05335（北 6797）存 26 行，行约 17 字。为卷一二的开头部分。起"尔时佛在舍卫国祇树给孤独园"，讫"阿难第三语般陀比丘世尊有教差"。

按：第一、二、十二及二十二行均有破损，所缺之字依《大正藏》本与《中华大藏经》本当分别补为"在""五百人俱""如是等"及"诚"。

11. 卷一三存 1 件

羽 237，存 540 行，行约 17 字。首题"四分律藏卷第十三"，尾题"四分律藏卷第十三初分律卷一三"（后 6 字为双行小字）。起"尔时佛在舍卫国祇树给孤独园，时尊者难陀为众僧所差教授比丘尼"，讫"尽形寿不杀生乃至不饮酒"。从内容上看为九十单提法之三，即从二十二到三十一，而三十二仅有一半内容，可见其分卷与传世刻本不同。

12. 卷一五存 2 件

（1）BD14505 存 454 行，行约 17 字。写本属于卷一四整卷，传世六十卷本分属卷一五、一六两卷，其中卷一五部分起"尔时佛在舍卫国祇树给孤独园。尔时六群比丘时有因缘至军中宿"，讫"不犯者，最初未制戒，痴狂心乱痛恼所缠（卅九竟）"。

该写卷为日本写经，各纸接缝处有印章，印文为"杨守敬印"，当为杨守敬在日本访得的卷子。尾题后有题记，共 12 行："皇后藤原氏光明子，奉为尊考赠正一位太政太臣府君、尊妣赠从一位橘氏太夫人,敬写一切经论及律。庄严既了,伏愿凭斯胜因,奉资冥助,永庇菩提之树,长游般若之津。又愿上奉圣朝,恒延福寿,下及寮采,共尽忠节。又光明子自发誓言:弘济沉沦,勤除烦障,妙穷诸法,早契菩提。乃至传灯无穷,法布天下,闻名持卷,获福消灾,一切迷方,会归觉路。天平十二年(740)五月一日记。"该写卷虽为日本写经,然而时代较早,与各敦煌写本性质相近,故本书同样纳入考察,以相互参证。

(2)大谷7029,残存7行:"者""授后若欲去者""村不至嘱授处""往应更嘱授而""库藏处及聚落""即白衣家还""比丘先受请"。

13.卷一六存1件

BD14505卷一六部分起"尔时佛在舍卫国祇树给孤独园",讫"无犯者,最初未制戒,痴狂心乱痛恼所缠(五十八竟)"。

14.卷一七存7件

(1)BD01605(北6798)存1031行,行约17字,按传世本为卷一七部分、卷一八整卷、卷一九部分内容。其中卷一七起"我知佛所",讫"无犯者,最初未制戒,痴狂心乱,痛恼所缠"。

(2)BD06101(北8605)存24行,行约17字,为卷一七的部分内容。起"书,亦有身力疲苦耳。更当学何伎术,我等死后令儿快得生活",讫"我等唯有汝一子,心甚爱念,乃不欲令死别,况当生别。尔时父母得优波离"。

(3)BD08103(北8606)存28行,行约17字,为卷一七的部分内容。起"其有犯淫欲非障道法。时诸比丘闻阿梨吒比丘有如是恶见",讫"汝审有是语:我知佛所说法行淫欲非障道"。

(4)S.2795存22行,行约17字,为卷一七的部分内容。起"乐学戒知惭愧者",讫"众僧呵谏而不舍恶见,供给所须"。

(5)S.6749存110行,行约17字,为卷一七的部分内容。起"四分律藏卷第十七",讫"此二沙弥不应言佛是我世尊,不得"。

(6)Дx.3523残存5行,第一行存"耶报言",第二行存"生汝如余人",第三行存"生疑也云何",第四行存"言我尔所岁语",第五行存"尔所岁也"。

按:BD01605(北6798)第一行"语我知佛所"下缺"说法行淫欲",第二行"非障道法"下缺"彼比丘谏"。

第四行"犯淫欲者障道法",《大正藏》及《中华大藏经》本均作"行淫欲是障道法"。其中的"犯淫欲"与"行淫欲"皆通,但此处是呵责阿梨吒比丘恶见("我知世尊说法其有犯淫欲非障道法"),即批驳其错误观点"犯淫欲非障道法",故以"犯淫欲"为是。另外,刻本中宋、元、明、宫、圣本也作

"犯"。其中的"者"写作"是",更误,当是涉上文"非障道法"而讹为"是障道法"。第十一行"莫为僧所呵"后涉下文衍"受"字。第二十七行比刻本多一"梨"字,该写卷中"沙弥尼"常写作"沙弥尼梨"。第三十行衍"无谏者"三字。

(7)大谷 7132 残存 3 行,清晰的仅中间"伴共同"三字,或为卷一七内容。《大谷文书集成》定名为"四分律卷第二十五断片"。

15. 卷一八存 2 件

(1)BD01605(北 6798),该写卷中间部分属《大正藏》本卷一八全卷。

(2)Дх.4687,残存 6 行,清晰可辨的共 35 字,第一行残存"复问王言",第二行存"水与王饮黄",第三行存"复更脱一衣与王敷",第四行存"处处支节解王疲",第五行存"言未曾有如此女聪",第六行残存"家女也"。

16. 卷一九存 4 件

(1)BD01605(北 6798)其中卷一九部分起"尔时佛在舍卫国祇树给孤独园,时难陀释子非时入村与居士共樗蒲",讫"无犯者(最初未制戒,痴狂心乱,痛恼所缠)第九十波(逸提竟)"。

(2)S.7039 存 21 行,行约 17 字,起"如是有何正法",讫"或作象鼻、或作多罗树叶、或时"。有武周文字。

(3)S.7049 存 26 行,行约 17 字,起"来等量作衣或过量作",讫"我得初日食持与比丘,二日"。

(4)大谷 10496,残存五行:"比丘""饭""漏处最""若比丘""言大"。

17. 卷二〇存 2 件

(1)Дх.5662,残存 10 行,第一行残存"得大抟饭",第二行残存"若比丘故",第三行残存"故作故犯非",第四行残存"比丘尼乃",第五行残存"犯者或",第六行残存"命难梵行难疾",第七行残存"食无犯无犯者最初未制戒痴狂心乱痛",第八行残存"卅六竟"双行小字,第九行残存"时佛在舍卫国祇树给孤独园时有居士",第十行残存"诸比丘欲供设种种好食即夜办具明日"。

(2)Дх.5854,残存四行,第一行残存"食犯应忏突吉罗",第二行残存"若不故作犯突吉罗",第三行残存"至沙弥沙弥尼突吉罗是谓为犯不",第四行残存"时有如是病或日时欲"。

18. 卷二一存 2 件

(1)S.4867,行约 17 字,为卷二一的后半部分,写本尾题为"律藏初分卷第十五"。起"痛恼所缠(四十二竟)",讫"应如草覆地当如草覆地"。

(2)Дх.5258,残存一行"比丘。持死人衣及床从塔下过。彼所住处神瞋。诸"。

19. 卷二二存 1 件

S.11026 存 5 块纸片,其中一块存 5 行,"比丘僧为""忏悔僧未""为僧""僧未与作共""尼时是事坚持"。

20. 卷二三存 7 件

(1) S.6862,行约 17 字,前 6 行上残,为卷二三的部分内容。起"(汝等莫别)住当(共住)",讫"若比丘尼知物向僧自求入己,尼萨耆波逸提"。

(2) S.8966 残存 7 行,共 65 字。

(3) S.10626 残存 3 行,共 16 字。

(4) S.11687 残存 5 行,分别是"受破僧法坚持不舍""欢喜不诤同一师学""安乐住是比丘尼""应三谏舍此""法",共 29 字。

(5) S.11706 存两块纸片。第一块存 5 行,分别是"三谏舍者善不舍者是比丘""若比丘尼趣以一小事瞋恚""法舍僧不独有此沙门释""门修梵行者我等亦可于彼""彼比",共 45 字;第二块存 4 行,分别是"子亦更有余沙门婆罗""修梵行是比丘尼当谏""作是""有余",共 22 字。

(6) Дх.8892 残存 4 行,共 15 字,补充完整后也是行约 17 字的抄写习惯,第一行存"尔时佛在舍",第二行存"颇夷比丘尼",第三行存"难陀比丘",第四行存"故"。

(7) 大谷 10267,存"姊汝"2 字。

21. 卷二四存 2 件

(1) S.6862 共存 135 行,行约 17 字,为卷二四的部分内容。起"佛在舍卫国祇树给孤独园",讫"汝等云何居士施物为供给安"。

(2) S.6366 为一百七十八单提法之一,即前四十三单提法。起"尔(时婆伽婆在)释翅搜迦维罗位卫国尼俱律园中",讫"若比丘尼藏比丘尼若钵若衣若坐具针筒自藏教人藏下至戏笑波逸提"。

22. 卷二五存 3 件

(1) S.6366 行约 17 字,为一百八十七单提法之二,即四十四至八十二单提法。

按:S.6366 为写本第二十四整卷,按《大正藏》本分为卷二四、二五。

(2) Дх.17396,残存 4 行,清晰可辨的共 9 字,第一行残存"食",第二行残存"蒜都尽",第三行残存"无有惭",第四行残存"正法"。

(3) Дх.17414,残存 7 行,清晰可辨的共 22 字,第一行残存"肯与我时",第二行残存"数知多少",第三行残存"和上与阿",第四行残存"阇梨此与亲",第五行残存"此后日",第六行残存"耳",第七行残存"愧"。

23. 卷二六存 4 件

（1）BD01832（北 6799）存 306 行，行约 34 字，有武周文字。传世本分属卷二六、二七。其中卷二六部分为一百七十八单提法中的一百至一百零四，起"尔时佛在舍卫国祇树给孤独园"，讫"无犯者，最初未制戒、痴狂心乱、痛恼所缠"。

（2）BD05822（北 6800）存 58 行，行约 17 字，起首题"尼律藏第二分卷第五"，讫"无犯者最初未制戒痴狂心乱痛恼所缠"，为一百七十八单提法中的一百零三和一百零四。尾题同首题，有题记"用纸卅张"。

（3）北大 D087 存 33 行，行约 27 字，写本属于卷二五的结尾部分，传世本属于卷二六的部分内容。

（4）Ф.325，尾题"尼律藏第二分卷第四"，起"丘尼云何汝等"，讫"无犯者，最初未制戒、痴狂心乱、痛恼所缠。（第一百二竟）"具体内容为一百七十八单提法中的八十八至一百零二。有题记"用纸卅五张"。

24. 卷二七存 4 件

（1）BD01832（北 6799）卷二七部分为一百七十八单提法一百零五至一百二十。起"尔时佛在舍卫国祇树给孤独园"，讫"无犯者，最初未制戒、痴狂心乱、痛恼所缠"。

（2）BD05822（北 6800）存 742 行，行约 17 字，卷尾有题记"用纸卅张"。分属卷二七、二八。其中卷二七起一百七十八单提法中的一百零五，讫一百二十四中间"此是初摩羯，第二第三亦如是说。众僧已忍授某甲具足戒某甲尼为和上竟。僧忍默然，故是事如是持"。

（3）BD02239（北 6801）存 313 行，行约 27 字。有武周文字。卷二七部分起一百七十八单提法中的一百二十一，讫一百二十四中间"此是初摩羯，第二第三亦如是说。众僧已忍授某甲具足戒，某甲尼为和上竟，僧忍默然，故是事如是持"。

按：BD01832（北 6799）在写本中为《四分律》的卷二六整卷，而在传世刻本（《大正藏》本和《中华大藏经》本）却分属二六、二七两卷。

（4）Дх.583V，俄藏命名为"四分律卷二七等"，却无字迹。

25. 卷二八存 8 件

（1）BD05822（北 6800），其中卷二八部分起"时诸比丘僧应将受戒者至比丘僧中，偏露右肩礼僧足已"，讫"无犯者，最初未制戒、痴狂心乱、痛恼所缠第一百二十四竟"。

（2）BD00239（北 6801）其中卷二八部分起"时诸比丘僧应将受戒者至比丘僧中，偏露右肩礼僧足已"，讫"痴狂心乱痛恼所缠（百三十二竟）"。

（3）BD14149 存 769 行，行约 17 字。尾题后有"用纸卅二张"五字。写本为第二分卷六结尾部分，依据六十卷本分属卷二八、二九两卷，其中卷二八部分起"比丘尼义如上"，讫"不犯者，最初未制戒，痴狂心乱，痛恼所缠（第一百卅九竟）"。

（4）S.4036，行约 17 字。分属卷二八、二九两卷。其中卷二八前两行残，第一行存四字"国祇树给"，讫"百卅九竟"。

（5）S.4896 存 24 行，最后一行存一半，为一百七十八单提法中的一百三十三的部分内容，起"四分律藏卷第二十八"，讫"众僧有爱有恚有怖有痴欲听者使听不欲"。

按：敦煌本是把一百七十八单提法中的一百三十三至一百三十九归为卷二八。

（6）S.11920 残存 3 行，分别是"妇女""知男子有染污心""共立共语共相"，共 15 字。

（7）S.12666 存 3 行，分别是"四分律藏卷""尔时婆伽婆""比丘尼愚"，共 14 字。

（8）Дх.5342 残存 10 行，"若比丘""膝已上身触""若下摩若举""夷不共住"等，文字稍有出入。

26. 卷二九存 4 件

（1）S.4036，卷二九部分起"尔时婆伽婆在舍卫国祇树给孤独园"，讫尾题"四分律藏卷廿八"，即一百七十八单提法中的一百四十至一百五十五。有武周文字。

（2）S.9077 存"舍卫国祇树给孤独园""夜过已晨朝着衣持钵入舍"等 33 字。

（3）BD05522（北 6802）存 649 行，行约 17 字。分属卷二九、三〇两卷。卷二九起"尼律藏第二分卷第七"，讫"无犯者，最初未制戒、痴狂心乱、痛恼所缠第一百五十八竟"，即一百七十八单提法中的第一百五十至一百五十八。

（4）BD14149，起"尔时婆伽婆在舍卫国祇树给孤独园，时诸比丘尼教授日不往受教授"，讫"无犯者最初未制戒痴狂心乱痛恼所缠（第一百卅九竟）"，即一百七十八单提法中的第一百四十至一百四十九。尾题"尼律藏第二分卷第六"，后有题记"用纸卅二张"。

27. 卷三〇存 4 件

（1）P.3560 存 158 行，前 21 行残，第一行存"吉罗"、第二行存"若学诵若"、第三行存"犯无犯者最初未"，为一百六十九的最后几行，讫尾题"四分律藏卷第廿九(第二分卷第九)"。按传世本为卷三〇的内容。

(2) BD05522(北 6802)卷三〇部分为一百七十八单提法中的第一百五十九至一百七十四的部分,起"尔时婆伽婆在舍卫国祇树给孤独园。时六群比丘尼乘乘在道行",讫"若比丘尼知有比丘僧伽蓝中起塔随所取"。

(3) BD05553(北 6803)存 100 行,行约 17 字,为卷三一的部分内容。起"取洗足石"(与上一卷相接),讫"不犯者,或时有如是病,或为强力所执,无犯。无犯者,最"。

(4) BD05321(北 6804)存 37 行,行约 17 字,卷尾题"尼律藏第二分卷第七",后有"用纸卅二张"等字。为四分律卷三〇的部分内容。起"初未制戒痴狂心乱痛恼所缠(一百七十八竟)波逸提竟",讫"下众学戒如大僧戒无异故不出也"。

按:BD05522(北 6802)《敦煌宝藏》及《敦煌遗书总目索引新编》定名为卷二九至三一,按传世六十卷本应是卷二九、三〇两卷。BD05553(北6803)、BD05321(北 6804)《敦煌宝藏》及《敦煌遗书总目索引新编》皆定名为卷三一,按传世六十卷本当为卷三〇。

28. 卷三一存 4 件

(1) P.3340 存 137 行,行约 17 字,起"四分律藏卷第卅",讫"时菩萨更求胜法者,即无上休息法也。从摩竭界游化南至象头山,诣郁"。写本属卷三〇,按《大正藏》本为卷三一。

(2) S.3898 分属卷三一和三二。行约 17 字,前 15 行下残,卷三一部分的内容,起"(从此道得尽)苦原,时菩萨(复作是念)",讫"着欲无所见,愚痴身所覆"。

(3) BD11696 存 9 行,每行均不完整,第一行"之相相师占相如上",第九行能辨认的就两字"真等",为卷三一的部分内容。

(4) 大谷 9160,残存"米"等字。

29. 卷三二存 5 件

(1) BD02960(北 6805)存 448 行,行约 17 字,前 5 行残,卷尾题"律藏第二分卷第九",后有"用纸廿张"字样,分属卷三二、三三两卷。其中卷三二部分起"已,便作是念",讫"清净无瑕秽是何光明"。

(2) BD03675(北 8607)存 20 行,行约 17 字。起"我成道极难",讫"礼世尊足右绕三迊而"。与《大正藏》本(22/787b)相比较,缺六句偈。

(3) BD03677(北 8608)存 28 行,行约 17 字,为兑废卷。起"我成道极难",讫"此法极妙,如何不闻。若得闻者速疾得解。时世尊复作"。

(4) S.3898 卷三二部分,起"尔时世尊作是思维已默然而不说法",讫

“尔时世间有六罗汉五弟子如来至真等正觉为六”。

（5）S.9073存“当受汝请,迦叶白言”等37字。

30.卷三三存1件

BD02960（北6805）卷三三部分起“佛告迦叶”,讫“时诸长者作是念:我等汝所闻大沙门以法将去,不为非法”。

31.卷三四存3件

（1）S.510存23行,行约17字,起“四分律藏卷第卅四（第二分卷第十四）受戒揵度卷之五”,讫“复于异时十七群童子语优波离童子言:汝可随我等出家”。

（2）S.8475存10行,行约17字,起“食苏者犯应忏悔可呵法”,讫“乞油若蜜若黑石蜜若乳若酪若鱼若肉亦”。中间脱“如是世尊与比丘尼结戒”等百余字。

（3）BD10311存2行,共6字,第一行存“令知”,第二行存“大德僧听”。

32.卷三五存4件

（1）BD06011（北6806）存707行,行约17字,为卷三五全部内容。起“尔时黄门来至僧伽蓝中”,讫“作是白已,然后说戒”。

（2）Дx.8838,残存3行,共15字。第一行存“月初日食”,第二行存“此得出家受具”,第三行存“若得长利若”。

（3）大谷5121（B）,存“成比丘法是中尽形”“依腐烂药比”13字。

（4）Дx.7039,残存3行,第一行存“是中”,第二行存“割坏衣得受”,第三行存“受具足戒”。完整的、清晰的字太少,难以确定具体卷数,可能为卷二八或卷三五的部分内容。

33.卷三六存2件

（1）BD05330（北6807）存25行,行约17字。卷首上部有“兑一纸”。为《四分律》卷三六部分内容。起“（离）众僧远众僧”,讫“若不,如法治。自今已去,听依能”。

（2）Дx.10130残存3行,共18字,第一行存“羯磨说戒白如是大德”,第二行存“痴或忆说戒”,第三行存“那那由比”。

34.卷三八存3件

（1）Дx.2077存“四分律藏卷第三十八　四”10个字。

（2）Дx.8203残存7行,第一行存“若往比丘戒（界）”,第二行存“僧共去若无难”,第三行存“从有比丘无住有比丘无住”,第四行存“至有住处无”,第五行存“住处无住处”,第六行存“比丘”,第七行存“尔时六群比丘”。

（3）大谷9159存“已起”等字。

35. 卷四〇存 3 件

（1）S.2793 存 24 行，行约 17 字，卷四〇部分的内容起"四分律藏卷第四十"，讫"天子与"。

（2）Дх.3446 存 5 行，每行残下半截。第一行存"有比丘舒僧伽梨"，"梨"字仅存上半部分，第二行存"所语言汝何故舒"。依传世本，第一行当补"在地欲安帖见已往比丘"，可见该写卷也是每行十七字的常见写法。

（3）Дх.12460 残存 5 行，第一行存"答言是汝"，第二行残存"音声耆婆童子善"，第三行残存"语使回还此非死人"，第四行残存"子即下车取利刀"，第五行残存"诸亲语言此是轮"。

36. 卷四一存 2 件

（1）BD07434（北 6808）存 51 行，行约 17 字，为卷四一部分内容。起"佛言听彼亡者"，讫"佛言听以草若树叶若树枝伊犁延陀耄耄罗若"。

（2）BD11685 存 3 行，写本属于卷四一的开头部分，传世本属于卷四一的中间部分。

37. 卷四二存 2 件

（1）BD14038 存 625 行，行约 17 字，尾题之后有"王和和"三字，可能为抄卷人。写本为第四十二整卷，传世本分为卷四二与卷四三两卷的部分内容，卷四二起"尔时世尊在舍卫国人间游行与千二百五十比丘俱"，讫"毕陵伽婆蹉得铜杓得樽佛言听畜众僧亦尔"。

（2）敦研 032，存 60 行，行约 23 字，为卷四二的部分内容，起"时大目揵连往舍利弗所问讯已一面坐"，讫"诸比丘白佛佛言自"。

38. 卷四三存 6 件

（1）BD14038，卷四三部分起"尔时有吐下比丘使舍卫城中人煮粥"，讫"比丘有病因缘。尽形寿应服（药揵度具足竟）"。"药揵度具足竟"六字，《中华大藏经本》缺，写卷以双行小字抄写。

（2）Дх.4110，残存 4 行，共 20 字，第一行"取食受早起"，第二行"等食水中可食"，第三行"言不应食"，第四行"诸比丘以木"。

（3）Дх.4471 残存 10 行，行约 17 字：

> 法食白佛佛言听谷贵时食已得如是水中
> 可食物不作余食法食时世谷还贱世尊知而
> 故问阿难我于谷贵时慈愍诸比丘故听
> 事界内共宿界内煮自煮自手
> 食处持余食来胡桃果
> 今故食耶答言故食佛

治尔时众僧食厨坏

疑不知净不佛言

诸比丘不知净

净不净

（4）Дх.9710，残存 2 行，共 10 字，第一行为"刀刃王"，第二行"卢醯侈即集四"。

（5）Дх.12723，残存 6 行，清晰可见的共 12 字，第一行残存"众僧"，第二行残存"差"，第三行残存"僧忍"，第四行残存"听僧差"，第五行残存"僧持功"，第六行残存"德衣"。

（6）Дх.12887，残存 3 行，清晰可见的共 10 字，第一行残存"老忍僧差某"，第二行残存"嘿然谁不"，第三行残存"为"。

39. 卷四四存 3 件

（1）BD00148（北 6809）存 584 行，行约 17 字，为卷四四全部内容。起"尔时世尊在瞻波城伽尸国婆娑婆聚落时"，讫"僧忍默然，故是事如是持"。首行"瞻波健度第七"，当作"瞻波犍度第十"。

（2）BD02009（北 6810）存 29 行，行约 17 字，为卷四四的部分内容。起"非法羯磨别众羯磨不应作"，讫"尔时六群比丘重作羯磨作呵责羯"。天头有一"兑"字，为兑废卷；并有"脱此一行"4 字，于间补 16 字。

（3）S.287，行约 17 字，前五行残，为卷四四、四五的部分内容。其中卷四四部分起"常好布"，讫"故是事如是持"。

40. 卷四五存 3 件

（1）BD09726 存 24 行，前几行有残缺，行约 17 字，为卷四五的部分内容。起"忆（一罪彼比丘）随所忆罪"，讫"彼行覆藏"。

（2）S.287 卷四五部分起"尔时世尊在拘睒弥。时阐陀比丘犯罪"，讫"故是事如是持（呵责捷度具足竟）"。

按：S.287 尾题为"律藏第三分卷第十"，后有"校竟"二字。

（3）S.9863 存"覆藏忆一罪不"等 17 字。

41. 卷四七存 4 件

（1）BD09436 存 11 行，行约 17 字，为卷四七的部分内容。起"后还得心"，讫"是事如是持"。

（2）Дх.3233 存"四分律卷第卌七"七个字。

（3）Дх.5242 存两片纸片，其一存 4 行，第一行存"卫诸比丘共净诸比丘多犯众"，第二行存"无限彼诸比丘自作如是念"，第三行存"法亦作亦说出入无限若我曹"，第四行存"令此净事转深重经历年"。从残存的文字看，属于传世本卷四七,即:"时,舍卫诸比丘共诤,诸比丘多犯众戒非沙门法,亦作亦说出入无限。彼诸比丘自作如是念:我曹多犯众戒非沙门法,亦作亦说出入无限,若我曹还自共善问此事,或能令此诤事转深重经历年月。"

第二片纸片,残存 3 行,第一行存"丘往白佛佛言汝所为非非威",第二行存"僧为象力释子作罪处所羯磨",第三行存"灭诤法应作如是说结罪"。

第一行与传世本出入较大,第二行有一字之差,第三行同传世本,疑本卷原为某种小抄或注疏之类。

(4) Дх.10767 存两片纸片,均残存 4 行。第一片第一行存"谓是我衣取不以贼心佛言",第二行存"人不现前而作羯磨呵",第三行存"去为诸比丘结现前毗尼灭",第四行存"尔时世尊在王舍城时"。

第二片第一行存"时迦留陀夷与六群比丘往阿夷罗",第二行存"竟上岸着六群比丘衣谓是己衣不看",第三行存"衣正见迦留陀夷衣便言",第四行存"作灭摈羯磨迦留陀夷闻往白世尊"。

42. 卷四八存 4 件

(1) 甘博 039 存 623 行,行约 17 字,为比丘尼犍度内容,写本属卷四八,《大正藏》本分属卷四八、四九两卷。其中卷四八起"瞿昙弥何故与舍夷五百女人剃发被袈裟",讫"佛言应语比丘尼言若能爱护坐具者便与坐"。

(2) Дх.2857 残存 5 行,第一行存"若堕",第二行存"释种女若断畜生不能",第三行存"戒是中尽刑寿不得",第四行存"语乃至戏笑若式叉",第五行存"上人"。

(3) S.9910 残存 6 行,每行上残,共存"翘瘦与千二百五十弟"等 38 字。

(4) Дх.4201 残存 4 行,第一行存"善女人",第二行存"家受大戒是",第三行存"尼法是中尽",第四行存"若得长利"。

43. 卷四九存 13 件

(1) BD14940 存 70 行,行约 17 字,为卷四九的部分内容。起"以道在下承流觉乐有疑",讫"佛言应相望前人不可往不应往(尼犍度具足竟)"。

尾题后有音义一行:"诡,俱毁。胫,形孕。窳,余乳。嘤,又近。媟嬻,上先结,下徒木。茜,千见。耐,奴大。籯,七廉。"音义之后有题记两行:"咸通十二年(871)三月一日,幽州卢龙节度副大使知节度事、观察处置押奚契丹两蕃经略卢龙军等使、特进检校司徒兼侍中、幽州大都督府长史、上柱国、燕国公、食邑三千户张　等敬造一切经。"

(2) BD10182 存 19 块小纸片,能辨认的字有"若不往应""礼足在一面住以""三比丘"等。

(3) 甘博 039 起"尔时世尊在波罗奈时世谷贵人民饥饿乞求难得",讫

"佛言应相望前人不可往不应往"。

（4）Дх.29，存 5 块纸片，从右至左第一块纸片存 3 行：第一行残存"言大德忏悔女人"，第二行残存"难亦再三如是言"，第三行残存"衣持钵至王舍"。依据传世六十卷本，第一行后面当补"无知迦叶再三如是语阿"10 字，可见该写卷也是每行十七字的写法。

（5）Дх.3386，存 8 行，行约 17 字，为卷四九的部分内容。起"足诸比丘白佛"，讫"或在覆处坐或共"。

（6）Дх.3613，残存 5 行，第一行存"尼在白衣男子"，第二行存"比丘尼无有惭"，第三行存"正法云何在白"，第四行存"异如是何有正"，第五行存"应在白衣男"。

（7）Дх.3431，残存 5 行，第一行存"尼僧乞解不礼羯磨者比丘"，第二行存"白二羯磨应如是解众中"，第三行存"如上作如是白大姊僧听此"，第四行存"僧为作不礼羯磨随顺比"，第五行存"尼僧乞解不"。

（8）Дх.3741，残存 5 行，第一行存"今从比丘"，第二行存"忍听僧今为"，第三行存"此迦留陀夷比丘尼僧"，第四行存"比丘（尼）僧不敢违逆"，第五行存"今为"。

（9）Дх.14959，残存 2 行，第一行存"不在于余人"，第二行存"答言可尔彼比"。

（10）Дх.18695R，残存 3 行，共 6 字，第一行存"有"，第二行存"余食应"，第三行存"洗盛"。

（11）Дх.8927，残存 2 行，"法诸比丘白佛""待彼出时"，共 10 字，

（12）Дх.6874，残存 3 行，共 25 字，第一行存"何及老时可修梵"，第二行存"年少比丘尼闻便心生"，第三行存"丘白佛佛言比丘尼不"。

（13）Дх.7128，残存 4 行，共 15 字，第一行存"比丘"，第二行存"伎教他作"，第三行存"伎彼比丘尼"，第四行存"住处沽酒彼"。

44．卷五二存 1 件

S.969 存 28 行，行约 17 字，为卷五二部分内容。起"如是教不听持死人衣塔下过"，讫"若复臭应屋四"。

45．卷五三存 1 件

S.3971，行约 17 字，前 11 行上残，第一行存"听今僧为大离奢解覆"，第二行存"众僧不敢违逆从僧乞"，讫"四分律藏卷第五十三（第四分卷第四）"。

46．卷五五存 3 件

（1）BD07278（北 6811）存 25 行，行约 17 字，为卷五五部分内容。起

"我与苦痛女人共行淫",讫"若捉比丘尼式叉摩"。

（2）S.1415,行约 17 字,写本属"律藏第四分卷第六"整卷,按《大正藏》本属卷五五前部内容。起"尔时世尊在毗舍离时优波离即从坐起偏露右肩右膝着地合掌白佛言",讫"若非人所护者不犯"。

（3）S.12224 存 4 行,分别是"此男作""夷时有比丘""罗夷不佛""雁鸟",共 14 字。

47. 卷五六存 2 件

（1）S.6636 为卷五六整卷,前 20 行有残损,行约 17 字。

（2）BD14519 存 574 行,行约 17 字,写本属卷五七整卷,按《大正藏》分属卷五六、五七两卷。其中卷五六部分起"尔时世尊在毗舍离",讫"当审定作一切僧伽婆尸沙"。

48. 卷五七存 1 件

BD14519 卷五七部分起"尔时世尊在舍卫国",讫"佛言波逸提"。

49. 卷五八存 1 件

傅斯年图书馆藏 188100,存 50 行,起"尼检校法律时",讫"破威仪四句亦如是"。后有双行夹注 22 字。

50. 卷五九存 3 件

（1）BD05479（北 6812）存 21 行,行约 17 字,为卷五九部分内容。起"不知忏悔不善入定",讫"若和上阿阇梨"。

（2）S.4104 存 75 行,行约 17 字,前 2 行上残。卷五九部分,起"王若大臣彼作是",讫"即独在静处思维如上所说"。

（3）P.2521,前部分有残损,行约 17 字,为卷五九整卷。

51. 卷六〇存 11 件

（1）BD06249（北 6813）存 29 行（中间有双行小字）,行约 17 字,为卷六〇的部分内容。起"阿含说有六处盗犯波罗夷",讫"若形颜端正不为佛故"。

（2）BD05309（北 6814）存 22 行,行约 17 字,为卷六〇的部分内容。起"相受教不失恭敬",讫"举他比丘多闻诵毗尼语言了了"。

（3）S.4104 存 110 行,行约 17 字,起"尔时佛告诸比丘",讫"舍僧舍和上舍同和上如是五五为"。

（4）S.1970 存 46 行,行约 17 字,起"信用言者亦应语如是（言）",讫尾题"四分律藏卷第六十（第四分卷一一）"。

按：S.1970 与 BD05309（北 6814）两卷中,"辨了"传世六十卷本作"辩了"。S.1970 中的"评断"传世本作"平断",BD05309（北 6814）中的"评谊"

传世本作"平宜"。

（5）BD10123 存两行，第一行能辨认的有"说如是"，第二行有"问佛""我等"等字。

（6）BD10183A 存 14 块小纸片，有"忍心怀垢秽""不应差别""口出刀剑"等字。

（7）BD10198 残存 4 行，第一行"以是为作何心诸比丘答言我"，第二行"世尊慈念众生故而为说法佛"，第三行"实有如是心者我所觉悟证"，第四行"勤四"。与 BD10183A 原为同卷。

（8）BD12169 残存两行，共 6 字："能令捨""有能令"。

（9）BD13664 残存 57 行，行约 17 字，为卷六〇的部分内容。

（10）BD15378 存 331 行，行约 17 字，首全尾残，起"尔时佛告诸比丘"，讫"以何因缘令僧未有诤事而生诤事"。

（11）Дх.2350A 存 4 行，下均残，第一行"于善法"，第二行"彼人彼有"，第三行"舍不善住"，第四行"恼于彼"。

以上写卷均是按照《大正藏》本分卷的，而敦煌写本的分卷略有不同。上述所列共 51 条，即敦煌文献《四分律》散见于今传世通行本的五十一卷的情况。这些都是能明确卷数的，且均能在《大正藏》找到对应之处。

另外，还有几个卷子有待进一步确定：

P.2280，背面字迹模糊，从残存的"贩马人驱五百匹"及"毗兰若乞食不得"等看，可能为卷一的部分内容。

P.2321，《敦煌遗书总目索引新编》拟名为《四分律》，而《敦煌宝藏》却拟为《四分律比丘含注戒本》（拟）。检索其中的词语"一波罗夷，二僧残"，两书中均未见。但内容确实是关于律藏，可能是后人为某部律藏所做的注或疏，也可能是《四分律摘抄》之类。

P.3001V，《敦煌宝藏》和《敦煌遗书总目索引新编》均拟为《四分律、四分律删繁补阙行事钞、法门名义集》，具体卷数不明。该件写卷前大半都是抄自《四分律》，但都不连续，属于摘抄，命名为《四分律摘抄》更为妥当，内容分属卷一和卷二两部分。卷一有两部分：第一部分起"食比丘到村乞食"，讫"若比丘共比丘"，第二部分起"尔时世尊游罗阅城耆阇崛山中"，讫"闲静处者村外空静地是"。卷二起"尔时世尊游毗舍离猕猴江边讲堂中"，讫"诸比丘在婆裘河边园中住"。

P.3148V，草书，且不清晰。《敦煌遗书总目索引新编》和《敦煌宝藏》均拟为《四分律》，具体卷数不明。

P.6012 存 2 行,第一行"恶行亦见",第二行"他家亦见"。《敦煌遗书总目索引新编》拟为《四分律》,《敦煌宝藏》拟名为"残佛经断片"。从残存的八个字看,可能为《四分律》卷五或卷四四的部分内容。

Дx.7989,残存 4 行,第一行"羯磨解界",第二行"磨者□□大德",第三行"时到僧忍听僧解此",第四行"大德僧听齐如是比丘",疑似卷三七。

Дx.8870,残存 4 行,第一行"责六群",第二行存"随顺行",第三行存"数方便",第四行存"最初",具体卷数不明。

Дx.10751,由两张断片组成,行约 34 字。第一块纸片第一行至第十行为卷三四的部分内容,中间有脱文。第十一行至最后为卷三七的部分内容。第二块残片为卷二部分内容,起"律第二煞戒第三",讫"如是何有正法共相煞"。

另外,S.7068《敦煌宝藏》定名为"四分律卷第五、十三僧残法之四",实为《四分律》注释类残卷,其中大字部分确实属卷五,而双行小字是其注释。

还有十余件写卷仅存护首:BD12430、BD12443、BD12454、BD12480、BD12596、BD12646、BD12686、BD12888、BD12963、BD13164、S.10980、Дx.583V 等。

以上写卷当中,9 件有武周文字:津艺 182:◇、◇、◇、王、而、回、◇、恶;上图 054:王、回、◇、函、◇、◇、璧、◇;S.4036:而、◇、◇、王;S.7039:恶;傅 188099:王、回、◇、◇;BD01832:◇、日、王、◇;BD02239:◇、◇、◇、◇、王、◇、◇;P.3340:王、恶、◇、◇、璧、而、◇、回、◇;BD14038:◇。

5 件标明为兑废卷:BD2009、BD3667、BD3675、BD5330 和 BD6101。

第二章　敦煌写本《四分律》文献价值

敦煌文献书写面貌自然而真实,具有较高的文献校勘价值。敦煌文献时间跨度较大,最晚的也是五代宋初时期,比传世刻本更早、更为接近原貌,在文献校勘方面有着不可估量的作用。关于敦煌文献的这一作用,张涌泉先生有过论述:"敦煌文献中的许多佛经写本(或刻本)大都是现在可以见到的最早的本子,有着很高的文献校勘价值。"①在其专著《敦煌写本文献学》中,张涌泉先生也用专门章节讨论敦煌写本的古籍校勘价值,并将其分为两个方面:其一,敦煌文献中保存的古书的较早抄本或引文,可据以纠正传世文献中的一些传刻之误;其二,敦煌文献中丰富的语言文字资料,可以给校勘古书提供许多有用的证据。②

《四分律》的诸多刻本中较为常见的是《大正藏》本与《中华大藏经》本。前者收录在第二十二册,由于有电子版,能轻易检索,故而使用更为普遍。后者收录在第四十册、四十一册,后出转精,版本和校勘较前者更为精细,但由于没有标点、没有电子版,故使用起来不如前者方便。这些传世刻本在翻刻的过程中难免存在一些讹误,给阅读理解带来障碍,而敦煌写本比传世刻本时间要早,较为真实地保存了文献原貌,具有独有的文献价值。利用写卷来校对刻本,可以提高文献质量。同时,写卷独有的注释、校改标记等也有着独特的文献价值。

第一节　敦煌写本《四分律》用字与文献校勘

现在人们较为容易看到的《四分律》多是刻本,刻本在翻刻的过程中或

---

①　张涌泉《敦煌文献密宗信仰研究的开创之作——再读〈敦煌密教文献论稿〉》,《敦煌研究》2004 年第 2 期。

②　张涌泉《敦煌写本文献学》,兰州:甘肃教育出版社,2011 年,第 47—52 页。

多或少存在一些讹误。敦煌写本非常真实地保存了《四分律》较早的版本，更为接近文献原有面貌。通过系统考察敦煌文献中有关《四分律》的写卷，我们可以纠正刻本在翻刻过程中产生的一些讹误。

1. 若比丘有淫意向非人妇女、畜生妇女，人童女、非人童女、畜生童女，人二形、非人二形、畜生二形三处亦如是；人黄门、非人黄门、畜生黄门，人男、非人男、畜生果二处亦如是。(《中华大藏经》本卷一，40/241b)

"畜生果"令人费解。津艺182 此处作"畜生男"，是。"果"当是因"男"的俗字而讹，写本中的"男"的俗写总是在下部"力"字的左边加上一撇，如津艺182 此处作**𡦈**。又如卷四八："摩诃波阇波提言：'若世尊为女人说此八不可过法，我及五百舍夷女人当共顶受。阿难！譬如男子、女人、年少净洁庄严，若有人与洗沐头已，止于堂上。'"甘博039"男"作**𡦈**。下部构件与"木"相似，遂误作"果"。

"畜生男"当与前文的"畜生妇女"相对应，指的是雄性畜生。佛典文献常有类似的用法，仅《四分律》中"畜生男"就出现了7次。除此"男"还能修饰畜生之外的其他名词，如卷一一："若天男、阿须(宋、元、明、宫本作"修")罗男、干闼婆男、夜叉男、饿鬼男及与畜生中能变化者、不能变化者共过二宿三宿，突吉罗。"(《大正藏》22/638b) 关于佛教中的"男"，《十诵律》卷一有明确的解释："男者，人男、非人男、畜生男。"(《大正藏》23/2c)

男，表示雄性动物等这一义项，《大词典》《大字典》未收。这可能只是佛典文献中特有的用法，毕竟佛家强调众生平等；同时，我们调查魏晋南北朝的汉籍，并未检索到"畜生男"或"男畜生"的用例，很可能是梵汉对译的产物。

2. 彼作如是非法行：自种华树教人种花树，自溉灌教人溉灌，自摘花教人摘花，自作华鬘教人作华鬘，自以线贯系若教人线贯系，自持花教人持花。(《中华大藏经》本卷五，40/290b)

"系若"写本 BD14668 作"若系"，是。理由有三：其一，从前后文句式上看，佛典讲求整齐，此处几条并列，前文为"自作华鬘教人作华鬘"，后文为"自持花教人持花"，句式一致，均为"自某某动作"和"教人某某动作"，这两条中间都没有用"若"这一连词；另外，后文"自以线贯华鬘教人贯"中间也没用连词。其二，从意义上看，"贯"是串连，"系"是打结，是两个不同的动作，中间宜用连词"若"。其三，从其他版本看，宋、元、明、宫本也作"若系"。

3. 彼作如是非法行：……或作众鸟鸣，或走，或佯跛行，或啸，或自作弄身，或受雇戏笑。(《中华大藏经》本卷五，40/290b)

"走"难以解释。此处是十三僧残法中的第十二条，即"污他家""行恶行"，并且罗列出种种"非法行"的具体情形。"作众鸟鸣"和"佯跛行"确实不合出家人的规范，只是其中包含"走"却令人费解。走，《说文·走部》："趋也。从夭止。"《释名》卷二《释姿容》："徐行曰步，疾行曰趋，疾趋曰走。"可见，"走"和"趋"还是有区别，前者速度上要快于后者。段玉裁《说文解字注》："此析言之，许浑言不别也。"不论是趋还是比趋速度稍快，"走"这一动作都很难列入佛家的"非法行"之列。

写本 BD14668 此处作"走戏"，是。"走戏"，即嬉戏、游戏的意思，与"作众鸟鸣"和"佯跛行"等并列，都属于"非法行"。佛典常见，如《妙法莲华经》卷二："作是念已，如所思惟，具告诸子，汝等速出。父虽怜愍、善言诱喻，而诸子等乐着嬉戏，不肯信受，不惊不畏，了无出心；亦复不知何者是火？何者为舍？云何为失？但东西走戏，视父而已。"(《大正藏》9/12b)前用"嬉戏"，后用"走戏"，可见"走戏"即游乐嬉戏、玩耍的意思，相当于游戏。又如《禅秘要法经》卷上："如是众多，走戏水中。复有虎狼师子豺豹鸟兽，从火山出，游戏水中。"(《大正藏》15/249a)前用"走戏"，后用"游戏"，对举见义。类似的例子还有《六道集》之地狱道中前文"此儿狂耶，旦来如此游戏不息"，后文"儿在村南走戏"，从中也能看出"走戏"即游戏，表示嬉戏玩耍的意思。《汉语大词典》失收该词。

4. 尔时六群比丘闻世尊制戒：听比丘有时因缘二宿三宿军中住。彼在军中住，观军阵斗战，观诸方人象马。(《中华大藏经》本卷一六，40/437b)

"方人"不辞，写本 BD14505 此处作"力人"，当以写本为是。

力人，指力气大的人。较早的用例见于《左传·宣公十五年》，如："魏颗败秦师于辅氏，获杜回，秦之力人也。"力人，亦作"有力人"，如《中阿含经》卷五六："若有人觉、灭、涅盘，心向清净而住解脱。阿难！当知此人如彼力人。"(《大正藏》26/779c)《大正藏》校勘记："力人"，宋、元、明本均作"有力人"。

其他版本此处也作"力人"。《中华大藏经》校勘记："方"，资、碛、普、南、径、清本作"力"。当以"力人"为是，形近而误。《大正藏》本此处也作"方人"，校勘记：宋、元、明、宫本作"力人"。

5. 阵者：四方阵，或圆阵，或半月形阵，或张甄阵，或减相阵，象王马王人王阵。(《中华大藏经》本卷一六，40/437c)

"减相阵"不辞。写卷 BD14505 此处作减，一开始写作"减"，后又擦拭了起笔的点而作"咸"。咸，当是"函"的借音字，查《广韵》两字均为胡谗切，同音借用，本字当作"函"。《中华大藏经》本和《大正藏》本都作"减"，当是与"咸"形近而误。

函，有四方包围的意思，《隋书·礼仪志七》："车驾晨夜出入及涉险，皆作函。卤簿应宿卫军骑,皆执兵持满,各当其所保护方面。天明及度险,乃奏解函,挝鼓而依常列。"函相阵,又作函阵,即方阵,与前文圆阵、半月形阵并列,是一种不同的阵形。《魏书·刁雍传》:"贼畏官军突骑,以锁连车为函阵。"阵,又作"陈",《资治通鉴·宋营阳王景平元年》引此文作"函陈",胡三省注:"函陈,方陈也。陈,读曰阵。"

从其他版本看,此处当作"函相阵"。据《大正藏》校勘记,宋、元、明、宫本此处作"函相阵",可资比勘。

6. 尔时婆伽婆在舍卫国祇树给孤独园。尔时六群比丘尼露身在河水、泉水、池水、深水中浴。(《中华大藏经》本卷二六,40/587b)

"深水"费解,不能与"河水""泉水"及"池水"等并列,另外比丘尼也不太可能在深水中洗浴。写本 BD01832 此处作"渠水",是。

渠水即人工开凿的水道里的水。又如 S.1415 卷五五:"时有比丘盗他水,彼疑。佛言:'直五钱,波罗夷。'诸比丘疑,不敢取渠水、泉、陂、池水。佛言:'若非人所护者,不犯。'"此处也是"渠水"与"泉水""池水"相并列。另外,写卷 BD00711 作"在河水泉渠水"、BD02965 作"在河水泉水渠水"等,均作"渠水",与泉水并列。除了写本外,传世刻本中的宋、元、明、宫本此处也作"渠水"。

7. 除僧伽梨,余衣不五日五日看,突吉罗;除余衣,若不五日五日看余所须之物,令失者虫烂色坏,突吉罗;比丘突吉罗,式又摩那、沙弥、沙弥尼突吉罗,是谓为犯。(《中华大藏经》本卷二六,40/589b)

"令失者虫烂色坏"按照字面意思当理解为使丢失的被虫咬烂。此处是一八七十八单提法之一百零四,即告诫比丘尼要每五天查看一次僧伽梨,其缘由则是"时有比丘尼置僧伽梨在房,不看晒治虫烂色坏"。从其缘由可见是在房中被虫咬烂,并未丢失。结合语境看,"失者"难以理解。此处"者"写卷 BD05822 作"若",是。

"若"用作连词,表"或者"义。此义由来已久,如《仪礼·公食大夫礼》:"鱼肠胃伦肤若九,若十有一,下大夫则若七若九。"《四分律》中常见,如卷一:"若天、若龙、若夜叉、若饿鬼、若睡眠人、若死人、若无知人、若自不语、若语前人不解,如是等不名舍戒。"(《大正藏》22/571a)又如卷一:"有三种不与取,波罗夷,若自手取、若看取、若遣人取。"(《大正藏》22/573b)

"者"换成"若"就语义通顺,即不五日五日看使之丢失或者虫烂色坏,就犯了突吉罗。只是,写卷 BD05822 在"令"前衍"不"①,当是涉前而衍。

---

① 任继愈主编《国家图书馆藏敦煌遗书》,北京:北京图书馆出版社,2008 年,第 78 册,第 215 页上。

8. 我闻汝欲设食并施僧衣,实尔以不?(《中华大藏经》本卷二七,40/593b)

"实",在写卷 BD01832 和 BD05822 中均作"审"①,两字均可,以写卷为长,更符合《四分律》行文习惯。

实(實),《说文·宀部》:"富也。从宀从贯。贯,货贝也。"引申为确实、的确,如《左传·庄公八年》:"我实不德,齐师何罪?"

审(審),又作"宷"。宷,详细、仔细,《说文·采部》:"悉也。知宷谛也。从宀从采。審,篆文宷从番。""审"表详义,如《书·顾命》:"病日臻。既弥留,恐不获誓言嗣,兹予审训命汝。"孙星衍疏:"《说文》云:'详,审议也。'审亦为详。"引申指确实,如《管子·小称》:"审行之身毋怠,虽夷貉之民,可化而使之爱;审去之身,虽兄弟父母,可化而使之恶。"

可见,实和审两字均有确实、果真义。"实尔以不"或"审尔以不",用来向对方求证,相当于"果真如此吗"。从意义看,两种用法均可,但从行文习惯和其他版本看,用"审"更为妥当。

从行文习惯看,表疑问时多用"审"。如《四分律》卷一:"汝审尔王不与材而取不?"卷二:"汝审尔欲意炽盛随念忆想弄阴失精耶?"卷三:"汝审尔不?""汝审尔媒嫁不?""审尔私作房舍多所乞求不?"这些场合的共同点是都是询问对方,是不是果真如此。《四分律》中确实也用"实尔",但大多用于回答,如卷一:"答言:实尔,世尊。"卷二:"报言:实尔。"除此,还有四十余次同样用于作答。

从其他刻本和写卷看,此处作"审"更合适。上揭用例中的"实"在刻本宋、元、明、宫本中也作"审"。其他地方也有"实"在写卷中作"审"的情形,可资比勘。如《大正藏》本卷一〇:"实欲饭佛及比丘僧,并施好衣耶?"其中"实"在写卷 BD07604 中作 審,在宋本、元本、明本、宫本诸刻本中均作"审"。又如《大正藏》本卷一八:"汝实入王宫乃至婇女间耶?"其中"实"在写卷 BD01605 中作 審,在宫本、圣本、圣乙本中也作"审"。

9. 无村阿兰若处,随行十里,一波逸提。行减一村界,突吉罗;减十里,突吉罗;行一界内,突吉罗;方便欲去而不去,若共期去而不去,一切突吉罗。(《中华大藏经》本卷二九,40/630b)

此处"一界内"比较含糊,写卷 BD05522 作"一家界内",是。

《四分律》中有"家界""村界"及"国界"等,单独说"一界"不够明确。"一家界"正好与前文"一村界"递进,范围在缩小,又如卷三〇:"若无村阿

---

① BD05822 作 審,BD01832 作 審。

兰若处，行十里，一波逸提。减一村界，若减十里，突吉罗；若行一家界内，突吉罗；方便欲去而不去，共期去而不去，一切突吉罗。"(《大正藏》22/771C)

10. 不犯者，或时有如是病，或为他所打避杖，或有暴象来，或遇贼，或遇恶兽，或有刺棘来以手遮，或渡河水，或渡沟深汪水，若渡泥，或时欲齐整着衣，恐有高下参差象鼻多罗树叶细褊，如是左右顾视摇身看，无犯。(《中华大藏经》本卷三〇，40/642a)

"如是左右顾视摇身看"中的"看"费解。写本 BD05553 作"如是左右顾视摇身者"①，是。

此处是比丘尼一百七十八波逸提中的第一百七十六条，即不得无故摇身趋行。《四分律》当中的戒律部分一般包含三个内容：其一是制戒的缘由，世尊在何地因何人何事而制戒；其二是戒律条文，即具体条目；其三是判定的标准，即罗列哪些情况犯戒、哪些情况不犯戒。其中，罗列犯戒或不犯戒的种种情况时经常在罗列之后用"如是……者"来收尾。不犯戒的情况，其行文习惯一般表述为："不犯者，如是……者，无犯。"如《四分律》卷三〇："不犯者，若先不知，若故坏僧伽蓝，若先起塔后作僧伽蓝者，无犯。"(《大正藏》22/776c)

从行文习惯看，当依写卷作"者"，罗列开缘的种种情形。从句法上看，此处当作"者"，代词，与"如是"搭配复指上述诸种情况。从语义上也当作"者"，前文的"左右顾视"已经有看的意思，后文的"摇身看"就显得重复，且"摇身看"本身也语义不通。

要言之，此处的"看"当依写本作"者"，用来列举不犯的种种情况。两字形近常混用，如《四分律》卷二六："若复为僧事塔事而往观看画堂。"(《大正藏》22/748c)其中，"看"写卷 BD01832 作"者"。

11. 时王教菩萨学种种伎术：书、算数、印画、戏笑、歌舞、鼓弦、乘象、乘马、乘车、射御、捔力，一切伎术无不贯练。(《中华大藏经》本卷三一，40/652c)

"捔"，写卷 S.3898 作"角"，是。《四分律名义标释》卷二二："捔，本作'角'。吉岳切，音觉。《礼记》言：'习射御角力。'《春秋》云：角，试也、校也，又竞也。"(《卍续藏》44/570c)

角力，古代体育活动项目之一，通常为徒手相搏。《礼记·月令》："（孟冬之月）天子乃命将帅讲武，习射御、角力。"捔力，用作动词表较量义。《法苑珠林》卷一六："如《因果经》云：'太子至年十岁，与兄弟捔力。'"(《大正

---

① 《国家图书馆藏敦煌遗书》，第75册，第19页下。

藏》53/352a)作为定光菩萨所学的技术之一,当用"角力",而且与"射御"相并列的一般都是角力,如慧琳《一切经音义》卷七〇"角胜"条,"古文觳同古卓反。角,比量也。《礼记》:'习射御角力。'《广疋》:'角,量也、角试也。'《说文》:'角,平斗斛也。'并单作'角',或作'捔'。"(《大正藏》54/765c)卷八四"角试"条:"上江岳反。《礼记》:'孟冬豫武习射御角力。'顾野王云:'角力犹竞争胜负也。'《吕氏春秋》云:'角,试也。'《汉书》:'角,力而拒之也。'"(《大正藏》54/850a)

12. 尔时善现龙王从己池出,往世尊所,头面礼足已,却住一面白佛言:"世尊,有龙能烧一国土,若减一国土。诸比丘食此龙肉。善哉,世尊,勿令比丘食龙肉。"(《中华大藏经》本卷四二,40/825c)

"减"难以理解,敦研032作,当是"灭(灭)"字,写本中灭字常从"冫",如:"若式叉摩那尼犯淫,应灭傧。"(BD05822)汉字书写体系当中,"氵"与"冫"确有混用的情况,如"凉"作"凉"、"淨"作"净"等。敦煌写本也如此,BD06011"染""洛""渠"、BD05522"涕""漏"及 BD05822"治"等,这些字当中的"氵"在写本中均作"冫";津艺182"净""减"及 S.3898"凉"等字当中的"冫"均作"氵"。

写本中大量"氵"与"冫"的混用情况,进一步说明敦研032中的当是"灭"字。结合语境,"有龙能烧一国土,若灭一国土"这句话就不难理解,即:龙能吐火烧一国土,亦能吐水淹没一国土。结合后文,善现龙王说此话的目的就是强调龙的本领高超,请求世尊"勿令比丘食龙肉"。

"灭"由于其繁体字形与"减"相似,故常常误用,又如《杂阿含经》卷七:"何所有故,何所起?何所系着,何所见我?令诸众生作如是见、如是说:'如是我、彼,一切不二、不异、不灭。'"(《大正藏》2/43c)宋、元、明本作"减"。写本中也有混用例,如 BD14541 中"灭"误作"减"(),S.3898 中"灭"误作"减"()。

13. 毕陵伽婆蹉多知识,多徒众,多得酥油、生酥蜜、黑石蜜,持与徒众,遂多积聚藏举,众器皆满,大盆、小盆、大钵、小钵、杳、大釜、络囊、漉囊,持串着壁上、龙牙杙上、向上,或恳着屋间,下漏上湿,房舍臭秽。(《中华大藏经》本卷四二,40/828b)

"下漏上湿",令人费解。此处"湿"写卷 BD14038 作"弃",是。

弃,指液体流出,如《四分律》卷四三:"自今已去,听以刀破疮。患疮臭应洗,若以根汤、茎叶华果汤及小便洗。时以手洗患痛,以鸟毛洗。若药汁流弃,以物拥障四边;若患燥以油涂;若上弃以物覆;若疮臭香涂。"(《大正藏》22/877a)前用"流弃",后用"弃",可见"弃"单独用也是指液体流出,此处"上弃"也与上揭例子一样是上面溢出的意思。又如卷五五："时有比丘与白衣家有怨,彼决他田水弃之,令田毁废。彼疑。佛言:'波罗夷。'"此处"弃"也是流淌的意思。

14. 时有比丘自往家间取人发、人脂,持去。时诸居士见,皆憎恶、污贱。(《中华大藏经》本卷四二,40/829a)

"家间"不辞,令人困惑,因为家里有"人发"还可以理解,但家中有"人脂"就不可思议了。写本 BD14038 作"⿱⿱家间"①,即"冢间"。当以写本为是。

⿱冢,敦煌写本中"冢"经常作此形,如 BD06011 卷三五:"尔时诸比丘知世尊听一处说戒,或在仙人所住山黑石处相待,或在毗呵勒山七叶树窟相待,或在⿱冢间相待。……当作如是结唱界方相:若空处,若树下,若山若谷,若岩窟,若露地,若草积处,若近园边,若⿱冢间。"②石刻中也有用例,如北魏《元谭墓志》:"汲冢遗笈。""冢"作⿱冢③。这一俗写与"家"形似,故相混。

从语境看,此处当作"冢间"。人发、人脂,一般存在于冢间而非家间。人脂就是指人的脂肪。人脂可作为一种药,如卷四二:"时有比丘患疱,医教用人脂。佛言:'听用。'"(《大正藏》22/870c)人脂还可以作为灯的燃料,从而制成"人脂灯",如《佛说金刚手菩萨降伏一切部多大教王经》卷二:"复次持诵者亦以足踏陪啰嚩天身,诵真言八千遍,然后作广大供养,即献人肉食、燃人脂灯、烧人肉为香。"(《大正藏》20/556a)

从其他版本和写卷看,此处当作"冢间"。《中华大藏经》本校勘记:"家"诸本作"冢"(40/836c)。《大正藏》本作"冢间"(22/870c)。又如《中华大藏经》本卷五五:"时有众多白衣在家间脱衣置一处埋死人。"(41/59b)从后文"埋死人"看,"家间"当为"冢间",写本 S.1415 亦作⿱冢,即"冢"的省笔。

15. 阿难言:"大德! 我头白发已现,云何与迦叶所犹不勉年少耶?"(《中华大藏经》本卷四九,40/944b)

句中的"不勉"语义不通,BD14940 此处作"不免"。《中华大藏经》本校勘记:"勉"诸本作"免"。当以"不免"为是。

不免,指免不了,用在句中表示阿难心中的疑惑:为什么白头发出现了,在迦叶这里还免不了称为年少? 敦煌文献中"免"常写作"勉",黄征先

① 《国家图书馆藏敦煌遗书》,第 119 册,第 157 页下。
② 《国家图书馆藏敦煌遗书》,第 81 册,第 81 页上。
③ 北京图书馆金石组编《北京图书馆藏中国历代石刻拓本汇编》,郑州:中州古籍出版社,1989 年,第 5 册,第 91 页。

生《敦煌俗字典》已收录，敦煌写本《四分律》亦有体现，如 BD01605 卷一八：
"复于异时，王于五百女人中立为第一夫人，在高殿上便自念言：'我以何业
报因缘得勉于婢，今受如是快乐？'复作是念：'将是我先以和蜜干饭分施与
沙门，以此因缘故今得勉婢，受如是快乐耳。'"①BD06011 卷三五："我是善
现龙王，我生长寿龙中，厌离此身，作此念：我何时当得离此龙身。复生此
念：沙门释子修清净行，我今宁可从其出家学道，勉此龙身。"②上述三处的
"勉"都当作"免"。

不独"免"常作"勉"，从"免"之字在写本中大多仿此，如"挽"的右边亦
可作"勉"，如 BD01605 卷一九："时尊者迦留陀夷体大尼师坛小，不得坐，知
世尊从此道来，便在道边手抛尼师檀欲令广大。世尊见迦留陀夷手抛尼师
檀已，知而故问言：'汝何故抛此尼师檀？'答言：'欲令广大，是故抛耳。'"③
此四处"抛"字，《大正藏》及《中华大藏经》中均作"挽"，是。此处的"挽"表
示"牵、拉"的意思。又如《五分律》卷四："时长老伽毗，得一狭短衣，日日舒
挽欲令广长。"（《大正藏》22/24c）宋本及宫本即作"抛"。又如"媲"即
"娩"，《改并四声篇海·女部》引《余文》："音娩，义同。""媲"与"娩"音义均
同，也是受俗写的影响。又如"鞔"即"鞁"，《龙龛手镜·革部》："鞔"，"鞁"
的俗字。

16. 彼乞食还已，洗足，安置衣钵，结加跌坐，直身正意，系念在前：断除
悭贪，心不与俱；断除瞋恚，无有怨嫉，心住无瞋，清净无恚，常有慈愍；除去
睡眠，不与共俱，系想在明，念无错乱；除断调愧，不与共俱，内心寂灭，调愧
心净；除断于疑，已度于疑，其心一向，在于善法。（《中华大藏经》本卷五
三，41/36c）

"调愧"不辞，写本 S.3971 作"掉悔"，是。《中华大藏经》本校勘记："调
愧"，诸本作"掉悔"。

掉，《说文·手部》："摇也。从手卓声。《春秋传》曰：'尾大不掉。'"段
玉裁注："掉者，摇之过也；摇者，掉之不及也，许浑言之。"④段氏认为"掉"与
"摇"虽在摇动的程度上有差别，但浑言不别。"掉"的这一用法常见，如《文
选·扬雄〈长杨赋〉》："拮隔鸣球，掉八列之舞。"李善注引贾逵曰："掉，摇
也。"心中的摇动，即后悔，在佛典文献中常出现"心不掉动"的用法，如《别
译杂阿含经》卷六："心不掉动、无有疑惑、不着身见、心净无染、不喜瞋恚、能

---

① 《国家图书馆藏敦煌遗书》，第 23 册，第 33 页上。
② 《国家图书馆藏敦煌遗书》，第 81 册，第 69 页上。
③ 《国家图书馆藏敦煌遗书》，第 23 册，第 41 页上。
④ 《说文解字注》，第 602 页下。

住心念、具于禅定、善法不退,若有具上种种善法,我尚不说彼人善法停住,况不增长?"(《大正藏》2/415c)

掉悔,即后悔,属同义连文。慧琳《一切经音义》卷一〇〇:"掉悔:条曜反。《考声》:'动也。'《说文》:'摇也。'从手。《止观》中从心作'悼',非也,是书写人错误也。"(《大正藏》54/929a)《止观》中从心作"悼",也能说明与心理活动有关。佛典文献常见,如《杂阿含经》卷九:"佛告二十亿耳:精进太急,增其掉悔;精进太缓,令人懈怠,是故汝当平等修习摄受,莫着、莫放逸、莫取相。"(《大正藏》2/62c)此处是太急会增加修习者的后悔之心。

掉悔一词,《汉语大词典》失收。

17. 时有比丘吹口,有异比丘以男根内口中。彼不受乐,出之,疑。(《中华大藏经》本卷五五,41/56b)

"吹口"费解,因为按照"吹口哨"来理解就需要撮口,这与后文"以男根内口中"相矛盾。"吹口哨"这一意义《四分律》中一般是用"吹唇"一词表示,如卷四四:"彼作如是恶行:……或吹唇,或弹鼓簧,或作吹贝声。"(《大正藏》22/890b—c)吹唇是吹口哨的意思,佛家认为吹口哨也是一种"恶行",应当被禁止。

写本 S.1415 作"欠口"①,《大正藏》本同。作"欠口",是,即打呵欠的意思。《说文·欠部》:"欠,张口气悟也。象气从人上出之形。凡欠之属皆从欠。"段玉裁注:"悟,觉也。引申为解散之意。……《通俗文》曰:'张口运气谓之欠呿。'……欠呿,古有此语,今俗曰呵欠。"②欠口的说法,佛典文献常见,如《菩萨从兜术天降神母胎说广普经》卷一:"设当以肉眼,观空界众生。欠口出入息,无数众生入。"(《大正藏》12/1016c)

18. 我不知不见而言知见,虚诳妄语,比丘波罗夷不共住。我以增上慢自记,后精勤不懈,得增上胜法,我当云何? 即以因缘具句同意比丘说……(《中华大藏经》本卷五六,41/72c)

"句"费解,写卷 S.6636 作"向"。当以写卷为是,刻本形近而误。

除此以外还有刻字时将紧挨在一起的两字互换位置而误,如《中华大藏经》本卷五六:"时迦留陀夷闻之,生疑,往世尊所,头面礼足,却坐一面,何此因缘具白世尊。世尊问言:'汝以以心?'答言:'谓是己衣,不以盗心。'"(《大正藏》41/67b)"何此因缘"中的"何"费解,写本 S.6636 作"以"。"汝

---

① 方广锠、吴芳思主编《英国国家图书馆藏敦煌遗书》,桂林:广西师范大学,2013 年,第 22 册,第 83 页下。

② 《说文解字注》,第 410 页上。

以以心"中的第二个"以"费解,写本 S.6366 作"何"。原来,"何"与"以"在该刻本中邻行并列,刻工误将"何"刻成"以"、误将"以"刻成"何"。

除了《中华大藏经》本,写本还能纠正《大正藏》本的一些讹误。

1. 余时者,热时、病时、作时、风雨时、道行时,此是余时。比丘义如上。热时者,春四十五日夏初一月是热时。病者,下至身体臭秽是诸病。(卷一六,22/675a)

"是诸病"不辞,写卷 BD14505 作"是谓病时",是,更符合《四分律》行文习惯。

当解释某某时,《四分律》中常用的句式是"某某者,……是谓某某",如卷三:"妨处者,不通草车回转往来是谓妨处"(22/585b),此句解释"妨处",即用"妨处者,……是谓妨处"。又如:"无妨处者,中间容草车回转是谓无妨处"(22/586b),用这一句式解释"无妨处"。又如卷四:"见根者,实见犯梵行、见偷五钱过五钱、见断人命、若他见者从彼闻,是谓见根。"(22/588b)这句是具体阐释"见根"。这种句式在原律典中大量出现,用来解释某一概念,或罗列某一情形的具体表现。

从行文习惯看,当从写卷作"是谓病时"。此处是先罗列"热时""病时"等五种情况为"余时",这五种时候半月洗浴不算犯戒,即开缘;然后再分别解释这五种情况。解释第二种情况,先用"病者",再用"是谓病时"呼应前文的五种"余时"中的"病时"。

2. 若此比丘尼别住者,于佛法有僧益安乐住。汝今可舍此事,莫为僧所呵,更犯重罪。若随语者善,不随语者当作白。(卷二三,22/725b)

"僧益"不辞,而写本 S.6862 作"增益",是。

增益,同义连用,增加、增添的意思。宋玉《高唐赋》:"交加累积,重叠增益。"佛典文献中也常见,仅《四分律》就出现二十余次"于佛法有增益安乐住"。

"增"作"僧",形近而误,较为常见,如《四分律比丘戒本》:"应与僧和合,欢喜不净,同一师学,如水乳合,于佛法中有增益安乐住。"(22/1016b)又如《四分比丘尼戒本》:"与僧和合,欢喜不净,同一师学,如水乳合,于佛法中有增益安乐住。"(22/1032b)这两处"增"明刻本均误作"僧"。

3. 若别众若尼众不和合若众不满,亦当遣信往礼拜问讫,若不往者突吉罗。比丘突吉罗,是谓为犯。(卷二九,22/765b)

"问讫"不辞,"讫"写卷 S.4036 作 𧧈,BD14149 作 𧧬。当以写本为是。

　　写本的字形是"訊"的俗形。訊,《说文·言部》:"问也。从言卂声。"其声符"卂"在写本中常发生变异,或作上下结构,或作"丸"。如 BD01605 卷八:"夫人闻已欢喜,便欲往至佛所,即诣王波斯匿白言:我欲见佛礼拜问訊。"①又如 BD05553:"时世尊制戒听百岁比丘尼见新受戒比丘,当起迎礼拜恭敬问訊,与敷坐具。然彼诸比丘尼不起迎逆礼拜恭敬问訊。"②

　　问讯,一般指询问、慰问,佛典中指僧尼等向师长、世尊合掌致敬。佛典习见,如《长阿含经》卷二:"汝诣耆阇崛山,至世尊所,持我名字,礼世尊足,问讯世尊。"(1/11a)仅《四分律》中就共出现 127 次"问讯"。《大智度论》卷一〇载有二种问讯法:"复次,有二种问讯法:问讯身,问讯心。若言:少恼、少病,兴居轻利,及气力,是问讯身。若言:安乐不,是问讯心。"(25/131b)

　　4. 不犯者,或时有如是病乘种种安乘,若命难梵行难乘乘走,或为强力所执将去者,无犯。(卷三〇,22/771b)

　　"安乘"费解,"安"写本 BD05522 作"女",是。

　　女乘,矮一点的车子,与男乘相对,《四分律行事钞资持记》卷二:"男乘,立车;女乘,坐车。"女乘即可以坐的车子,又如《四分律》卷三〇:"时诸比丘尼有老者或羸病气力微弱,不能从此住处至彼住处。佛言:自今已去,听乘步挽乘、一切女乘。"(22/771b)《十诵律》卷二五:"佛在舍卫国。六群比丘载女乘,种种不清净。佛言:'女乘不应载,若载得突吉罗罪。'"(23/182b)

　　"安"的俗写常与"女"相近,《干禄字书》:"安,上通下正。"写卷中这一俗形也常出现,如 BD14038:"汝住处安乐和合不? 不以乞食疲苦邪?"因这一俗写也常出现误用,如卷二五:"时摩诃波阇波提比丘尼往至世尊所,头面礼足,在一面立,白佛言:'世尊! 女人身臭秽不净。'说是语已,即礼佛足,绕三匝而去。"(22/737c)"女"写本 S.6366 误作"安",这是由于"安"的俗写常在"女"上加两点而混。

　　另外,宋、元、明、宫本此处也作"女乘",可资比勘。

　　5. 定光如来观察提婆跋提城人民诸根纯熟,即使化城,忽尔火然。(卷三一,22/783a)

　　"熟",写卷 S.3898 作"淑",即"淑"。当从写卷,宋、元、明、宫本此处也作"淑"。

　　熟,引申有熟练、精通义,如欧阳修《试笔·作字要熟》:"作字要熟,熟

① 《国家图书馆藏敦煌遗书》,第 23 册,第 33 页上。
② 《国家图书馆藏敦煌遗书》,第 75 册,第 18 页下。

则神气充实而有余。"纯熟,也有熟练、精通义,如苏轼《次韵定慧钦长老见寄》之四:"真源未纯熟,习气余陋劣。"

淑,《说文·水部》:"清湛也。从水叔声。"引申有善、美义,段玉裁《说文解字注》:"湛,没也。湛沈,古今字。今俗云深沈是也。《释诂》曰:'淑,善也。'此引伸之义。"纯淑,也表示美善。如《汉书·孔光传》:"德行纯淑,道术通明。"

从语境看,此处"诸根纯淑"即诸根美善,当用"纯淑"。佛教文献习见,如《度世品经》卷三:"众生将无诸根纯淑。"(10/635b)又如《最胜问菩萨十住断结经》卷八:"普察三千大千世界,颇有众生诸根纯淑。"(10/1027a)

6. 于天及世间久魔若魔天及梵天众沙门婆罗门众中,自知得神通智证,常自娱乐,与人说法,上、中、下言悉善,义味深邃,具足演布,修诸梵行。(卷三三,22/797b)

"久"费解,写本 BD02960 作"人",是。

佛典中经常将天、人、魔等并列,"天"或称"诸天","人"又称世人、世间人。如《增壹阿含经》卷三五:"我之所论,天及世人、魔、若魔天不能及者,亦不着世,复不住世,然我于欲而得解脱,断于狐疑,无复犹豫。"(2/743b)天人魔梵的并列更为常见,如《大集法门经》卷一:"不毁沙门婆罗门天人魔梵,了知世法。"(1/229a)《起世经》卷七:"是故诸天,以为支提,一切世间,天人魔梵、沙门婆罗门等,应供养故。"(1/342b)

7. 何等八? 毗楼勒叉龙王,次名伽宁,次名瞿昙冥,次名施婆弥多罗,次名多奢伊罗婆尼,次名伽毗罗湿波罗,次名提头赖托龙王。(卷四二,22/870c)

"托",写本 BD14038 及《中华大藏经》本作"咃",是。

从语境看,当作"咃"。提多罗咃为东方天主,《佛说灌顶经》卷七:"东方天王名提多罗咃,主诸灾横水火变怪,以神王名厌之吉。"(21/516a)慧琳《一切经音义》卷七三:"提头赖咃,或言提多罗咃,或言弟黎多曷囉咃。此译云持国者主领捷达婆及毗舍阇,或云臂奢柘,谓饿鬼中胜者也。"(54/780c)

8. "听童女十八者二年中学戒,年满二十比丘尼僧中受大戒。若年十岁曾出嫡者,听二年学戒,满十二与受戒。"(卷四八,22/924a)

"出嫡"不辞。嫡,《说文·女部》:"孎也。从女啻声。"孎,谨慎。甘博039 作𡣩,为"適(适)"的增旁俗字。此处当作"出适"。

"出适"即出嫁的意思,此处是指曾经出嫁过的女子要先学戒两年到了十二岁才能受戒。出适一词,佛典习见,如《增壹阿含经》卷二二:"若此城中有女出适他国者,当重刑罚;若复他国取妇将入国者,亦重刑罚。"(2/660b)又如《贤愚经》卷一〇:"兄求长者女,欲以为妇,其女年小,未任出适。"(4/417b)

从其他版本看,当作"出适"。宋、元、明、宫等刻本均作"出适"。《大正藏》本此处作"出嫡"当是误将 適 的本字认为是"嫡"字。

9. 彼僧伽蓝中求教授或受请或听法,无坐处。佛言:"听若石上坐,若在墼上坐,若在杌木头上坐,若草上树叶上坐,若梁上坐。"(卷四八,22/927b)

"梁"费解。《说文·木部》:"梁,水桥也。从水,从木,刅声。"此处是佛给比丘尼安排坐的地方,而且又在僧伽蓝中,故"水桥"义的"梁"字用于此处不符。"梁"又引申指房梁,《尔雅·释宫》:"宗庙谓之梁。"郭璞注:"梁,屋大梁也。"房梁义于此处更不符,毕竟房梁作为坐的地方极不合适。"梁"当是"埭"的讹误。

此"梁",写本甘博039作"堕",当是"埭"字的借音字,《中华大藏经》本此处即作"埭",刻本中宋、元、明、宫本作"埵",亦是"埭"的借音字。埭,门前的矮墙或小土堆的意思。《说文·土部》:"埭,门堂埶也。"段玉裁注:"谓之埭者何也?朵者,木下垂。门堂伸出于门之前后,略取其意。后代有朵殿。今俗谓门两边伸出小墙曰埭头,其遗语也。"不独写本中"埭"作"堕",刻本中也有类似借音字,如《四分律》卷二五:"或坐石上、木上、墼上、草敷上、若埭上。""埭",宋、元、明、宫本均作"埵",圣乙本作"堕"。

10. 尔时莲华色比丘尼阿兰若处经行。此比丘尼颜貌端正,有年少婆罗门见,系心在彼,即捉欲犯。比丘尼言:"於我,当往某处。"(卷四九,22/929c)

"於我"不辞,而写本BD14940此处作"放",是。结合语境,此处是莲花色比丘尼请求年少婆罗门放开她,故当从写本作"放"。

11. 莲华色比丘尼至彼处,即以屎涂身。彼婆罗门瞋,以石打头,两眼脱出。(卷四九,22/930a)

脱,写卷BD14940作"凸"。甘博039此处作 殿,当是"凸"的增旁。

从语境看,当作"凸"。脱,本义是消瘦、脱形。《说文·肉部》:"消肉臞也。从肉兑声。"段玉裁注:"言其形象如解蜕也。此义少有用者,今俗用为分散、遗失之义。分散之义当用'挩',《手部》挩下曰:'解挩也。'遗失之义当用'敓',《奞部》曰:'敓,手持佳失之也。'"此处是用石头打莲花色比丘尼的头部,消瘦、分散、遗失等意义均与此处不符。当用"凸",凸起,即打肿的意思。

从其他版本看,宋、元、明、宫本此处也作"凸"。

12. 时小儿见即欢喜来抱脚。婆蹉即以神足合小儿持来着阁上房中,至檀越所,数座而坐。(卷五六,22/980a)

"数座而坐"不辞,而写卷 S.6636 作"敷座而坐"。当以写卷为是,《大正藏》本形近而误。

敷有铺开义,如《穆天子传》卷六:"敷筵席,设几。"郭璞注:"敷犹铺也。"敷座,即敷坐具,铺开座位、排列座位,《金刚般若波罗蜜经注解》卷一:"敷座而坐者,敷坐具而加趺也。"(33/28b)《金刚经注讲》:"敷乃排列也,谓排列序次之座而坐。"(《卍续藏》25/705a)敷座而坐,《四分律》中常见,除上揭用例外还出现了十九次,如卷三:"尔时世尊从罗阅城,将诸比丘千二百五十人诣旷野城,各敷座而坐。"(22/584b)

第二节　敦煌写本《四分律》脱文、衍文、异文及校勘符号

敦煌写本《四分律》虽说保存了该部律藏较早的面貌,但毕竟是民间的手抄本,由于抄卷人的水平参差不齐,故不可避免地存在一些讹误与异文。我们就以脱文、衍文、异文三类来举例说明。

一、脱文

脱文,指写本在传抄的过程中漏抄的一些文字,结合写本的具体情况,我们又把脱文分为整行脱、换行脱、涉后脱及其他。与《大正藏》本相比较,写本《四分律》中也有不少脱文。

写本《四分律》多是以每行 17 字抄写的,故整行脱的情况大多脱 17 字,如:BD01605 脱"此是婢使,云何为妇? 王言:无苦,但共论价直";BD05522 脱"彼比丘尼向暮开僧伽蓝门不嘱而出者";BD05822 脱"沙门衣者,染晒衣。彼比丘尼以沙门衣施与"、脱"如佛所教彼比丘尼作如是意停众僧如法"、脱"数方便呵责已告诸比丘此比丘尼多种有";BD14149 脱"我衣来当与汝授具足戒而受他衣已竟不";BD11271 脱"为我故自赞身若为说毗尼时言说相似而";S.6636 脱"时以灌其顶以此业报因缘堕地狱中百千";S.1895 脱"法如今观之有何正法而自掘地断他命根";S.2793 脱"梵施王与五万人俱,波斯匿王与四万人俱";S.2795 脱"为非非威仪非沙门法非净行非随顺行所";BD02960 脱"各得自炙诸梵志念言此皆是大沙门所为";BD05522 脱"彼比丘尼向暮开僧伽蓝门不嘱而出门者"。整行脱的情况也有后补上的,

如 BD02009 脱"不应呵何等人得满数亦得呵若善比丘",后补并注"脱此一行";又 S.3971 脱"恚无有怨嫉,心住无瞋,清净无恚,常有慈愍",后补。写卷中也有脱 16 字的情况,如 BD02960 脱"得自焚。诸梵志念言:此皆是大沙门所为"、BD05330 脱"尔时诸比丘以此事往白佛。佛言:众多痴"。

换行脱,指抄写的过程中在换行时会脱落一些文字,如 BD02239 卷二七:"大姊僧听!彼某甲沙弥尼从僧乞二岁学戒,和上尼某甲,今僧与某甲沙弥尼二岁学戒,和上尼某甲。谁诸大姊忍僧与彼某甲沙弥尼二岁学戒、和上尼某甲者,默然。"其中"者"在换行时脱落。又如 BD14149 卷二八:"不犯者,若度与二岁学戒,以二事摄取一者法、二者衣食,若受具足戒已,离和上去,若破戒、破见、破威仪,若被举,若灭摈,若应灭摈,以此事命难、梵行难,无犯。"其中"法二者"因换行而脱。又如 BD05522 卷三〇:"不犯者,若被摈即去,若随顺、不逆下意,悔过、求解摈羯磨,或得病,或无伴去,或水陆道断,或贼难,或恶兽难,或大水瀑涨,或为强力者所执,若被系闭,或命难梵行难,被摈而不去者,无犯。"其中"强力"后的"者"因换行而脱。

涉后脱,是由于后文某些字与前文相同使人产生错觉从而脱落一些文字,如 S.3898 卷三二:"众生异见、异忍、异欲、异命,依于异见,乐于巢窟。众生以是乐于巢窟故于缘起法甚深难解,(复有甚深难解)处,灭诸欲爱、尽涅槃。"其中"甚深难解"前后相同,故在抄写时产生错觉,误把后者当前者,从而漏抄了"复有甚深难解"6 字。又同卷:"学菩萨道能供养爪发者,必成无上道。以佛眼观天下,无不入无余涅槃(界而般涅槃),况复无欲、无瞋恚、无痴,施中第一,为福最尊,受取中第一而无报应也。"其中因"涅槃"前后文相同而脱"界而般涅槃"5 字。又 BD05822 卷二七:"不犯者,若问主,若是亲厚,(若亲厚)语言'汝但着,我当为汝语主',不犯。"其中"亲厚"前后相同,原卷脱"若亲厚"3 字。

另外,还有一些脱文,不能归入前面三种,如 BD01605 卷一七:"时诸比丘闻,其中有少欲、知足、行头陀、乐学戒、知惭愧者,嫌责二沙弥言……"原卷脱"行头陀、乐学戒、知惭愧者,嫌责二"等字。

添加,抄写过程中遇到脱漏时添加在右侧居多,如 BD00404《比丘戒本》:"夷 法 不"。"夷"下脱一"法"字,后添加在"夷"的右下方。

二、衍文

衍文,即传抄中多出的文字,这在写本中并不常见。就写本《四分律》而言,大致分为衍虚词、涉前而衍以及其他情形。

虚词常衍,如卷一七:"灭摈者,僧与作灭摈白四羯磨。"写本 BD01605

此处末尾有"也"。卷一八："未藏宝者,金银、真珠、车璩、玛瑙、水精、琉璃、贝玉、一切众宝、璎珞,而未藏举。"写本 BD01605 此处末尾有"也"。又如刻本"痴狂心乱,痛恼所缠(九竟)"在写本中"缠"后衍"也",刻本中的"九竟"在写本中作"第九竟",且前面空一格。汉译佛经一般没有"者""也"之类虚词,写本受传统文献影响而用"也"收尾。又如传世本卷一六:"云何于后夜中入池水浴,以种种细末药更相洗浴,乃至明相出,使王不得洗浴?"该句末尾 BD14505 多一"也"字。传世本卷一七:"云何六群比丘……而供给所须止宿言语?"该句末尾 S.6749 多一"邪"字。

又如卷六:"时诸比丘往世尊所,头面礼足,在一面坐,以此因缘具白世尊。"写本 BD14668 中"头面礼足"后衍"已"。

还有刻本中的单音词写本作复音词,如卷五:"是故提婆达当知破和合僧甚恶、艰难、得大重罪,破和合僧在泥犁中一劫受罪不可救。"其中"救"在写本 BD14668 中作"療救",即療救。

还有涉前而衍,卷五:"此阐陀比丘恶性不受人语,诸比丘以戒律如法教授,自作不可共语。"写本 BD14668 中"戒律"后涉前而衍"诸比丘"三字。又如傅图 18099"四令未信者信"第二个"信"字前衍"令"。

写卷还有不明俗语而衍,如卷一八:"僧有何等事? 我等停作衣不得往。""停"BD01605 作"亭此"。停有正在、正值义,"停作衣"即正作衣的意思。这一用法习见,如《水经注·江水》:"自非停午夜分,不见曦月。"又如沈约《千僧愿会文》:"持钵安行,出彼祇树,不逾停午,以福众生。"停午,即正午的意思。写卷不明"停"的这一意义,误以为是停留的意义而在"停"后衍"此"。

三、异文

校勘学上的异文主要是指不同版本的用字不同,这里指写本与刻本不同的文字。根据其成因,我们大致分为以下几类:因形而异、因俗写而异、因音而异、因义而异以及因时而异。

因形而异,即因为形近而产生异文,如《大正藏》本卷四九:"比丘尼言:'於我,当往某处。'"(22/929c)其中的"於"费解,而写本 BD14940 此处作"放"是,"於"形近而误。

有些俗写也会造成形近,从而产生异文,如前文提及的"安"和"女"常相混。又如卷一六:"时彼国主闻世尊将千二百五十弟子至此国,即乘车往迎世尊,遥见世尊颜貌端政,诸根寂定,其心息灭,得上调伏,如调龙象,犹若澄渊。"(《大正藏》22/671c)"貌"圣本作"狠","根"写本 BD14505 作"相",

均是由俗写致误。"貌"常讹作"狠",这与"貌"的俗写"貇"有关。《龙龛手镜》："貇、狠,二俗;貌,古;皃、貇,二正。""豸"与"犭"相通,故"貇"又写作"狠",如 BD14668"貌"作 狠、狠 等。"艮"的俗写末两笔常作两横,如 BD14668 卷四："若比丘不犯波罗夷,彼见犯波夜提、波罗提提舍尼、偷兰遮、突吉罗、恶说,以异分事无根波罗夷法谤,僧伽婆尸沙。""根"原卷作 相,与"相"非常相似。又如 BD14668 卷四："世尊渐渐为二人说微妙法,使发欢喜,劝令修善,说施、说戒、说生天福,呵欲不净,赞叹出离,二人即于座上诸尘垢尽、得法眼净、见法、得法。""眼"原卷作 眼。

又如方口"口"与尖口"厶"在俗写中常混用,故"私"与"和"常相混,如《大正藏》本卷二八："童男、男子相敬爱与私通、愁忧嘉恚者,与受具足戒已,念彼男子故与比丘尼共斗诤。"(22/763a)"私"写本 S.4036 作"和"。又如卷四二："时有居士名私呵毗罗,调象师,乘五百乘车载石蜜从道而过。"(22/869c)"私",圣本作"和"。

因音而异,主要是由于音近而产生异文,如上文所说的"摩扪"写本作"摩抆",又如《大正藏》本卷二九："彼闻教授人来半由旬迎,在寺内供给洗浴具、饭食、羹粥、果蓏,以此供养。"(22/765c)"闻",S.4036 作"门"。假借字大多也是由于音近的关系而相借,详见后文假借字部分。

因义而异,即意义相近而异,如《大正藏》本卷三三："心生六愿:一者若父寿终我登位为王。"(22/798a)"登",写本 BD02960 作"绍",当是源于"绍"亦有"承继"义。

又如《大正藏》本卷一八："诸比丘随所亲以众僧衣与之耶。"(22/686c)"随",写卷 BD01605 作 逐,"逐"也有随的意思。

又如 BD14038 卷四三："彼器有陷孔处,食入中,数摘洗穿坏。"陷,原卷作 臼。陷,陷阱,《说文》："高下也。一曰阹也。"段玉裁注:"高下者,高与下有悬绝之势也。高下之形曰陷。故自高入于下亦曰陷。义之引申也。《易》曰:'坎,陷也。'谓阳陷阴中也。"高下之形,即陷阱、陷坑,上揭例句取其陷坑义。《四分律》中还有一处,即卷五二:"钵有星臼孔,食入中摘出坏钵,随可摘出便摘出,余者不可出无苦。"(22/953a)《大正藏》本"臼孔",宋、元、明本作"陷孔"。

因时而异,主要是指由于时间的不同而产生的异文,即我们常说的古今字,如"荅"与"答"等,详见后文古今字部分。

四、校勘符号

除了上述脱文、衍文及异文外,写本中还有几种符号,即倒乙、重文、删去等。

倒乙，即前后文互换，上下字颠倒，一般是在上下字之间用"Ｖ"表示，如 P.3560 卷三〇："汝云何有大慧智而问诸比丘义，使不能答，令惭愧耶？"原卷 "慧"与"智"之间有**Ｖ**，即当颠倒为"智慧"。又如 BD00404 中的，表示当 颠倒为"提法"。倒乙又可用捺点的形式，如 BD05822 中的 和 ；或两点相 连，如 BD05822 中的 、 、 。

另外，写本中多次出现重文符号，重文，即表示前面的文字当重复。分 为两点和一点两种，如"说而了了"的第二个"了"即用两点表示，"除谤比丘 比丘尼"中"比""丘"两字下即用一点表示重复一遍。

重文符号可置于被重复字的下面，也可置于被重复字的右下方，可单字 重复也可多字重复。单字重复，如 BD01605 卷一七："若受语者善，不随语 者应白，（白）已，当语言：'我已白竟，余有羯磨在，汝可舍此事，莫为众僧所 呵责，更犯重罪。'"原卷"白"字下有，表示"白"字重复。两字重复，如 P.3560 卷三〇："诸比丘往白世尊。（世尊）以此因缘集比丘僧，呵责安隐比 丘尼言……"原卷"世"及"尊"两字的右下方均有，表示"世尊"两字当重 复。三字重复，如 BD01605 卷一七："彼比丘谏此比丘言：'大德！莫作是 语，莫谤世尊，（谤世尊）者不善，世尊不作是语。'""谤世尊"三字下均有重 文符号。重文符号置于被重复字的上面很少见，如 BD01605 卷一七："若随 语者善，不随语者当作初羯磨，（初羯磨）已，当语言：'我已白初羯磨竟，余 有二羯磨在。'"原卷三个重文符号分别置于"初""羯""磨"三字上。

写卷删去符号有以下几种：其一，卜煞，即误字和衍文的右边用"卜"形 符号表删去。宋人赵彦卫认为，"卜"为"非"右半边的简省，《云麓漫钞》卷 三："古人书写有误，即墨涂之。今人多不涂，旁注云'卜'，谚语谓之'卜 煞'，莫晓其义。近于范机宜（华）处，见司马温公与其祖议《通鉴》书，有误 字，旁注云'卜'，然后乃知'非'字之半，后人又省。"①是否源于"非"字的一 半，值得商榷，写本中确实存在在被删字的右边先加一竖再加一点的"卜 煞"，如 BD01832 卷二七："比丘突吉罗，式叉摩那沙弥沙弥 居尼突吉罗，是 谓为犯。"此处"居"当是"尼"的形误字，其右边加上类似"卜"的删去符号， 表示当删去。又如 BD00586《尼戒本》者，表示"者"字当删。

其二，在被删字的右下方加点。加三点的较为常见，如 BD14668 巳、 、 及小 等，敦研 032 、 等。加两点的少见，如 S.4867 卷二一： "自今已去与比丘（乃 至 ）结戒，集十句义乃至正法久住。""乃""至"二字

---

① （宋）赵彦卫撰，傅根清点校《云麓漫钞》，北京：中华书局，1996 年，第 42 页。

的右边有两个点,表示当删去。加一个点的,写本《四分律》中更为少见,如Φ.325:"安居初听余比丘尼在房中安(居')床。"受前文影响"安"后面开始作"居",然后在"居"的右边加一个点表示当删。又同卷:"若彼比丘尼。为佛事法事僧事病比丘尼(结')事。""尼"后面开始作"结",后加点表示当删去。

其三,将要删的部分用毛笔直接圈起来。比较少见,如BD00404"坚持不捨彼比丘"六字抄重了,后加圆圈表示删去,即:

BD01095将"半"字错写成"米"字,后加圈删去,即:求。

其四,将要删的字直接涂掉,如BD00424在"非法语比丘律语"后面误写了一个字(似是"非"),后用笔直接涂去,即:;该卷还误写了"等当"二字,后直接涂掉,即:。

其五,将需要删去的汉字擦拭,如BD00424"佛法"后误写了一个字,后又擦拭,即:。

另外,写卷中还有用于字内部分构件的删去和擦拭,如BD14668,其内部构件"口"的右边有三个点,表示"问"中的"口"当删去,即写卷一开始将"门"错写作"问",校对时发现这一错误,将内部的构件"口"删去。构件的删去除了用符号以外,还有擦拭的痕迹,如BD06492《比丘尼戒本》将"波"错写成"婆",后又将其下部构件"女"擦去,即:。同一写卷还有一处将"耳"写成了"取"的俗写,后又将其右部构件擦去,即:耳。

第三章　敦煌写本《四分律》题记研究

一、BD14668 题记

国图敦煌文献中,馆藏编号为 BD14668 的这件《律藏初分》写本,因其抄写年代较早,备受学者和世人瞩目。此件卷子存 732 行,行约 30 字。卷首题"律藏初分第三",尾题"律藏初分卷三",即《四分律》初分的第三卷全卷,内容为比丘戒。这件写卷属于敦煌遗书中有明确纪年的早期写卷,在国家图书馆所藏敦煌遗书中也属时间较早的一件,具有较高的文献、文物价值。

正文后有两行题记,第一行 14 字,分为三部分:"律藏初分第三卷　昙无德律　进业也。"第一行:"建初十二年十二月廿七日沙门进业于酒泉西城陌北祠写竟,故记之。"

第一行前一部分反映写本分卷情况,具有较高的文献价值。写本的分卷与传世刻本均有所不同。"律藏初分第三卷"表明写卷所据的版本属于第三卷,反映了早期版本的分卷状况。这也集中体现了该件写卷在文献研究上的珍贵价值,进而能探求《四分律》改编的轨迹。依传世六十卷本分属卷四、五、六三卷。其中,卷四部分起"佛在罗阅祇耆阇崛山中",讫"对曰:'如是,世尊。'"卷五部分存整卷。卷六部分起"尔时佛在舍卫国祇树给孤独园",讫"最初未制戒,痴狂心乱,痛恼所缠。(十二竟)"①"十"的右边有三点,即删去符号,表明该字当删去。内容上看,此处是三十舍堕法之二,即不得离衣宿,写卷中的"十"确实是衍文,当是"二竟"。尾题"卷"作也能补充大型字书的字形。"昙无德律"是《四分律》的又　名称,因其属昙无德部广律而得名。"进业也"三字当是抄写者署名,结合下一行题记"沙门进业"可知。

第二行主要表明抄写的时间、地点及抄写者等信息。东晋十六国时期建立在今甘肃省一带的 5 个政权,国号皆称"凉",即前凉、后凉、北凉、南凉、

---

① 《国家图书馆藏敦煌遗书》,第 131 册,第 308 页。

西凉。史家为区别起见,将中心位于凉州西部酒泉的李氏政权称为西凉。建初是西凉太祖武昭王李暠的年号,李暠于405年迁都酒泉,并改元建初,十二年即公元416年。由此可知,本卷抄写于公元416年,为此经现存最早的抄本。

从文物方面看,它是丝绸之路上佛教流传的物证。由具体内容看,此卷是沙门进业抄写于酒泉,后来却辗转传到敦煌,最终藏于莫高窟,这有力地证明佛教在酒泉与敦煌之间的传播,反映了古代丝绸之路上的文化交流。一般来说,敦煌藏经洞所存佛教典籍有两个来源,敦煌本地书写或外地传入。外地传入的途径大致有三:外地僧人带来,敦煌僧人到中原"乞经"时带回,朝廷颁赐。本件写卷抄写于同为河西四郡的酒泉,可能是酒泉的僧人西行求法或到敦煌弘扬佛法时带到敦煌,最终封藏于藏经洞。

二、BD14505 题记

写卷 BD14505 存454行,行约17字,抄写内容是《四分律》比丘戒九十波逸提中的四十九至五十八。写卷首尾完整,依写卷其内容分属十四卷整卷,依传世六十卷本,该写卷分属卷一五、一六两卷。写卷反映了该部律藏又一分卷情况,故《敦煌遗书》中特别标明"异卷",有其特有的版本价值。写本属于卷一四整卷,传世六十卷本分属卷·五、一六两卷,其中卷一五部分起"尔时佛在舍卫国祇树给孤独园。尔时六群比丘有因缘至军中宿",讫"不犯者,最初未制戒,痴狂心乱痛恼所缠(卌九竟)"。

写卷当中有两处日本假名注音,均位于被注字的右侧,原卷作 彷 和 挵。这两个字都比较特殊,第一个字写作"仿"却是"彷"字,第二字是"弄"的俗写,特意注音以免混淆。同时,该写卷还有30处校改:3处在原有字上改动,9处补齐原卷脱文,18处纠正原卷讹误。这些改动也有其独特价值,如"那陵迦婆罗门"之"门"一开始写作"问",后擦拭掉内部的"口",原卷作 閅。查《广韵》:问,亡运切,微母字;门,明母字。两字相混反映当时方音中明母微母不分。

尾题后有题记,共12行,现录如下:

行一:皇后藤原氏光明子奉为

行二:尊考赠正一位太政太臣府君尊妣

行三:赠从一位橘氏太夫人敬写一切经论

行四:及律庄严既了伏愿凭斯胜因奉

行五:资冥助永庇菩提之树长游般若

行六:之津又愿上奉圣朝恒延福寿

行七：下及寮采共尽忠节又光明子自发

行八：誓言弘济沉沦勤除烦障妙穷诸

行九：法早契菩提乃至传灯无穷法布

行十：天下闻名持卷获福消灾一切迷方

行十一：会归觉路

行十二：天平十二年五月一日记

其中，尾行为抄写时间，正文只有前十一行。重新断句如下：

> 皇后藤原氏光明子，奉为尊考赠正一位太政太臣府君、尊妣赠从一位橘氏太夫人，敬写一切经论及律。庄严既了，伏愿凭斯胜因，奉资冥助，永庇菩提之树，长游般若之津。又愿上奉圣朝，恒延福寿，下及寮采，共尽忠节。又光明子自发誓言：弘济沉沦，勤除烦障，妙穷诸法，早契菩提，乃至传灯无穷，法布天下，闻名持卷，获福消灾，一切迷方，会归觉路。天平十二年五月一日记。

该写卷为日本写经，各纸接缝处有印章，印文为"杨守敬印"，当为杨守敬先生在日本访得的卷子。发愿人为光明子是圣武天皇的皇后，即日本历史上有名的光明皇后。从具体内容看，皇后抄经的目的极为明显：为其亡考妣祈求冥福；同时还为朝廷祈福，为世间祈求消灾免祸。写卷当属日本有名的"五月一日经"，"光明皇后五月一日经堪称名副其实的奈良时代佛教一切经"[1]。

三、BD14940 音义及题记

写卷 BD14940 存 70 行，行约 17 字，抄写内容为《四分律》比丘尼犍度。起"以道在下承流觉乐有疑"，讫"佛言应相望前人不可往不应往（尼犍度具足竟）"。尾题"四分律藏卷第卅九"，后有音义 1 行，音义之后有题记 2 行。据题记内容，方广锠先生判定其属于写本大藏经的一种[2]。

1. 尾题后音义 1 行：

> 诡，俱毁。胫，形孕。瓕，余乳。嘅，叉近。媟嬻，上先结，下徒木。茜，千见。耐，奴大。签，七廉。

仅有注音，没有解释意义。参照慧琳《一切经音义》卷五九的注音：

> 诡语，俱毁反。捉胫，下定反。瓕堕，余乳反。达嘅，又觐反。媟嬻，先结反、徒木反。茜草，千见反。不耐，奴代反。须签，七廉反。

---

①　韩昇《光明皇后写经与东亚史料的开拓》，《学术月刊》，2007 年第 8 期。

②　方广锠《敦煌遗书与奈良平安写经》，《敦煌研究》，2006 年第 6 期。

（《大正藏》54/704b—c）

有 3 字与慧琳音义稍有不同。胫，写卷为"形孕"，慧琳注作"下定"。"形"和"下"均为匣母字，作切上字可通用。"孕"和"定"韵母差异较大，却作同一字的切下字，或反映被注字读音改变，或受方俗音影响。嗫，写卷为"又近"，慧琳注作"又觐"，切上字相同，切下字相近。耐，写卷为"奴大"，慧琳注作"奴代"。"大"一直以来就有一音，读作"太"，《广韵》"徒盖切"。此处"大"作为"耐"的切下字，选用的当是这一读音。只是"大"有两读，作切下字没有"代"准确。

2. 音义后题记 2 行：

　　行一：咸通十二年三月一日幽州卢龙节度副大使知节度事观察处置押奚契丹两蕃经略卢龙军等使特进

　　行二：检校司徒兼侍中幽州大都督府长史上柱国燕国公食邑三千户张　等敬造一切经

重新断句为：

　　咸通十二年三月一日，幽州卢龙节度副大使知节度事、观察处置押奚契丹两蕃经略卢龙军等使、特进检校司徒兼侍中、幽州大都督府长史、上柱国、燕国公、食邑三千户张　等敬造一切经。

具体内容包括时间、造经人及官衔。咸通是唐懿宗李漼的年号，咸通十二年即 871 年。造经人"张"当为张简会，《旧唐书·本纪十九》："十二年春正月戊申……幽州节度使张允伸病，请以子简会为节度副大使、权知兵马事，诏从之。"

其官衔较长，分为实职和虚职两部分。陆贽《又论进瓜果人拟官状》说："虽以类而分，其流有四。然其掌务而授俸者，惟系于职事之一官。以序才能，以位贤德。此所谓施实利而寓之虚名者也。其为勋散爵号，三者所系，大抵止于资荫而已。以驭崇贵，以甄功劳。此所谓假虚名以佐其实利者也。"①题记前一部分表示张简会的实职，身兼幽州和卢龙两地的节度使、副大使知节度事、观察处置使、押奚契丹使、经略卢龙军使。《新唐书·百官志四》："节度使掌总军旅，颛诛杀。"

后一半"检校"表示不是实授。杜佑《通典·职官一》"检校、试、摄、判、知之官"小注："检校者，云检校某官，皆是诏除，而非正命。""司徒"和"侍中"本来都是职事官名，"司徒"是"正一品"，三公之一，《新唐书·百官志一》："太尉、司徒、司空，各一人，是为三公，皆正一品。""侍中"原是门下省

---

① 　陆贽《陆宣公集》卷一四，浙江古籍出版社，1988 年，第 135 页。

长官,居宰相之职,《新唐书·百官志一》:"宰相之职,佐天子总百官,治万事,其任重矣。然自汉以来,位号不同,而唐世宰相,名尤不正。初,唐因隋制,以三省之长中书令、侍中、尚书令共议国政,此宰相职也。……宰相事无不统,故不以一职名官。自开元以后,常以领他职,实欲重其事,而反轻宰相之体。""侍中"是正二品,《新唐书·百官志二》:"侍中二人,正二品。"此处"司徒"和"侍中"两个官名,表示此人所带的"京职",更多也只是表示其地位。"幽州大都督府长史",表示其负责幽州大都督之政,《新唐书·百官志四》:"大都督府,都督一人,从二品,长史一人,从三品。"长史虽然位居都督之下,却掌握实权,据《新唐书·百官四》:"大都督府之政,以长史主之。"

"上柱国"是勋,《新唐书·选举志》:"凡勋官选者,上柱国,正六品序。""燕国公"是爵位封号,"食邑三千户"表示其爵位,《新唐书·百官志一》:"凡爵九等:一曰王,食邑万户,正一品;二曰嗣王、郡王,食邑五千户,从一品;三曰国公,食邑三千户,从一品;四曰开国郡公,食邑二千户,正二品。"

四、其他题记

抄写卷八的 BD14519 和抄写卷五五的 S.1415 题记相同,即"大兴善寺邑长孙略等卅一人敬造一切经",位于卷首。

这条题记说明,当时出现以社邑的形式,集体写造一切经。根据题记内容,方广锠先生判定这两个写卷属于写本大藏经的一种①。

BD01106,首残尾全,30 行,行约 18 字。尾题为"四分戒一卷",后有题记 1 行:"乾元二年四月二十日龙兴寺僧静深写了。"其内容主要是交代抄写时间、地点及抄写者等信息。乾元是唐肃宗的年号,二年即 759 年。龙兴寺是其抄写的地点,陈大为先生认为这条题记是关于敦煌龙兴寺最早的记载②,可见其意义不凡。"僧静深"是抄写者名号。

另外,还有记录用纸数量,如 BD05822(北 6800)"用纸三十张",BD05321(北 6804)"用纸三十二张",BD02960(北 6805)"用纸二十张",BD14149"用纸二十二张",Φ.325"用纸三十五张"。还有记录校对标记的,如 S.287 尾题"挍竟"二字,"挍"即"校"字。

---

① 方广锠《敦煌遗书与奈良平安写经》,《敦煌研究》,2006 年第 6 期。
② 陈大为《敦煌龙兴寺的由来》,《龟兹学研究》第五辑,新疆大学出版社,2012 年。

中编

用字篇

敦煌文献客观如实地保存了文字使用的自然状态，是文字研究，尤其是近代文字（即隶书以后的文字）研究的宝贵材料。我们将全面调查敦煌写本《四分律》中的文字使用情况，从而寻求和把握汉字结构以及汉字书写规律，进而管窥汉字的演变机制。

　　写本保存了大量俗字，是俗字研究不可多得的载体。俗字是相对于正字而言的不规范的异体字，敦煌文献使用了大量俗字，而传世刻本却多以正字加以规范。故在研究俗字方面敦煌写本有着较大的优势，写本《四分律》也一样，其中保存了大量俗字。

　　同时，写本保存了不少简体字，简体字是相对于繁体字而言的。从历史上看，汉字的总趋势是简化，当然也有偶然繁化的现象，也出现先繁化再简化的曲折现象。甲骨文当中就存在一字多形的现象，其中也有繁简之分，随后的金文小篆也是一样。这些简体字大多是书写较为方便的俗写，被当时或后来的使用者接受，逐渐取代了较为繁杂的形体而流行开来。

　　另外，写本中还体现古今字，古字与今字相对而言，即记录同一个词（或词的某一义项），不同时代使用了不同的字，先使用的字我们把它叫作古字，后使用的字即为今字，如"责"和"债"等。裘锡圭先生在其《文字学概要》中指出："古今字也是跟一词多形现象有关的一个术语。一个词的不同书写形式，通行时间往往有先后。在前者就是在后者的古字，在后者往往就是在前者的今字。"敦煌文献中有关写卷保存了一些较早的书写面貌，这为我们研究古今字提供了真实可靠的材料。

　　写本当中借音字现象也较为普遍。文字使用过程中借用现象由来已久，甚至可以说，这一现象是随着文字的产生而产生。借用一般分为本有其字的假借和本无其字的假借。大量同音字和近音字，加上方言的因素，使得汉字使用过程中经常出现本有其字的借用；汉字本身受符号数量的限制，加上新生事物的不断涌现，迫使大量出现本无其字的借用。写本中的借用大都属于本有其字的借用，对其系统考察有助于探寻汉字在当时的使用情况。

　　当然，与其他写本一样，这些文献也存有大量讹误，主要是形误字和音误字，还有涉上下文而误等，我们统称为误字。误字的考察有利于提高文献品质。

第四章 敦煌写本《四分律》用字考察

第一节 敦煌写本《四分律》俗字研究

一、俗字概说

"俗字"一词较早见于《颜氏家训·书证篇》:"虑字从虍,宓字从宀。末世传写,遂误以虑为宓。……孔子弟子虑子贱为单父宰,即虑羲之后,俗字亦为宓。"《干禄字书》中把汉字分成三类,即俗、通、正:"所谓俗者,例皆浅近,唯籍帐、文案、券契、药方非涉雅言,用亦无爽;倘能改革,善不可加。所谓通者,相承久远,可以施表奏笺启、尺牍判状,固免诋诃。"其实他所说的前两种都属于俗字,如:"从从,上中通、下正。""从"为正体,前两种字形我们都认为是俗字,写本《四分律》中常出现,如 S.4036 、BD00148 、BD06011 、S.3898 等。

字书、韵书也常有"俗从某"或"某俗"的表述。《说文》中就有"俗从某"的表述,据张涌泉先生统计,"《说文》除了九千多个正篆之外,还收载了 1 163 个重文,包括古文、籀文、奇字、或体等。其中十五个正篆下收载的重文是直接标明'俗从某'的俗体字。"①又作"俗某",如《说文·虫部》:"蟁,啮人飞虫。从蚰,民声。蚊,俗蟁。从虫从文。"可见,《说文》以"蟁"为正体,以"蚊"为俗体。韵书中也收录了俗体字,如《广韵·霁韵》:"嚏,鼻气也。啑,俗。"这一俗体写卷常见,如 S.3971《四分律》卷五三:"时世尊啑,诸比丘咒愿言:'长寿。'诸比丘、比丘尼、优婆塞、优婆夷亦言:'长寿。'大众遂便闹乱。""啑"元、明本作"嚏"。又如《广韵·鱼韵》:"疏,俗作'踈'。"这一俗体写卷常见,如 BD05553 卷三〇:"诸居士见,皆共嗤笑言:'我等妇庄严其身,踈发,香涂摩身,此比丘尼亦复如是。'便生慢心,不恭敬。"当是

---

① 张涌泉《汉语俗字研究(增订本)》,北京:商务印书馆,2010 年,第 17 页。

"疏"的俗字。

慧琳《一切经音义》中也有不少"俗字"的表述,如卷五九释《四分律》第二卷"捺髀"条:"古文踔同,蒲米反。《说文》:股外也。北人用此音。又音方尔反,江南行此音。律文作'脾',俗字也。"(《大正藏》54/699c)又称作"通俗字",如卷二〇释《宝星经》第四卷"毁訾"条:"咨此反。《韩诗》云:'訾,不善之貌也。'郭璞云:'贤者陵替,奸党炽盛也。'诸字书从言此声。《说文》从吅作'訾',义同吅字,音喧。经本从口作'訾',通俗字"(54/429c)写本《四分律》中也从口作"訾",如 S.6366 卷二四:"若比丘尼毁**訾**语者,波逸提。"又称作"俗用字",如卷二九"鸽鶵"条:"上甘腊反,下仕虞反。郭注《尔雅》云:'雏谓鸟生而能自食者也。'《说文》正作'雏'。从隹刍声。经作'鶵',俗用字也。"(54/504c)又简称"俗用",如卷三九"庳脚"条:"下姜虐反。即狀脚也。《说文》:'从肉却声也。'俗用从去作'脚',讹谬也。却音羌虐反,本篆文从卩从谷。谷音强略反,从重八从口。今隶书故从去,正字太古不行也。"(54/553c)

关于俗字,《辞源》解释为:"在民间流行的异体字,别于正体字而言。"《辞海》:"异体字的一种。旧称流行于民间的多数为简体的文字为俗体,别于正字而言。区分正和俗的标准,往往随时代而改变。"又称"俗体",《中国大百科全书·语言义字》"俗体"条:"指民间手写的跟字书写法不合的汉字字体。例如'盡'作'尽','備'作'俻','答'作'荅','覓'作'觅','變'作'变','敵'作'敌','顧'作'顾','獻'作'献'。""字书写法"一般即正体,"跟字书写法不合的"也就是别于正体的意思。这三种界定大同小异,都指出是异体,且有两个限定:其一,字形上别于正体;其二,使用范围上流行于民间。字形方面,还是《辞海》说得较为完善,正与俗不是绝对的而是相对的,"随时代而改变",如"属"在写本《四分律》中是俗字,而今天却是正字。前一个限定无疑是正确的,但对其使用范围的限定却过于绝对,毕竟语言具有社会性,而文字作为记录语言的工具也同样具有社会性,故而其使用范围也不全是民间。正如唐兰先生所说:"当时的民众所用的通俗文字,却并不是整齐的,合法的,典型的,他们不需要这些,而只要率易简便。这种风气一盛,贵族们也沾上了。"①

蒋礼鸿先生在《中国俗文字学研究导言》中说:"俗字者,就是不合六书体例的,大多是在平民中日常使用的,被认为不合法的、不合规范的文字。""不合六书"的说法清人就已提出,凌霞《六朝别字记序》:"六朝碑版,本属

---

① 唐兰《古文字学导论(增订本)》,济南:齐鲁书社,1981 年,第 125 页。

无多,造象流传,大抵出石工之手,点画偏旁随意增减,怪诞纰缪触目皆然,固不能尽以六书绳之也。"其实,俗字还有不少是合乎六书体例的,大多不过改变声符或意符,如:BD14505 卷一六:"尔时摩羯国洴沙王听诸比丘常在中洗浴。""瓶"俗写作"洴",其俗体依然符合六书体例,是个形声字,只不过意符改"瓦"为"氵"。有些字形的造字理据就是为了更好地符合六书体例,尤其是增加意符的俗字,如 BD02960 卷三二:"佛告迦叶:'我昨夜入火光三昧,令此石室炯燃大明。'"S.3898 卷三一:"道侧作兰楯,燃好油灯,安置其上。"正字"然",本义燃烧。《说文·火部》:"烧也。从火,肰声。"但形旁作"灬",示义不太明显,一般人难以识认,故俗写作"燃",又添一"火"旁以突显其表意功能。又如"梁"增木旁作"樑",BD02960 卷三三:"种植诸园树,并作桥船樑。"甘博 039 卷四八:"我今说此八不可过法,若女人能行者,即是受戒,譬如有人于大水上安桥樑而度。"《正字通·木部》:"樑,俗'梁'字。"类似的用字结构虽叠床架屋,但表意更明显,写本《四分律》中很常见,详见下文的增旁俗字部分。

张涌泉先生在《汉语俗字研究》中说:"所谓俗字,是区别于正字而言的一种通俗字体。"①"别于正字"是没错,但"通俗"却未必,正如黄征先生所说:"只有一个字形的字只能是正字,不存在它的俗字,不管它的构造多么'俚俗'或'通俗'。"黄征先生在《敦煌俗字典》前言中说:"俗字就是历代不规范异体字。"又重申了其博士论文中的观点:"汉语俗字是汉字史上各个时期流行于各社会阶层的不规范的异体字。"我们采取后一种说法,不过要加以限定,即俗字是一定范围内被人们认可并加以使用的不规范异体字,因为有些字没有被认可,我们只能认为它是误字,详见下文的形误字部分。

综上,我们认为俗字是与正字相对的、一定范围内被人们认可并加以使用的不规范异体字。误字、古字及一般借音字,我们都不认为是俗字。具有偶发性的误字,不被人们认可更加不会被人们效仿并加以使用,故不能视为俗字。借音字更多是由于语音相同或相近而临时借用,虽被人们认可并使用,但一般都不是异体字,故也不能视为俗字。《汉语俗字研究》提到:"我们认为大多数同音通用字确实不宜看作俗字。"同时又指出:"但如果同音通用字的使用是出于书写习惯或者是为了达到简化字形及区别字义的目的,而非纯粹出于声音上的考虑,我们就不妨把这个同音通用字看作是俗字。"②诚然,如果不仅语音上相同或相近,还有字形或字义上的联系,我们

①　张涌泉《汉语俗字研究(增订本)》,第 1 页。
②　张涌泉《汉语俗字研究(增订本)》,第 8 页。

一般还是将其归入俗字,如下文提到的"莅"与"屃"、"阌"与"敞"等。古今字是从历时角度提出的,而俗字与正字是从共时层面来划分的,写本中抄卷人会经常使用一些古字,这些古字我们也不视为俗字。今天通行的简化字,其中有一部分早期是以俗字形式出现,通行以后变成了"正字"。

二、敦煌写本《四分律》俗字类型

俗字的分类各家说法不一,蒋礼鸿先生的《中国俗文字学研究导论》分为 7 种。黄征先生的《敦煌俗字典》分为 10 类 41 种。张涌泉先生《汉语俗字研究》把俗字分为 13 种类型,而在其《敦煌俗字研究》中张先生又将敦煌俗字分为 11 类:偏旁减省、偏旁改换、偏旁移位、书写变异、整体创造、正字蜕变、异形借用、合文、类化、简化、繁化。曾良先生《俗字及古籍文字通例研究》中分为 12 类。

俗字本身由构件组成,而构件又是由笔划组成。我们从构件的角度分出换位、混用、增旁及省旁;从笔划的角度分出增笔、省笔及连笔等。另外,还有特殊的一类,即类化俗字,类化俗字既有构件的增减,又有笔划的变化,但其成因较为特殊故单独分为一类。

(一)换位俗字

换位,即汉字内部构件的位置互换。因构件互换而形成的俗字一般称之为换位俗字,如甘博 039 卷四八:"若得长利 蘇 油、生 蘇 、蜜、石蜜,应受。""蘇"字下部均作左"禾"右"鱼"。颜元孙《干禄字书》:"蘇蘇,上俗下正。"下部的"鱼"与"禾"左右互换,且其中的"鱼"又能写作"奐",如 BD05822 卷二八:"若得长利 蘇 油、生 蘇 、蜜、石蜜,应受。""蘇"内部的构件"鱼"原卷均作"奐"。此两处的 蘇 和 蘇 我们认为是换位俗字,依据构件的具体位置,这类俗字又可细分为以下几种。

1. 左右互换

"避"左右互换,如 BD05553 卷三〇:"不犯者,或时有如是病,或(为)他所打避杖,或有暴象来。""避"原卷作 避 ,左边的"辶"换到中间。避,回避。《说文·辵部》:"回也。从辵辟声。"形符常置于"辟"中间,如 BD06011 卷三五:"其人语言:'汝何不先语我,我当避之不作。'""避"原卷作 避 。从"辟"之字,经常换位,而且换位的同时"辟"中的构件"口"常脱落,如 BD06011 中的 避 ,又如下文的"臂""譬"等。写本《四分律》中一共出现 25 次"避",分属 12 件写卷,其中,换位 8 次,不换位 17 次。

"赢"下部左右互换,如 BD05522 卷三〇:"时诸比丘尼有老者或赢病,气力微弱,不能从此住处至彼住处。""赢"原卷作 赢 ,其下部的"月"、"羊"

位置互换。《说文·羊部》:"羸,瘦也。从羊羸声。"为了突出形符,故将"羊"置于较显眼的左边。写本《四分律》"羸"字一共 18 次,其中 4 次构件"羊"换至左下角。

"飘"左右互换,如 S.3898 卷三一:"不寒不热耶,不为风飘日暴,不为蚊虻所触娆耶?""飘"原卷作▨,左右互换,同卷还有一处作▨。除了 S.3898 两处以外,写本《四分律》中还有 4 处"飘",即 S.6636 三处和 P.2521 一处,均未换位。

"甜"左右互换,如 BD14505 卷一六:"若食若饮者,波逸提;若饮甜味酒者,突吉罗。""甜"原卷作▨,左右互换。这一写法保持了篆书的形式,"甜"小篆作▨,《说文》收录的即是这一字形。BD14505:"若苦若甜。"其中"甜"作▨,开始误写成"恬",校对后又在右侧添加构件"甘"。

"咲"左右互换,如 BD14668 卷五:"同一器饮食,言语戏笑。"其中"笑"原卷作▨,"笑"先作"咲",再左右互换。

"遊"左右互换,如 S.3898 卷三一:"定光如来过七日后与诸比丘人间游行,径诣药山龙王池边。""游"原卷作"遊","遊"作▨,其左边的"辶"换到中间。同卷还有一处▨。

"障"左右互换,如 BD06011 卷三五:"佛说障道法者。""障"原卷作▨,左右互换。还有 BD01605 ▨、甘博 039 ▨ 等。

2. 上下结构换成左右结构

"壁"作左右结构,如 BD02960 卷三三:"彼神足教化者,或化一作无数,或无数还为一,内外通达,石壁皆过。""壁"原卷作▨。"壁"写作左右结构很常见,如 S.6749 卷一七:"止宿者,屋有四壁一切覆一切障,或一切覆不一切障,或一切障不一切覆,或不尽覆不尽障。""壁"原卷作▨。又如 BD14668 ▨ 等。

"臂"作左右结构,如 BD05822 卷二七:"白四羯磨当如是说戒,沙弥尼当诣僧中偏露右臂、脱革屣、礼比丘尼僧足、右膝着地、合掌,当作是语。""臂"原卷作▨,换成左右结构,这一写法很常见,其中的月(肉)置于左下后使得左边过于复杂,而且不够匀称,故"辟"中的构件"口"常脱落,如上图 054 卷一:"时迦兰陀子,佛未制戒,前不见欲秽,便捉妇臂将至园中屏处三行不净。""臂"原卷作▨,为左右结构,且其中"口"脱落,又如 BD06011 ▨、S.3971 ▨ 及 BD14505 ▨ 等。

"躄"作左右结构,如 BD14149 卷二八:"汝等云何乃度盲、瞎、痴、聋、跛、躄及余种种病,毁辱众僧耶?""躄"原卷作▨。"足""止"相通,故"躄"又从"止",如 S.4036 卷二八:"所与授具足戒者中间或得盲、瞎、痴、聋、跛、蹙及余种种诸病,毁辱众僧。”“蹙”原卷作![字形]。《敦煌俗字典》“蹙”下未收从“止”这一形式。写本《四分律》中一共 15 处,作![字形]9 处(BD06024 三处、BD02239 三处、S.4036 三处),作![字形]4 处(BD14149 三处、BD05822 一处),作“癖”2 处(BD14149)。

“堕”作左右结构,如 BD14668 卷六:“此舍堕衣应舍与僧,若众多人、若一人,不得别众舍,若舍、不成舍,突吉罗。”“堕”原卷作![字形],《说文·阜部》“陸”字下收有“墮,篆文”,段玉裁注:“小篆‘陸’作‘墮’,隶变作‘堕’,俗作‘隳’。用‘堕’为崩落之义,用‘隳’为倾坏之义,习非成是,积习难反也。”进而指出:“其字本从阜,以坏阜为义,坏城次之。”①可见,“墮”字一分为二:一为“隳”,表其本义倾坏;一为“堕”,表堕落之义。“堕”在写本中多作简体字“堕”,且构件“土”置于内部,又如甘博 039![字形]。

“髮”作左右结构,如 BD05822 卷二七:“(佛)告诸比丘尼言:‘汝等谛听!若欲在寺内剃发者,当语一切尼僧令知,若作白已,然后与剃髮。’”“髮”原卷作![字形]。《说文·髟部》:“髮,根也。从髟犮声。”声符“犮”在写本中常变异,或写作犬加一点,如 P.3340![字形]及 BD01832![字形]等;或写作“火”,如上图 054 卷一:“处胎九月生男,颜貌端政,与世无双,字为种子,诸根具足,渐渐长大,剃髮被袈裟。”“髮”原卷作![字形]。形符“髟”中的“彡”有时省一撇,如 S.3898![字形]等。其中的“镸”有时作“長”,如甘博 039![字形]等。

“擊”作左右结构,如 BD14505 卷一六:“尔时佛在舍卫国祇树给孤独园。尔时六群比丘中有一人擊历十七群比丘中一人,乃令命终。”“擊”原卷作![字形]。《说文·手部》:“擊,攴也。从手毄声。”“毄”的左边常省作“车”,右边“殳”的上部常写作“口”。“擊历”当作“擊擽”,擽,《集韵》:“郎敌切,击也。与‘攊’同。”“擊擽”属同义联用,表击打义。朱庆之、辛岛静志、曾良、徐时仪等诸位先生探讨过该词②。

“聾”作左右结构,如 S.6366 卷二五:“不犯者,若二比丘尼为伴,或与可知女人为伴,或有余人为伴,若伴不盲不聋。”“聋”原卷作![字形]。“聋”作左右结构很常见,而且其声符“龍”的右边书写不便,故常简写成“巳”形,又如津艺 182 卷一:“云何名不舍戒?颠狂舍戒,颠狂人前舍戒,心乱舍戒,心乱人前舍戒,痛恼舍戒,痛恼人前舍戒,哑舍戒,聋舍戒……”“聋”原卷作![字形]。又如 S.4036![字形]等。

---

① 段玉裁《说文解字注》,第 733 页下。
② 可参朱庆之《汉译佛典语文中的原典影响初探》(《中国语文》,1995 年第 5 期)、辛岛静志《汉译佛典的语言研究》(二)(《俗语言研究》第 5 期)、曾良《敦煌文献字义通释》(厦门大学出版社,2001 年)及徐时仪《玄应〈众经音义〉研究》(中华书局,2005 年)。

"垄"作左右结构,如 BD14038 卷四二:"其奴有如是福力,以一犁耕七垄出。""垄"原卷作![字形]。

"釁"作左右结构,如 BD00148 卷四四:"彼作如是恶行:自种华树、教他种,自溉、教他溉,自摘华、教他摘,自作华釁、教他作,自持种种华往、教他持往……""釁"原卷作![字形]。"釁"先写作"釁",其中构件"又"作"万";然后再换成左右结构。作左右结构后,右边显得过于复杂,左右不够对称,故右上方的构件"彡"或省作两撇,如甘博039![字形]等;或脱落,如甘博039![字形]等。

"槃"作左右结构,如 BD07434 卷四一:"或有衣毛结缉着疮,或时患痛,佛言:'听取大价好衣覆身着内,外着涅槃僧,若至白衣舍应语言我患疮。'""槃"原卷作![字形]。又如 P.3340![字形]等。

"臂"作左右结构,如 S.6636 卷五六:"见已,臂人屈申臂顷,从寺内没至恒水贼船中立。""臂"原卷作![字形]。"臂"字作左右结构常见,且伴有"口"的脱落,如 BD06011![字形]、甘博039![字形]、上图054![字形]及津艺182![字形]等。

"前"作左右结构,如 BD01605 卷一七:"众僧应与此二沙弥作恶见不舍灭摈、白四羯磨,应如是作:将二沙弥至众僧前,立着见处不闻处。""前"原卷作![字形],左右结构。

"擎"作左右结构,如 BD05522 卷二九:"汝云何乃着革屣、手擎盖而行?""擎"原卷作![字形],左右结构。盖,即伞盖,擎盖即撑伞的意思。

"渠"作左右结构,如 BD01605 卷一八:"金银、车渠、马瑙、真珠、虎魄、水精、琉璃、象马、奴婢、库藏溢满,威相具足。""渠"原卷作![字形]。又如 BD06011![字形]等。

"染"作左右结构,如 BD05822 卷二七:"时诸比丘尼闻佛制戒得度人,辄度小年童女,不知有欲心无欲心,后便与染污心男子共立、共语、调戏。""染"原卷作![字形]。"染"字写成左右结构很常见,如甘博039![字形]、BD06011![字形]等。

"聲"作左右结构,如 BD14668 卷四:"时众多比丘闻提婆达遣人害佛,各各皆执杖石,绕窟高聲大唤。""聲"原卷作![字形]。

"聖"作左右结构,如 S.3898 卷三一:"若此王子在家者应作刹利水浇顶转轮聖王,七宝具足,领四天下,千子满足,勇健雄猛,能却众敌,以法治化,不加刀杖。""聖"原卷作![字形]。

"誓"作左右结构,如 S.3971 卷五三:"我在彼系时誓言:'当供养八婆罗门,一切所须皆令具足。'""誓"原卷作![字形]。又如羽237![字形]。

"贤"作左右结构,如 S.3898 卷三一:"此众生身行恶、口行恶、意行恶,邪见,诽谤贤圣,造邪见业报。""贤"原卷作![字形]。

"鬚"作左右结构，如 P.3340 卷三一"时菩萨强违父母，辄自剃鬚发、着袈裟，舍家入非家。""鬚"原卷作 **髯**。

"翳"作左右结构，如 BD06011 卷三五："或青眼，或黄眼，或赤眼，或烂眼，或有红眼，或黄赤色眼，或青翳眼，或黄翳眼，或白翳眼，或水精眼，或极深眼。"此三个"翳"中的构件"殳"均作类似"又"形。这一写法使得上部构件"殹"左右不对称，所以下部构件"羽"移至右下角，从而变成左右结构。

3. 左右结构换成上下结构

"惭"作上下结构，如 BD06024 卷一一："时牛闻毁呰语，即惭愧不肯出力与对净竞。于是长者牛胜，婆罗门牛不如，输金千两。""惭"原卷作 **慙**。"惭"在写本中多作上下结构，可能是由于三个构件横排在一起，字形过宽，且声符形符不太明显。于是换成上下结构，并将"忄"还原为"心"作"慙"，又如 BD07604 **慙**、BD01832 **慙**、BD14505 **慙**、甘博 039 **慙**、傅 188100 **慙**、S.7039 **慙**等。《第一批异体字整理表》废"慙"而留"惭"。

"觕（触）"作上下结构，如 BD01605 卷一八："若渡水、若欲从沟渎泥水处过、相近举手招唤余比丘觕彼，无犯；若彼不闻语手控令闻，若眠时、若行来入出、若扫地、若以杖误觕不故作，一切无犯。""觕"原卷作 **牽**。又如 BD14149 **牽**、BD05822 **牽**等。

"惚"作上下结构，如 BD05822 卷二七："若出时恐失坏，遮令不出，无犯。无犯者，最初未制戒，痴狂心乱，痛恼所缠。""恼"原卷作"惚"，且作上下结构 **惚**。又如 BD01605 **惚**。

"極"作上下结构，如 BD06011 卷三五："时有一比丘去世尊不远，極过差歌咏声说法。""極"原卷作 **極**。極写作上下结构很常见，如 S.4036 **極**及 P.3340 **極**等。

"黠"作上下结构，如 S.6636 卷五六："尔时毕陵伽婆蹉有檀越，檀越有二小儿黠了不畏人。""黠"原卷作 **黠**，作上下结构。从黑之字大多如此，如 BD00148 卷四四："僧今为僧乌比丘作依止羯磨。谁诸长老忍僧为僧乌比丘作依止羯磨者默然；谁不忍者说。""默"原卷作 **默**，"灬"置于字的下部，变成上下结构。又如津艺 182 **默**。

"群"作上下结构，如 BD00148 卷四四："时六群比丘一人举一人、一人举二人或举三人或举僧。""群"原卷作 **羣**。"群"作上下结构很常见，如甘博 039 **羣**，BD06011 **羣**，BD14940 **羣**及 BD14505 **羣**。

"燃"作上下结构，如 BD02960 卷三二："佛告迦叶：'我昨夜入火光三昧，令此石室炯然大明。'""然"原卷作 **燃**。"然"增旁作"燃"，且原有的形符"灬"连笔成横，置于整个字的下面，从而变成了上下结构。

"微"作上下结构,如 S.6636 卷五六:"有不信乐离奢以弊物裹五钱,置粪聚间,遣人微伺,若见取者将来。""微"原卷作 ，上下结构。"微"俗写从夕,如《干禄字书》:" 微,上通下正。"又如 S.3898 ，又如甘博039 等,这一结构换成上下结构就成了上揭例句中的字形 。

"务"作上下结构,如 BD14668 卷四:"奉望贵胜及诸知亲,出入王所威仪礼节其事如是,耕田种作务及时节。""务"原卷作 ,作上下结构。

"咲"作上下结构,如 BD14668:"乃至受雇戏笑。""笑"作 ,当是先作"咲",再作上下结构。

"懈"作上下结构,如 BD00148 卷四四:"此诸客比丘今已懈息,本未有知识,今已有知识,我今宁可不复求索,于是即止。""懈"原卷作 ,"忄"旁居下则作"心",右上角构件常作类似"羊"。懈息,即懈怠、止歇的意思。或作古字"解",如 S.3898 卷三一:"汝等莫于如来发爪所生毛发许懈慢心。""懈"原卷作 。写本《四分律》中一共出现 21 处"懈怠"义场合,仅 3 处作上下结构(BD00148 一处、BD14519 两处)。

"腰"作上下结构,如 S.3971 卷五三:"尔时六群比丘畜腰带,头安茸。佛言:'不应尔。'""腰"原卷作 。"腰"的俗写除了上揭用例中的上下结构以外,还有一种写法,省略了"要"当中的"女",即"月"上加"覀",如 BD02960 卷三三:"尔时四面有大黑云起,天大雨,堕如象尿,潦水齐腰。"其中"腰"原卷作 ,可能是由于作上下结构后,字形过长。声符"要"省"女",变成了一个省声字,石刻中也有用例,如《元乂墓志》:"至于高清临首,宫征鸣 。"①或径作"要",如 S.3971 卷五三:"时六群比丘畜长广带。佛言:'不应尔,听作 要 带广三指,绕 要 三周。'"

关于三个部件构成的汉字,万业馨先生《应用汉字学概要》曾提到:"梁东汉先生曾指出,三个相同偏旁组成的字,必然以'品'字形结构出现。即使存在过倒品字形的结构,也终究会被淘汰。"②其实,从写本具体情形来看,不仅三个相同构件如此,即使三个不同的构件也多以"品"形为主,而倒"品"字形的字在写卷中也多会换成左右结构,如上述的"壁""婆""染"等。约三十六万字的写本《四分律》中出现少有的例外,如前文的"务"换成上下结构,变成倒品形。又如 S.3971 卷五三:"彼用已,不洗便举,诸比丘见,恶之。佛言:'不应尔,应洗已举之。'彼不燥便举,生坏。""燥"原卷作 ,其中构件"品"换成了倒"品"字。

① 《北京图书馆藏中国历代石刻拓本汇编》,第 5 册,第 32 页。
② 万业馨《应用汉字学概要》,安徽大学出版社,2005 年,第 104 页。

（二）混用俗字

混用俗字，又叫"换旁俗字"，是指汉字的某些构件在书写体系中经常混用不分，从而产生不规范的异体，这类不规范的异体，我们称之为混用俗字。能够相互混用的构件或因字形相近，如"止"与"山"等；或因意义相同或相近，如"灬"与"火"等，如"煮"作　（BD14038）；或形义皆相近，如"穴"与"宀"等。

1. "寸"与"刂"混用

两构件均见于《说文》，《寸部》："寸，十分也。人手却一寸动脈谓之寸口。从又、一。凡寸之属皆从寸。"《刀部》："刀，兵也。象形。凡刀之属皆从刀。"两者意义关联不大，但手写中形体相近，故相混。

"罚"作"罸"，如 S.3898 卷三一："莫使有卖香花者，若有卖者莫使有买者，若有卖买者当重罚。""罚"原卷作　。"罚"作"罸"写本很常见，又如 BD14038　、BD14940　、甘博 039　、BD01605　。慧琳《一切经音义》卷一一"謫罸"条："下烦袜反。《尚书》云：'刑罪人也。'《说文》云：'罪之小者。'但持刀骂则应罚，从詈从刀作'罚'。蔡邕石经改冈作四，改刀为寸。"（《大正藏》54/373a）可见，蔡邕石经中就有"改刀为寸"的现象。

"荆"字"改刀为寸"，如 BD06011 卷三五："当作如是结唱界方相，若空处，若树下……若树杌，若荆蕀边，若汪水，若渠侧，若池，若粪聚所，若村，若村界。""荆"原卷作　，其中构件"刂"作"寸"，且作上下结构。《敦煌俗字典》未收这一字形。

"剋"从"寸"，如 S.3898 卷三一："时定光如来去提婆跋提城不远，化作一大城：高广妙好，悬缯幢旛，处处剋镂作众鸟兽形，周匝净妙，浴池园果，胜于提婆跋提城。""剋"原卷作　。

"删"从"寸"，如 BD02960 卷三三："时尊者郁鞞罗迦叶与诸弟子出家学道，复有删若二百五十梵志出家学道，罗阅城中诸贵族姓子等亦出家学道。""删"原卷作　。

构件"寸"作"刂"的，写本中还有"树"等字，如 S.3898 卷三一："所以名阎浮提地者，树名阎浮提。""树"原卷作　。《敦煌俗字典》未收这一字形。

2. "厶"与"口"混用

"厶"与"口"由于形近而常混用，《干禄字书》中有时以从"厶"为正体，如"　雄，上俗下正"、"　弘，上俗下正"等；有时以从"口"的为正体，如"勾句，上俗下正"、"　或，上俗下正"等。

"船"中的"口"作"厶"，如 BD14668 卷六："不失衣者，船有一界；失衣者，船有若干界。""船"原卷作　。"船"中的"口"作尖口很常见，如 S.6636

船、S.6366 船、BD02960 船、BD03667 船和津艺 182 船等。

"聪"中的"口"作"厶",如 S.3898 卷三一:"复作此念:我今宁可更延祀日,若更有端政、聪明、智慧婆罗门者,我当与之。""聪"原卷作 聪。

"单"中的"口"作"厶",如 BD02960 卷三二:"世尊遣迦叶已,北诣郁单越,取自然粳米还,先至,在座而坐。""单"原卷作 单。

"或"中的"口"作"厶",如 S.3971 卷五三:"行妖道法邪命自活,行药疗治人病:或吐、或下、治男、治女,除断如是妖道法,如余沙门婆罗门食他信施。""或"原卷作 或,又如 BD02960 或、S.4036 或、BD00148 或。

"拘"中的"口"作"厶",如 S.4104 卷六〇:"尔时舍利弗与五百比丘俱,摩诃波阇波提比丘尼与五百比丘尼俱,阿难分坻与五百优婆塞俱,毗舍佉母与五百优婆私俱,如拘睒弥捷度中说。""拘"原卷作 拘。

"句"中的"口"作"厶",如 S.4104 卷六〇:"时与非时,此句无第三。""句"原卷作 句。又如 BD06011:"当说义时,不具说文句,各自生疑。""句"原卷作 句,又如 BD05822 句。

"捐"中的"口"作"厶",如甘博 039 卷四八:"汝始发心出家,功不唐捐,果报不断,余所未知当问和尚阿阇梨。""捐"原卷作 捐。

"乱"中的"口"作"厶",如 BD01605 卷一七:"无犯者,最初未制戒,痴狂心乱,痛恼所缠。(弟七十波逸提竟)""乱"原卷作 乱。

"铅"中的"口"作"厶",如 BD01605 卷一八:"宝庄饰者,铜、铁、铅、锡、白镴以诸宝庄饰也。""铅"原卷作 铅。《干禄字书》:"铅鈆(沿船竝同),上通下正。"

"税"中的"口"作"厶",如津艺 182 卷一:"处者,若地处,若地上处,若乘处,若担、若虚空、若树上、若村、若阿兰若处,若田、若处所,若船、若水处,若私度关塞不输税,……是谓处。""税"原卷作 税。

"说"中的"口"作"厶",如甘博 039 卷四八:"如是第二第三说。""说"原卷作 说。构件"言"中的"口"作尖口的很常见,如津艺 182 说、BD00148 说和 S.6366 说等。其他从言之字中的"口"作尖口的还有 S.6366 诣、谈,BD01605 诣、訑、訪等。

"损"中的"口"作"厶",如 S.4104 卷六〇:"时与非时,此句无第三;实与不实,此句无第三;损减有利益,此句无第三。""损"原卷作 损,又如 P.2521 损,作尖口很常见。

"脱"中的"口"作"厶",如甘博 039 卷四八:"应往比丘尼僧中偏露右肩、脱革屣、礼比丘尼僧足已,右膝着地、合掌白如是言……""脱"原卷作 脱,又如 BD02960 脱等。

"唯"中的"口"作"厶"，如 BD02960 卷三三："诸弟子白言：'我等久已有信心于彼沙门所，唯待师耳。'""唯"原卷作**雅**。

"咲(笑)"中的"口"作"厶"，如 BD01605 卷一八："若其事实尔，或戏笑语，或疾疾语，或独语，或梦中语，或欲说是错说彼，无犯。""笑"原卷作**咲**。

"邑"中的"口"作"厶"，如 BD14668 卷五："若比丘依聚落若城邑住，污他家、行恶行，污他家亦见亦闻，行恶行亦见亦闻。""邑"原卷作**色**。

"悦"中的"口"作"厶"，如 BD14668 卷四："中有大臣言：'沙门释子一切皆恶，尽应杀之。'王闻此言，心甚不悦。""悦"原卷作**怴**。

"圆"中的"口"作"厶"，如甘博039 卷四八："彼散线带系腰。佛言：'听比丘尼编织作带，绕腰一周，若圆织者听再周。'""圆"原卷作**圆**。

"燥"中的"口"作"厶"，如 BD02960 卷三三："世尊尔时在外露地经行，地燥如旧。""燥"原卷作**燥**。《干禄字书》："燦、燥，上俗下正。"

"戰"中的"口"作"厶"，如 BD14505 卷一六："彼比丘往观军阵斗戰象马势力者，从道至道，从道至非道，从非道至道，从高至下，从下至高，往而见者波逸提，往而不见者突吉罗。""戰"原卷作**戰**。

3. "亻"与"彳"混用

《说文·人部》："人，天地之性最贵者也。此籀文。象臂胫之形。凡人之属皆从人。"《说文·彳部》："彳，小步也。象人胫三属相连也。凡彳之属皆从彳。"段玉裁注："三属者，上为股，中为胫，下为足也。单举胫者，举中以该上下也。"两者意义联系不大，但形体比较相似，因而常常混用。

"亻"作"彳"

"便"中的"亻"作"彳"，如 BD14149 卷二八："时诸比丘尼闻世尊制戒听授人具足戒，彼便在尼众中与授具足戒。""便"原卷作**便**。

"僧"中的"亻"作"彳"，如 BD14149 卷二八："世尊以此因缘集比丘僧。""僧"原卷作**僧**。又如 BD05822 **僧** 等。

"使"中的"亻"作"彳"，如 BD05822 卷二七："大姊僧听！彼某甲从某甲求受具足戒，若僧时到僧忍听，我已教授竟，听使来白如是。""使"原卷作**使**。又如 BD05522 **使** 等。

"修"中的"亻"作"彳"，如 BD05822 卷二七："此比丘尼不知惭愧，犯不净行，外自称言：'我修正法。'如是何有正法？看此出家人新生儿。"其中"修"原卷作**修**。又如 S.1895 **修**、甘博039 **修** 等。

"仪"中的"亻"作"彳"，如 BD05822 卷二七："时教授师问已，如常威仪还来，入众中舒手相及处立。""仪"原卷作**仪**。

"住"作"往"，如 BD14505："听比丘有时因缘至军中应二宿三宿住。"

"住"原卷作**往**。

"彳"作"亻"

"彼"从"亻",如 S.3898 卷三一:"我曾生某处,字某、姓某,如是生,食如是食,寿命如是,寿命限齐如是,住世长短如是,受如是苦乐,从**彼**终生**彼**。"

"從"从"亻",如 S.3898 卷三一:"尔时世尊过七日已,从定意起,于七日中未有所食。""从"原卷作**従**。

"街"从"亻",如 S.3898 卷三一:"众事具足,街陌相当,城名提婆跋提,胜彼莲花城邑。""街"原卷作**衔**。

"彷"从"亻",如 BD14505 卷一六:"尔时十七群比丘持衣钵坐具针筒着一面,经行彷佯,数望食时到。"其中,"彷"受后文"佯"类化而作**仿**。

"微"从"亻",如 S.3898 卷三一:"我今已获此法,甚深、难解、难知、永寂休息、微妙、最上智者能知、非愚者所习。""微"原卷作**傲**。

"往"从"亻",如 BD06011 卷三五:"若汝不恭敬、布萨、尊重、承事者,谁当恭敬、尊重、承事? 是故汝应**住**说戒,不应不**住**;应当步**住**,不应乘神足**往**。我亦当**注**。"此处五个"往"均从"亻"作"住"。又如 BD01605:"城中摈出便往外村,城外摈出还入城中。""往"原卷作**住**。又如 BD14668:"提婆达乘此恚意,自往耆阇崛山。""往"作**住**。

4."穴"与"宀"混用

宀,《说文·宀部》:"交覆深屋也。象形。凡宀之属皆从宀。"穴,《说文·穴部》:"土室也。从宀,八声。凡穴之属皆从穴。"两者形近义通,皆指居住的屋室,故经常混用,如《干禄字书》:"**宣**宦,上俗下正。""宦"在敦煌写本中还有另一种写法,即"官"字换成"穴"头,参见张涌泉先生的《汉语俗字丛考》①。石刻中亦有"穴"与"宀"混用的情况,如东魏《李显造像碑》:"其时宇宙清夷静安。"②其中"宇""宙"二字均从"穴"作**穽**、**窗**。写本《四分律》也有混用例,如:

"寄"从"穴",如 BD01605 卷一八:"若比丘若宝及宝庄饰,自捉若教人捉,除僧伽蓝中及寄宿处,波逸提。""寄"原卷作**寄**。

"寇"从"穴",如 BD14149 卷二九:"若水陆道断、贼寇、恶兽难,若河水暴涨,若为强力所执,若被系闭,命难,梵行难,如是众难不遣往问讯者,无犯。""寇"原卷作**窛**。

---

① 张涌泉《汉语俗字丛考》,北京:中华书局,2000 年,第 805 页。
② 《北京图书馆藏中国历代石刻拓本汇编》,第 6 册,第 90 页。

"牢"从"穴"，如甘博039卷四九："世尊有教比丘尼不应在阿兰若处住，然王园中比丘尼住处牢固。""牢"原卷作牢，从穴。《干禄字书》："牢牢，上俗下正。"写本《四分律》中"牢"多从"穴"，如S.3898牢、BD01605牢、BD14668牢和BD05822牢等。

"寝"从"穴"，如BD14149卷二八："若有恶狩难；若贼寝；若水大涨；若为强力者所执；若被系闭；若命难、梵行难，不得即日往诣比丘众中无犯。"寝，即"寝"。《干禄字书》："寝寝，上通下正。"

"邃"中的"穴"作"宀"，如BD02960卷三三："于天及世间人魔、若魔天及梵天众、沙门婆罗门众中，自知得神通智证，常自娱乐，与人说法，上、中、下言悉善，义味深邃，具足演布，修诸梵行。""邃"原卷作遂。

"突"从"宀"，如BD05822卷二七："彼比丘尼作是意：遮比丘尼僧如法出迦绨那衣，欲令久得五事放舍。说而了了者，波逸提；不了了者，突吉罗。""突"作突，从"宀"。突的俗写常在"犬"上加一横，末笔捺上加一点，如BD06011卷三五："若年少比丘不知者，上座当教。若上座不教者突吉罗；若不随上座教者亦突吉罗。"

5. "止"与"山"混用

"止"作"山"

"步"中的"止"作"山"，如BD06011卷三五："应当步往，不应乘神足往。""步"原卷作步。步中的"止"作"山"写本常见，如BD05522步、BD01605步和BD14505步等。从"步"之字亦然，如BD06011卷三五："彼二界共相错涉。佛言：'不应尔，应留中间。'""涉"原卷作涉。

"齿"中的"止"作"山"，如BD06011卷三五："或举齿，或虫身，或虫头，或头发瘑痪，或曲指，或六指，或缦指……如此人不得度受具足戒。""齿"原卷作齿。从齿之字也一样，如BD06011卷三五："尔时有比丘为恶兽啮男根及卵。诸比丘念言：'应灭摈不？'佛言：'不应灭摈。'""啮"原卷作齿。

"岁"中的"止"作"山"，如BD00239卷二七："不犯者，年十八童女二岁学戒，满二十与授具足戒，无犯。""岁"原卷作岁，又如BD05553岁，BD05330岁等。

"山"作"止"

"缺"中的"山"作"止"，如BD00239卷二七："若式叉摩那犯淫应灭摈。若有染污心与染污心男子身相触，缺戒，应更与戒。若偷五钱过五钱，应灭摈。""缺"原卷作缺，又如S.4036缺等。

"仙"中的"山"作"止"，如BD06011卷三五："时世尊以此因缘告迦宾阇已，譬如力士屈申臂顷，没仙人住处黑石山，还着阇崛山，就坐而坐。"

"仙"原卷作⿰亻⿱山止。其中的"止"又进一步讹作"正",如 BD01605 卷一九:"若外道仙人离欲者无有此事,况阿罗汉。""仙"原卷作⿰亻正。

6. "力"与"刀"混用

"刀"与"力"由于形近常相混,从"刀"之字与从"力"之字也一样,经常相混,如《干禄字书》:"㓛功,上俗下正。""功"字写本《四分律》中多从"刀",如 S.6636 ⿰工刂及 BD01832 ⿰工刂等。《说文·力部》:"功,以劳定国也。从力从工,工亦声。"《五经文字》依《说文》而认为"作㓛讹"。

"刀"作"力"

S.3971 卷五三:"彼身诸根肢节具足,譬如有人鞘中拔刀,彼作是念:此是鞘,此是刀,刀异鞘异。"三处"刀"原卷均作"力"。又 S.6636 卷五六:"若求觅持刀人,是犯不? 佛言:'若断命,犯。'""刀"原卷作⿰力。又如羽237"刀"作⿰力。刻本中也有类似的讹混,如《中华大藏经》本《四分律》卷五二:"时诸比丘患针筒、刀子、碎纳、缕綖零落。"(41/19a)其中"刀"原作"力"。

"力"作"刀"

"勅"从"刀",如 S.3971 卷五三:"王即勅傍人勿作声,放象于恒水边。""勅"原卷作⿰束刀。

"动"从"刀",如 S.6636 卷五六:"时有女人捉比丘前,不动身失不净,疑。""动"原卷作⿰重刀。

"功"从"刀",如 BD01832 卷二六:"不犯者,求索僧伽梨出功德衣,五日六难事起,若缝若料理时若无刀、无针、若无线、若少不足。""功"原卷作⿰工刂。又如 S.6636 ⿰工刂和甘博 039 ⿰工刀等。

"劫"从"刀",如津艺 182 卷一:"共要者,共他作要,教言:'某时去,某时来,若穿墙取物,若道路劫取,若烧。'从彼得财物来共以盗心取,直五钱,若过五钱,波罗夷。""劫"原卷作⿰去刀,又如 S.6636 ⿰去刀、S.3898 ⿰去刀和羽237 ⿰去刀等。《说文·力部》:"劫,人欲去以力胁止曰劫。或曰以力去曰劫。"段玉裁注:"此篆从力。而俗作刦,从刀。盖刀与力相淆之处固多矣。""刀"又作"刂",故"劫"又从"刂",如 BD14668 卷六:"若劫夺想,若失想,若烧想,若漂想,若坏想,若水道断路崄难……不犯。""劫"原卷作⿰去刂。《敦煌俗字典》"劫"下未收"刦"这一字形。

"務"从"刀",如 BD14668 卷四:"奉望贵胜及诸知亲,出入王所威仪礼节其事如是,耕田种作务及时节。""务"原卷作⿰務。

"幼"从"刀",如 BD02960 卷三三:"我年幼稚,出家日浅,未堪广演其义,今当略说其要。""幼"原卷作⿰幺刀。

"整"俗写中的"力"作"刀",如 BD05553 卷三○:"或时欲齐整着衣,恐有高下参差象鼻多罗树叶、细摄皱,如是左右顾视摇身看,无犯。""整"原卷作![图],为"整"的俗字,其中"力"作"刀"。"整"的俗写上部作"勅",又如BD14149![图]。

7. 其他混用

"夕"与"⺈"混用,如BD14940"将"作![图],P.3340![图]等。

"阝"与"卩"混用,如BD01605![图]、![图]等。

"卒"作"卆",其上部构件混用,如BD05822卷二七:"时彼居士先出行不在,后行还至家内,卒见偷罗难陀,意谓是己妇。""卒"原卷作![图]。从卒之"醉"仿此,如BD06011卷三五:"尔时有与醉者受具足戒,酒解已,即还家。""醉"原卷作![图],又如BD14505![图]等。

"段"作"叚",其右边构件混用,如BD08103卷一七:"欲如枯骨,欲如段肉。"这一字形与"叚"形似。

（三）增旁俗字

增旁自古有之,《说文·手部》既收有"舉",释为:"对举也。从手与声。"又收有"擧",释为:"举也。从手舉。"其实,"擧"实为"舉"的增旁俗字。又如"謇"字本已从"言"表示口吃,《玉篇·言部》:"謇,吃也。"后又增旁作"讞",《玉篇·言部》:"讞,同'謇'。"汉字属于表意文字,汉字使用者一般总是希望形体符号能最大限度地表达字义。而近代汉字阶段,意符表意特征不够明显,这时候人们就用增旁来更清楚地示义。写本《四分律》中增旁的也有不少,如:

1. 增"艹"

"长"增"艹",如BD05822"若得长利檀越施衣割坏衣得受。"原卷"长"作![图]。又如BD01605![图]、BD06011![图]和BD14668![图]等。"萇"为"长"的增旁俗字,《大字典》"萇"字下未设这一义项,可补"同长"。

"果"增"艹",如BD14038卷四三:"佛言:'不应不净果便食,应净已,食之。'""果"原卷作![图]。又如BD14149![图]、S.4036![图]和BD02960![图]等。果,果实。《说文·木部》:"木实也。从木,象果形在木之上。"形符"木"示义不明显,木与草相通,故增"艹"以示义。

"熏"增"艹",如BD01605卷一九:"若作锡杖头镖镶,若作伞盖子及斗头镖,若作曲钩……若作熏鼻筒,如是一切无犯。""熏"原卷作![图]。《说文·屮部》:"火烟上出也。从屮从黑。屮黑,熏黑也。"烧着草木等植物来熏黑。其中"屮"示义不明显,故增"艹"。又作"蘸",如BD14505"若在浴室中![图]钵。"

"園"增"艹",如BD01605卷一八:"尔时佛在拘睒毗国瞿师罗園中。"

原卷"园"作 ▨。《说文·囗部》:"园,所以树果也。从囗,袁声。"形符"囗"表义不太明显,故增"艹"以凸显其义。石刻中也有用例,如北魏《元濬墓志》:"依礼送终,备御东 ▨。"①

2. 增"疒"

"背"增"疒",如 S.3898 卷三一:"时彼祠祀众中第一上座大婆罗门,是王大臣,有十二丑:瞎、偻、凸背、瘿、黄色、黄头、眼青、锯齿、齿黑、手脚曲戾、身不与人等、凸髋。""背"原卷增"疒"为 ▨。"凸背"是一种病,故增"疒"。除了指病,又扩展到一般的背,如甘博 039 ▨ 和 BD14519 ▨ 等。《敦煌俗字典》"背"下未收这一字形。

"颠"增"疒",如津艺 182 卷一:"云何名不舍戒? ▨ 狂舍戒, ▨ 狂人前舍戒,心乱舍戒,心乱人前舍戒,痛恼舍戒,痛恼人前舍戒,哑舍戒……如是等不名舍戒。"

"發"增"疒",如 S.6366 卷二五:"或有余人为伴,若伴不盲、不聋,或病發倒地,或为强力者所执,或被缚将去,或命难梵行难……若以此事有命难、梵行难,不犯。""發"原卷作 ▨,受前文"病"类化而增"疒"。

3. 增"心"

"勤"增"心",如 S.3898 卷三二:"是故当勤方便修四圣谛:苦圣谛,苦集圣谛,苦灭圣谛,苦出要圣谛。""勤"原卷作 ▨。《正字通·心部》:"懃,同'勤'。"又如甘博 039 ▨ 和 S.4104 ▨ 等。

"喜"增"心",如 P.2521 卷五九:"复有五法应与作遮:不至白衣家羯磨,喜骂谤白衣,方便为白衣家作损减无利益,作无处,斗乱白衣,是为五法。""喜"原卷作 ▨。喜悦、喜欢等是心理活动,故增"心"旁,如《荀子·尧问》:"楚庄王以忧,而君以憙!"又如 BD14149 ▨ 等。

"责"增"忄",如 BD14668 卷六:"然后受忏当语彼人言:'自责汝心。'彼答言:'尔。'""责"原卷作 ▨。

4. 其他

"号"增"口",如 BD14519 卷五六:"我见有众生没在屎中受大苦痛,号哭大唤。""号"原卷作 ▨。

"胡"增"足",如 BD00148 卷四四:"被呵责羯磨人正衣服,脱革屣,在一面住,胡跪合掌,白如是言……""胡"原卷作 ▨。

"梁"增"木",如 BD06011 卷三五:"不得合河水结同一说戒界,除有船、桥梁。""梁"原卷作 ▨。

---

① 《北京图书馆藏中国历代石刻拓本汇编》,第 4 册,第 17 页。

"泥"增"土",如津艺 182 卷一:"我今独在闲静处自取草木作屋,入村乞食,后取薪柴人破我屋持归,我今自有伎艺,宁可和泥作全成瓦屋。""泥"原卷作 泹。

"泉"增"氵",如 BD02960 卷三三:"时世尊知迦叶心所念,即诣郁单越取自然粳米,于阿耨大泉坐昼日坐处。""泉"原卷作 㵤。又如 BD06011 卷三五:"或在冢间相待,或在温泉水边相待。""泉"原卷作 㳂。

"然"增"火",如 BD02960 卷三二:"佛告迦叶:'我昨夜入火光三昧,令此石室炯然大明。'""然"原卷作 燃。

"暑"增"小",如 S.3898 卷三二:"此五比丘执事劳苦,不避寒暑,侍卫供养,我今宁可先与说法耶?""暑"原卷作 煑。

"党"增"亻",如 S.4104 卷五九:"如是破戒比丘有五法:长寿多作众罪,不速为他所举;若住无定处,有伴党;……是为五法。""党"原卷作 僋,当是受前文"伴"的影响而增"亻"。又如 BD14668 卷五:"诸比丘闻,中有少欲知足行头陀乐学戒知惭愧者嫌责提婆达伴党比丘。""党"原卷作 僮。伴党,即同伴的意思,如《百喻经·杀商主祀天喻》:"众贾共思量言:'我等伴党,尽是亲属,如何可杀?唯此导师中用祀天。'"(《大正藏》4/545a)

"舞"增"亻",如 S.3898 卷三一:"书、算数、印画、戏笑、歌舞、鼓弦、乘象、乘马、乘车、射御、角力,一切技术无不贯练。""舞"原卷作 僕。又如 BD05822 僔 和 BD00148 僎 等。

(四)增笔俗字

增笔俗字,即增加笔划而成的俗字。表面看与汉字简化的趋势相悖,却又有着各自不同的缘故。增笔的原因纷繁多样,有的是加大汉字的区别度,有的是为了汉字的对称和美观,有的是受前后文的类化。增添的具体笔划也各有不同,下面分别讨论。

1. 加点

加点最明显的当是"土"或从"土"之字,如 S.3898 卷三一:"今定光如来在呵梨陀山龙王宫,放大光明,普照三千大千刹土。""土"原卷作 圡。又如 BD00148 圭。

土加点后可以单独成字,也可以作为偏旁。其作偏旁的位置,陈五云先生等认为"有在左、在右、在上、在下四种。在这四种中,唯有在右之偏旁会有右边加点的写法。"[1]这种说法不太准确,除了作在右的偏旁加点外,其他情况也可以加点,如作在下的偏旁有"坚"作 堅(BD01605),"塞"作 塞

---

① 陈五云、徐时仪、梁晓虹《佛经音义与汉字研究》,南京:凤凰出版社,2010 年,第 33 页。

（BD02960），"尘"作 麈（BD02960），"堂"作 堂（BD14505）、堂（BD05822），"垄"作 坴（BD14505）；在右的有"吐"作 吐（BD14505）、吐（BD14038）、吐（S.6636）、吐（BD07434）；在上的如"粪"作 糞（BD06024）、糞（S.6636）。另外还可以在内部，如BD05522 坒、垈，BD05822 在、墻 及 BD14668 圡 等。

除了"土"加点以外，其他字也有加点的现象，如：

拜，如BD00148 拜 及 BD05522 拜 等。

步，如BD01605 歩 及 BD14505 歩 等。

床，如BD00148 床、BD01605 床、S.3971 牀 及 BD14149 床 等。

凡，如BD06011 凡 及 S.3898 凡。从凡之字亦然，如 BD05822 慇。

鼓，如BD00148 鼓。

唤，如BD00148 唤、BD14940 唤 及 BD14505 唤 等。

捷，如 S.3971 捷 等。

礼，如BD01605 礼 及 S.3898 礼 等。

律，如BD05335 律 及 S.3971 律 等。

乱，如BD01605 乱 及 S.6862 乱 等。

究，如傅 18100 究。

尻，如BD14519 尻。

民，如BD00148 民。从民之字亦然，如 BD01605 眠 等。

沐，如 S.3971 沐 等。

祇，如BD01605 祇 等。

切，如BD01832 切、北大 D087 切 等。

乳，如BD05321 乳 及 BD05822 乳 等。

少，如BD01605 少 及 BD14505 少 等。

身，如BD01605 身 等。

升，如BD02960 升 及 S.3971 升 等。

数，如BD00148 数、BD01832 数 及 S.2795 数 等。

所，如 S.6862 所 等。

外，如BD01605 外 等。

儞，如 S.6366 儞 及 S.3971 儞 等。

休，如BD05822 休 及 BD14149 休 等。

友，如BD01605 友 等。

吒，如BD01605 吒、BD08103 吒 等。

支，如BD01832 支、BD05822 支 及 BD01605 支 等。从支之字亦然，如

BD00148 使、S.3971 杖、S.3898 使、BD14505 戈及 致等。

2. 加横

"血"加横,如 BD02009 卷四四:"若言犯边罪,若犯比丘尼,若贼心受戒,若坏二道,若黄门,若杀父母,若杀阿罗汉,若破僧,若恶心出佛身血……如是等人不得满数、不应呵。""血"原卷作血。又如 BD00148 血、BD14940血、P.2521 血、BD06011 血等。

"且"加横,如 S.3898 且及 BD01605 且等。

构件"辛"加横,如 BD01832 辞、BD05822 辞、BD14505 避及BD02960 辟等。"避"写本一共出现 25 次,其中构件"辛"均增横。"辞"也一样,构件"辛"均增横。

构件"日"加横,如 BD05822 明、BD02960 明及 盟、S.3898 明、S.4036明、P.3340 明及 BD07604 眛等。

构件"京"加横,如 S.3898 凉及 P.2521 景等。

3. 增撇

"那"增撇,如 S.4036 那、BD00148 那及上图 054 那等。

"福"增撇,如 BD07604 福等。

"杙"增撇,如 BD06011 卷三五:"若悬着杙上,若龙牙杙上,衣架上。""杙"原卷作杙。又误作"栈",如 BD06011 卷三五:"若安杙若石若疆畔作齐限。""杙"原卷作杙。

"勇"增撇,如 BD14519:"水从彼来,经过小地狱来,涌出王舍城。"其中"涌"原卷开始作勇,后有校改,其右侧添加"涌"。勇,《说文·力部》:"气也。从力甬声。"写本中形符"力"常作"刀"形且增撇,声符中的构件"用"常作"田",又如 BD06024 勇。写本《四分律》中 11 处"勇"8 处增撇,4 处"湧"均增撇。

4. 其他增笔

"旦"增一短竖,如甘博 039 旦。从旦的"但"亦然,如甘博 039 但。

"博"增一短竖,如 BD01605 愽,左边构件起笔增一短竖。又如同卷的"性"作性。

"衰"增一竖,如甘博 039 襄。

"匿"增笔,如 S.6636 匢。

(五)省旁俗字

偏旁是合体字的组成部分,分为表音和表意两种。偏旁决定着汉字的音和义,在汉字系统中起着非常重要的作用,本不当简省。但实际使用过程中却出现了简省的情况,写本《四分律》中也如此,下文分而述之。

"灭"省"氵",如 S.4104 卷五九:"以何因缘如来灭后正法疾灭而不久住?复以何因缘正法不灭而得久住?"句中第二个"灭"原卷作█。

"煞"省"灬",如 BD06011 卷三五:"我是某甲外道,我故杀母。既杀已,常怀愁忧念言:'谁能为我除此忧苦?'"第一个"杀"原卷作█。

"厭"省"厂",如 S.3898 卷三一:"今菩萨在家已久,我今宁可为作厭离,菩萨得█离已,早得出家,剃除须发,着袈裟,修无上道耶?""厭"原卷作█。又如 S.4036 █、甘博 039 █及 BD05321 █等。

省旁除了上述省一级构件外,还有省去二级构件的,如:

"置"省"十",如 BD06011 卷三五:"送置比丘尼众中。""置"原卷作█。其上部构件中的两短竖又可连笔,如 BD05822 卷二六:"时有比丘尼置僧伽梨在房。""置"原卷作█。"直"的下部构件有的又省去一横作"且",如 BD05822 卷二七:"不犯者,或置地与,或使人与。""置"原卷作█。"置"有的又误作"真",如 BD01605 卷一八:"取白牛右角,收拾一切种子盛满中,置金撺上。""置"原卷作█。

"疆"省"弓",如 BD06011 卷三五:"是中旧住比丘应唱大界四方相,若东方有山称山,有埄称埄,若村,若城,若█畔,若园,若林,若池,若树,若石,若垣墙,若神祀舍。"█即"壃",是"疆"的简省。

(六)省笔俗字

省笔俗字,即通过减省笔划而成的俗字。根据具体减省的笔划,我们又将这类俗字分为以下几种。

1. 省撇

"卑"省撇,如 BD00148 卷四四:"众僧已为阿湿卑、富那婆娑比丘作摈,白四羯磨已。""卑"原卷作█。又如 BD02960 █、P.3340 █。从"卑"之字也一样,如 BD14038 █、BD01605 █和 BD14505 █等。

"船"省撇,如 BD14668 卷四:"不失衣者,█有一界;失衣者,█有若干界。""船"经常省首笔之撇,左边还可作"丹"形,如 BD02960 中的█等。

"鬼"省撇,如上图 054 卷一:"时园中有鬼命终,即处其胎,处胎九月生男,颜貌端政,与世无双,字为种子。""鬼"原卷作█。又如 BD14505 █、P.2521 █等。从"鬼"之字也一样,如 BD05522 █、BD14505 █、BD14149 █和津艺 182 █等。

"释"省撇,如 BD07604 卷一〇:"时跋难陀释子闻彼居士欲饭佛比丘僧、兼施好衣,即往彼居士家。""释"原卷作█。又如 BD02960 █等。

"悉"省撇,如 S.3898 卷三一:"随众生所造行皆悉知之。""悉"原卷作█。又如 BD01605 █、BD02960 █、BD05330 █和 P.2521 █等。

"诣"省撇,如 P.3340 卷三一:"时王前白言:'若成无上道者,先诣罗阅城与我相见。'""诣"原卷作👆。

"皆"省撇,如 BD14940 卷四九"时比丘尼结跏趺坐,血不净出,污脚跟指奇间,乞食时虫草着脚。诸居士见,皆嗤笑。""皆"原卷作👆,其构件"白"上部的撇省去,从皆之字也一样,如 S.4036 卷二九:"尔时婆伽婆在舍卫国祇树给孤独园。时六群比丘尼使诸比丘尼揩摩身。""揩"原卷作👆。

"解"中的构件"牛"省撇,如甘博 039:"不敢违逆,乞解羯磨。""解"原卷作👆。

2. 省点

"富"省点,如 BD14668 卷五:"时羁连有二比丘,一名阿湿婆二名富那婆娑。""富"原卷作👆。

"流"省点,如津艺 182 卷一:"若从此岸至彼岸、从彼岸至此岸,若逆流、若顺流,若沈着水中,若移岸上,若解移处,波罗夷。"又如甘博 039 流、BD14505 流、BD02960 流、BD14668 流和 S.3898 流等。

"宜"省点,如 BD01605 卷一八:"夫人闻已欢喜,便欲往至佛所,即诣王波斯匿,白言:'我欲见佛,礼拜、问讯。'王报言:'宜知是时。'""宜"原卷作👆。又如 BD05522 宜及上图 054 宜等。从"宜"之字也一样,如 BD05309 👆等。

"亦"省字上之点,如 S.3898 卷三一:"树神白佛言:'世尊!由食��蜜故身内风动,愿今可食此果,亦可当食,兼以为药得除内风。'""亦"原卷作👆。

"器"省点,如 BD14038 卷四二:"若未堕地者,以器承之,水和漉服之,不须受。""器"原卷作👆。

"恭"省点,如 BD05553 卷三〇:"时世尊制戒:听百岁比丘尼见新受戒比丘当起迎逆、礼拜、恭敬、问讯与敷坐具。""恭"原卷作👆。

"畜"省点,如 BD00148 卷四四:"一、不应授人大戒,二、不应受人依止,三、不应畜沙弥。""畜"原卷作👆。

"逸"省点,如 BD01832 卷二七:"若比丘尼度他乳儿妇女受具足戒,波逸提。""逸"原卷作👆,"兔"省去一点作"免"形。"逸"还有更省笔的写法,如 BD05822 卷二七:"若比丘尼作如是意:众僧如法分衣,遮令不分,恐弟子不得者,波逸提。""逸"原卷作👆,构件"兔"的上部省作一撇。

3. 省横

"具"省横,如 BD01832 卷二七:"若比丘尼度他乳儿妇女受具足戒,波逸提。""具"原卷作![字形]。又如 BD06011![字形]等。

"瓦"省横,如 BD06024 卷一一:"卑伎者,锻作、木作、瓦陶作、皮韦作、剃发作、簸箕作。""瓦"原卷作![字形]。从"瓦"之字也一样,如 BD02960![字形]及 BD14505![字形]等。

"叉"省横,如 S.6366:"若比丘尼净施比丘、比丘尼、式叉摩那、沙弥、沙弥尼衣。""叉"原卷作![字形]。式叉摩那,佛教七众之一,意译为"学戒女""正学女""学法女"。写卷作"义",当是受"叉"的俗写影响。如 S.3971:"彼嚼杨枝叉奇者。""叉"原卷作![字形]。

"羊"省横,如上图 054:"诸比丘食饮粗恶而皆羸瘦。""羸"原卷作![字形]。又如津艺 182![字形]。

4. 其他省笔

"肥"省笔,如 BD14505 卷一六:"时有居士请众僧明日食,即于其夜办具种种![字形]美饮食。"

"藏"省笔,如 BD00239 卷二八:"若比丘尼与如是人授具足戒者,应将至五六由旬,若不去当深藏安处之。""藏"原卷作![字形]。又如 BD14038![字形]、甘博 039![字形]及 BD00239![字形]等。

"瓜"省笔,如 S.3898 卷三一:"时有二贾客兄弟二人,一名瓜,二名优波离。""瓜"原卷作![字形]。从"瓜"之字也省笔,如 BD07604 卷一〇:"尔时佛在舍卫国祇树给孤独园。时跋难陀释子先有一居士恒好惠施,意欲饭佛比丘僧,兼布施好衣。""孤"原卷作![字形]。P.2521 卷五九:"复有五种皮:人皮、毒虫皮、狗皮、锦文虫皮、野狐皮,是为五。""狐"原卷作![字形]。

"哉"省笔,如傅 18100:"应赞其善哉。""哉"原卷作![字形],左下角构件"口"省笔。

(七) 连笔

连笔即两笔或两笔以上的笔划连成一笔。敦煌写本《四分律》中草书抄写的不多见,但字迹较潦草的还是有的。这些字迹潦草的写卷在抄写的过程中常伴有省笔和连笔。

1. 点连成横

"黑"内两点连成横,如 BD05321 卷三〇:"乞油、若蜜、若黑石蜜、若乳、若酪、若鱼、若肉,如乞酥无异。""黑"原卷作![字形]。又如 BD02960![字形]及甘博039![字形]等。

"灬"连成横,如 BD05522 卷三〇:"自今已去,若欲问义者当先求听已,然后问。""然"原卷作![字形]。又如 BD06011![字形]、![字形]及 BD02960![字形]、![字形]、![字形]等。

"曾"内两点连成横，如 P.3340 卷三一："我曾闻有作如是说：古昔有王，最初出世，名大人，众所举。""曾"原卷作曾。从"曾"之字在俗写中也常连笔，如 BD00148 增、僧等。

2. "殳""恐"的构件"几/凡"常写作"口"

"般"中的"几"作"口"，如 P.3340 卷三一："六名瞻鞞，七名拘罗婆，八名般阇罗，九名弥悉梨，十名懿师摩。""般"原卷作般。从"般"之字也一样，如 P.3340 縢等。

"穀"中的"几"作"口"，如 BD14038 卷四三："时世穀贵人民饥饿，乞食难得。诸比丘持食着露处，不盖藏，放牛羊人若贼持去。""穀"原卷作穀。

"毁"中的"几"作"口"，如甘博 039 卷四九："汝尚年少，腋下始有毛，何须便尔自毁、修梵行为？""毁"原卷作毁。又如 BD14505 毁等。

"擊"中的"几"作"口"，如 BD14505 卷一六："除手脚指已，若杖、若户钥、若拂柄及一切余物相擊攊者，一切突吉罗。""擊"原卷作擊。

"恐"中的"凡"作"口"，如 BD01832 卷二六："彼若看恐失，不五日五日看不犯。""恐"原卷作恐。又如 BD05553 恐、BD07434 恐、上图 054 恐、P.3340 恐及甘博 039 恐等。

"没"中的"几"作"口"，如上图 054 卷一："何以故？汝若不舍道者，我财物当没入于官。""没"原卷作没。又如 BD02960 没及 BD14505 没等。

"设"中的"几"作"口"，如 S.3898 卷三一："定光转年至十五十六时，王即为设三时堂。""设"原卷作设。又如 P.3340 设及 BD14038 设等。

"醫、毉（医）"中的"几"作"口"，如 BD14038 卷四二："尔时比丘患风须药，毉教渍麦汁。佛言：'听服。'须油渍麦汁，须颇尼渍麦汁。佛言：'听服。'""毉"原卷作毉。又如 BD14038 卷四二："大德！我自今已去归依佛法僧，为优婆塞，不杀生乃至不饮酒。唯愿世尊常受我衣服、饮食、醫药、卧具。""醫"原卷作醫。

3. 其他连笔

除以上几种外，还有其他连笔。"分"或从"分"之字，如 BD05522 卷三〇："负债者，乃至一钱，为十六分之一分也。"又如 S.3898 分、芬，上图 054 分，津艺 182 分，BD14038 忿，BD14505 叁等。

除此之外，连笔的还有 BD00148 舆、乎、遶、裘、縢、緣，BD03667 柴，BD01605 二、万、此、跣、迦，BD05321 縢，S.3898 此、岂、此、BD14668 长、马、无、最、进、卩、卩、吾、诸、乎、盘、亏、岸、邪、会、呎、踢、亦，BD14038 升、卦，敦研 032 敷，BD01832 祈、悕、惶，BD05822 乎、乎，BD02960 龇、龀，BD07434 後、裹，BD05335 逵等。

（八）类化俗字

类化是受上下文或内部结构或使用者心理等影响而改变汉字的写法，与前面几种有交叉的情形。它既可以增旁（增一个与上下文一样的偏旁），也可以换旁（换成与上下文一样的偏旁）。张涌泉先生《汉语俗字研究》把类化分为三类：受上下文的影响的类化、受潜意识影响的类化及字的内部类化。写本《四分律》中的类化俗字也能分成这三类。

1. 受上下文的影响而类化

前文增旁俗字当中的"胡""梁""然"等增旁也有上下文类化的因素，如BD00148卷四四："被呵责羯磨人正衣服，脱革屣，在一面住，胡跪合掌，白如是言……""胡"，原卷作 朗，当是受后文"跪"类化而增旁。

又如 BD06011 卷三五："彼用宝作盖。佛言：'不应尔，当以骨、牙、角、铜、铁、白镴、铅、锡、苇、竹木。'""白"原卷作 鈤，当是受上下文的影响。

又如 S.4104 卷五九："如是破戒比丘有五法：长寿多作众罪，不速为他所举；若住无定处，有伴党；……是为五法。""党"原卷作 僅，当是受前面"伴"的影响所致。

另外，还有受上下文影响而换旁的，如 BD05822 中"咒诅"之"诅"受前文影响而从口作 咀。

2. 受潜意识影响而类化

如津艺 182 卷一："若水獭，若鱼，若鼍，若失收摩罗。""鼍"原卷作 鳖，《说文·黾部》："甲虫也。从黾敝声。"《玉篇·鱼部》："鳖，俗'鼍'字。"这一俗写形式当是由于潜意识里将鼍当作鱼类，故简省从鱼。

又如 BD14505 卷一六："不犯者，若实知彼人物相知体悉而取举；若在露地为风雨所漂渍取举；若物主为性慢藏所有衣钵坐具针筒放散狼藉，为欲诚救彼故而取藏之。""狼"原卷作 𤟥。《说文·犬部》："狼，似犬，锐头，白颊，高前，广后。从犬，良声。"又如 P.2521"狗"作 豿。当是抄卷人潜意识里受"豺""豹""貂"等汉字的影响而换旁。

又如 BD05330 卷三六："所谓珍宝者，金银、真珠、琉璃、珊瑚、砗璖、马瑙。""璖"原卷作 珺，当是"渠"的换旁俗字。由于"砗璖"是一种玉石，故将"渠"中的"氵"换成"王"。

又如 BD14668 卷五："诸比丘闻，中有少欲知足行头陀乐学戒知惭愧者，嫌责提婆达伴党比丘：'汝等云何言提婆达是法语比丘、律语比丘，提婆达所说我等忍可？'""责"原卷作 情。

字的内部类化，如 P.3340 卷三一："我今与汝对，愿说所生处。""愿"原卷作 頋。《说文·页部》："愿，大头也。从页，原声。"写卷中由两个"页"字组成，当是左边的构件"原"受右边构件"页"影响所致。这一写法常见，又如 S.3971 颀，S.3898 顚 等。"願"的左上方常发生变异，作类似"夕"形，如 BD01605 顔、BD05822 頗 及 BD02960 頗 等。关于"愿"字的演变，裘锡圭先生曾有精辟的论述①。

又如 BD06011 卷三五："汝非官人不？汝是丈夫不？丈夫有如是病：癫、痈疽、白癞、干痟、颠狂病，汝今有此诸病不？""颠"原卷作 頻。《说文·页部》："颠，顶也。从页，真声。"其形符"页"受声符"真"类化而作"真"。写本常见，又如 P.2521"颠"作 頗。

又如 BD02960 卷三二："佛告言：'汝并在前，吾寻后往。'""寻"原卷作 寻。《说文·寸部》收有浔："绎理也。从工口，从又寸。工口，乱也。又寸，分理之也。彡声。"《广韵·侵韵》："浔"同"寻"。写卷中寻内部构件"工"受"口"类化而作"口"。又如 BD01605 寻 等。

BD01605 卷一八："时黄头见王卧已，在前长跪，按脚及处处支节，解王疲劳。黄头，身如天身，细软妙好。""软"原卷作 濡，即"濡"字，构件"雨"类化为"而"。又如 Φ.325 濡（身体细濡）。从"需"之字多如此，如《敦煌俗字典》中的"儒""繻""擩"及"檽"等俗字形式中的右上方构件"雨"均作"而"。

以上只是从结构上把写本《四分律》中的俗字加以归类，这种分类难免有交叉，尤其是后两种，连笔或类化经常会省笔。换旁的同时经常伴随着增笔与省笔。

除此，还有改变笔划而成的俗字。如"年"中的短竖变成横，甘博 039 卷四九："汝尚 年 少，腋下始有毛，何须便尔自毁、修梵行为？不如及时五欲自乐，须待老时乃修梵行。"又如 BD14940 年 和 BD14149 年 等。

又如"看"上面的一横变成两点或三点，津艺 182 肴 和 S.6366 肴 等。

又如"念"的第三笔和第四笔写作两横，如 S.4104 念 和甘博 039 念 等。

又如 BD14038"兜"作 兑，上部构件左右均改作两横。

又如甘博 039"肥"作 肥，"巴"中的竖写作横。

三、敦煌写本《四分律》俗字特点

汉字是方块文字，以形表意，字形由构件组成，构件又由笔画组成。俗字中的换位、省旁、增旁和混用等是对正字构件的改造；俗字中的增笔、省笔和连笔等是对正字笔画的改造。这些改造在追求书写便捷的同时，

---

① 见裘锡圭《文字学概要》，北京：商务印书馆，2001 年，第 192 页。

也尽可能增强其表意功能。全面调查发现,写本《四分律》俗字呈现出以下特点。

1. 通俗性

俗字最大的特点是其通俗性。俗字之"俗"就是通俗流行的意思,其主要表现是字形的趋简和示义的趋显等。写本《四分律》中的俗字也一样,具有通俗性。上述俗字当中,省旁、省笔、连笔是字形趋简的表现,书写的便捷性是俗字流行的原因,也是其通俗性的体现。增旁却是为了更好地示义,如"然"增"火"、"果"增"艹"、"梁"增"木"等。另外,字形组合的随意性也是其通俗性的表现,如"觕(触)"既可以作左右结构的 觕(甘博 039),又可以作上下结构的 牽(BD01605)。字形选择上也较为随意,同一个写卷,同一个字的俗写形式也不相同,如"解"在甘博 039 中既作 觧,又作 觧,正体俗体并用。这种随意性也是通俗性的表现。

2. 依附性

俗字具有依附性,依附于正字而存在。俗字是与正字相对的、一定范围内被人们认可并加以使用的不规范异体字。俗字离不开正字,不论是增旁还是省旁,不论是增笔还是减笔,都是在正字的基础上改造而成。如"壃"是在"疆"的基础上简省而成,若没有正字"疆"也就不会产生这一俗体。写卷BD06011 卷三五:"若安杙、若石、若疆畔作齐限。""疆"原卷即作 壃,字形稍有变化,左边的"土"写作"圡"。《玉篇·土部》:"壃",同"疆"。《干禄字书》:"壃、疆,上通、下正。"类似的写法碑刻中常见,如北魏《元譓墓志》:"丹电流晖,庆源伊始,苞姬缔构,复汉疆理。"①"疆"原石作 壃。不独"壃"依附于正字,所有俗字都依附于正字。正如业师黄征先生所说:"一切俗字都是异体字,俗字是异体字中的主体。只有一个字形的字只能是正字,不存在它的俗字。"②

俗字依附于语境。有些俗字是在特定语境下产生的,如 BD06011 卷三五:"彼用宝作盖。佛言:'不应尔,当以骨、牙、角、铜、铁、白镴、铅、锡、苇、竹、木。'""白"原卷作 鈞,当是字际类化的结果。离开语境,这一字形不会产生,在当时也无法辨认。俗写过程中,构件的变化也直接导致了同形字的产生,这些字的辨认更加离不开语境,如前文提到的"句"作"勹"。

3. 系统性

俗字是对正字的改造,但不是个别字的改造,而是含有相同构件的一类

---

① 《北京图书馆藏中国历代石刻拓本汇编》,第 4 册,第 84 页。
② 黄征《敦煌俗字典》前言,上海教育出版社,2019 年,前言第 4 页。

字的改造,体现较强的系统性。写本《四分律》中的俗字也一样,如 P.3340 卷三一:"时王前白言:'若成无上道者,先诣罗阅城与我相见。'""诣"原卷作詣。构件"旨"的撇省去,又如 BD01605 指及 BD00148 詣等。不独"诣"省撇,从"旨"之字大多如此,如 P.3340 卷三一:"修楼脂王有子,名波罗那;波罗那王有子,名摩诃波罗那。""脂"原卷作脂。又如 BD01605 卷一九:"尔时尊者难陀短佛四指。""指"原卷作指,又如 BD14668 指及 BD14940 指等。不独相同构件上体现系统性,相同位置的笔画在俗写中的变化也能体现系统性,如"富""亦""宜""流"等字上面的点在写本中常省去,"卑""鬼""释""悉""船"等字上面的撇常省去。

4. 装饰性

汉字自产生之日就与人们的审美追求相关联,汉字的外形美一直备受关注,俗字更是如此。作为通俗的字体,俗字之所以流行开来一定程度上也是因为其外形的美观。相较于正字,俗字更加追求外形美,集中体现其装饰性特点。写本《四分律》中的俗字也一样,通过各种方式追求外形美。改变笔画,如 BD14149 玊,中间一竖发生改变,体现装饰性。从"工"之字多仿此,如 BD06011 毡、BD05822 㳂。增加笔画,如甘博 039 旦、但等增加短竖,让构件"日"和一横之间形成一个整体。还有末笔习惯性增点,也是为了字形的美观。结构的变换也能追求美观,如津艺 182"默"作上下结构的黙。

第二节　敦煌写本《四分律》误字研究

一、误字概说

抄写的过程中难免出现误字。《吕氏春秋》所载"己亥"讹作"三豕"就是典型的误字。段玉裁《说文解字注》中多次提到"误",如"卻"字段氏将训释改为"卪却也",云:"各本作节欲也,误。今依《玉篇》'欲'为'却',又改'节'为'卪'。卪却者,节制而却退之也。"此处段氏认为"欲"是"却"的形误字。写卷也一样,如"憎"作憎,BD00148 卷四四:"此比丘憎我曹,本供给我等所须饮食洗浴之具。""增"当是"憎"的讹误。

俗字不是误字。虽学术界不少学者将"俗误字"连说,但俗字和误字还是两个不同的概念。两者相同点都是与正字相对,不同点也很明显:俗字在一定范围内被人们认可并加以使用,有着较强的构形理据,具有一定程度的普遍性;误字一般不被认可,构形理据不强,具有偶发性。如同样是省略偏旁,"疆"写卷作"壃"我们认为是俗字,而"癡"作"疑"我们却认为是误字。主要是因为前者被认可并被广泛使用,并且不影响识读;而后者并未广泛使用,具有个别性和偶发性,认可度不高,已经变成另一个字,严重影响识读。

借音字不是误字。借音字在一定程度上具有普遍性,被认可并加以使用。音误字,即因音近而误的字,这类字与借音字不同,往往是临时性的、个别性的,一般不被认可。如写本《四分律》中"腋"作"掖"一共出现 16 次,而作"液"仅 S.6636 中的 1 次,又难以找到其他文献用例。所以我们认为"掖"是借音字,"液"是误字。

关于误字的类型,张涌泉先生在《敦煌写本文献学》中有专章讨论敦煌文献中的误字,并将其分为七类:因形近而误、因音近而误、因习语而误、因上下文相涉而误、因粗疏而误、因直行排列而误和辗转而误。为方便起见,我们将误字分为形误字、音误字、涉上下文而误以及其他误字四类。

二、敦煌写本《四分律》误字的类型

(一) 形近而误

汉字是方块文字,通过不同的字形来表示不同的意义。理论上,形体越丰富表意功能就越完善,记录语言的功能也越充分。实际上,形体一旦过多势必会给使用者带来极大的不便,书写和辨认都有极大不便。故汉字这一符号系统在足够表意的基础上尽可能简化,记录汉语的过程中遵循经济化原则,便于人们在使用过程中好认、好写,更好地发挥其工具作用。这样就使得不少汉字形体相近,相同或相近的构件有利于汉字这一符号形成自身的系统,但不利影响也随之而来,即常出现因形近而误写的情况。这在敦煌写本中尤为明显,写本《四分律》也一样,抄卷人在抄写的过程中出现了不少形近而误的字。

阿—何

我所以办具此种种多美饮食,正为阿姨故耳。(S.4036)

"阿"原卷作**何**。阿姨,是对比丘尼的称谓,清梁章钜《称谓录·尼》:"《翻译名义》:比邱尼称阿姨,亦称师姨,梵言阿梨姨,此翻尊者圣者。"写卷误作形近的"何"。

白—曰

即往白诸比丘。(S.4036)

"白"原卷作**曰**。白,禀白、告诉的意思。写卷却误作形近的"曰"。两字在说话意义上相近，但"白"有下级对上级、晚辈对长辈的意思。此处是比丘尼禀告诸比丘，然后再由比丘禀告世尊，当用"白"。

白—自

诸比丘白佛。佛言：不应作如是语。（S.6636）

"白"原卷作自。形近而误。又如 S.1895："以此因缘具自（白）世尊。"

使—便

父母夫主不听而度，使父母夫主还将去耶？（S.4036）

"使"原卷作使。便，又从双人，如 BD05822 卷二七："我等谓舍内有人，而不救火使烧舍尽。""使"原卷作便，即"便"，写卷中双人旁与单人旁常混用。

便—更

怀恨经宿方便骂詈尼众。（S.4036）

"便"原卷作更。方便，有方式、方法义，此处是用各种方式、方法骂詈尼众。写卷误作"更"。便，写卷中常省旁作"更"，又如 S.6862："若得非时衣，欲须更（便）受。"又如 BD05822 卷二八："若入外道后更（便）作是说。"

薄—夺

我兄聪明垢薄，多有智慧。（BD02960）

"薄"原卷作夺，即"夺（夺）"。垢，佛教用语，即烦恼。"垢夺"不辞，当作"垢薄"，即烦恼少的意思，常与"聪明""智慧"搭配，如《四分律疏》："结使轻微，故曰垢薄；于理不愚，名为智慧；事中捷疾，故曰聪明。"

比—皆

若比丘尼半月应往比丘僧中求教授。若不求者，波逸提。（BD06577）

"比丘僧"中的"比"写卷下部误增"日"而作皆，即"皆"字，写本中"皆"常省撇，如傅 188099 皆。

惭—渐

时诸居士皆共讥嫌此比丘尼等："不知惭愧作妄语，外自称言我知正法，如是有何正法？见贼而言不见。"（BD05522 卷三〇）

"惭"原卷作渐。惭愧，是羞愧的意思，用于此处表示比丘尼"妄语"应该感到羞耻。渐，表逐渐义，用于此处不妥，当是形近而误。又如同卷"时诸比丘尼闻，其中有少欲、知足、行头陀、乐学戒、知惭愧者呵责六群比丘尼言"，"惭"原卷作渐。又如 BD02960："惭愧念知足，我是彼弟子。""惭"原卷作渐。此两处均误作"渐"，只是"渐"从两点水。

差—着

　　不犯者,若语言:"先诵阿毗昙然后诵律,先诵余契经然后诵律。"若有病者须差然后诵律。(BD01605 卷一八)

"差"原卷作**着**。此处"差"是病愈的意思,《方言》第三:"差,愈也。南楚病愈者謂之差。"写卷形近而误。

差—若

　　差教授师当作如是白。(BD05822 卷二七)

"差"原卷作**若**。此处当用表派遣义的"差",写卷却误作形近的"若"。又如 BD14149 卷二九:"自今已去,听**若**(差)一比丘尼为比丘尼僧故,往比丘僧中说三事:自恣见闻疑。"

车—事

　　金银、车渠、马瑙、真珠、虎魄、水精、琉璃、象马、奴婢库藏溢满,威相具足。(BD01605 卷一八)

"车"原卷作**事**。车渠,又作砗磲,玉石的一种,《广雅》:车渠,石之次玉。写本作"事"字,与"车"的繁体"車"形近而误。

癡—疑

　　不爱不恚不怖不痴。(S.1970)

"癡"原卷作**庭**,即"疑"。癡,愚笨、不聪慧。《说文·疒部》:"不慧也。从疒疑声。"写卷误作"疑"。又如 S.1970 卷六〇:"应灭摈灭摈然后住,不爱,不恚,不怖,不癡……""癡"原卷作**庭**。

触—解

　　佛言:触者不净,得突吉罗;不触者净。(BD14038)

两个"触"原卷均作**解**。此处是接触、碰触的意思,写卷形近而误。

盗—恣

　　复有五,是他有、作他想、若重物、若作盗心、若移本处,是为五。(P.2521 卷五九)

"盗"原卷作**恣**,形近而误。此处表示生盗窃之心,写卷却误作形近的"恣"。

堕—随

　　以此恶业因缘堕泥犁中。(S.6636)

"堕"原卷作**随**。泥犁,是地狱的音译。此处是因为恶业因缘而堕入地狱,当用"堕",写卷形近而误。

恶—**蔥**

　　若中有毒蛇恶兽,若有贼入……不犯。(卷二七,BD05822)

"恶"原卷作 恶，与"德"的简省字形近，《字汇·心部》："悪，与德同。"写本常省略构件"心"上面的一横，如 S.8966 卷二三："若比丘尼恶性不受人语。""恶"原卷作 恶，该写卷还有一处也作 恶，又如 S.3898："善色 恶（恶）色，善趣 恶（恶）趣。"又如 S.6862 恶。"恶"在写卷中常从"西"作"悪"，这一写法与"悪"形近。

茸—背

尔时六群比丘蓄腰带，头安茸。（S.3971）

"茸"原卷作 背。茸，《说文·艸部》："艸茸茸皃。从艸，聪省声。"段注认为当是"从艸耳声"。此处"茸"与草义无涉，当作"毦"，指一种毛制的装饰品。《一切经音义》"花茸"条："而容反。《说文》云：'茸，草茸也。'《说文》作'毦'，而志反，稍上垂毛曰毦也。"（《大正藏》54/637a）"茸"，宋、元、明、宫本作"毨"。《字汇补·艸部》："毨，水苔也。"此处与水苔义无涉，"毨"当是由"毦"增旁而成。写卷作"背"，形近而误。

法—经

此中有六法，如上为自损减中说。（BD15378 卷六〇）

"法"原卷作 经。形近而误。

反—及

常憙往反白衣家比丘有五过失。（P.2521 卷五九）

"反"原卷作 及。"反"为"返"的古字，即"往返白衣家"，写卷却误用形近的"及"。又如 BD15378："复次王太子欲反杀王。""反"也作"及"。

妇—歸

时有居士占护彼童女，既不迎妇，又不听余嫁。（BD14519）

"妇"原卷作 歸。歸，女子出嫁，《说文·止部》："女嫁也。从止，从妇省，㠯声。"声符"㠯"在写卷中常省撇，如 S.1415"垍"作 垍。上揭例句原卷共出现两次，均作"歸"。归是站在女子的角度，此处"占护彼童女"，显然是站在男方的角度。结合语境，当作"迎妇"，霸占彼童女自己不迎娶又不允许他嫁。写本误作形近的"歸"。

槅—隔

或有恶马，授勒与鞭欲令其去，而颠蹶倒地，既伤其膝，又折辕槅。（BD15378）

"槅"原卷作"隔"。槅，车枙，架在牛颈子上的器具。《释名·释车》："槅，扼也，所以扼牛劲也。"《说文·木部》："大车枙也。从木鬲声。"此处与"辕"搭配的当是"槅"，"辕槅"又作"辕枙"，指车前驾牲口的直木和套在牲口脖子上的曲木。用于此处，指恶马倒地折断辕轭。

羹—美

　　诸居士各各持饭麨干饭鱼肉种种羹饭,来诣僧伽蓝中与诸比丘尼。(BD14149)

"羹"原卷作**羡**。"美饭"不辞,当作"羹",形近而误。

榖—聲

　　田地谷食,不可称计。(BD01605)

"榖"原卷作**聲**,即"聲",右上方的构件在俗写中常简化。结合语境,此处当作"榖",却误作形近的"聲"。

河—阿

　　或在大堂、食堂、经行堂、河边、树下、生软草处。(BD06011)

"河"原卷作**阿**。此处是河边,写卷却误作形近的"阿"。

睺—唯

　　时跋难陀释子有二沙弥:一名羯那、二名摩睺迦。(BD01605)

"睺"原卷作**唯**。摩睺迦,又叫摩睺罗迦,其中"睺"写卷却误作形近的"唯"。

瘊—疾

　　或内外曲,或上气病,或瘊病,或吐沫病。(BD06011)

"瘊"原卷作**疾**。瘊,疣,即皮肤上长的小瘤子。《集韵·侯韵》:"瘊,疣病。"此处是罗列种种病人不能受具足戒,而写卷中的"疾病"不辞,与前后文难以并列,当作"瘊"。

後—復

　　後于异时,六群比丘作衣。(BD01605)

"後"原卷作**復**,即"復"的俗写。"後于异时",即后来某个时候,《四分律》中共出现三十余次,如卷六:"後于异时,莲华色夫大集财宝。"又如卷一三:"後于异时,祇桓众僧分衣物。"写卷误作"復"。

後—彼

　　云何先为安隐比丘尼各各出物作饮食而后贸衣共分?(S.6862)

"後"原卷作**彼**。前文是"先",与之搭配的当是"後"。写本却误作形近的"彼"。

畫—善

　　习学种种技术:书算、印画众形像、歌舞戏乐,无事不知。(BD01605)

"畫"原卷作**善**。此处是学习画画等技能,当作"畫",写卷却误作"善"。

懐—壞

　　令人恼魄懐疑轻毁戒。（BD00208）

"懐"原卷作 𤞏，形近而误。"懐"还有右边构件误用的，如 BD01605："令人懐疑忧恼。""懐"原卷作 𢖺，右边构件与"德"的右边形近而误。

壞—懐

　　时有比丘作是念：我与身根壞女人共行淫。（BD07278）

"壞"原卷作 壞，形近而误。又如 BD00851 懐（壞鬼神村）、BD14992 懐（壞鬼神村）。其右边构件又讹作"德"的右边，如 S.3971 中的 𢓜（彼洗已，不晒燥，便举，生壞）。

或—式

　　若言犯边罪，犯比丘尼，或贼心受戒。（BD00148）

"或"原卷作 式，形近而误。

或—戒

　　或见与恶知识从事或共戏，是为见而生疑。（BD01605）

第二处"或"原卷作 戒。此处当用表并列的"或"，写卷却误作形近的"戒"。

獲—猴

　　我今已獲此法。（S.3898）

"獲"原卷作 猴。"獲"省"艹"头后，与"猴"形近。此处当用"獲"，写卷却误用形近的"猴"。

集—進

　　世尊以此因缘集比丘僧。（S.4036）

"集"原卷作 進。又同卷"集十句义乃至正法久住"，"集"原卷作 朱，开始误作"進"，后改作"集"。

際—除

　　和合共灭摈，和合尽苦際。（BD15378）

"際"原卷作"除"。苦際（际），佛教术语，际为终际的意思。写卷误作形近的"除"。

炯—烟

　　我昨夜入火光三昧，令此石室炯然大明。（BD02960）

"炯"原卷作 烟，即"烟"的俗体。从前文看，此处当作表火光的"炯"，写卷却误作形近的"烟"。炯，火光，《说文·火部》："光也。从火同声。"《文选·木华〈海赋〉》："熺炭重燔，吹炯九泉。"李善注："炯，光也。言火之光，下照九泉。"

居—尼

　　诸比丘尼受此施食。食已,方诣居士家食。(S.4036)

　"居"原卷作**居**。居士是指在家修持佛法的人,写卷误作形近的"尼"。又如 BD05822:"汝云何乃度他乳儿妇女令诸居士讥嫌?""居"原卷作**居**,开始写作"尼",后改为"居"。

具—其

　　以此因缘具白世尊。(S.2795)

　"具"原卷作**其**。"具白"是详细说明的意思,而写卷却误作形近的"其"。

举—学

　　若渡水,若从沟渎泥水处过,相近举手招唤余比丘,触彼,无犯。(BD01605 卷一八)

　"举"原卷作**学**,"学手"不辞,当作"举",形近而误。又如 BD01605:"恐清净比丘发**学**。"当作"发举",揭发检举的意思。

觉—学

　　族姓女听! 此是如来、无所着、等正觉,说八波罗夷法,犯者非比丘尼、非释种女。(BD00239 卷二八)

　"觉"原卷作"学"。等正觉,佛教术语,如来十号之一,写卷却误作"学"。两字在写卷中常混用,如 S.4036 卷二九:"时男子手触身**学**(觉)细滑,生染着,便前捉欲犯。"又如 BD02239:"此是如来无所著等正**学**(觉)说八波罗夷法。"写卷也有"学"误作"觉"的情形,如 BD15362:"有惭有愧乐**觉**(学)戒者。"

掘—握

　　若教人掘者波逸提。(BD14992)

　"掘"原卷作**握**。此处是告诫比丘不要掘地,也不要教人掘地,当用"掘",写卷却误作形近的"握"。

看—者

　　若复为僧事塔事而往观看画堂。(BD01832)

　"看"原卷作"者"。此处是有正当理由可以观看画堂,当作"看"写卷误作行进的"者"。

恐—恶

　　恐人不信。(BD14519)

　"恐"原卷作**恶**,即"恶"字,形近而误。

離—雜

　　尔时離见闻处受具足戒。佛言:"不名受具足戒。"(BD06011 卷三五)

"離"原卷作"雜",形近而误。又如 P.2521 卷五九："时优波離从坐起，偏露右肩，右膝着地，合掌白佛言：'年少比丘在上座比丘前忏悔，有几法？'""離"也作"雜"。

令—今

比丘尼众欲如法出迦絺那衣，云何遮令不出？（BD01832）

"令"原卷省末笔而作**今**。

琉—玩

宝者，金银、真珠、虎珀、车渠、马瑙、琉璃、贝玉、生像金。（BD01605）

"琉"原卷作**玩**。琉，又作"瑠"。《集韵》："瑠璃，珠也。""琉璃"又作"流离"，王观国《学林·流离》："流离又为宝石名……本用琉璃，亦借用流离耳。"此处罗列种种珍宝来解释"宝"的含义，当用"琉"，写卷却误作形近的"玩"。

浴—洛、落

若比丘尼往观王宫、文饰画堂、园林、**洛**（浴）池者，波逸提。（BD06697）

若比丘尼露身形，在河水泉水渠水池水中**落**（浴）者，波逸提。（BD02765）

"浴"由于形近而误作"洛"，再增"艹"头而误作"落"。

贸—资

除贸易尼萨者波夜提。（BD00705）

"贸"原卷作**资**。贸，交易、买卖，"贸易"一词属同义连文，写卷却误作"资"。

媒—姨

或见共相媒嫁时，若余人见，从彼人闻者，是谓见根。（BD01605）

"媒"原卷作**姨**。与"嫁"并列的当是"媒"，写卷误作形近的"姨"。

米—来

时六群比丘尼乞求生谷胡麻若米若大小豆大小麦。（S.6366）

"米"原卷作**来**。此处是罗列种种谷物，与"胡麻""豆""麦"相并列的当是"米"，写卷却误作形近的"来"。此处"胡麻若米"《大正藏》本作"胡麻米"，当以写卷为是。另外，刻本中的宋、元、明、宫本均作"胡麻若米"。

滅—减

乃至七滅诤亦如是。（BD15378）

"滅"原卷作"减"。滅（灭）诤，是止灭僧尼争论的方法，有七种，故称"七灭诤"。写本形近而误。

命—令（令—命）

　　破威仪作不作，破正命作不作。（BD06249）

　　"命"原卷作&令;。BD15378 此处也作"令"。正命是八正道之一，与之相对，破正命即邪命、非法活命。"正命"为佛教专业术语，写卷却误作形近的"令"。两字常混，如 S.3971"一切所须，皆令具足"，"令"原卷作&命;。又如 Φ.325 卷二六："若&命;（令）病人出在大小便处便利。"

没—彼

　　尔时梵天知世尊受劝请已，礼世尊足，右绕三匝而去，即没不现。（S.3898）

　　"没"原卷作&彼;，即"彼"，俗写中双人旁常作单人旁，构件"皮"的末笔常增点。从后文"不现"看当作"没"，写卷却误作"彼"。

母—毋

　　比丘即与过度吐下药，母死儿活。（S.6636）

　　"母"原卷作&毋;。此处是服用了过量的药物，导致母死子活的后果，当作"母"，写卷却将两点连成一笔，形似"毋"。

默—點

　　有五非法默然。（P.2521）

　　"默"原卷作&點;，即"點"的俗写，形近而误。又如 BD00586《四分比丘尼戒本》"诸大姊是中清净默然"，"默"原卷作&點;。

那—邪

　　六群比丘畜阉提那带。（S.3971）

　　"那"原卷作&耶;。此处是先将"那"误作形近的"耶"，圣本、圣乙本此处即作"耶"；然后由于"耶""邪"通用，该写卷又误作"邪"。

乃—及

　　云何生嫉妒心，乃作是言："是檀越笃信好施，供养于汝。"（S.4036卷二九）

　　"乃"原卷作"及"，形近而误。这一错误常见，如 BD00851《丘戒本》："若为成妇事，若为私通，乃至须臾顷，僧伽婆尸沙。"BD02332《尼戒本》："是比丘尼应三谏，舍此事故，乃至三谏舍者善。"BD00711："如是比丘尼在于众中乃至三问。""乃"原卷均作"及"。S.1937 &乃;一开始写成"及"，后将末笔擦去，痕迹犹存。

尼—居

　　自今已去，听诸比丘为障身障衣障卧具故作尼师坛。（BD01605 卷一九）

"尼"原卷作**居**。尼师坛是比丘六物之一,其中"尼"字写卷误作形似的"居"。

娆—烧

时诸贼见已作是言:此六群比丘尼皆为波斯匿王所供养,我等当共触娆。(Φ.325 卷二六)

"娆"原卷作**烧**。娆,本从女,写卷从火误作"烧"。《说文·女部》:"苛也。一曰扰、戏弄也,一曰嬛也。从女尧声。"触娆之"娆"用其戏弄义,"触娆"《大词典》失收。

叛—版

时波斯匿王界内人民反叛。(Φ.325 卷二六)

"叛"原卷作**版**。叛,本从半,《说文·半部》:"半也。从半反声。"形符"半"写卷误作形近的"米"。该写卷两处"叛"均作"版"。

祇—初

尔时婆伽婆在祇树给孤独园。(S.4036)

"祇树给孤独园",简称"祇园"或"祇园精舍",佛教圣地。写卷误作形近的**初**,即"初",写卷中"礻"旁和"衤"旁常混用。

请—清

彼以僧事塔事故,外人有初立寺、初立房、初作池井而设会布施,不得赴彼请,衣服破坏,垢腻不净。(BD01605 卷一八)

"请"原卷作**清**,此处是没时间"赴彼请",写卷形近而误。

请—语

我先许瓶沙王请。(BD02960)

"请"原卷作"語"。此处是答应了瓶沙王的请求,当作"请",写卷却误作形近的"語"。

曲—典

若以余户钥曲钩拂柄香炉柄拄者,一切突吉罗。(BD01605)

"曲"原卷作**典**。曲钩,一种外来物品"盎句奢"的意译。《一切经音义》卷二一"盎句奢此云曲钩",并绘有具体形制。《翻译名义集》:"婆利,或盎句奢,翻曲钩。"写卷误作形近的"典"。

全—令

宁可和泥作全成瓦屋。时彼比丘即便和泥作全成瓦屋。(津艺182)

两"全"字原卷均作"令"。结合语境,比丘檀尼迦陶师子一开始做了草屋,被取薪人破坏当成干柴取走,后来做了瓦屋。从后文"取柴薪牛屎烧之,屋成色赤如火"看,此瓦屋不同于中土的瓦屋,当是全部用泥土制作再烧制而成。故当作"全",而写卷误作形近的"令"。

然—煞

　　若比丘尼无病为炙故,露地然火若教人然,除余时,波逸提。(S.6366)

第二处"然"字原卷作**然**。结合前文"无病为炙故露地然火",此处当作"然"表燃烧义,写卷误作形近的"煞"。

汝—法

　　若伴病,若无威仪,语言:"妹,汝去,我当送食与汝。"(S.6366)

"汝"原卷作"法",形近而误。又如 BD02239 卷二七:"汝云何不教六法事授具足戒?"S.3898:"汝等如何?""汝"原卷均作"法"。

入—大

　　数入檀越家,若受坐若受食亦如是。(BD14519)

"入"原卷作"大"。此处当作"入",却误作形近的"大"。

若—荅(荅—若)

　　汝已学戒清净不? 若言:"学戒清净。"当复更问余比丘尼:"此人学戒清净不?"(BD00239 卷二八)

"若"原卷作"荅"。从后文"若言学戒清净者"看,此处表假设,当用"若",而写卷却用了形近的"荅"。又如 BD02239:"若言学戒清净。""若"原卷作"荅"。写卷中也有"荅"误作"若"的情况,如 BD06011:"荅言:我受具足戒。""荅"原卷作**若**。

若—著

　　若自捉,若教人捉。(BD01605)

第一处"若"原卷作**著**。此处表并列,当用"若",写卷形近而误。

若—居

　　若比丘尼故妄语者,波逸提。(S.6366)

"若"原卷作"居"。此处表假设,当用"若",写卷形近而误。

沙—少

　　此皆是大沙门所为。(BD02960)

"沙"原卷作**少**。沙门,佛教名词,指出家修道的人,写卷误作"少"。

沙—妙

　　若减十二,与人依止,畜式叉摩那沙弥尼,一切突吉罗。(BD02239 卷二八)

"沙"原卷作**妙**,形近而误。

善—若

　　若比丘尼，憙斗诤，不善忆持诤事。（BD01128）

"善"原卷作**若**。同写卷"善"作**苦**，与"若"形近。又如 BD15378 中的"善"也误作"若"。

伤—復

　　而更颠躓倒地既伤其膝又折辕楅。（BD15378）

伤，原卷作**復**，即"復"，只是左边作"亻"。

杓—初

　　若作如意，若作玦鈕，若作匙，若作杓，……如是一切无犯。（BD01605）

杓，原卷作**初**，误作形近的"初"，却又写作"礻"旁。

食—倉

　　我在伽尸国婆娑婆聚落，于异住处旧比丘常接众客所须犹如泉水，若未来有客比丘来者，供给所须饮食，若作粥洗浴具。（BD00148 卷四四）

"食"原卷误作**倉**。从后文"作粥"看，当是供给所须饮食，写卷作"倉"，形近而误。

使—便

　　使答言：大王！初時何不言須珠。（S.3971）

"使"原卷作"便"。此处是使者回答波罗殊提王的话，当用"使"，写卷却用形近的"便"。

湿—显

　　汝所为非，非威仪、非沙门法、非净行、非随顺行，所不应为，云何阿湿卑、富那婆娑污他家、行恶行？（BD00148 卷四四）

"湿"原卷误作"显"。

侍—待

　　尔时尊者阿湿卑给侍如来。（BD02960）

"侍"原卷作**待**，增撇而误作"待"。侍，给侍，服事、侍奉的意思。佛教文献习见，如《长阿含经》："给侍佛左右，寻白于世尊。"又如《杂阿含经》："唯有尊者阿难，聪慧总持，而常给侍世尊左右。"此两处都是侍奉世尊。

式—或

　　若比丘尼，净施比丘、比丘尼、式叉摩那、沙弥、沙弥尼衣，后不问主取著者，波逸提。（BD06697）

"式"原卷作**或**，形近而误。BD14149 卷二九："比丘，波逸提；**或**（式）

又摩那、沙弥、沙弥尼,突吉罗。"

受—爱

　　即如教取金盛之,其囊不受。(BD01605)

"受"原卷作**爱**,即"爱"。结合语境,此处当作"受",容纳、盛装的意思,却误作形近的"爱"。又同卷:"六群比丘即令一比丘**爱**(受)欲来。"当作"受欲",该词《四分律》常见,如卷一八:"汝等若不得来,可令一二比丘持欲来。六群比丘即令一比丘受欲来。"又如卷三五:"是故诸大德!我今当说戒。共集在一处者同羯磨集在一处,应与欲者受欲来。"僧尼集体羯磨等活动时,不能参加者应"与欲",其对方就是"受欲"。

兽—戰

　　若贼难,若恶兽难。(BD14668)

"兽"原卷作**戰**。与"贼难"并列的当是"恶兽难",此处表示开缘,《四分律》中共出现3次,又如卷六:"若贼难、若恶兽难、若渠水涨、若强力者所执、若系缚、或命难或梵行难、若不舍衣不手捉衣不至掷石所及处,不犯。"(《大正藏》22/604b)

竖—坚

　　当与比丘尼竖立具足戒白四羯磨。(BD05822 卷二七)

"竖"原卷作**晗**。"坚立"不辞,当作"竖立"。竖立一词是同义连文。竖又从豆,《说文·臤部》:"豎立也。从臤豆声。"写卷形近而误。

顺—慎

　　世尊尔时以此因缘集比丘僧而为随顺说法。(BD14519)

"顺"原卷误作**慎**。"随慎"不辞,写卷形近而误,当作"随顺"。随顺,属同义连文,随从、顺从他人之意而不违逆。如《长阿含经》卷一二:"彼诸弟子法法成就,随顺其行,起诸邪见。"(《大正藏》1/73a)《大词典》首例援引韩愈的《答陈生书》,稍晚。

说—诸

　　自今已去当如是说戒。(S.4036)

"说"原卷作"诸"。"当如是说戒"是《四分律》的习语,教导出家人应当怎样说戒,而写卷却误作形近的"诸"。

死—无

　　比丘即向其夫叹死快,彼夫即死,疑。(S.6636)

第二处"死",原卷作**无**。

俗—古

　　我从俗已来习此法,不但今也。(S.6366)

"俗"原卷作**古**。此处是指偷罗难陀比丘尼还未出家时就有剃毛的习惯,当用"俗家"之"俗",写卷却误作"古"。

歲—戒

　　自今已去,制五歲比丘诵戒羯磨。(BD05330)

"歲"原卷作**戎**,即"戒",写卷中习惯性省撇。"歲"的下部构件与"戒"形近。

所—耶

　　所为僧施异者,与作说戒堂用作衣,与作衣用作说戒堂,与此处乃彼处用。(S.6862)

"所"原卷作**耶**。结合前文"若比丘尼知檀越所为僧施异回作余用者,尼萨耆波逸提。"此处是具体解释其中的"所为僧施异",当用"所",写卷却误作"耶"。"所"的草书与"耶"形近,如 BD05309 卷六〇:"当知此净而致增长坚固,不得如法如律如佛所教而灭。""所"原卷作**亦**。

天—无

　　天大雨堕如象履。(BD02960)

"天"原卷作**无**。此处用"象履"作比来形容天空下大雨(传世刻本作"象尿"),写卷误作形近的"无"。

帖—怗

　　怗(帖)着新者上,用坏色故。若作新坐具,不取故者,纵广一磔手,**怗**(帖)着新者上,用坏色故,尼萨耆波逸提。(BD00851)

两"帖"字,原卷均从"十",第一个字右边又误作"古"。

帖—怡

　　若捉角头挽方正安帖。(羽237)

"帖"原卷作**怡**。构件"巾"常与"心"旁相混,"占"常误作"台"。

膝—脚

　　若曲膝间、若胁边、若乳间、若耳中、若鼻中、若疮中,一切僧伽婆尸沙。(BD14519)

"膝"原卷作脚。从语境看,当作"曲膝",写卷误作"脚"。

習—謟

　　既得处官里,習学种种技术。(BD01605)

"習"原卷从言作"謟"。謟,《说文》释为"言謟讘也",用言语使惧怕。《庄子·庚桑楚》:"夫复謟不餽而忘人,忘人,因以为天人矣。"郭庆藩集释引郭嵩焘曰:"复謟,谓人语言懵伏以下我而我报之。"習(习),由"鸟数飞"引申指学习、练习。结合后文"种种技术"当用学习、练习之"习",而写卷却增"言"旁而误作"詔"。

畜—当

若减十二,与人依止,畜式叉摩那沙弥尼,一切突吉罗。(BD02239 卷二八)

"畜"原卷作**畜**。此处当作"畜",通"蓄",蓄养、养育的意思。写卷误作形近的"当"。

眼—眠

或青眼、或黄眼、或赤眼、或烂眼。(BD06011)

最后一处"眼"原卷作**眠**。此处是罗列种种眼病的人不能受具足戒,当作"眼",写卷却误作形近的"眠"。

诣—诸

即日诣比丘僧中授具足戒。(S.4036)

"诣"原卷作"诸"。此处是告诫比丘尼:在尼众中与人授具足戒的当天就必须往比丘僧众中授具足戒。当以"诣"为是,表示到的意思,写卷却误作形似的"诸"。

與—舉

长老亦不與我衣钵卧具医药,何故教我?(BD15378)

"與"原卷作**舉**。此处是给予的意思,写卷误作形近的"舉"。

语—诸

若嬉笑语,疾疾语。(S.1937)

第二个"语"原卷作"诸"。作为开缘的一条,"疾疾语,不犯",《四分律》习见,共出现25次。写卷形近而误。

远—逐

若遣伴远去独与男子耳语。(S.6366)

"远"原卷作"逐"。此处是为单独与男子耳语让同伴远去,故当用"远",写卷却误用形近的"逐"。

滓—泽

若比丘尼以胡麻滓涂摩身者,波依提。(BD05522)

"滓"原卷作**澤**。滓,沉淀的杂质、渣。《说文·水部》:"淀也。从水宰声。"胡麻,即芝麻。《四分律名义标释》:"白小者名白麻,黑大者名胡麻,亦名巨胜。滓者,浊也。或云胡麻麸。以其家压油,故也。"(《卍续藏》44/630c)写卷作形近的"澤",又增一横。

者—诸

若比丘尼与男子共入屏障处者,波逸提。(S.6636)

"者"原卷作"诸",形近而误。

卮—厄

　　尔时有波罗㮈国市马人来至舍卫国,欲为众僧作饼作豆麨作麨,与麨簁、与量麨器、与盐、与盛盐簁、与苦酒、苦酒瓶、与木㯕、与**厄**(卮)、与匕、与勺、与摩膏、与**厄**(卮)椀。(BD14038)

卮,古代盛酒器。《礼记·内则》:"敦牟卮匜。"郑玄注:"卮匜,酒浆器。"《说文·卮部》:"圜器也。一名觛。所以节饮食。象人,卩在其下也。《易》曰:'君子节饮食。'凡卮之属皆从卮。"写卷省撇而误。

稚—推

　　若作烟,若吹贝,若打鼓,若打揵稚。(BD06011)

"稚"原卷作"推"。此处当作"椎",揵椎,一种器具,通过敲打来报时,《一切经音义》卷一七"揵椎"条:"直追反。经中或作揵迟。案:梵本臂咤揵稚,臂咤此云打。揵稚,所打之木,或檀或桐,此无正翻,以彼无钟磬故也。但椎稚相滥,所以为误已久也。"(《大正藏》54/413a)"椎"与"稚"字形相近,而"椎"在写本中常作"推",手写"木"与"扌"旁常混。《佛光大词典》"揵稚"条:"又作揵槌、揵迟、犍稚、揵植、揵锤、犍地。为报时之器具。意译作铃、鼓、铎。本为木制,后世多为铜制。"

置—真

　　王刹利水浇头种者,取四大海水,取白牛右角,收拾一切种子盛满中置金辇上。(BD01605 卷一八)

"置"原卷作"真"。此处是放置,将收拾的种子放在金辇上,写卷却误作"真"。

庄—在

　　若比丘宝及宝庄严。(BD01605)

"庄"原卷作**在**。又如 BD14149 卷二九:"或呗或悲哭者,或自庄严身者。""庄"原卷作**在**。

斫—破

　　彼作是念:我不应已于佛法中出家作如是恶事,即往摩头山顶,自投身堕斫竹人上。(S.6636)

"斫"原卷作**破**。斫,砍伐,写卷误作"破"。该写卷后文还有一次"斫竹人",其"斫"作**斫**不误。

作—你

　　莫作语,莫谤世尊,谤世尊者不善,世尊不作是语。(BD06697)

两个"作"原卷均作**你**,形近而误。

形近而误当中还有特殊的一类，即因俗字形近而误。俗字和误字都是相对于正字而言，都是对正字的改造。只是前者被人认可并加以使用，一定范围内具有普遍性和约定性；而后者是个别行为，一般不被认可，具有个别性和临时性。如"刺"写作"剌"我们认为是俗写，而写作"侠"我们就认为是误字。同样是方口作尖口，"句"作"勾"由于较为普遍我们认为是俗字，而"吉"作"去"、"和"作"私"由于不常见我们认为是误字。

牀—林

若比丘尼无病，二人共牀卧，波逸提。（BD06697）

"牀"原卷均作**林**。"牀"，坐具。《说文·木部》："安身之坐者。从木爿声。"其声符"爿"在俗写中常发生变异，如 BD07413 **林** 和 Ф.325 **牀** 等。这一俗写与"林"形近。"林"的左边又增撇误作"禾"，如 BD00711："若比丘尼做绳床。""床"误作**林**。

刺—侠

或遇恶兽，或有刺棘来以手遮。（BD05553）

"刺"原卷作**侠**。这一错误当是受"刺"俗写作"剌"影响，如傅188099："如在尖漂（当作标）如利戟刺。""刺"原卷作**剌**。

度—遮

若比丘尼，知女人妊娠，度与受具足戒者，波逸提。（BD01047）

"度"原卷误作**遮**，是"遮"的俗写，同卷"若比丘尼，作如是意'众僧如法分衣，遮令不分，恐弟子不得'者，波逸提。""遮"作**遮**。

多—後

此痴人多种有漏处，最初犯戒。（BD01605）

"多"原卷作**後**，即"後"。"後"的俗写右边构件常作四撇一捺，如BD07434 **後**，其右部构件与"多"形似。

恶—西

若比丘尼，故自手断人命，若持刀授与人，若叹死、誉死、劝死：咄！人用此恶活为？宁死不生。（BD00711）

"恶"原卷误作**西**。"恶"的俗写即上西下心，如 BD15378 **恶** 等。写卷误作"西"当是受"恶"俗写影响。

耳—取

此六群比丘欲灭法故作是语耳。（BD01605）

"耳"原卷作**取**，即"取"字俗写，构件"又"常作两点，故与"耳"相混。同卷："受如是快乐耳。""耳"亦作**取**。又如 S.6636："若腋下若耳鼻中。""耳"作**取**。BD05822："有二沙弥，一名耳，一名蜜。""耳"作**取**，从字迹看开始写作"取",后擦拭右边部分。

互—牙

　　心怀垢秽、互相憎害、增长瞋恚。（BD13664 卷六○）

"互"原卷作牙。这一讹误当是受"互"的俗字影响,如 BD05522:"不犯者,若先不知若问,若先听经行,若是上座,若更互经行,若次经行。""互"原卷作牙。又如 BD06011:"彼相近敷高座说义,互求长短。""互"原卷作牙。又如 BD14038 中的牙。这一形体与"牙"形近。

吉—去

　　若为他作成不成,尽突吉罗。（BD01605）

"吉"原卷作去。上部构件"士"和"土"写卷常混,而方口与尖口亦混,故"吉"误作"去"。

界—男

　　尔时在界外受具足戒。（BD06011）

"界"原卷作男,即"男"的俗写,在"力"的右边有习惯性增点,这一俗写与"界"字形相近。

净—得

　　衣服破坏垢腻不净。（BD01605）

"净"原卷作得,即"得",俗写中双人旁常作"氵"。此写卷还有一处"垢腻不净","净"也误作"得"。

明—朋

　　愿受我明日请食。（S.3971）

明,原卷作朋。写卷中左边构件"日"常作"月",如同卷"时"也从月作時。

女—安

　　白佛言:"世尊! 女人身臭秽不净。"（S.6366）

"女"原卷作安。"安"的俗写常作在女上加两点,如 S.3971"安"作安。从安之字也一样,如 S.4036"案"作案。

私—和

　　童男男子相敬爱与私通、愁忧、嗔恚者,与授具足戒已。（S.4036）

"私"原卷作"和"。此处是与男子相敬爱、私通,当作"私"。写本中"厶"与"口"常混用,详见混用部分。

渍—清

　　时天大暴雨,世尊即以神力令众僧卧具不为雨渍。（BD01605 卷一九）

"渍"原卷作"清"。此处是不被雨淋湿,当用"渍",写本却误用了形近的"清"。这一误用由构件"贝"的俗写引起。津艺182:"无数方便呵责彼乞食比丘。""责"原卷作 **青**,下部构件"贝"与"月"近似,但稍有区别。

(二) 音近而误

音近而误,即因音近或音同而误的字,包括受声符影响而误。音误字和假借字,都是因为语音的关系而替换了原有的字。不同点是音误字是偶发的,不具普遍性,也不被认可;而假借字却具有某种程度的普遍性,一定范围内被认可。专有名词音译时用字的不同,如BD01605:"亲厚者,同和上同阿阇梨。""梨"原卷作"利",我们不认为是音误字。

標(标)—漂

> 如毒蛇头如轮转刀,如在尖標如利戟刺。(傅18099卷一)

"標"原卷作"漂"。"尖漂"不辞,当作"尖標"。標,树梢。《说文·木部》:"木杪末也。从木票声。"尖标当指像标枪一样的武器,此处作"标"与前文"刀"和后文"戟"才能相并列,用来形象地说明淫欲的危害。写卷却误作"漂"。

复—服

> 太子言:"汝实是提婆达者,还复汝身。"寻 **服**(复)其身。(BD14668)

"复"原卷作 **服**,即"服"。此处是提婆达在太子面前大显神通、变换种种样子,太子希望其恢复本来的样子以确认其身份。当用恢复之"复",写卷却误用"服"。

拂—佛

> 若比丘以手脚指相击攊者,一切波逸提。除手脚指已,若杖,若户钥,若拂柄及一切余物相击攊者,一切突吉罗。(BD14505卷一六)

"拂"原卷误作"佛"。查《广韵》:拂,敷勿切,入声敷母字;佛,符弗切,入声奉母字。两字读音相近,但声母上还是有区别。出现相混的情况,是由于两字都以"弗"为声符。从中,也能看出语音发展演变的过程,可能写本时代两字读音相同,因为《集韵》中"佛"也读作"敷勿切",与"拂"同音。

赋—傅

> 或有名籍,或避官租赋。(BD06011)

"赋"原卷作"傅"。赋,征收钱财,《说文·贝部》释为"敛也",段玉裁注《周礼·大宰》:"'以九赋敛财贿。'敛之曰赋,班之亦曰赋。经传中凡言以物班布与人曰赋。"写卷误用同音的"傅"来代替,两字《广韵》均作"方遇切"。傅,辅佐,《说文·人部》释为"相也"。

共—供

汝今可共作如是如是事。（BD06011）

"共"原卷作"供"。此处是一起作不净事，结合后文"即共行不净已"，可见此处当用表共同、一起的"共"，却误用为同音的"供"。

急—给

若有急施衣，比丘尼知是急施衣，应蓄。（S.6862）

第一处"急"原卷作"给"。"急施衣"，是遇到紧急情形而施衣以求护佑。《四分律名义标释》有详细的解释："谓檀越有急难因缘，持衣以施众僧，而求福祐。如欲军行、若垂产妇，如是等时施，若过此时不复后施。故名急施衣也。《律摄》云：'有五种急施衣：谓自遭病施、为病人施、欲死时施、为死者施、将行时施。'"（《卐续藏》44/480b）写卷作"给"，音同而误。

架—茄

不知安筒何处。佛言："安着绳床，若木床下，若悬着杙上，若龙牙杙上，衣架上。"（BD06011 卷三五）

"架"原卷作"茄"。"茄"《广韵》收有两音古牙切及求迦切，为平声字；架，古讶切，为去声字。两相混用，当是受声符影响读半边字的结果，即将"茄"读作其半边字"加"。

犍—健、捷

是中黄门者，生黄门，犍黄门，妒黄门，变黄门，半月黄门。生者，生已来黄门；犍者，生已都截去作黄门。（BD06011 卷三五）

第一个"犍"，写本作**捷**，即"捷"；第二个"犍"，写本作**健**，即"健"，音近而误。健，渠建切，去声群母字；捷与犍读"渠焉切"时同音，但捷又读居偃切，上声见母字，犍又读居言切，平声见母字。出现相混是读半边字的结果。此两处当作"犍"，此处是阉割的意思。《说文·牛部》："犍，犗牛也。从牛建声。"黄门，又称为"阉人""阉竖"，《四分律》中具体分为五种，其中，第二种就是有男根而阉割变成黄门。

经—迳

若离——衣异处宿经一夜，除僧羯磨，尼萨耆波逸提。（S.6862）

"经"原卷作**迳**。迳，小路，《玉篇》："迳，路径也。"《集韵》释为"步道"。此处当作表经过义的"经"，写卷却误作"迳"。

驶—驶—使

时隔驶流河水外结不失衣界。诸比丘往取衣，为水所漂。诸比丘往白佛。佛言："自今已去，不得隔驶流水外结不失衣界，除常有桥者。"（BD06011）

文中的两处"駃"写本均作"使"。表快马义的"駃"《广韵·夬韵》读作"苦夬切",后由快马义引申指普通的快义,駃流即急流。使,《广韵·止韵》读作"疏士切"。两字声韵均不同,混用的原因当是抄卷人把"駃"误读成"駛"(疏士切),然后用常见且同音的"使"字来表示。

堪—勘

　　我能堪任二万岁中供养定光如来及众僧。(S.3898)

"堪"原卷作 。堪,地面突起。《说文·土部》:"地突也。从土甚声。"段玉裁注:"引申之,凡胜任皆曰堪。"堪任,即胜任,写卷却误用表校订、核对义的"勘"。勘,校对。《说文·力部》:"校也。从力甚声。"调查写卷,Φ.325 一处、S.1415 一处、S.287 十二处、北大 087 一处、甘博 039 六处、BD14038 两处、BD14149 八处等均作"堪"。

堪—看

　　若己身病,不堪瞻视病者,若由是故命难或梵行难不看,不犯。
(Φ.325)

"堪"原卷作"看"。此处是自己得病了不能看望其他病人,当用"堪",而写卷却误用"看"。《广韵》堪,口含切;看,苦旰切。两字均为溪母字,音近而误。

蠟—臘

　　作男根者,用诸物作:或以胡胶作,若饭作,或用麨作,或蠟作。
(S.6366)

"蠟"原卷作"臘"。臘,祭名。《说文·肉部》:"臘,冬至后三戌,臘祭百神。从肉,巤声。"《玉篇·虫部》:"蠟,蜜滓也。"该例中当是蜜蠟之蠟,写卷却误作"臘"。

僂—屡

　　有十二丑:瞎、僂、凸背、瘿、黄色、黄头、眼青、锯齿、齿黑、手脚曲戾、身不与人等、凸髋。(S.3898 卷三一)

"僂"原卷误作"屡"。此处是罗列十二种丑陋的情形,当作"僂"。僂,驼背、佝偻,《说文·人部》."厄也。从人娄声。周公袺僂,或言背偻。"段玉裁注为:"大徐本作'厄也',非是。厄与僂异疾。小徐本作'厄也',近是。科厄,木节也。厄与僂双声。人背之僂,有似木之科厄。""僂"表驼背较常见,如《谷梁传·成公元年》:"冬十月,季孙行父秃,晋郤克眇,卫孙良夫跛,曹公子手僂,同时而聘于齐。齐使秃者御秃者,使眇者御眇者,使跛者御跛者,使僂者御僂者。"写卷却误作音近的"屡"。屡,多次、常常。《说文·尸部》:"屡,数也。"《书·益稷》:"皋陶拜首稽首扬言曰:'……屡省乃成,钦哉。'"孔安国传:"屡,数也。"

　　镂—漏

　　　　时定光如来去提婆跋提城不远化作一大城:高广妙好,悬缯幢旛,处处克镂,作众鸟兽形,周匝净妙,浴池园果,胜于提婆跋提城。(S.3898 卷三一)

　　"镂"原卷作"漏"。镂,《说文·金部》:"刚铁,可以刻镂。从金娄声。"段玉裁注:"镂本刚铁之名,刚铁可受镌刻,故镌刻亦曰镂。""镂刻"一词当属同义连文,用于此处表示处处雕刻成众鸟兽形。写卷误作"漏"。漏,古时记时工具,《说文·水部》:"漏,以铜受水,刻节,昼夜百刻。"

　　瘡—燥

　　　　或身疥瘡,或身侵淫疮,或痖,或聋,或痖聋,或卷足指。(BD06011卷三五)

　　"瘡"原卷作**燥**。与"疥"搭配的当是"瘡"。《广雅·释诂一》:"瘡,创也。"疥瘡一词属同义连文。《广韵》:"瘡,疥瘡。"瘡,苏到切,去声心母字;燥,苏老切,上声心母字。写本作"燥",当是把"燥"读作"喿"。喿,苏到切,与"瘡"同音。

　　僧—增

　　　　僧即应都舍置驱弃。(BD13664)

　　"僧"原卷作"增",即"增"。此处当用"僧众"之"僧",写卷却误用"增"。

　　侍—持

　　　　佛言:"听彼亡者常所侍者与。"(BD07434 卷四一)

　　"侍"原卷作"持"。此处是侍奉病人,当作"侍",却误作"持"。又如S.3898卷三一:"始生在地无人扶**持**(侍)。始生出胎无人扶**持**(侍)。""尔时王赏赐婆罗门已,差四乳母扶**持**(侍)瞻视定光菩萨。"该写卷三处"侍"均误作"持"。两字均从"寺"得声,但意义相差较大。侍,《说文·人部》:"承也。"段玉裁注:"承,奉也,受也。凡言侍者皆敬恭承奉之义。"持,拿、握,《说文·手部》:"握也。"从语境看,当用皆敬恭承奉之"侍",表示搀扶陪侍照顾义,《后汉书·江革传》:"每朝会,帝常使虎贲扶侍,及进拜,恒目礼焉。"

　　膏—嵩

　　　　尔时有波罗桵国市马人来至舍卫国,欲为众僧作饼、作豆䊚、作䴬、与䴬奁、与量䴬器、与盐、与盛盐奁、与苦酒、苦酒瓶、与木橙、与卮、与匕、与勺、与摩膏、与卮椀、与食。(BD14038 卷四三)

"膏"原卷作"嵩"。膏,本义油脂。《说文·肉部》:"膏,肥也。从肉,高声。"段玉裁认为:"'肥'当作'脂'。脂字不厕于此者,许严人物之别。""膏"为形声字,读作"古劳切";嵩,从山从高,为会意字,息弓切。声韵均不同,差别较大。结合语境,摩膏是一种食物,当作"膏";而抄卷人误把"嵩"读作其半边字"高",高音"古劳切",故与"膏"相混。从字形上看,误将"嵩"当作形声字。《说文·山部》新附:"嵩,中岳,嵩高山也。从山,从高,亦从松。韦昭《国语》注云:古通用'崇'字。"

斜—耶

　　或睐眼,或盲眼,或尖出眼,或斜眼,或瞋怒眼,或瞷眼,或眼有疮患,……如此人不得度受具足戒。(BD06011 卷三五)

"斜"原卷作"耶"。斜,《广韵》收有两读:表示不正、歪斜读似嗟切,表示山谷名读以遮切。耶,《广韵》读以遮切。此处罗列种种疾病的人不得受具足戒,其中就包括眼部疾病,斜眼就是眼病的一种,当用表"不正、歪斜"之"斜",而写卷将其读成又音"以遮切",故与"耶"混同。

腋—液

　　如是于股间、朣间、若曲膝、若胁边、若乳间、若腋下、若耳鼻中、若疮中。(S.6636 卷五六)

"腋"原卷作"液"。《玉篇·肉部》:"腋,肘腋也。"《说文·水部》:"液,盡也。从水,夜声。"段玉裁注:"《血部》曰:盡,气液也。"写卷中的"液"当是"腋"的误字。

异—以

　　众生异见异忍异欲异命,依于异见,乐于檡窟。(S.3898)

"异"原卷作"以",音近而误。异见,指异端邪说。佛典文献常见,如《长阿含经》卷一:"斯由众生异忍、异见、异受、异学,依彼异见,各乐所求,各务所习。"(《大正藏》1/8b)又如《杂阿含经》卷五:"众生长夜异见、异忍、异求、异欲故。"(《大正藏》2/32a)

拥—癕

　　若药汁流弃,以物拥障四边。(BD14038 卷四三)

"拥"原卷作"癕"。拥,有阻挡、阻塞的意思,如《汉纪·成帝纪四》:"蜀郡岷山崩,拥江水竭,逆流三日乃通。"拥障一词属同义连文,例句中阻挡住四边以防止药汁流弃。写卷却误作"癕"。癕,同"癰"。《说文·疒部》:"癰,肿也。从疒雝声。"

右—有

　　教右膝著地合掌作如是语。(BD05822 卷二七)

"右"原卷作"有"。右膝著地,是印度的一种敬礼法,当是表方位的"右",写卷误用"有"。

暂—慙

复有五事:若非己有想,不暂取,不亲厚取,若重物,移本处,是为五。(P.2521 卷五九)

"暂"原卷作"慙"。暂,从日斩声,藏滥切;慙,从心斩声,昨甘切。两字都是从母字,但声调不同,相混当是受声符影响而误。

躁—㮋

时有比丘通身肿,有比丘以急躁药涂之。(S.6636 卷五六)

"躁",写本作**㮥**,即"㮋",俗写中"喿"常写作"桼"。《大正藏》本从"足"作"躁",宋、元、明、宫本从"火"作"燥",写卷从"木"。结合后文"患热痛"看,此处当作"燥"。出现混用的情况,当是受声符影响而误。

憎—增

此比丘憎我曹,本供给我等所须饮食洗浴之具,今止,不复与我。(BD00148)

"憎"原卷作"增",即"增"。从后文看,此处当用表"憎恨"之"憎",写卷却误作同音的"增"。

帐—怅

尔时六群比丘作帐。(BD07434 卷四一)

"帐"原卷作"怅"。又同卷:"佛言:不应作怅(帐)。"帐,知亮切;怅,丑亮切。两字声母不同,除形近因素外当是受声符影响而误。

適—這

时诸梵志皆欲破薪,而不能得破;诸梵志念言:"此皆是大沙门威力所为",適得破。(BD02960 卷三三)

"適"原卷作"這"。適,确有"陟革切"(《集韵·麦韵》)的读音,但却是"谪"的通假字,表示责备、责罚、贬谪义,表责罚义,如《汉书·食货志下》:"于是除千夫、五大夫为吏,不欲者出马;故吏皆適令伐棘上林,作昆明池。"颜师古注:"適读曰谪。谪,责罚也,以其久为奸利。"

上揭例句中"適得破"中的"適",表示"方才"义,当读为"施只切"(《广韵·昔韵》)。抄卷人没有结合具体语境,误把此处的"適"理解为责罚义的"谪",从而误读作"陟革切",这样就与"這"因音近而混用。

爪—抓

即与发爪语言:汝等持此往彼作福礼敬供养。时贾人虽得发爪,不能至心供养。(S.3898 卷三一)

两处"爪"原卷作"抓"。爪,抓持。《说文·爪部》:"丮也。覆手曰爪。象形。"后增旁而作"抓"来突显这一动作。分化后"爪"一般用作名词,"抓"一般用作动词。在表抓持这一动作意义上"爪—抓"为古今字。上揭"发爪",指头发和指甲,当用名词"爪",写本误用从手的"抓"。

壮—庄

婆罗门占相,言:"此少壮夫人当生子,而是王怨。"(BD14668卷四)

"壮"原卷作 $\color{gray}{庄}$,即"庄"俗字,"广"作"圹"、"土"加点作"圡",如BD05522卷二九:"时六群比丘尼畜妇女 庄 严身具、手脚钏及猥处 庄 严具。"此句两个"庄"都作"圹"下加"圡"。

壮,强壮。《说文·士部》:"壮,大也。从士爿声。"少壮,是年轻力壮的意思。当用"壮",写卷却误用音近的"庄"。"庄"《说文》收在艸部,释作"上讳",段玉裁注:"其说解当曰艸大也。"《玉篇·艸部》:"草盛皃。"

(三)涉上下文而误

除了因为字形、字音相近外,还有涉上下文而误,如 BD01605 卷一八:"末利夫人即严驾五百乘车,五百采女侍从,出舍卫城,诣祇桓精舍,到已,下车,步入园中。""侍从"中的"侍"原卷作 侳,当是涉下文"从"而误。又同卷:"今此波斯匿王宫中(五)百女人皆是刹利种族,而我于中尊贵自在。""刹"原卷作 利,"利"原卷是重文符号 乀,即"刹利"二字误作"利利"。

不—夜

夜大小便器中,昼不看墙外弃者,波逸提。(S.6366)

"不"原卷作"夜",涉前而误。

成—或

或不成事,更得其罪。(S.6366)

"成"原卷作 戓,涉前而误。

得—行

我与苦痛女人共行淫,彼不受乐,得无犯。(BD07278)

"得"原卷作"行",涉前而误。

得—欲

汝等若不得来,可令一二比丘持欲来。(BD01605)

"得"原卷作"欲"。"不欲来"字面上看的确通顺,刻本中圣乙本也作"欲",但是,结合语境此处当作"得",表示能够的意思。

地—指

此池名为指地池。(BD02960)

"地"原卷作"指"。结合前文"时释提桓因知我所念,即以指指地,便有此池。"此处当为"指地池",写卷涉前而误。

己—自

自今已去欲说戒者当如是说。(S.1937)

"已"原卷作"自",承前而误。

跋—婆

城名提婆跋提,胜彼莲花城邑。(S.3898)

"跋"原卷作"婆",涉前而误。

如—知

心缘漏尽智,如实谛知苦。(S.3898 卷三一)

"如"原卷作"知",涉后而误。

如—余

自今已去,此二沙弥不应言佛是我世尊,不得随逐余比丘,如诸沙弥,得与比丘二宿三宿,汝等不得。(BD01605)

"如"原卷作"余"。此处是众僧为沙弥作灭摈时说的话,灭摈即削除僧籍,消除后就不能像"诸沙弥"一样"随逐余比丘"。当用"如",却涉前而误用"余"。

汝—法

若色无常苦者,变易法,汝等云何?(S.3898)

"汝"原卷作"法",涉前而误。

入—来

若比丘先入屋,后有如是语人来;若如是语人先入,比丘后来。(BD01605)

第二个"入"原卷作"来",涉上下文而误。

沙—汝

汝是犯波罗夷、僧伽婆尸沙、波逸提、波罗提提舍尼、偷兰遮、突吉罗、恶说人。(BD06024)

"沙"原卷作"汝",涉前而误。

侍—徒

即严驾五百车乘车、五百婇女侍从。(BD01605)

"侍"原卷作侳,即"徒",受下文"從"的影响,两字俗写相似。

岁—戒

自今已去,制五岁比丘诵戒羯磨。(BD05330)

"岁"原卷作"戒"。涉前文"既不知戒,复不知说戒"而误。

为—若

若二反三反为作忆念得衣者善。（S.6862）

"为"原卷作"若"，涉前而误。

应—磨

非法非毗尼羯磨不应尔，白二羯磨，作一羯磨二白。（BD00148 卷四四）

"应"原卷作"磨"，涉前"羯磨"而误。

至—乃

集十句义，乃至正法久住。（BD05522）

"至"原卷作"乃"，涉前而误。

（四）其他误字

除了形近而误、音近而误和涉上下文而误以外，还有其他原因导致的误字。张涌泉先生归为"因习语而误""因粗疏而误""因直行排列而误""展转而误"等，写本《四分律》中也有一些不能归入前三类的误字，姑且称之为其他误字。

比—直

后异时，彼比丘往檀越家。（S.6636）

"比"原卷作"直"。此处当作"比"，因粗疏而误作"直"。

持—授

即持饭施如来。（BD01605）

"持"原卷作**授**，即"授"。"授饭"不辞，结合后文出现了动词"施"，此处当作"持饭"。

复—便

彼得信乐心，复作是念：我何用女人节会为？（BD01605）

"复"原卷作"便"。便，有副词就的意义，表示假设、条件，而此处"得信乐心"与"作是念"之间没有假设、条件的关系，此处当用表示又、再的"复"。

使—波

王刹利水浇头种者，取四大海水，取白牛右角，收拾一切种子盛满中，置金辇上，使诸小王舆辇。（BD01605 卷一八）

"使"原卷作"波"。或许是将"使"误作"彼"，然后再将"彼"写作"波"，属于辗转而误。

三、敦煌写本《四分律》误字与方俗音

借音字一般能够反映当时的方俗音，方俗音是与雅音相对的不规范的

读音,黄征先生有精辟的论述。黄先生《敦煌俗音考辨》指出:"汉语俗音是汉语语音史上各个时期流行于各社会阶层口语中的不规范的读音。"该文将俗音分为三类:秀才识字读半边,字音不正读别字,音义乖互读又音。最后指出:"如果我们把这些俗音字一一辑出并加以考证,对音韵学的研究和古籍校勘必定很有参考价值。"①随后又在《敦煌俗语言学论纲》中重申了俗音的定义和类型。② 敦煌写本《四分律》中的借音字也一样,除了同音的借用以外,抄写人也受自身方言影响而借用。

(一) 明微不分

扪—扲

　　时婆罗门牛闻唱声自念:此婆罗门昼夜餧飤我,刮刷摩扪,我今宜当尽力自竭,取彼千两金,报此人恩。(BD06024 卷一一)

"扪"原卷作"扲"。"扲",《广韵》收有两音:武粉切及亡运切,韵与调均不同,但声相同,属微母;"扪",莫奔切,属明母。出现混用的情况当是明母微母不分的结果。其他写卷也有"扲"作"扪",如 BD06011:"若故复睡眠。佛言当扲眼。""扲"原卷作 𢬿。

闻—门

　　不犯者,半月往大僧中求教授,今日嘱明日问,比丘期而往,比丘尼期而来迎,彼闻教授人来半由旬迎,在寺内供给洗浴具、饭食、羹粥、果蓏,以此供养。(S.4036 卷二九)

"闻"原卷作"门"。门,莫奔切,明母字;闻,《广韵》收有两音:无分切及亡运切,但均属微母。两相混用当是明微不分的结果。又如 Φ.325 卷二六:"时诸比丘尼门(闻),其中有少欲知足行头陀乐学戒知惭愧者。"

问—门

　　时梨师达问长者言。(羽 237)

"问"原卷作"门"。该写卷还有两处"问"均作"门"。问,《广韵》亡运切,微母字;门,明母字。两字相混反映当时明微不分。BD14038 卷四二:"施卢门(问)言:为欲娶妇,为欲嫁女,为欲请王,为欲大祠耶?"

牟—勿

　　畏后世罪,能灭不善法、成就善法,犹如忧钵池,钵头池,拘牟头池,分陀利池……(S.3898 卷三二)

"牟"写卷作"勿"。牟,莫浮切,明母字;勿,文弗切,微母字。两相混用

---

① 载《浙江社会科学》,1993 年第 4 期。
② 载《艺术百家》,2010 年第 2 期。

当是明微不分的结果。

虻—蝳（亡—盲）

尔时七日天大雨，极寒，文驎龙王自出其宫，以身绕佛，头荫佛上而白佛言："不寒不热耶？不为风飘日暴？不为蚊虻所触娆耶？"（S.3898 卷三一）

"虻"原卷作"蝳"，其声符"亡"写作"盲"。亡，微母字；盲，明母字。声符混用也能反映当时明微不分。

（二）並非不分

扉—棑（排）

若比丘尼作大房户扉窗牖及余庄饰具，指授覆苫齐二三节，若过者，波逸提。（廿）（S.6366 卷二四）

"扉"原卷作棑，表面看为"棑"字，棑有两个意思，一为水上交通工具，一为盾牌，于此处均不合。"棑"还可能是"排"的俗字，写本中"扌"和"木"常混用，如 BD06011 卷三五："时彼比丘还，以手排户，手触龙身，觉内有异，即便高声唱言：'蛇！蛇！'""排"原卷作扰。句中"排"是推的意思，也与此处不合。

结合语境，此处"户棑"之"棑"当读作"扉"，是"扉"的音误字。棑，《广韵》收有两音，即薄佳切或蒲皆切，並母字；扉，《广韵·微韵》甫微切，非母字。两字何以产生混用的情况？究其原因，当是方俗音中並非不分的结果。"扉"误从"扌"较为常见，如"若比丘尼作大房户扉牖及与装饰具"中的"扉"BD00711 作排、BD01117 作排。排，《广韵》步皆切，也是並母字。

（三）浊音清化

河—呵

尔时波斯匿王与末利夫人在楼观上，遥见十七群比丘在此河水中嬉戏。（BD14505）

"河"原卷一开始作"呵"，后改成"河"。"呵水"不辞，此处当作"河水"，写卷音近而借。"呵"为晓母字，"河"为匣母字。前清后浊，两相混用，反映当时浊音开始清化。

夜—谢

迦叶再三如是语，阿难亦再三如是言："'忏悔。'夜过已，迦叶清旦着衣持钵至王舍城乞食，时偷兰难陀比丘尼见，唾之。（甘博039 卷四九）

"夜"原卷误作"谢"。查《广韵》：夜，羊谢切；谢，辞夜切。两字互为切下字，同属一个韵类，但声母不同，一为喻母字，一为邪母字。谢字浊音清化后,与夜字音近。

师—時

> 時教授师当往彼语言。(BD06011)

"师"原卷作"時"。师,疏夷切,脂韵,生母字;時,市之切,之韵,禅母字。两字均为平声字,但声母稍有不同。《广韵》正齿音分为"章"组(章、昌、船、书、禅)和"庄"(庄、初、崇、生)组。其中,禅母是浊音,生母相当于审母二等,为清音。浊音清化后,两字音近混用。

渠—殊

> 時去比丘尼住处不远有渠流通水,比丘尼以道在下承流,觉乐,有疑。(甘博 039 卷四九)

"渠"原卷作"殊"。殊,市朱切,禅母字;水渠之"渠"当读作强鱼切,群母字。两字都为浊母字,可能在西北方言中清化后两相混用,当是读方俗音的结果,直到今天合肥方言、安庆方言中两字依旧同音。

铺—哺

> 佛言:"若未能离母自活,听一切如母法乳哺长养。"(BD05822 卷二七)

"哺"原卷误作"铺"。铺,《广韵》收有三音:普胡切,芳无切,普故切。与"哺"较为接近的是"普故切",去声滂母字,为清音。哺,薄故切,去声并母字,为浊音。这一借用反映出当时滂并不分的现象。

遢—達

> 尔时尊者遢婆摩罗子比丘。(BD01605)

"遢"原卷作"達"。遢,《广韵》一读:徒合切;達,《广韵》收有两读,与"沓"相近的是他达切。声母不同,前者定母字浊音,后者为透母清音。两相混用,反映当时方俗音中浊音开始清化。

(四) 声调混用

痱—沸

> 尔时诸比丘盛热时身体疱痱出,污垢臭秽。(BD14505 卷一六)

"痱"原卷作"沸"。"疱",指皮肤上长的小疙瘩,与之相应,此处当作"痱"。痱,即痱子。《素问·生气通天论》:"汗出见湿,乃生痤痱。"表痱子的"痱"《广韵》两读,其中一音为蒲罪切,并母上声;而"沸"为非母去声。两相混用,反映当时方音中浊音上声字开始归为去声。

时—事

> 时诸比丘作时身体污垢臭秽。诸比丘有畏慎心,不敢洗浴。(BD14505 卷一六)

第二个"时"原卷作"事"。前为平声字,后为去声字。两相混用,除了语境因素外,或受方俗音影响。

梨—利

亲厚者,同和上同阿阇梨。(BD01605)

"梨"原卷作"利"。阿阇梨,梵语音译。"梨""利"二字均为来母字,声调不同,前为平声、后为去声。两相混用,除字形相近外也能体现声调混用。

第三节　敦煌写本《四分律》简体字研究

一、简体字概说

简体字是与繁体字相对而言、笔划相对简单的形体,古已有之;简化字,是指新中国成立后的法定写法,一般以《简化字总表》为标准。《辞海》"简化字"条:"'繁体字'的对称。同一汉字简体比繁体笔划为少。如'声'是'聲'的简化字,'灶'是'竈'的简化字。"这一解释混同了两者概念。确实两者联系紧密,简化字一般源于简体字,是在简体字基础上加以改进而成。简化字这一说法虽是今天才提出来的,但许多现行的简化字形也并非今天才创制出来。我们也以《辞海》所举的"声"字为例。"聲",《说文·耳部》:"音也。从耳,殸声。"今天人们看到的简化字"声",只是其声符"殸"省去"殳"而剩下的那部分构件。这一简体字形早在北齐的墓志中就已经出现,如北齐《宇文诚墓志》:"声凷千载。"[1]"声"原石作 ![声] 。

简体字与俗字关系紧密,简体字早期一般都是俗字。只是,一旦这一笔划较为简单的形体被认可,身份就会"转正",一跃而为正体取代正字被保留下来。正如唐兰先生所说:"有些字起源虽则很晚,在学者眼光里是俗字,如'花''这''们'等,在自然选择里却被留下来了,成为最常用的字。"

在汉字简化方面,前辈们早就提出自己的真知灼见。早在1909年陆费逵《普通教育当采用俗体字》一文被周有光视为"简体字运动的正式开幕"[2]。随后,钱玄同、黎锦熙等提出《减省现行汉字的笔画案》。钱玄同等在《减省现行汉字的笔画案》提出"文字本是一种工具,工具应该以适用与否为优劣之标准,笔画多的,难写、费时间,当然是不适用。笔画少的,容易

---

① 《北京图书馆藏中国历代石刻拓本汇编》,第8册,第5页。
② 周有光《周有光文集》第一卷,中央编译出版社,2013年,第363页。

写、省时间,当然是适用。"进而提出八种简化方式:就字的全体删减,粗具轮廓,略得形似;采用固有的草书;保留多笔画字的一部分;将多笔画的那部分用简单几笔代替;采用古体;将音符改成少笔画的字;另造一个简体;假借他字。① 这一方案得到众多专家的认同,意义重大,影响深远,是现行简体字产生的理论依据。随后当时政府公布了《第一批简体字表》,遗憾的是,阻力较大,次年被收回,无疾而终,但其选字原则及其所选字形直到今天仍有价值。

　　敦煌文献中存有大量简体字,对其探讨有利于为现行简化字追根溯源,进而管窥汉字演变规律。写本《四分律》保存了文字使用最自然的状态,也同样存有不少与《简化字总表》当中的字形相同或相近的简体字,我们统称为"敦煌写本《四分律》简体字",不包括前文省旁和省笔俗字。在全面调查的基础上,我们分析其字形,归纳其特点,为简化字溯源补充真实用例。

二、简化的表现形式

(一) 简省形符

辭—辞

　　　　时有众多比丘尼向拘萨罗国在道行,至一无住处村,语其舍主:"于舍内敷敷具而宿。"至明日清旦,不辭主人而去。(BD05822 卷二七)

　　"辭"原卷作**辞**。与现在使用的简化字相比,右边的"辛"下多一横,这是俗写中习惯性增笔。《正字通·辛部》:"辞,俗'辭'字。"这一俗写是受"辝"的影响,如上揭例句中的"辞"BD01832 作**辝**。《说文·辛部》:"辭,不受也。辝,籀文'辭'。"段玉裁注:"和悦以却之,故从台。""台"与"舌"形近,加上说话与舌头有关,故换旁作"辞"。

　　调查写本《四分律》,该字均作简体,右边"辛"均增横,从"台"10 处:BD01832 五处、BD14038 四处、津艺 182 一处;从"舌"8 处:BD05822 五处、BD14668 两处、津艺 182 一处。另外,"无数方便但作谀谄美辞"中的"辞"S.3971 作"乱",形近而误。

　　牆—墙

　　　　尔时有居士浣衣已,着牆上晒。粪扫衣比丘见,谓是粪扫衣,即持去。(S.6636 卷五六)

　　"牆"原卷作**墙**。牆,院墙,墙壁。《说文·啬部》:"垣蔽也。从啬爿声。"垣壁大多由土堆砌而成,故改"爿"为"土",又如 BD14541:"不看**墙**外

---

① 钱玄同《钱玄同文字音韵学论集》,上海:上海古籍出版社,2011 年,第 68—69 页。

弃者"。"墙"或从"广"作"廧",如《管子·地员》:"地润数毁,难以立邑置廧。"而写本中又出现"廧"增"土"旁的情况,如 BD14668 〔墻〕、S.6366 〔墻〕及BD14038 〔墻〕等。

全面调查写本《四分律》,该字一共出现 18 处:作"牆"3 处(津艺 182),作"墙"2 处(S.6636),作"廧"增"土"旁的 13 处(S.6366 九处、BD14668 两处、BD14038 一处、津艺 182 一处)。

亂—〔乿〕—乱

无犯者,最初未制戒,痴狂心亂,痛恼所缠。(BD05522 卷二九)

"亂"原卷作〔乿〕,左边构件受"辞"的影响而作"舌",其右边是习惯性增笔。写卷中也有不增笔而作"乱",如 S.6366 卷二五:"不犯者,最初未制戒,痴狂心〔乱〕,痛恼所缠。(七十竟)"乱这一简体较早见于《郑文公下碑》:"拨乱起正。"写本中简体和繁体并存,简体中末笔增点占多数,也存有不增点的情形。

作繁体亂共 114 处,即:BD01605 八处、BD01832 十八处、BD02239 十一处、S.4036 二十八处、P.3560 七处、S.6749 一处、S.6636 五处、P.2521 五处、BD14505 十二处、津艺 182 四处、北大 087 一处、BD09436 二处、俄 03386 二处、BD14519 六处、BD15378 二处、BD00148 二处。

作简体"乱"末笔增点共 148 处,即:BD01605 十二处、BD05822 二十一处、BD05522 二十八处、BD05533 四处、BD05321 二处、BD06011 二处、S.6862 五处、BD14668 八处、BD14149 二十八处、S.4867 二十四处、Φ.325 十四处。

作"乱"64 处,即:BD01605 一处、BD01832 二处、BD02239 十一处、P.3560 五处、S.1937 一处、S.6366 十四处、S.3971 二十处、甘博 039 八处、BD11271 一处、Φ.325 一处。

调查发现,繁体"亂"末笔一般不增点,简体"乱"末笔常增点。写本中作简体且末笔增点的字形占多数,不增点的较少;繁体左下角常简作"用",右边有折笔,如 BD00148 〔亂〕。

豬—腊(猪)

或有牛头,或有驴头,或有猪头,或殺羊头。(BD06011 卷三五)

"猪"原卷作〔腊〕。《说文·豕部》收有"豬"字:"豕而三毛丛居者。从豕者声。"又换旁从月作"腊",《玉篇·肉部》:"腊,豕也。亦作'豬'。""猪"为"豬"的简俗字,《广韵》:"猪,俗'豬'字。"如 S.1415:"如是牸牛马驼鹿驴羊猪狗雁鸟孔雀鸡,如是一切尽波罗夷。"原卷从"犭"作〔猪〕。又如 S.3971 〔猪〕

全面调查写本《四分律》,作"腊"13 处,即:S.4867 五处、BD06024 四处、BD06011 一处、S.3971 一处、P.2521 一处、BD14668 一处；作"猪"2 处，即：S.1415 和 S.3971 各一处。作"䐗"占绝对优势，或当时这一字形较为流行。

（二）简省声符

華—花

譬如优钵罗花、拘头摩分陀利花，虽生出地而未出水，根茎花叶润渍水中，无有空处而不润渍。（S.3971 卷五三）

上揭例中三处均作简体字"花"，其声符换作"化"。《说文·华部》："华，荣也。"段玉裁注："俗作'花'，其字起于北朝。"虽说起于北朝，但写本中还是大量作"華"，如 BD01605 的 5 处、BD05822 的 1 处、BD02239 的 1 处、BD00148 的 6 处、BD02960 的 3 处、BD14505 的 1 处、上图 054 的 1 处、S.2793 的 7 处及 S.3898 的 40 处等均作"華"。"花"中的"艹"又能作"䒑"，如 S.3971 卷五三："时城内有多方便智慧大臣，教以竹苇着池中令众莲花在孔中生出竹上。"

藍—蓝

开僧伽藍门。（BD00208）

"藍"原卷作蓝，又如 BD14541蓝。蓝，用来染青的草。《说文·艸部》："染青草也。从艸監声。"声符"監"过于复杂，其构件"臣"草书简为两竖。又如 S.3898"堅"作坚，其构件"臣"简作两笔，只是右边一笔有波折。写本"蓝"还是作繁体为主，如 BD03667 的 12 处和 BD01605 的 9 处等均作繁体。

遙—遥

遙见世尊，颜貌端正，诸相寂定。（BD14505）

"遙"原卷作遥，右上方与现行简化字无别，右下方构件"缶"省撇，该件写卷一共 3 处，均作此形。

遥，逍遥。《说文·辵部》："逍遥也。又远也。从辵䍃声。"声符常发生变异，常省撇，如 BD14038 两处均作遥。构件"缶"省撇后与"王"形近，故讹作"王"，如 P.3340遥、甘博 039遥。又如 S.3898 一共出现 3 处，均作遥，不仅"缶"作"王"，而且省去上面一撇。津艺 182 一共 2 处：遥、遥，前者"缶"省撇，后者讹作"王"，右上方均与现行简化字无别。

墮—堕

不犯者，或有如是病，若在无草处大小便流墮草上，或风吹、或鸟衔污草，不犯。（S.6366 卷二五）

"墮"原卷作堕，其构件"工"脱落，又如 BD01832堕、BD06024堕等。

《说文》收有"隓"字，其重文篆体作，隶变后作"堕"。

写本《四分律》中作"堕"占绝对优势，共 125 处，即：BD06024 四处、BD02239 一处、BD05522 一处、BD02960 一处、S.3898 一处、S.984 三处、S.6366 两处、S.6862 七处、S.3971 九处、S.6636 二十四处、P.2521 五处、BD14668 十一处、BD14505 一处、BD14038 十一处、甘博 039 八处、S.4867 三处、S.1415 两处、傅 188099 两处、Ф.325 十一处、BD14519 八处、BD15378 九处、BD06011 一处。

作"堕"右上角增笔，共 3 处：BD06011 两处、BD01605 一处。

作"墮"共 2 处：BD14940 两处。

误作"随"2 处：S.6862 一处、BD05822 一处（，开始写作"随"后改成"堕"）。

糧—粮

　　时即持饮食与诸比丘。诸比丘不受，言："佛未听我曹受道路糧。"（BD14038 卷四二）

"糧"原卷作。糧，谷子。《说文·米部》："谷也。从米量声。""糧"的声符"量"笔划繁复，而且又是多音字，《广韵》收有两读，即"力让切""吕张切"。故无论字形还是读音，"良"比"量"更适合作为声符。石刻中也有用例，如《元熙墓志》："路不拾遗，余栖亩。"①

屬—属

　　若复有余地上所须之物屬主者，若以盗心取五钱、若过五钱，若牵挽取，若埋藏，若举离本处，初离处，波罗夷。（津艺 182 卷一）

"屬"原卷即作。屬，连续。《说文·尾部》："连也。从尾，蜀声。"简体字"属"，当是省略中间的"氺"，然后以"禹"代替"蜀"而为声符。这一简体字形早期的写法是"禹"中间再加一横，《干禄字书》"属，上通下正"，在写本《四分律》中大量出现，如 BD14038 。也有与今天简化字一样的，如 BD14668 、S.3971 。还有"禹"中的"口"写作两横的，如 BD11696 卷三一："我当臣属给使。""属"原卷作。

从"属"之字多仿此，如 BD05522 卷三〇："时诸比丘尼以佛法僧事，或有看视病事，皆疑，不敢出。佛言：'自今已去听嘱授出。'""嘱"原卷作。

隨—随

　　彼比丘尼若至白衣家随住时顷，不语主人而去，出门者波逸提；方便欲去而不去，若共期去而不去，一切突吉罗。（BD05522 卷三〇）

① 《北京图书馆藏中国历代石刻拓本汇编》，第 5 册，第 12 页。

"随"原卷作**随**。构件"隋"写卷省"工",又如 BD14505 卷一六:"尔时娑伽陀与六群比丘相随在后至。""随"原卷作**随**。又如 BD00208 **随**。

与"堕"一样,"随"还有一种写法,即构件"有"上添加一撇一横,如 BD06011 卷三五:"若僧不得和合,随同和上、同阿阇梨、善友、知识,当下道集一处,结小界说戒。""随"原卷作**随**。

隱—隠—隐

若神足在空,若隐没,若离见闻处,若所为作羯磨人,如是等人不得满数、不应呵。(BD00148 卷四四)

"隱"原卷作**隠**,其中构件"工"省略。"宀"又能写作"勹",如 BD06011 卷三五:"尔时有**隠**没不现者受具足戒。佛言:'不名受具足戒。'和尚**隠**没受具足戒。佛言:'不名受具足戒。'"原卷两处都作"隐",与今天使用的简化字无别。

鍼—针

所有衣钵坐具鍼筒放散狼藉。(BD14505)

"鍼"原卷作**鍼**。《说文·金部》:"所以缝也。从金咸声。"徐铉注:"今俗作'针',非是。"段玉裁注:"缝者,以针紩衣也。《竹部》箴下曰:缀衣箴也。以竹为之,仅可联缀衣。以金为之,乃可缝衣。"写卷也有作繁体的,如 BD01605:"物者,衣钵、**鍼**筒、尼师坛,下至饮水器。"

(三) 简省同形构件

蟲—虫

若比丘尼知水有蟲,自用浇泥若草,若教人浇者,波逸提。(十九)(S.6366 卷二四)

"蟲"原卷作**虫**。虫字较早见于汉《唐扶颂》,《说文》已收,段玉裁注:"虫篆象卧而曲尾形。"王筠《说文释例》卷一四:"案:虫、虯、蟲同物即同字,如古文以中为艸之比。小虫多类聚,故三之以象其多;两之者,省之也;一之者,以象其首尾之形也。"[1]写本常见,如 BD07434 卷四一:"彼浣已,不绞去水,烂坏**虫**生。"还有一种写法在"虫"上加一撇,如 BD05522 卷三〇:"不犯者,若学咒腹中**蚛**病,若治宿食不消。"又能省去右下角的点,如 BD01832 卷二七:"不犯者,若诵治腹内**蚛**病咒,若诵治宿食不消咒。"

斷—断

佛言:"听逆除中间草,若作坑堑斷、若以土灭。"(S.3971 卷五三)

"斷",原卷作**断**。今天的简化字"断"当源于"斷"的草书,且最初是以

---

① (清)王筠《说文释例》,北京:中华书局,1987 年,第 344 页。

俗字身份出现,王观国《学林》卷四"断"条:"又有斷、断二字,皆俗书,不可用。盖草书'斷'字作'断'形,而世俗字多从简易,故隶书亦为草字之形,殊不知失字法也。"①"断"本作"斷",《说文·斤部》:"斷,截也。从斤𢇍,𢇍古文绝。""𢇍",《糸部》:"象不连体绝二丝。"但书写不方便,故改作"𢇍"。"𢇍"由四个"幺"重置,仍然复杂,人们在使用的过程中将下面两个"幺"用点代替,如 S.4036 斷;或将下面两个"幺"用一竖代替,如 S.6636 断。进一步简化,将上面两个"幺"也用点代替,这样就变成四个点,如《急就章》斷,又如 BD01605 断。但四个点过于松散,不便排列,故为汉字内部的平衡及美观,中间加上一竖形成"米"形,如 P.2521 断 及 BD14505 断。碑刻中也有用例,如《元引墓志》:"器谢山功,邦维丧宝,风断气谷,原悲碎草。"②

继—继

其王无有继嗣,以无嗣故向诸神祀、泉流……天祀福神祀所在求请:"愿生男儿。"(S.3898 卷三一)

"繼"原卷作継。其演变过程与"断"字一致,其构件"幺"先简作点,再加竖。

(四)构件、笔画的归并

盖—盖

比丘有如是圣戒,得圣诸根,于食中能知止足,初夜、后夜精进觉悟,若在昼日若行、若坐,常尔一心,念除诸盖。(S.3971 卷五三)

"蓋"原卷作盖,这一写法首先是"艹"作"䒑",然后上部构件混作"羊"形,又如 BD14038 卷四三:"时世谷贵人民飢饿乞食难得,诸比丘持食着露处不盖藏,放牛羊人若贼持去。"又如 BD06011 盖、BD00208 盖、BD01130 盖及甘博 039 盖等。

着—着

时有比丘尼著他僧伽梨,不语主,入村乞食。(BD05822 卷二七)

"著"原卷作着。这一写法细看与今天的简化字"着"还是有点区别,原来它是由"艹"俗写作"䒑",再加上"者"组成,如甘博 039 着等。"艹"在写本中又能写作"卅",如 BD06011 卷三五:"尔时有着白衣衣服受具足戒,受具足戒已,即着入村中乞食。"在写本中"着"也有与现行简化字写法一样的,如 BD01832 卷二六:"时有比丘尼置僧伽梨在房,不看晒治虫烂色坏。后时众僧供养断,此比丘尼不看僧伽梨,至村边着欲入村方见僧伽梨虫烂色

---

① (北宋)王观国《学林》,北京:中华书局,1988 年,第 132 页。

② 《北京图书馆藏中国历代石刻拓本汇编》,第 4 册,第 133 页。

坏。"着"原卷作**着**。"着"字的简化,曾良先生有过论述。①

况—況

　　佛语私呵:"我无是语,若人有慈心,以米泔汁、若荡涤汁弃着不净水虫中,使彼虫得此食气,我说彼犹有福,况复与人。"(BD14038 卷四二)

"況"原卷作**况**。又如 BD14505 卷一六:"彼作如是念:未曾有世尊弟子有如是大神力,何况如来。""況"原卷作**况**。

來—来

　　共要者,共他作要,教言:"某时去,某时來,若穿墙取物,若道路劫取,若烧。"(津艺 182 卷一)

"來"原卷作**来**。今天使用的简化字"来"早在简帛中就已出现,可参陈建贡、徐敏《简牍帛书字典》。早期是作为俗体出现的,《玉篇·来部》:"来,俗。"又如 BD00208 **来**、BD14038 **来**。中间两点又能连作一横,如 BD05553 卷三〇:"不犯者,或时有如是病,或为他所打避杖,或有暴象来,或遇贼,或遇恶兽,或有刺棘来以手遮,或渡河水。""来"原卷作**来**,与"耒"字同形。

麥—麦

　　尔时比丘患风,须药。医教渍麥汁。佛言:"听服。"须油渍麥汁,须颇尼渍麥汁。佛言:"听服。"(BD14038 卷四五)

三处"麥"原卷均作"麦"。麥,《说文·麦部》:"芒谷。从来有穗者也,从夂。"写本中多作"麦",如上图 054 卷一:"我今宁可日施比丘马**麦**五升、世尊一斗耶。即如所念日与诸比丘马**麦**五升,世尊一斗。时佛所得**麦**分与阿难,阿难使人磨作干饭奉佛,佛食干饭,诸比丘各各得成煮**麦**而食。"四处"麦"原卷均作"麦"。又如 BD14505 **麦**。

營—营

　　诸比丘或营僧事或营塔事。(BD01605)

"營"原卷作**营**。營,环绕而居。《说文·宫部》:"市居也。从宫,熒省声。"段玉裁认为当作"币居也","币居谓围绕而居,如市营曰阛,军垒曰营皆是也。"上部构件两个"火",是声符"熒"的简省。其标音作用不明显,再加上笔画繁琐,故写卷常简省作一横四竖,如 BD01605 的 3 处均作**营**、BD05522 的 2 处均作**营**。上部构件简化后与"艹"形近,为其进一步简化做好了铺垫,如 BD14668 **营**。

---

① 曾良《隋唐出土墓志文字研究及整理》,济南:齐鲁书社,2007 年,第 266—268 页。

（五）借用已有的笔画较少的字

無—无

我先以闻无根法谤沓婆摩罗子，我等今亲自眼见沓婆摩罗子实与慈比丘尼行不净。（BD14668 卷四）

"無"原卷即作**无**。《说文·亡部》收有"霖"字："亡也。无，奇字無也，通于元者。王育说，天屈西北为无。"写本中多作"无"，今天通行的简化字从之。

與—与

"與"和"与"早期是两个字，《说文·勺部》："与，赐予也。一勺为与。"《说文·舁部》："與，党與也。从舁与。"但两字混用已久，《玉篇·与部》："與，赐也，许也，予也。亦作'与'。"写本《四分律》中两字依旧混用，但更多的是写作"与"，如 BD14668 卷五："自持华鬘與人、教人持华鬘與人。"两处"與"字原卷均作"与"。

嚮—向

尔时世尊在舍卫国。有六群比丘尼在白衣家内，嚮孔中看。（BD14940 卷四九）

"嚮"原卷作"向"。向，朝北的窗户。《说文·宀部》："北出牖也。从宀从口。"嚮，趋向，朝向等。《集韵·漾韵》："鄉，面也。或从向。"后来，"嚮"也借指窗户。《荀子·君道》："便嬖左右者，人主之所以窥远、收众之门户牖嚮也。"在表窗户义上，"向—嚮"是古今字，现行简化字作"向"。除表窗户，《四分律》中还表过去和用作介词。《大正藏》本中表窗户义用"嚮"，表过去和介词义用"向"，分工明确。后者写本一致，而在表窗户义上，写本作"嚮"5 处，作"向"4 处。

（六）沿用古字

爾—尒

尒时佛在舍卫国祇树给孤独园。**尒**时六群比丘有时（《大正藏》本"时有"）因缘至军中宿。（BD14505 卷一五）

"尒"当为"爾"的古字，《说文·八部》："尒，词之必然也。"段玉裁注："后世多以'爾'字为之。"写本《四分律》中一律用"尒"。

从"爾"之字也是这样，如 S.3898 卷三一："时五通仙人有第一弟子，名曰彌却，父母真正七世清净，亦复教授五百弟子。""彌"原卷作**祢**。又如津艺 182 卷一："**尒**时有一乞食比丘依林中住，有一雌獼猴先在彼林中。""獼"原卷作**祢**。

號—号

始生在地，无人扶侍，自行七步，而说此言："我于天上世间最上最

尊,我当度一切众生生、老、病、死、苦。"即號曰定光菩萨。(S.3898 卷三一)

"號"原卷作 **声**。《说文·号部》:"号,痛声也。从口,在丂上。"段玉裁注:"凡嘷號字古作'号',今则'號'行而'号'废也。""號"为后起字,《说文·号部》:"號,呼也。从号从虎。"现行简化字从古。号,又借用增口的"嗃",如 BD14519:"受苦无量,号哭大唤。""号"原卷作 **哮**。嗃,多指大风声,如《庄子·齐物论》:"夫大块噫气,其名为风,是唯无作,作则万窍怒嗃。"

棄—弃

　不看墙外棄者。(BD14541)

"棄"原卷作 **弃**,又如 BD13628 **弃**。《说文·華部》:"捐也。从廾推華棄之,从去。去,逆子也。弃,古文'棄'。"唐以后多用古字"弃",段玉裁注认为主要是避讳:"隶变作'棄',中体似'世'。唐人讳世,故开成石经及凡碑板皆作'弃',近人乃谓经典多用古文矣。"除此处外,写本《四分律》均作繁体,如 BD14038 一处、BD05522 一处、S.4036 三处、P.3560 一处、S.3898 两处、S.6366 十一处、S.3971 两处、P.2521 一处、S.4104 一处、BD14149 三处等均作繁体。

屍—尸

　时六群比丘尼学习咒术以自活命。咒术者,或支节咒,刹利咒,或起屍鬼咒。(BD05522)

"屍"原卷作 **尸**。尸,本义指人平卧。《说文·尸部》:"陈也。象卧之形。"徐灏《说文解字注笺》认为"尸"字源于"人"字篆体:"尸,象卧形。其字即'人'篆之横体,末笔引而长之。"由人平卧引申指尸体。后尸体意义添加构件而作"屍"。除此处以外,写本《四分律》均作"屍",详见后文古今字部分。现行简化字采用古字"尸"。

三、简化的总体特征

(一)简化不是一步到位,往往经历几个步骤

汉字由繁而简是发展的总体趋势,只是具体到某个字的演变也不是一蹴而就,而是经历几个步骤,涉及多种简化方式。如"愛"的简化就有三种方式:其一,将中间的构件"心"简写成两点;其二,将中间的构件"心"简写成一横;其三,直接省去构件"心"。

愛,本义是行走的样子。《说文·夊部》:"行貌也。从夊。"段玉裁注:"《心部》曰:'炁,惠也。'愛,行貌也,故从夊。""炁"字下段注:"许君惠炁字

作此，愛为行皃，乃自'愛'行而'悉'废。转写许书者遂尽改为'愛'。"这就清楚地表明，"愛"是从夂的形声字，本义为行走的样子。用"愛"表示仁爱、惠爱是其假借用法。

"亲不见，爱无心。"这句流行语形象地说出简化字的形体。其实，"愛"的简体源于草书，较早见于集王羲之字《兴福寺碑》："居士张爱造。""爱"作 𢤱。这一字体是将其中的构件"心"简化做两点，写卷中也有这种简写，如 BD00208 愛。构件"心"简作两点后，又连作一横，如 BD00208 愛。还有直接省去构件"心"的，如 BD00208 爱。现行简化字选用了第二种简化方式。

又如"纏"的简化，先从声符开始，如 BD05522 卷二九："无犯者，最初未制戒，痴狂心乱，痛恼所缠。（第一百五十一竟）""缠"原卷作 纏。《说文·系部》："纏，绕也。从糸廛声。""廛"字形过于复杂，而且普通人不一定能认识，作声符极不合适。而"厘"是"廛"的俗字，《正字通·厂部》："厘，俗'廛'字。"其笔划简单，故人们选用其俗体"厘"作为声符，又如 BD14149 纏、BD06011 纏 等。这为"缠"字的简化迈出了关键的一步。再简化形符"糸"作"纟"，如 BD14541 纏、BD01605 纏 等。

又如"莊"的简写，也不是一下子简化到现行的"庄"，而是先简化成"广"头，如 BD05522 卷二九："时六群比丘尼畜妇女 庄 严身具、手脚钏及猥处 玉 严具。"两个"庄"都作"广"下加"玉"。《隶辨》"庄"字下："后汉明帝讳庄，故若庄周、庄助皆改为严，诸碑庄字亦从变体，或为 症，或为 㽻㽻，惟此作'莊'，不著年月，其在明帝前乎？"①又如 BD14668 庄。

又如"淨"先简化其右边构件，傅 188099 卷一："与故二行不淨。""淨"原卷作 凈。又如 BD00208："诸大姊是中清淨。""淨"原卷作 凈，右上角构件"⺈"作"⺈"，右边构件趋于今天通行的简化形体。

又如"顧"先简化其左边构件，如 BD14505："时拘睒弥主闻佛无数方便说法劝化，心大欢喜已，顾看众僧不见婆伽陀。""顾"原卷作 顾。顾，回头看。《说文·页部》："还视也。从页雇声。"声符"雇"笔画较多，写卷中加以简化，简化后其左边与现行简化字无别，又如 BD14519 顾。左边又能作"尸"加竖提，如 BD05553 顾、BD02960 顾 等。

又如"礙"先简化作"导"，现行简化字作"碍"。如 S.3898："由如来至真等正觉发起此智得无礙解脱故。""礙"原卷作 导。礙，限止，阻挡。《说文·石部》："止也。从石疑声。"《集韵·代韵》："《南史》引《浮图书》作

---

① 顾蔼吉《隶辨》，北京：中华书局，1986 年，第 59 页上。

'寻'"。写本《四分律》中作"寻"占绝对优势,这一意义一共 12 处,作"寻"9 处(BD02960 五处、S.3898 两处、BD14668 两处),做"礙" 2 处(BD14505 和 BD14038 各一处),作"闅" 1 处(S.3898)。

(二)来源不一,较多源于俗字,较少源于古字、今字、草书等其他形式

汉字简化往往是从民间悄然开始的,这一点与俗字相同。俗字中的省旁和省笔等本身也属于简化。字形较为简洁的俗字一旦被人们接受并加以使用,则这一简体字形的身份得以确认,甚至由俗字转为正字。可见,简体字早期大多是俗字,如"脚",《说文·肉部》:"胫也。从肉卻声。"现在通行的简化字从去作"脚"是其俗体,慧琳《一切经音义》:"俗用从去作'脚',讹谬也。却音羌虐反,本篆文从卩从谷。谷音强略反,从重八从口。今隶书故从去,正字太古不行也。"(《大正藏》54/553c)

写本《四分律》中也从去作"脚",如 S.1415 卷五五:"在𦝩中、曲**脚**间、胁边、乳间、腋下、耳鼻中、疮孔中、绳床木床间、大小裤间、枕边、在地泥抟间、君持口中,若道想、若疑,一切偷兰遮。"又同卷:"时有乞食比丘晨朝着衣、持钵,往白衣家,见门屋下晒贵价衣,以**脚**转侧看,彼疑。"又如甘博 039 **脚**、S.3971 **脚**等。

(三)简化遵循类推的原则,保持了汉字的系统性

类推是一种思维方式,在汉字演变中的表现就是类化。一般意义上的"类化",指汉字受相邻形体的影响而发生改变,从而产生形体类推。汉字简化过程中的"类化",主要指构件相同的字遵循同样的简化方式,相同构件简化后也应当相同。汉字简化过程遵循类推原则,即一般情况下相同构件简化成相同形式,进而达到成批量、成系统的简化。如"鳥"简化作"鸟",随之从鸟之字采用相同的简化形式,如"鴿"和"鵲"简化作"鸽"和"鹊"。类推的简化方式具有较强的能产性,客观上降低了汉字书写和识记的难度,有效保持了汉字自身的系统性。

敦煌写本一样,如"麥"简作"麦",从麦之字也一样简写。

麮—**麬**

　　若牛屎糠粪扫麮,一切然者波逸提。(BD14505)

"麮"简作**麬**。

𪎭—**𪎭**

BD14505 中的"**𪎭**汁酒",**𪎭**即"𪎭",其左下方构件"豕"在宋、元、明、宫本中作"麥",写本简作"麦"。

麨—**麨**

　　时二人白世尊言:今奉献蜜麨慈愍纳受。(S.3898)

"麨"简作**麨**。

麴—麹

　　若饮醋味酒者,突吉罗;若食麹若酒糟,突吉罗。（BD14505 卷
一六）

"麴"原卷作**麹**。又作"麴",酒曲。《列子·杨朱》:"朝之室也聚酒千
钟,积麴成封,望门百步,糟浆之气逆于人鼻。"

第四节　敦煌写本《四分律》借音字研究

一、借音字概说

　　借音字,指本有一个记录某个意义的字,但在使用过程中却写作另外一
个音同或音近的字,属于"本有其字"的假借。这类字,我们一般认为属于用
字的范畴,如"與"作"与"、"嚮"作"向"等。"與"和"与"早期是两个字,
《说文·勺部》:"与,赐予也。一勺为与。"《说文·舁部》:"與,黨與也。从
舁与。"但两字混用已久,《玉篇·与部》:"與,赐也,许也,予也。亦作
'与'。"写本《四分律》中两字依旧混用,如 BD14668 卷五:"自持华鬘與人、
教人持华鬘與人。"此两处"與"字原卷均作"与"。向,朝北的窗户,《说文·
宀部》:"向,北出牖也。从宀从口。"嚮,趋向,朝向等。写本中"嚮"多作
"向",如 BD14940 卷四九:"尔时世尊在舍卫国。有六群比丘尼在白衣家
内,嚮孔中看。""嚮"原卷作"向"。

　　音误字不是借音字。借音与音误的共同点是:在文字使用过程中,使
用者用一个音同或音近的字来代替原有的字。不同点是前者具有一定程度
上的普遍性,被人们认可并多次使用;而后者具有临时性,一般不被认可。
正如张涌泉先生所说:"假借的本字和正字的通用之间具有一定程度的普遍
性,往往为人们所认可;而音近而误则是偶然造成的,正字和错字的误易不
具普遍性,一般不被认可。"[①]例如写卷中将"标"写成"漂",是个别行为,具
有偶发性,我们将其归入音误字。

　　文字的类化也不是借音字。前文讨论的不论是文字之间的类化还是文
字内部的类化,都是通过添加或变换构件来实现的,只是形体的改变,与语
音没有关系。类化后的字形有些是新产生的形体,如"胡"类化而为"蝴";

---

　　① 张涌泉《敦煌写本文献学》,兰州:甘肃教育出版社,2011 年,第 268 页。

有些与已有字形一样,如"呵责"之"责"类化而为"喷",表面上看是借用已有的"喷",但却不是借音字。"胡"和"蹋"、"责"和"喷"是两组异体字。表呵责之"喷"与表赞叹之"喷"是同形字。异体字和同形字都不是借音字。异体字是两个或两个以上的形体记录一个词,借音字是不同形体记录不同的词,是借用一个音同或音近的字来记录另一个词。类化后与已有的字构成同形字,形体相同而意义毫无关联,而借音字肯定是借形体不同的字。同形字属于造字时无意间的重合,具有偶然性,而借音字属于用字时有意为之。总之,借音字是借音表义,与字形本身无关;类化是字形的改变,与字音无关。

异体字也不是借音字。异体字是音义完全相同而字形不同,即多个形体记录同一个词;借音字是两个字音相同或相近,意义没有关系,仍然是两个词,借用一个音记录另一个词。如甘博 039 卷四八:"女人有如是诸病:癞、白癞、瘫疽、干消、颠狂、二根、二道合、道小、大小便常漏、大小便涕唾常出,汝有如是诸病不?""瘫"原卷作**𤷾**,即"臃"字,换成上下结构,且声符"雍"换成了左右结构。瘫疽,是一种毒疮,疮与身体有关,故"瘫"又从"肉"作"臃"。两字均从雍得声,又都有毒疮的意义,不能认作借音字。

二、敦煌写本《四分律》借音字调查

襞—辟

> 时世尊即还入窟,自襞僧伽梨四叠。(BD14668)

"襞"原卷作**辟**。襞,折叠衣物。《汉书·扬雄传上》:"芳酷烈而莫闻兮,不如襞而幽之离房。"颜师古注:"襞,叠衣也。"此处是世尊折叠僧伽梨,当用"襞",却借用"辟"。辟,本义法。《说文·辟部》:"法也。从卩从辛,节制其辜也;从口,用法者也。"两字常借用,桂馥《说文义证》:"襞,通作'辟'。"王念孙《广雅疏证》:"襞,字亦作'辟'。"写本《四分律》中一共出现4次,还有 3 次作"襞"。

别—莂

> 若今定光如来不授我别者,我当于此处形枯命终,终不起也。
> (S.3898)

"别"原卷作**莂**。莂,契约名,即合同,《释名·释书契》:"莂,别也。大书中央,中破别之也。"莂又指佛教文体名。联系语境,后文定光如来授其"号释迦文、如来、至真、等正觉、明行足、为善逝、世间解、无上士、调御丈夫、天人师、佛、世尊"。可见,上揭用例中当是别号之别,借用"莂"。又如BD02960 **莂**(如来已授记别二人为匹)。又如《大正藏》本卷一八:"从末利园中将来故,即号之为末利夫人。"其中"号"字 BD01605 作 荊,宋、元、明、宫、圣乙本均作"蒥",圣本作"刿"。

　　摈—傧

　　　　复作摈羯磨。(BD00148 卷四四)

　　"摈"原卷作 傧。摈,排斥、弃绝,"摈出"为佛教用语,指将僧尼从教团开除,不许其与僧众共同起居,又称灭摈、驱摈、摈罚、驱出等。傧,导引宾客,《说文·人部》:"导也。从人宾声。摈,傧或从手。"在这个义项上"摈"是"傧"的或体,两字常混用,如《论语·乡党》:"君召使摈,色勃如也,足躩如也。"陆德明释文:"摈,本作'宾',又作'傧'。"朱熹集注:"摈,主国之君所使出接宾者。""宾"是"摈"和"傧"的古字,详见后文。如 BD01605 中 14 处"宾"和 4 处"傧",传世刻本均作"摈"。

　　搏—博

　　　　时六群比丘以手搏十七群比丘,其被搏人高声大唤。(BD01605)

　　"搏"原卷作 慱,即"博"起笔作竖折。《说文·手部》:"搏,索持也。"引申为拍打、抓取义。此处是比丘拍打和抓取其他比丘,写卷却借用"博"。《说文·十部》:"博,大通也。从十从尃。"写本一共出现 8 次,均作"博"或其变体,无一处作"搏"。

　　嗤—蚩

　　　　居士见已皆共嗤笑言,如我妇管理家业。(BD05822 卷二七)

　　"嗤"原卷作 蚩,即"蚩",省去中间一横。蚩,本义是虫。《说文·虫部》:"虫也。从虫之声。"后借指嘲笑、讥笑义,如《后汉书·明帝纪》:"自今若有过称虚誉,尚书皆宜抑而不省,示不为谄子蚩也。"借用"蚩"表嘲笑、讥笑义。又如 BD05553 蚩(诸居士见皆共嗤笑)、甘博 039 蚩(皆嗤笑)。《说文》未收"嗤"字,当为后起字。其后,表嗤笑义的"蚩"逐渐被"嗤"被所取代,从而构成古今字,详见后文。

　　瞋—嗔

　　　　彼婆罗门瞋,以石打头两眼脱出。(BD14940 卷四九)

　　"瞋"原卷作 嗔。两字音同义近,均有生气、发怒的意思。只是佛教文献中以贪、瞋、痴为三毒,上揭用例当从目作"瞋",写卷却借用"嗔"。又如 S.4036"瞋"也作 嗔。

　　炊—吹

　　　　时六群比丘尼管理家事:舂磨、或炊饭、或炒麦、或煮食、或敷床卧具、或扫地、或取水、或受人使令。(BD05822 卷二七)

　　"炊"原卷作 吙。吹,《说文》中口部、欠部均收录,《口部》:"吹,嘘也。

从口从欠。"又《欠部》:"吹,出气也。从欠从口。""炊"收录在火部:"爨也。从火,吹省声。""吹""炊"两字在《说文》中界限分明,但实际使用上却常通用,如上揭例句"或炊饭"中的"炊"BD01832也作**吹**。不独写本,传世文献也有这一借用,如颜之推《颜氏家训·书证》:"《古乐府》歌百里奚词曰:'百里奚,五羊皮。忆别时,烹伏雌,吹扊扅;今日富贵忘我为!''吹'当作炊煮之'炊'。"王利器集解:"吹、炊古通。"

氎—叠

若有聪明第一者,当以金钵盛银粟,银钵盛金粟,并金澡瓶,及好盖极好氎。(S.3898 卷三一)

"氎"原卷作**氎**。氎,《汉语大字典》释有二义:"❶ 细毛布、细棉布;❷ 以细毛布或细棉布制的大衣类披衣。"氎就是一块布,可以当作披衣。慧琳《一切经音义》卷一四"白氎"条:"音牒。《考声》云:'毛布也,草花布也。'从毛叠声也。经文单作'叠',非本字器物也。"(《大正藏》22/394c)刻本和写本多作"叠"。《四分律》中多处出现"白氎",如卷四:"时优波离即以所得宝衣璎珞以白氎裹之,悬着高树。"BD14668此处也作"叠"。具体形制可见《四分律名义标释》"白氎"条:"细布也。西国织氎:阔二肘,乃至三肘;长五肘,乃至九肘。横被为服。《南史》云:'高昌国有草实如茧,茧中丝如细缊,名曰白氎。安了国人取织以为布,甚软白。'"(《卍续藏》44/458c)

德—得

今问诸大德:是中清净不?(BD02798《四分丘戒本》)

"德"原卷作**得**。德、得两字,《广韵》均为多则切,属同音借用。大德,是对高僧的敬称,《四分戒本·序》:"诸世尊大德,为我说是事。"《四分律含注戒本疏》:"七佛非一曰诸,宇宙无上曰世尊,行满位高曰大德也。""诸大德"是对年长比丘的敬称,写卷借用同音之"得"。又如 BD14541"所说诸功德","德"写卷作**得**。又如《荀子·成相》:"舜授禹,以天下,尚得推贤不失序。"王先谦集解:"得当为德。""尚得"即崇尚道德。

得—德

汝是中尽形寿不得犯。(BD02239 卷二八)

"得"原卷作**德**。尽形寿,一辈子的意思,即一辈子不得犯,当作"得"。传世文献也有一样借用,如《荀子·解蔽》:"德道之人,乱国之君非之上,乱家之人非之下,岂不哀哉!""德"即"得"的借音。王念孙《读书杂志·荀子七》:"德道,即得道也。"

瘨—巅

癫、痈疽、白癞、乾痟、瘨狂、二形、二道合、道小、常漏大小便、咦唾

常流出。(BD05822)

"瘨"原卷作**瘨**。瘨，同"癫"，狂放，常与"狂"同义连用。《大词典》举宋代梅尧臣"岂乏阮李诗与瘨，浅饮强对春风妍"为例，偏晚。写卷借用表示山顶的"巅"。又如《素问》"巅疾"之"巅"也是"癫"的借音。又如 BD01605 和敦研 032 各有一处借"巅"表癫狂义。

而—如

比丘后时着衣持钵往檀越家敷座而坐。(BD14519)

"而"原卷作"如"。"敷座而坐"，即铺开坐蓐而坐。佛典文献常见，仅《四分律》就出现 19 次。两字都为日母字，音近而借。《诗·小雅·车攻》："不失其驰，舍矢如破。"王引之《经传释词》卷七："如破，而破也。""如"也是"而"的借音。

府—俯

时众多比丘从伽尸国人间游行，至羁离那国。清旦着衣持钵入城乞食，行步进止，威仪庠序，视瞻安谛，屈申俯仰，执持衣钵，直视而前，诸根不乱，于羁离那国乞食。(BD00148 卷四四)

"俯"原卷作"府"。府，收藏文书的地方，《说文·广部》："文书藏也。从广，付声。"《玉篇·人部》："俯，谓下首也。"上揭例句中"屈申俯仰"之"俯"即低头的意思，而写本却借用"府"来代替。又如《荀子·非相》："府然若渠匽檃栝之于己也。"杨倞注："府，与'俯'同，就物之貌。"

付—傅

随上座次付与。(BD01605)

"付"原卷作**傅**。付，给与、交给，《说文·人部》："与也。从寸持物对人。"傅，辅佐，《说文·人部》："相也。从人尃声。"两字同为方遇切，同音借用。又如《吕氏春秋·情欲》："荆庄王好周游田猎，驰骋弋射，欢乐无遗，尽傅其境内之劳与诸侯之忧于孙叔敖。""傅"也是"付"的借音，表托付。

狗—苟

此沙门释子无有惭愧，乃至何有正法，如上食如似猪狗骆驼牛驴乌鸟。(S.4867)

"狗"原卷作**苟**，该卷 4 处均作"苟"。两字均以句为声符，此处当用"狗"却借用表一种草的"苟"。又 S.1415 四处作"苟"，还有三处在"苟"边加"犭"。

调查写本《四分律》，一共 23 处，其中 8 处作"苟"(S.1415 四处、S.4867 四处)，1 处作"狗"(P.2521)，3 处作猗(S.1415)，余 11 处作"狗(或从勾)"(S.3971 三处、BD14668 两处、BD14038 一处、敦研 032 四处、P.2521 一处)。

技—伎

时王教菩萨学种种技术。（S.3898 卷三一）

"技"原卷作**伎**，即"伎"，敦煌写本中支或从支之字常增点。《说文·人部》："伎，与也。从人支声。"段注："《舁部》曰：与者，党与也。此伎之本义也。《广韵》曰：'侣也。'不违本义。俗用为技巧之技。"写本一共出现 30 次，均从人作"伎"或加点，其中 20 处末笔加点，无一处作"技"。

褰—骞

若主人语言但坐，当褰上涅槃僧。（BD01605）

"褰"原卷作**骞**。褰，撩起，用手提起。《礼记·曲礼上》："冠毋免，劳毋袒，暑毋褰裳。"郑玄注："褰，揭也。"骞，马或其他动物腹部低陷。《说文·马部》："马腹絷也。从马，寒省声。"两字音同，常借用，如《汉书·王莽传上》："方今天下闻崇之反也，咸欲骞衣手剑而叱之。""骞"即撩起义，当是"褰"的借音。

揃—煎

若拔，若揃灭，若烧，一切突击罗。（S.6366）

"揃"原卷作"煎"。此处是剃除毛发，当用表剪的"揃"，写卷却借用"煎"。揃，《说文·手部》："搣也。从手前声。"揃搣，段玉裁注作"道家修养之法"。段氏进一步指出，"揃"常假借作"鬋"，"颜师古注《急就》曰：'揃搣，谓鬋拔眉发也，盖去其不齐整者。'颜氏误以《礼经》之揃释《庄》《史》之揃搣，是误以假借为本义也。""煎"又增"扌"以表"剪"义，如卷四九"剪身毛"之"剪"甘博 039 即作**揃**。

挍—绞

彼浣已，不挍去水，烂坏虫生。佛言："应 **挍** 去水，晒令干。"

（BD07434 卷四一）

"挍"《大正藏》本作"绞"；《中华大藏经》本作"搅"，校勘记："诸本作绞。""挍"有比较、考核的意思，在此处不通，当是"绞"的借音。绞，本义是两绳相交。《说文·交部》："绞，缢也。"段玉裁注："古曰绞、曰缢，谓两绳相交，非独谓经死。"《礼记·杂记上》："小敛，环经，公大夫士一也。"孔颖达疏："知以一股所谓缠经者，若是两股相交，则谓之绞。"

"绞"和"挍"两字常混用，如《善见律毗婆沙》卷九："若船在陆地，比丘以盗心长索绞车，牵离处偷兰遮，离处解绳波罗夷。"（《大正藏》24/735c）其中，"绞"圣本作"挍"。"绞"还误作"校"，如《佛说大般泥洹经》卷一："各办八万四千宝马，八万四千大象王，八万四千四马宝车，悉以神珠明宝绞络庄饰，端严姝妙行如疾风。"（《大正藏》12/845c）其中，"绞"字，宋、元、明、宫、圣本作"校"。

警—景

　　时彼比丘闻世尊略说教授,即独在静处勤行精进而不放逸,初夜后夜警意思维,一心修习道品之法。(P.2521)

"警"原卷作景。写卷 S.4104 此处也作景。"景意"不辞,当作"警"。两字《广韵》均读"居影切",音同而借。警,《说文·言部》:"戒也。从言从敬,敬亦声。"结合前文"勤行精进而不放逸",此处当用"警"。警意,即警醒、戒慎,《四分律》当中共出现三次,两处"警意思维"、一处"警意修行"。又如《小道地经》卷一:"三者,警意盖起,多睡眠,失本念耶? 向梦中种栽。"(《大正藏》15/236c)警意一词,《汉语大词典》失收。

垒—累

　　彼处处取大僧洗足石,破用垒塔。(BD05522 卷三〇)

"垒"原卷作"累"。垒,原指军营上的防御工事。《说文·厽部》:"絫墼也。从厽从土。"段玉裁注:"墼者,令适未烧者也。已烧者为令适,今俗谓之塼,古作专。未烧者谓之墼,今俗谓之土墼。坺土则又未成墼者,积坺土为墙曰厽,积墼为墙曰垒。"防御工事一般是由土堆砌而成,故引申出堆砌的意思。上揭例中"垒塔"即堆砌成塔的意思,写卷却借用"累"字。写卷 P.3560也是抄写卷三〇的部分内容,此处也作"累",只是"洗足石"后衍"坐石"二字。

璃—離

　　金银、车璩、马瑙、真珠、虎魄、水精、琉璃、象马、奴婢,库藏溢满。(BD01605)

"璃"原卷作"離"。《玉篇》:"璃,瑠璃也。""琉璃"是一种玉石,其中的"璃"当从"玉"。写卷却借用"離"。又如《汉书·西域传上·罽宾国》:"(罽宾国)出……珠玑、珊瑚、虎魄、璧流离。"其中,"流离"即琉璃。或许开始只是用"流离"记音,由于是玉石,故换成"玉"旁。

理—里

　　比丘言:"有是理比丘疑。"(BD14519)

"理"原卷作"里"。里,乡村宅院。《诗·郑风·将仲子》:"将仲子兮,无逾我里。"毛传:"里,居也。"高亨注:"里,庐也,即宅院。"理,道理、常理。两字常借用,如银雀山汉简《孙子兵法·九地》:"人请之里,不可不□。"今本作"人情之理,不可不察。"

里—理

　　若比丘与非亲里比丘尼衣,除贸易,波逸提。(BD14992)

"里"原卷作"理"。亲里,即亲属邻里,写卷却借用"理"。又如 S.6862:"若从亲里索,从出家人索。""里"原卷作"理"。

落—洛

　　我当以何等方便养活此男女,使不贫苦,日日来至其家,日落一金羽而去。(S.6366 卷二五)

"落"原卷作"洛"。《说文·水部》:"洛,水。出左冯翊归德北夷界中,东南入渭。从水各声。"《说文·艸部》:"落,凡草曰零,木曰落。从艸洛声。"两字意义差别很大,但由于音近而常假借,如 BD06011 和 BD14668 中的"洛"等,均为"落"的借音字。

露—路

　　诸比丘持食着露处不盖藏。(BD14038 卷四三)

"露"原卷作"路"。从后文"不盖藏"看,此处当作暴露之"露",写卷却借用"路"。又如《太平广记》卷二五一引五代王定保《唐摭言·张祜》:"但知报道金钗落,髣髴还应路指尖。""路"也是"露"的借音。

勉—免

　　汝等好自勉力,莫不如他。(BD00148)

"勉"原卷作"免"。勉,勉励、鼓励,《说文·力部》:"彊也。从力免声。"段注认为"彊"当作"勥","'勥'旧作'彊'。非其义也。凡言勉者皆相迫之意。自勉者,自迫也。勉人者,迫人也。"此处是鼓励,当用"勉",却借用同音的"免"。两字常通用,如《战国策·秦策四》:"割河东大费也,免于国患大利也。"吴师道注:"'免''勉'通。"

免—勉

　　我何时当免出于婢?(BD01605)

"免"原卷作免。此处是脱离的意思,当用"免"。又如甘博 039:"云何于迦叶所犹不免(免)年少耶?"不免,是免不了的意思,此处却借用"勉"。

愍—憋

　　时摩纳心自念言:定光如来不见愍念。(S.3898 卷三一)

"愍"原卷作"憋"。当用怜悯、哀怜之"愍",却借用表聪敏之"憋"。"愍"有怜悯、哀怜这一义项。荀悦《汉纪·哀帝纪下》:"孝武皇帝愍中国罢劳无安宁之时。""憋"指聪敏,却常借来表示怜悯、哀怜义,如《宋书·孝义传·郭原平》:"府君嘉君淳行,憋君贫老,故加此赡,岂宜必辞。""憋"也是"愍"的借音。

摩—磨

　　肢节乳母者,抱持,案摩支节,回戾令政。(S.3898 卷三一)

"摩"原卷作"磨"。《说文·手部》："摩，研也。从手麻声。"段注："摩挲之功，精于礦研。挼下曰：'两手相切摩也。'《学记》曰：'相观而善之谓摩。'凡《毛诗》《尔雅》'如琢如摩'、《周礼》'刮摩'字多从手。俗从石作'磨'，不可通。"引申出抚摸的意思，"案摩"即按捏、抚摸的意思。

《说文》收有"礦"："石磑也。从石靡声。"后省作"磨"，引申出研磨义。《尔雅·释器》："玉谓之琢，石谓之磨。"两字常假借，如"磨弄"和"磨娑"之"磨"就是"摩"的借音。

墨—默

佛语：无价，应计纸墨直。（S.1415）

"墨"原卷作**墨**。此处是比丘偷盗经书，世尊按照纸和墨的价值来定罪，当用"墨"，写卷却误用"默"。两字在贪墨上曾借用，如《孔子家语·正论》："贪以败官为默。"王肃注："默，犹冒，苟贪不畏罪。""默"是"墨"的借音。

憔—燋

时六群比丘尼欲心炽盛、颜色憔悴、身体赢瘦。（S.6366）

"憔"原卷作**燋**，即"燋"，写卷多作上下结构，如 S.3898 卷三一："此田良美，正使此花萎枯色变，种子燋烂，种之故生耳。""燋"原卷作**燋**。《玉篇·心部》："憔，憔悴。"燋，引火之火炬。《说文·火部》："燋，所以然持火也。从火焦声。《周礼》曰：'以明火爇燋也。'"写卷"憔悴"之"憔"当从心，却借用从火的"燋"。又如《淮南子·氾论训》："浊之则郁而无转，清之则燋而不讴。"高诱注："燋，悴也。""燋"也是"憔"的借音。

青—清

有十二丑：瞎、偻、凸背、瘿、黄色、黄头、眼青、锯齿、齿黑、手脚曲戾、身不与人等、凸髋。（S.3898 卷三一）

"青"原卷作"清"。此处列举种种丑陋之人，"清"指清澈透明，"眼清"不属于丑陋的表现，当作"眼青"。"眼青"作为诸多丑形的一种，较为常见，如《经律异相》卷二一："时五百人中，一人博达而年朽耄面丑眼青。"（《大正藏》53/113a）《释名·释言语》："清，青也，太浊远秽色如青也。"王先谦疏证补："叶德炯曰：'清、青古通。'《白虎通·八风》：'清白者，青芒也。'"

謦—磬

若二人在暗地语，当弹指若謦欬惊之。（BD01605）

"謦"原卷作**謦**，"欬"原卷作"咳"，"咳"和"欬"为异体字。謦，咳嗽声，《说文·言部》："欬也。从言殸声。"謦欬一词当属同义连用，即咳嗽。磬，一种打击乐器，《说文·石部》："乐石也。从石殸。"上揭例句当作"謦"，写卷却借用同音的"罄"。

汝—如

> 汝是中尽形寿不得犯。（BD05882 卷二七）

"汝"原卷作"如"。两字均为日母字，声调不同，音近而借用。又同卷："今僧举此比丘如法如律如佛所教不随顺不忏悔。""如"字开始也作"汝"，后增"口"加以改正，即：**汩**。又如 BD02960："如今观汝（**如**、），非阿罗汉、非向阿罗汉道。"同卷："汝（**如**）为谁、师字谁？"传世文献也有借用"如"表"汝"的情形，如《书·洛诰》："王如弗敢及天基命定命，予乃胤保，大相东土。"王国维《观堂集林·洛诰解》："如，而也；而，汝也。"

写卷也有借"汝"来表示"如"的情形，如 BD14149 卷二八："着衣服不齐整，乞食不如法，处处受不净食，或受不净钵食。""如"原卷误作**汝**。此处是不教弟子，使得弟子犯了诸多错误，其中就包括"乞食不如法"。

寿—受

> 汝是中尽形寿能持不？（BD02239）

"寿"原卷作**受**。形寿，即寿命；尽形寿，穷尽自己的寿命，即一辈子。写卷却借用"受"。又如《敦煌曲子词·菩萨蛮》："再安社稷垂衣理，受同山岳长江水。""受"即"寿"的借音。

兽—狩

> 若象来，若盗贼来，若恶兽来。（BD01605）

"兽"原卷作"狩"。狩，打猎。《说文·犬部》："犬田也。从犬守声。"又特指冬猎。《诗·魏风·伐檀》："不狩不猎，胡瞻尔庭有县貆兮！"郑玄笺："冬猎曰狩。""兽""狩"二字在狩猎意义上是古今字。早期"兽"既作动词狩猎，又作名词野兽。后来为分担动词义而新造"狩"。

在名词野兽意义上，常借用"狩"，如张衡《东京赋》："薄狩于敖。"王念孙《读书杂志·汉隶拾遗》："'恶虫蓄狩'，'狩'与'兽'同。"又如写卷 BD14149："若有恶兽难。""兽"原卷作**狩**。又如 S.4867："即为恶兽所害。""兽"原卷作**狩**。

梳—疎

> 诸居士见，皆共嗤笑言："我等妇庄严其身，梳发，香涂摩身，此比丘尼亦复如是。"便生慢心，不恭敬。（BD05553 卷三〇）

"梳"原卷作"疎"。《说文·木部》："梳，理发也。从木，疏省声。"疎，同"疏"，同音假借。又如 BD14668 卷四："时阿那律释子、跋提释子……优波离剃发师第九，各净洗浴已，以香涂身，梳治须发，著珠璎珞，乘大象马，出迦毗罗卫城。""梳"原卷作**疎**。

抟—揣

若绳床木床间、若大小褥间、若枕间、若地、若泥抟间、若君持口中。（BD14519）

"抟"原卷作"揣"。"抟"本义是捏成团。《说文·手部》："圜也。从手专声。"写卷常借用表度量的"揣"。S.4867："舌舐者，以舌舐饭抟食。若比丘故作舌舐食，犯应忏突吉罗。""抟"原卷作**揣**。又如 S.1415："大小褥间，枕边，在地泥抟间，君持口中，若道想若疑，一切偷兰遮。""抟"原卷作**揣**。另外，S.969、S.3971、S.6636 及津艺 182 等皆作"搏"。

两字均见于《说文·手部》。抟，《说文》释为"圜也"，段注："以手圜之也。各本作'圜'也，语不完，今依韵会所据补。以手圜之者，此篆之本义。如《礼经》云'抟黍'，《曲礼》云'抟饭'是也。因而凡物之圜者曰抟。如《考工记》抟以行石、抟身而鸿、相笴欲生而抟是也。俗字作'团'。"揣，《说文》："量也。从手耑声。度高曰揣。一曰捶之。"两字常混用，如《淮南子·俶真训》："其袭微重妙，挺挏万物，揣丸变化，天地之间，何足以论之？"杨树达证闻："下文云：'提挈阴阳，嫥捖刚柔。'注云：'嫥捖，和调也。''揣丸'与'嫥捖'同。"

萬—万

尔时阎浮提内米谷丰熟，人民炽盛，土地极乐，有八万四千城郭，有五十五亿村，有六萬小国土。（S.3898 卷三一）

"萬"原卷作"万"。《说文·内部》："萬，虫也。从厹，象形。"本属虫类，假借为千万之"万"。刘钊认为："万乃'丐'的分化字，因与萬字声音相同，故可相假。"①《玉篇·方部》："万，俗'萬'字，十千也。"写本常见，又如 S.6636 卷五六："以此业报因缘堕地狱中，百千万岁受诸苦痛，余业因缘受此身。""万"原卷作**万**。又如 BD02960："时瓶沙王驾**万**二千车，将八**万**四千人前后围绕。"

妄—忘

此比丘尼等不知惭愧作妄语。（BD05522 卷三〇）

"妄"原卷作"忘"。妄，胡乱、随便；忘，不记得。前者《说文》释为"乱也"，后者释为"不识也"。"妄语"之"妄"当从女，写卷常借用从心的"忘"，又如 BD06011："一切不得**忘**（妄）语，乃至戏笑。"S.6636："以**忘**（妄）语故得，波逸提。"

忘—妄

应善持诵习教余比丘，勿令**妄**（忘）失。（傅 18100）

---

① 刘钊《古文字构形学》，福建人民出版社，2006 年，第 301 页。

此处当用不记得之"忘"，写卷借用"妄"。这一借用习见，又如 BD06024：
"使惭愧**妄**（忘）前失后，使不得语。"S.2793："尔时耆婆**妄**（忘）语阿难与
佛暖水。"BD06011："佛言：听数比丘。虽数犹复**妄**（忘）。"

　　瞯—闲

　　　　或睞眼，或盲眼，或尖出眼，或斜眼，或瞋怒眼，或瞯眼，或眼有疮
患，……如此人不得度受具足戒。（BD06011 卷三五）

　　"瞯"原卷作"闲"。瞯，一种眼病，《说文·目部》："戴目也。从目闲声。
江淮之间谓眄曰瞯。"戴目即侧目的意思。段玉裁注："按此字诸书多从闲作
瞯。"写本作"闲"当是"瞯"的同音假借。慧琳《一切经音义》卷六三"瞯眼"
条："上音闲。"（《大正藏》54/729a）《文选·张协〈七命〉》："眸瞯黑照，玄采
绀发。"李善注引《说文》："瞯，戴目也。音闲。"

　　邪—耶

　　　　若比丘知如是语人未作法如是邪见而不舍。（BD01605）

　　"邪"原卷作"耶"。两字写本常混，如 BD15362："如是恶邪不捨。"
邪，原卷作**耶**。又如 BD14519："时有比丘**耶**（邪）忆念失不净。"邪，郡
名。《说文·邑部》："琅邪郡。从邑牙声。"后又有不正、语气词等义。语
气词义后由"耶"字来分担，在这个意义上，"邪—耶"是古今字。在不正
义上，写本常借用同音的"耶"。《广韵》收有两读：表示不正义读似嗟切，
表示地名或语气助词时读以遮切。耶，做语气词时读以遮切。上揭用例
"邪见""恶邪"和"邪忆念"之"邪"都表示不正义，而写卷将其读成以遮
切，故与"耶"混同。

　　辛—新

　　　　恐令我小儿辛苦。（BD14519）

　　"辛"原卷作"新"。两字均为息邻切，同音借用。两字常借用，如《楚
辞·东方朔〈七谏·自悲〉》："杂橘柚以为囿兮，列新夷与椒桢。"洪兴祖补
注："新夷，即辛夷也。""新"即"辛"的借音。

　　修—脩

　　　　若比丘不乐修梵行。（津艺 182）

　　"修"原卷作**脩**，即"脩"的俗写。脩，干肉。《说文·肉部》："脯也。从
肉攸声。"《周礼·天官·膳夫》："凡肉脩之颁赐，皆掌之。"郑玄注引郑司
农："脩，脯也。"修，修饰。《说文·彡部》："饰也。从彡攸声。"段注："修者，
治也。引伸为凡治之称。"由治再引申指学习。上揭例中"修梵行"当用表
学习义的"修"，却借用同音的"脩"。又如傅 188099 **脩** 和上图 054 **脩**。右
边构件又简作"有"，如 BD05822 **脩**。

凶—匈

正使阿阇世日日从五百乘车,朝暮问讯,并供五百釜饮食,正可增益提婆达恶心,譬如男子打恶狗鼻而令彼狗更增凶恶。（BD14668卷四）

"凶"原卷作 𠙶。写本《四分律》一共出现 6 次,仅这 1 处借用"匈"。"匈"即"胸"的古字,《说文·勹部》:"膺也。从勹凶声。"凶,凶恶。《说文·凶部》:"恶也。象地穿,交陷其中也。"写卷是以狗之凶恶来喻提婆达的恶心,"匈"当是"凶"的借音字。又如潘岳《西征赋》:"怭淫嫚之匈忍,勦皇亲之孕育。""匈"即"凶"的借音。

悬—玄

安着绳床若木床下,若悬着杙上若龙牙杙上衣架上。（BD06011卷三五）

"悬"原卷作"玄"。玄,《说文·玄部》有两义:"幽远也;黑而有赤色者为玄。"两义均与悬挂无涉,写本同音借用。又如《古文苑·班固〈终南山赋〉》:"傍吐飞濑,上挺修林;玄泉落落,密荫沈沈。"章樵注:"玄泉,瀑布泉也。""玄泉"之"玄"即"悬"的借音。

压—押

有比丘强压。彼病者言:"莫压,莫压。"（S.6636）

此三处"压"写卷均作"押"。两字在按压的意思上常借用,如《后汉书·东夷传·三韩》:"儿生欲令其头扁,皆押之以石。"押也是压的意思。又如 S.3971:"听以竹压草。""压"原卷也作 押。

焰—炎

尔时世尊即化作五百火炉皆无烟焰。（BD02960）

"焰"原卷作"炎"。两字常借用,如 S.3898:"闻四天王、忉利天、焰天、兜术天、化乐天、他化天,展转相告语言。""焰"原卷作"炎"。又如《楚辞·九章·悲回风》:"观炎气之相仍兮,窥烟液之所积。"姜亮夫校注:"炎、气当为二物,故曰'相仍'。炎,即今俗'焰'字。"烟焰,即烟气与火焰,又作炎焰,谢灵运《还故园作见颜范二中书》诗:"何意冲飙激,烈火纵炎烟。""炎"即火焰。

腋—掖

时有比丘腋下有痈肿,有比丘为按之。（S.6636卷五六）

"腋"原卷作"掖"。掖,扶持。《说文·手部》:"以手持人臂投地也。从手,夜声。"表腋下义本用"亦"字,《说文·亦部》:"人之臂亦也。从大,象两亦之形。"段玉裁注:"徐铉等曰:'亦'今别作'腋'。按:《广韵》肘腋作此字,俗用'亦'为语词,乃别造此。"腋、掖两字常通用,《集韵·昔韵》:"腋,通作'掖'。"写本《四分律》中只有"掖"字,"掖"一共出现16处。如S.6366卷二五:"三处毛者,大小便处及腋下。若比丘尼剃三处毛,一动刀,一波逸提。""腋"原卷作**掖**。BD05822"腋已下"的"腋"作**掖**。又如甘博039 **掖**和BD14519 **掖** 等。

依—衣

　　如来无所著等正觉说四依法。（BD05822卷二八）

"依"原卷作"衣"。四依法,佛教术语,修行者所凭依的四种正法,《大般泥洹经》卷四:"尔时迦叶菩萨复白佛言:如世尊说,告诸比丘有四依法。何等为四依?依①法不依人,依决定说不依未定,依于智慧不依于识,依于义不依文字;我等信此为四种依,不信四人为真实依。"常借"衣",《书·康诰》:"今民将在祇遹乃文考,绍闻衣德言。""衣"即"依",用作动词。"依德言"与"绍闻"结构一致。后来,"绍衣"成为一个典故。孔颖达疏:"继其所闻,服行其德言,以为政教。"孙星衍《尚书今古文注疏》:"'衣'同'依'……言今之人将在敬述文王,继其旧闻,依其德言。"

癊—阴

　　不嚼杨枝有五事过:口气臭,不别味,增益热癊,不引食,眼不明。

（S.3971）

"癊"原卷作**阴**。癊,是一种痰病,当从"疒"头,写卷却借用"阴"。癊,慧琳《音义》多次加以解释,如卷一四"痰癊"条:"上音谈。下于禁反,胸鬲病也。"又卷二八"与癊"条:"阴禁反。案:癊谓胸膈中病也。膈音革。"又卷三八"痰癊"条:"上淡甘反。《考声》云:痰,鬲中水病也。下邑禁反。案:癊者,痰病之类,大同而小异。《韵诠》云:亦痰病也。诸字书并无此二字也。"癊,又作"葿",如BD06011卷三五:"或有热病,或有痰癊病,或癣病,或有喉戾。""癊"原卷作**葿**。《汉语大词典》依《集韵》释"癊"作心病,当增痰病义项。

淫—婬

　　或身疥瘙,或身侵淫疮,或痖,或聋,或痖聋,或卷足指。（BD06011卷三五）

"淫"原卷作**婬**。淫,慢慢浸渍。《说文·水部》:"侵淫随理也。从水㸒声。一曰久雨为淫。"段玉裁注:"浸淫者,以渐而入也。一曰久雨曰淫。《月令》曰:'淫雨蚤降。'《左传》曰:'天作淫雨。'郑曰:'淫,霖也,雨三日以

---

① 此处"依"《大正藏》本作"于",宋、元、明、宫本作"依",当作"依"。

上为霖。'"侵淫,渐渐发展的意思,写卷却借作"婬"。婬,《说文·女部》:"私逸也。从女㸒声。"段玉裁注:"厶作私,非也。今正。厶音私,奸衺也。逸者,失也。失者,纵逸也。婬之字今多以淫代之。淫行而婬废矣。"

涌—勇

水从彼池流来,涌出于此。(BD14519)

"涌"原卷作**勇**,即"勇",手写中下部构件"力"习惯性增撇。此处是泉水喷涌而出,当用"涌",却借用同音的"勇"。又如 BD02960 **勇**(后来涌出船上)。这一意义写本《四分律》一共出现 10 处,分属 4 件写卷,其中,作"勇"5 处,作"湧"4 处,作"涌"1 处。

犹—由

遍满盈溢,无不遍处,犹如山顶之泉水自中出。(S.3971)

"犹"原卷作"由"。犹,如同、好比。"犹如"一词当属同义连文。此处是用"山顶的泉水"作喻,当作"犹",写卷却作"由"。两字常借用,如《墨子·兼爱下》:"为彼者由为己也。"毕沅校注:"由,同'犹'。"

又—右

衣裁为火所烧,又为风吹零落。(BD05822)

"又"原卷作"右"。两字均为于救切,同音借用。

杖—仗

种种庄严面首,色绫系臂,捉通中杖。(S.3971)

"杖"原卷作"仗",该件写卷后文的"杖斗"之"杖"也从人。杖,手杖。《说文·木部》:"持也。从木,丈声。""通中杖"又叫"空中杖",是手杖的一种,当作"杖"。

正—政

大沙门颜貌端正、世所稀有。(BD02960)

"正"原卷作"政"。端,有正、直义,端正一词属同义连文,当用"正"写卷却借作"政"。又如 S.3898:"以好土填治平正。""正"原卷作**政**。两字在这一意义上常借用,如 BD15378 中 3 处"端正",在《大正藏》本中均作"政"。

"正"为"征"的初文,《说文》释"正"为"是也",即纠正,恐是其引申义。在表征伐、征讨义上,"正—征"为一组古今字①。政,《说文·支部》:"正也。从支从正,正亦声。"《论语》《释名》等也释作"正也"。可见在政策、政令意义上,"政"是"正"的分化字。

---

① 朱美秋《试论正、征、政词源及其流变》,《北京电子科技学院学报》,2017 年第 1 期。

知—智

其中有少欲知足行头陀乐学戒知惭愧者。（BD01605）

第二个"知"原卷作"智"。知惭愧，即知晓惭愧，指有羞耻之心，当用"知"，写卷却借用智慧之"智"。又如《墨子·经说下》："夫名，以所明正所不智，不以所不智疑所明。""智"也是"知"的借音。

肢—枝

断他肢节，杀害击闭。（S.3971）

"肢"原卷作**枝**，该写卷肢节之"肢"均从木。两字常借用，如《孟子·梁惠王上》："为长者折枝。"其中"枝"即是表四肢之"肢"，折枝即按摩四肢，赵岐注："折枝，案摩，折手节，解罢枝也。"

治—持

不犯者，若诵治腹内虫病咒，若诵治宿食不消咒。（BD05822 卷二七）

"治"原卷作**持**。治，《广韵》收有三读，其中有一音直之切与"持"相同。两字常借用，如《东观汉记·甄宇传》："治《严氏春秋》，持学精微，以白衣教授，常数百人。"其中，持学即治学。另外，治鱼又作持鱼，即使写作"治"也读作平声。《说文·刀部》："剚，楚人谓治鱼也。从刀，从鱼。读若锲。"胡文英《吴下方言考》卷三："治，《华山畿》曲：'三刀治一鱼。'案：治，剖鱼也。吴中谚称剖鱼腹为治鱼。"

帜—式

时诸比丘二界相接。佛言："不应尔，当作标帜。"（BD06011）

"帜"原卷作**式**。帜，本义是旗帜，《说文·巾部》："旌旗之属。从巾戠声。"常用旗帜作为标志，故又引申指标志。此处是用标志标明界限，故当用"帜"，写卷却作"式"。

摭—支

若用作摭肩物作舆上枕，无犯。（BD01605）

摭，支撑、支持，如《佛说给孤长者女得度因缘经》卷三："作是言已，王入后宫，摭颐不悦，默然而坐。"（《大正藏》2/853a）摭颐，即以手支撑着腮。"摭"原卷作**支**，即"支"。支，竹枝，《说文·支部》："去竹之枝也。从手持半竹。"引申指支撑、支持，如王通《文中子·事君》："大厦将倾，非一木所支也。"

三、敦煌写本《四分律》借音字的特征

（一）普遍性

敦煌写本《四分律》借音字具有一定程度的普遍性。普遍性是借音字与

讹误字的本质区别,主要体现在被人认可并加以使用。上述 64 处借音现象大多不是个别用例,而是在写本或传世文献中多次出现。如表"腋下"义在写本《四分律》一共有 17 处,16 处作"掖",分别是:S.6636 一处、S.6366 一处、BD05822 一处、甘博 039 三处、BD14519 一处、BD01832 一处、BD05522 四处、BD14038 两处、S.1415 一处、Φ.325 一处,还有 S.6636 一处误作"液"。又如"技术"之"技"作"伎"在写本《四分律》中也具有周遍性。

(二)继承性

写本中具体借音字一般是继承以前的借音字。如 BD06011 中借"式"表"帜",这一借用早有先例,如《后汉书·虞诩传》:"又潜遣贫人能缝者,佣作贼衣,以采綖缝其裾为帜。有出市里者,吏辄禽之。"李贤注:"帜,记也。""帜"也不是旗帜,而是标记。又如 BD02960 和 S.3898 借"政"表"正"。这一借用早有先例,如《逸周书·允文》:"宽以政之,孰云不听,听言靡悔,遵养时晦。"朱右曾校释:"政,正也。"唐代张九龄《敕处分十道朝集使》:"夫氓者冥也,岂能自谋? 政者正也,当矫其弊。"

(三)借音性

借音字的本质就是借音表义。我们讨论的借音字属于"本有其字"的假借,反映的是文字使用过程中字词不对应现象,即用一个音同或音近的字记录另外一个词。按照索绪尔所提出的"能指"和"所指",借音字打破了原有的对应关系,而是用一个"能指"对应另外一个"所指"。故在语句的具体理解上,不能按照借字去理解,而是要按照原本的字去理解。王引之在谈"经文假借"时提到,"学者改本字读之,则怡然理顺;依借字解之,则以文害辞。"如 BD05822 卷二七:"不犯者,若诵治腹内虫病咒,若诵治宿食不消咒。""治"原卷作"持"。"持腹内虫病"不辞,换成"治腹内虫病"则"怡然理顺"。

第五节 敦煌写本《四分律》古今字研究

一、古今字概说

古字是与今字相对而言的,即记录同一个词(或词的某一义项),不同时代使用了不同的字,先使用的字我们把它叫作古字,后使用的字即为今字。汉代的经学大师郑玄在注释"三礼"时就较早使用了古今字这个术语,《礼记·曲礼下》:"朝诸侯,分职授政任功,曰:予一人。"郑玄注:"《观礼》曰:

'伯父寔来,余一人嘉之。'余,予,古今字。"①清代段玉裁是较早对古今字进行系统阐述的人,段氏曾说:"凡读经传者,不可不知古今字。古今无定时,周为古则汉为今,汉为古则晋、宋为今,随时异用者,谓之古今字。"②

古今字的本质是一词多形。古字与今字是就时间上先后相对而言,反映了不同时期用不同的汉字记录同一个词语。王力先生《古代汉语》专门设立了"古今字"相关内容,并举"责债""舍捨"为例:"'责''舍'等是较古的字,'债''捨'等是比较后起的字。我们可以把'责债''舍捨'等称为古今字。"③裘锡圭先生在《文字学概要》中指出:"古今字也是跟一词多形现象有关的一个术语。一个词的不同书写形式,通行时间往往有先后。在前者就是在后者的古字,在后者往往就是在前者的今字。"④

文字是工具,社会对文字的需要促使这一工具的改变。随着社会的发展,汉字也不断发生分化、改造、合并等。在某一意义上,早期采用的字形就成为古字,分化改造后的字形就成为今字。汉字的假借、引申等促使汉字发生分化。分化是因汉字承担的职务过多,如"辟",本义指法,《说文·辟部》:"辟,法也。从卩从辛,节制其辠也;从口,用法者也。"后来逐渐有了躲避、邪僻、譬如等意义,为了分担这些意义而分化出"避""僻""譬"等字,添加构件以后不仅减轻了"辟"的负担,也使意义更明显,优化了汉字系统。这一过程假借起了很大作用,段玉裁《说文解字注》"辟"字:"或借为僻,或借为避,或借为譬,或借为辟,或借为壁,或借为襞。"经济性原则要求用尽可能少的文字去记录语言,可是意义上又要求尽可能丰富。为了缓解这一矛盾,文字的假借、引申应运而生。如"益"字从水皿,本义是水漫溢,引申出增加、更加等意义,为明确其本义增"氵"而为"溢"。假借或引申的直接后果是一字记录的意义过多,不利于意义的明确性,故添加或改变构件而分化出今字。

古今字的产生不仅是文字的分化,更多的是语言问题,是语言中词汇系统的优化。这是古今字与正俗字、繁简字、通假字等的本质区别。古今字与后三种的共同点都是成对出现,时间上都存有古今先后。但后三者仅是文字现象,不涉及语言中的词汇,尤其是新词、新义。俗字仅是对正字的改变,属于不规范的异体字,虽然一定范围内认可,具有一定程度的普遍性,但不涉及意义层面;简体字也只是将繁体字的笔画简省而已,意义丝毫未改变;

---

① 《十三经注疏》,上海:上海古籍出版社,1997年(2007年第2次印刷),第1260页上。
② 《说文解字注》,第94页上。
③ 王力主编《古代汉语》,北京:中华书局,1995年,第171页。
④ 裘锡圭《文字学概要》,北京:商务印书馆,2013年,第256页。

通假字尤其是本有其字的借音,只是借音,不影响被借字的意义,具体场合下还要"改本字读之",如将"早"写成"蚤",并没有改变"蚤"的意义。至于借而不还,重新造一个字表示被借字或借字那又属于古今字现象。

敦煌文献中有关《四分律》的写卷保存了古人真实的书写面貌,这为我们研究古今字提供了真实可靠的材料。如表示病愈义,"差—瘥"是一组古今字。这一意义写本《四分律》一共出现24处,分属10件写卷,除BD01605一处误作"著"以外,其余23处均作"差"或其变体①,无一处作"瘥"。洪成玉先生《古今字字典》认为:"(瘥)取代'差'的病愈义,约始于魏晋南北朝时期。"②从写本看,这一时间恐要推迟。又如表示狮子义,"師—獅"是一组古今字。狮子意义,写本《四分律》一共8处,分属5件写卷,均作"師"或其俗写(左边构件省撇),无一处从"犭"作"獅"。《古今字字典》认为"约在南北朝时,在'师'字左边另加偏旁犭,新造一个'狮'字。"

二、敦煌写本《四分律》古今字调查

辧—辦

时有居士请众僧明日食,即于其夜辧具种种肥美饮食。(BD14505)

"辦"原卷作 **辧**。在操办意义上,"辧—辦"为一组古今字。辧,《说文·刀部》:"判也。从刀辡声。"后分化出辨别和操办两个意义,并分别用"辨"和"辦"两个字来记录。段玉裁《说文解字注》:"辧从刀,俗作'辨',为辨别字,符蹇切。别作从力之'辦',为干辦字,蒲苋切。古辨别、干辦无二义,亦无二形二音也。"辦为后起字,《说文》未收,《力部》新附字:"辦,致力也。从力辡声。"毛际盛《说文新附通谊》"辦"字"古只作'辧'"。表示操办、办具义,写本《四分律》一共50处,除了4处不清晰的,其余46处均作"辧"或其俗体(作 **辧** 13处)。可见,写本时代这一意义主要还是作"辧"。

宾—摈

城中摈出,便往外村。城外 **宾**(摈)出,还入城中。(BD01605卷一七)

宾,宾客,《说文》释为"所敬也。"借指摈弃,如《书·多士》:"今朕作大邑于兹洛,予惟四方罔攸宾。"孙星衍《尚书今古文注疏》:"宾⋯⋯与'摈'同。"又如《庄子·达生》:"宾于乡里。"即被乡里摈弃的意思。

---

① 11处作"差"(BD07434五处、S.6366一处、S.6636两处、P.2521两处、BD14038一处),7处从"匕"作 **差**(S.3971三处、BD14505一处、S.1415三处),5处作 **差**。

② 洪成玉《古今字字典》,北京:商务印书馆,2013年,第57页。

傧,《说文》为"儐"的重文,《人部》:"导也。从人宾声。傧,儐或从手。"随着语言发展,两字有所分工,"儐"指导引宾客,"傧"指排斥、弃绝。"傧出"一词即选其排斥义,该词为佛教用语,指将僧尼从教团开除,不许其与僧众共同起居,又称灭傧、驱傧、傧罚、驱出等。

在排斥意义上,"宾—傧(儐)"构成一组古今字。写本《四分律》一共171处表示傧弃的场合,散见于 22 件写卷,其中 156 处作"儐"(7 处从"亻"),14 处作"宾",1 处作"傧"。作"儐"占绝对优势,说明写本时代在这一意义上,"儐"字较为流行。这 171 处在传世刻本中均作"傧"。

草—騲

> 彼出寺外,比丘亦出寺外。寺外有死騲马,彼于死马所便灭天形不现。(S.1415)

"騲"原卷作"草"。草,本指栎树的籽实。《说文·艸部》:"草斗,栎实也。一曰象斗子。从艸早声。"栎树的籽实可以染皁,故分化出表黑色的"皁",借"草"表草木之"草"。后借指雌性动物,如《三国志·魏志·杜畿传》:"渐课民畜牸牛、草马,下逮鸡豚犬豕,皆有章程。"草马,即母马。"草马"语源,颜师古《匡谬正俗》卷六认为"不暇服役,常牧于草"而得名。曾良先生认为,草为皁,皁与槽义通,雌性生殖器似槽,从而得名。还有学者认为是对雌性动物的贱称和得名于分娩垫草等。得名缘由暂且不论,在这意义上早期用"草"字毋庸置疑,后分化而造"騲"字。《玉篇·马部》:"騲,牝马也。"又由母马引申为泛指雌性动物。《正字通》认为是"牝畜之通称。"颜之推《颜氏家训·书证》:"良马,天子以驾玉辂,诸侯以充朝聘郊祀,必无騲也。"

蚩—嗤

> 居士见已皆共嗤笑言,如我妇营理家业。(BD05822 卷二七)

"嗤"原卷作**蚩**,即"蚩",写卷省去中间一横。蚩,本义是虫。《说文·虫部》:"虫也。从虫之声。"后借指嗤笑义,如《后汉书·明帝纪》:"自今若有过称虚誉,尚书皆宜抑而不省,示不为谄子蚩也。"借用"蚩"表嘲笑、讥笑义。《玉篇·虫部》:"蚩,虫也。又痴也,笑也,乱也。""蚩"意义过多,为分担其嗤笑义增口而为"嗤"。《后汉书·桓荣传》:"元卿嗤荣曰:'但自苦气力,何时复施用乎?'"在嗤笑义上两字构成古今字。写本《四分律》中一共出现 10 次,均作"蚩"且省去中间一横:BD01832 两处、BD05822 两处、P.3560 两处、BD05553 两处、BD14940 一处、甘博 039 一处。

创—疮

> 时有比丘患疮,医教作涂疮药。佛言:"听作。彼疮熟,应以刀破着

药。自今已去,听以刀破疮。"(BD14038 卷四三)

"疮"原卷作"創"。创,创伤。《说文·刀部》"創"为"办"的异体:"办,伤也。从刃从一。创,或从刀仓声。"段玉裁注:"从刀仓声也。凡刀创及创瘍,字皆作此。俗变作'刱'、作'疮',多用'创'为'刱'字。"《玉篇·疒部》:"疮,古作'創'。"敦煌写本中"创"字在刻本中多改为"疮",如 BD14519 創(若疮中)。慧琳《一切经音义》卷五九"创孔"条:"古文戗刃二形,今作'创',同。初良反。《说文》:'创伤也。'《礼记》:'头有创则沐。'是也。又音楚亮反,创始也。非今所取。今皆作'疮',近字耳。"(《大正藏》54/699c)

调查写本《四分律》,作"创"占绝对优势,一共 44 处(BD01605 十五处、BD05522 一处、BD07434 七处、S.4036 三处、S.6366 三处、P.2521 一处、BD14149 两处、BD14038 九处、S.1415 一处、BD14519 两处);作"疮"比较少,仅 5 处(S.3971 两处、S.6636 两处、BD14505 一处)。

荅—答

尔时说戒日,众多痴比丘集一处住语上座言:"说戒。"答言:"我先不诵戒。"(BD05330)

"答"原卷作荅,即"荅"。荅,小豆。《说文·艸部》:"小未也,从艸合声。"段玉裁注:"《礼注》有麻荅。《广雅》云:'小豆,荅也。'假借为酬荅。"《说文》无"答"。《集韵》两字均收:"答畣畗,德合切,当也,古作'畣''畗',通作'荅'。"至于"荅"则两见,一处释同《说文》,一处认为是"嗒"的省文:"嗒荅,解体貌,《庄子》:'嗒焉似丧其耦。'或省(为荅)。"① 表示"酬答"之义的古字实为"畣""畗",假借为"荅",而"荅"又通过换竹旁而为"答"。

全面调查写本《四分律》,BD07604 一处、BD01605 六处、BD01832 一处、BD05822 十三处、BD02239 十三处、BD05522 五处、BD02960 两处、BD06011 四十一处、BD05330 一处、BD00148 三十四处、P.3560 四处、S.2793 一处、S.3898 六处、S.1937 四处、S.6366 十五处、S.6862 十处、BD07278 四处、S.3971 八处、S.6636 六十五处、S.1970 一处、S.4104 两处、P.2521 七处、BD14668 十五处、BD14505 四处、BD14038 九处、甘博 039 四十处、敦研 032 二处、津艺 182 三处、上图 054 三处、BD09436 一处、BD15378 两处、BD14519 二十二处,均作"荅",且"艹"作"䒑"。其中,S.3898 一处不太清晰,作荅;BD14668 一处作荅,貌似从"艹",但细看仍从"䒑"。在《大正藏》本和《中华大藏经》本中,上述均作"答"。

---

① (宋)丁度等编《宋刻集韵》,北京:中华书局,2005 年,第 222 页。

颠—癫

　　癫狂心乱痛恼所缠,一切无犯。(BD14519 卷五七)

　　"癫"原卷作"颠"。颠,有癫狂义,如贯休《观怀素草书歌》:"张颠颠后颠非颠,直至怀素之颠始是颠。"张颠指的是张旭,与怀素并称"颠张狂素"。写卷中,构件"页"又类化作"真",如 P.2521:"癫若痈疽、白癫、干枯、癫狂,如是五种病人,不应受大戒。""癫"原卷作**顛**。癫狂是一种病,故后起字增"疒"而作"癫",如 S.6636 **癲**。又作"瘨",如 BD09436 **瘨**。

　　癫狂义写本《四分律》一共出现 17 处:作"颠"6 处(甘博 039 两处、S.1415 一处、BD14519 一处和 BD15378 两处);作"顛"3 处(BD06011 两处和P.2521 一处);作"巅"3 处(BD01605、敦研 032 和 BD05822 各 1 处);作"癫"3 处(S.6366 一处和津艺 182 两处);作"瘨"2 处(BD09436)。

尒—爾

　　尒时佛在舍卫国祇树给孤独园。尒时六群比丘有时因缘至军中宿。(BD14505)

　　"尒"当为"爾"的古字,《说文·八部》:"尒,词之必然也。"段玉裁注:"后世多以爾字为之。"写本《四分律》中一律作"尒(尔)"。从"爾"之字也是这样,如 S.3898 **尔**和津艺 182 **祢**。

反—返

　　若为塔、为僧、为病比丘事持书往返者,一切不犯。(BD14668卷五)

　　"返"原卷作"反"。《说文·又部》:"反,覆也。从又、厂,反形。"由反手义引申指还义,如《左传·襄公二十八年》:"反其邑焉。"杜预注:"反,还也。"还义离不开行走,故增"辵"旁而作"返"。《说文·辵部》:"返,还也。从辵,从反,反亦声。"

号—號

　　始生在地,无人扶待,自行七步,而说此言:"我于天上世间最上最尊,我当度一切众生生、老、病、死、苦。"即號曰定光菩萨。(S.3898 卷三一)

　　"號"原卷作"号"。《说文·号部》:"号,痛声也。从口,在丂上。"段玉裁注:"凡啼號字古作'号',今则'號'行而'号'废也。""號"为后起字。號,大声呼叫。《说文·号部》:"呼也。从号从虎。"段玉裁认为当释为"嘑","'嘑'各本作'呼',今正。呼,外息也,与'嘑'义别。《口部》曰:'嘑,號也。'此二字互训之证也。《释言》曰:'號,謼也。'《魏风》传曰:'號,呼也。'以《说文》律之,'謼''呼'皆假借字。號嘑者,如今云高叫也。引伸为名號,为號令。""啼号声高，故从号；虎哮声厉，故从虎。号亦声。"现行简化字从古。写本中表名号义 3 处，均作"号"（S.3898）；表号哭义 6 处，BD14519 三处作"喟"，S.6636 三处作𠷿。《大正藏》本均作"號"。

号又增口作"喟"，如 BD14519："受苦无量，号哭大唤。"原卷作𠵦。这一字形与表大风声的"喟"同形，如《庄子·齐物论》："夫大块噫气，其名为风，是唯无作，作则万窍怒喟。"表大风声的"喟"也作"号"。

另外，《大正藏》本卷一八："从末利园中将来故，即號之为末利夫人。"其中"號"字写卷 BD01650 作"萌"。

或—惑

今有二比丘来，一名舍利弗，二名目连。其一比丘善能幻术，飞行虚空；第二比丘行恶，自能说法。汝等好自观察，莫为彼所惑。

（BD14668 卷五）

"惑"原卷作"或"。或，本义是邦国。《说文·戈部》："邦也。从口、戈以守一。一，地也。域，或又从土。"在邦国意义上，"或—国（域）"是古今字。借指惑乱，疑惑。《易·乾·文言》："九四，重刚而不中，上不在天，下不在田，中不在人，故或之。或之者，疑之也，故无咎。"这一意义的"或"增旁而作"惑"。段玉裁《说文解字注》："又加心为'惑'，以为疑惑当别于'或'，此孳乳寖多之理也。""惑"为"或"的增旁后起字。《说文·心部》："惑，乱也。从心或声。"

全面调查，"惑"写本均作"或"，如津艺 182："或以言词辩说诳惑而取""惑"原卷作�，该写卷一共 5 处均作"或"。又如 S.3898 �（狂惑失道）、P.2521 �（生人疑惑乃至阿罗汉）。

疾—嫉

一切皆不施与，若见他得利养而生嫉心。（BD01605 卷一八）

"嫉"原卷作疾，即"疾"，写本中"疒"与"广"混用。疾，《说文·疒部》："病也。从疒矢声。"引申指嫉妒，如《史记·项羽本纪》："今战能胜，高必疾妒吾功；战不能胜，不免于死。"后增旁作"嫉"。

鞿—羁

此中羁连有四比丘分物四分，如房舍揵度中法不异，故不出也。

（傅 188100）

"羁"原卷作鞿，即"鞿"，只是构件"奇"在写本中常作"奇"。《释名·释车》："鞿，检也，所以检持制之也。"毕沅疏证："今本鞿上从网，讹。《玉篇》：'鞿'古文'羁'字。则是本作'鞿'。《说文》作'羁'，云马络头者也。"羁连，地名。《四分律名义标释》"羁连"条："亦云羁离那国，或云吉罗邑，又

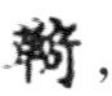

云加罗赖，此是迦尸国之邑名也。或云枳咤山。《十诵》云黑山土地。羁同羈，坚溪切，音鸡。"(《卍续藏》44/462b)

贾—價

欲论價值，值百千两金。（BD01605 卷一八）

"價"原卷作"贾"。贾，做买卖。《说文·贝部》："贾市也。从贝两声。一曰坐卖售也。"價，当为后起字，段玉裁注："俗又别其字作'價'。别其音入祃韵。古无是也。"

赖（頼）—癩

汝非官人不？汝是丈夫不？丈夫有如是病：癩痛疽白癩干痟颠狂病，汝今有此诸病不？（BD06011 卷三五）

"癩"原卷作"頼"，即"赖"的俗写，"赖"为"癩"的古字。《史记·刺客列传》："居顷之，豫让又漆身为厉。"司马贞索隐："赖，恶疮病也。凡漆有毒，近之多患疮肿，若赖病然，故豫让以漆涂身，令其若癩耳，然厉赖声相近，古多假'厉'为'赖'，今之'癩'字从'疒'。""癩"字也可从"頼"，如 BD14519 顀。

礼—禮

彼报言："欲须者明日来取，随意多少。"时彼禮娑伽陀足，绕已而去。（BD14505 卷一六）

"禮"原卷作"礼"。《说文·示部》："禮，履也，所以事神致福也。从示，从豊，豊亦声。礼，古文'禮'。"其右边常有习惯性的增笔，如 S.3898 卷三一："时王遥见定光如来颜色端正、诸根寂定，见已，发欢喜心，即前至定光佛所，头面礼足已，在一面坐。""礼"原卷作 礼。

歷—擽

尔时六群比丘中有一人击擽十七群比丘中一人，乃令命终。（BD14505 卷一六）

"擽"在此戒条中共出现 6 次，该写卷均作 歷，即"歷"。"歷"是"擽"的古字，表示触碰、敲击的意思，如苏辙《卜居赋》："诸子送我，历井扪天，汝不忘我，我不忘先。"井，星宿名，二十八宿之一。历井与扪天并列，都是手指触碰天的意思。后增"扌"旁凸显用手触碰、敲击。擽，又作"擽"，《集韵·锡韵》："擽，《博雅》：'击也。'或从历。"《文选·司马相如〈上林赋〉》："弯蕃弱，满白羽，射游枭，擽蜚遽。"吕向注："擽，击也。"又如 S.6366 卷二四："若比丘尼以指击擽他比丘尼者，波逸提。（三十八）""擽"原卷作 歷。

珏—钮

若作如意，若作玦钮，……如是一切无犯。（BD01605 卷一九）

"钮"原卷作玥，即"珇"，其右边构件是"丑"的俗讹。"珇"是"钮"的古字，《说文·金部》："钮，印鼻也。珇，古文'钮'从玉。"慧琳《一切经音义》："珇，或作'钮'。"由印鼻引申指其它器物上用于可以系绳带的部分。《四分律名义标释》卷一六"玦钮"条："玦。居月切。音决。环之不周者名玦。《广韵》云：珮如环而缺，不相连也。'钮'或作'钮'，同女九切，音纽，印鼻也。《广雅》云：印钮，谓之鼻。今俗安衣上，为勾纽也。"（《卍续藏》44/527c）

煗—煖

尔时世尊知者婆心所念，即唤阿难取煖水来。（S.2793 卷四〇）

"煖"原卷作煗，这件写卷共出现 5 次，均作"煗"。又如 BD14519："若冷水若煗水中洗失不犯。"右下角受字内类化而作"而"。

煗，暖和、温暖，《说文·火部》："煗，温也。从火耎声。"声符"耎"不常见，难以起到标音的作用。故声符换作"爰"。段玉裁注："今通用'煖'。"《说文·火部》也收有"煖"，释义与"煗"一样，段玉裁注："今人读乃管切。同'煗'。"两字原为异体字，后"煖"得以流传，而"煗"逐渐退出。又从日作"暖"，《集韵·缓韵》："煗，或作煖、暖。"写卷中又从"月"，如 S.6636："若冷水若煖水中洗失不犯。""煖"原卷作暖，即"暖"，写卷中"日"旁和"月"旁混用。今天通行字从日作"暖"。

平—评

若僧中拣集智慧者共评论众事，不得在其例。（BD00148）

"评"原卷作"平"。平，语调舒缓。《说文·亏部》："语平舒也。从亏从八。八，分也。爰礼说。"常引申指评论义，如牟融《理惑论》："吾子尝好论是非，平曲直而反善之乎？"前用"论是非"，后用"平曲直"，两相对举，可见"平"表评论义。《后汉书·张酺传》："宜下理官，与天下平之。"李贤注："平之谓平论其罪也。"为分担这一意义，后增"言"旁而突显语言在评论中的作用。

调查发现，评论义写本《四分律》一共出现 6 处，作"评"4 处（S.1970 两处、BD05309 两处），作"平"2 处（BD00148 和 S.1415 各一处）。

暴—曝

尔时七日天大雨，极寒，文驎龙王自出其宫，以身绕佛，头荫佛上而白佛言："不寒不热耶，不为风飘日曝，不为蚊虻所触娆耶？"（S.3898 卷三一）

"曝"原卷作暴，即"暴"，构件"水"在写本中常作"小"。暴，本作"暴"。《说文·日部》："暴，晞也。从日出廾米。"段玉裁《说文解字注》解释为:"日出而竦手举米晒之,合四字会意。""暴"与"暴"两字形近,且隶变后均作"暴",段玉裁注:"而今隶一之,经典皆作'暴',难于谠正。"为了区别,表晒义的字增"日"旁为"曝",《颜氏家训·书证篇》:"古者暴晒字与暴疾字相似,唯下少异,后人专辄加傍'日'耳。"添加构件"日"突显其在太阳下曝晒义。王观国《学林》卷九也谈到"暴"字:"又俗书有'曝'字,且暴上已有日字矣,旁又加日,岂不赘哉。"①曝,在刚产生时是以俗字的身份出现的,《玉篇·日部》:"暴,晒也。暴,同'暴'。曝,俗。"这一俗体被认可并保留下来而成为今字。

取—娶

汝何不更娶妇?(BD14519)

"娶"原卷作**取**。又如Φ.325卷二六:"时有一大将,勇健多智,众术备具,善能斗战,始**取**妇未久,被官敕当征。"取,捕取。《说文·又部》:"捕取也。从又从耳。《周礼》:'获者取左耳。'《司马法》曰:'载献聝。'聝者,耳也。"引申指娶妻,如《易·咸》:"咸,亨利贞,取女,吉。"为分担这一意义,增旁而作"娶"。写本《四分律》中婚娶义共出现10处,8处作"取"(BD01605两处、S.3971一处、BD14519四处、Φ.325一处),2处作"娶"(BD14038)。

然—燃

即出房外在露地,抬诸柴草及大树株然火向炙。(BD14505)

写本的"然"即燃烧义,后来写作"燃"。在燃烧意义上,"然—燃"是一组古今字。然,燃烧。《说文·火部》:"烧也。从火肰声。"段玉裁注:"烧也。通假为语词,训为如此,'尔'之转语也。""俗作'燃',非是。"然,借指代词、助词和连词等,意义过多,故增"火"作"燃"来分担其本来的燃烧义。写本《四分律》中多作古字"然",一共35处,作"然"27处,作"燃"7处,还有1处误作"煞"。

任—妊

时有一比丘尼名婆罗,度他妊身女人受具足戒已,后便生男儿,自抱入村乞食。(BD01832卷二七)

"妊"原卷作"任"。《说文·人部》:"任,保也。从人壬声。"借指怀孕义。《汉书·元后传》:"初,李亲任政君在身,梦月入其怀。"颜师古注:"任,怀任。"这一意义后写作"妊"。《说文·女部》:"妊,孕也。从女壬,壬亦声。"又如S.3898卷三一:"于异时王第一夫人怀妊。""妊"原卷也作**任**。

写本《四分律》中一共17处,均作"任",具有周遍性。分布在5件写

---

① 王观国《学林》,北京:中华书局,1988年,第286页。

卷：BD01832 四处、BD05822 九处、S.3898 两处、BD14668 和 BD14038 各一处。

蓐—褥

时六群比丘尼二人同一褥同一被共卧。（Φ.325）

"褥"原卷作"蓐"。蓐，本义是再生的草。《说文·蓐部》："陈艸复生也。从艸辱声。一曰蔟也。"段玉裁注："蓐训陈艸复生。引伸为荐席之蓐。"《说文》未收"褥"字，王筠《说文句读》："俗作'褥'，盖即'蓐'之分别文也。"褥，席、垫子，《四分律》中有大小之分，"大褥者为坐卧故，小褥者为坐故。"早期由草制成故从"艹"作"蓐"；后来，随着社会的发展，制作材料改进，由纺织品制成，故从"衤"作"褥"。

写本《四分律》中从"艹"或其变体占绝对优势，共 26 处：BD01605 十处，Φ.325 七处，BD05522 两处，S.3971、S.6636、BD14505、BD14038、S.1415、BD14519 及 BD02960 各一处。其中，S.1415 **蓐** 和 BD14519 **蓐** 上部作"艹"，BD02960 **蓐** 上部构件作"艹"后与"辱"共用一横。作"褥"4 处，且从"衤"：BD07413、BD14505、津艺 182 和 Φ.325 各一处。

勺—杓

毕陵伽婆蹉得铜杓、得樽。佛言："听畜，众僧亦尔听畜。"
（BD14038）

"杓"原卷作"勺"。该写卷还有 4 处作"勺"，1 处作"杓"。勺，舀取东西的工具。《说文·勺部》："勺，挹取也。象形。中有实，与包同意。"段玉裁将释义增改为"枓也，所以挹取也"，注曰："（枓也）二字依玄应书卷四补。《木部》'枓'下云'勺也'，此云'勺，枓也'，是为转注，考老之例也。《考工记》：'勺一升。'注曰：'勺，尊斗也。''斗'同'枓'，谓挹以注于尊之枓也。……俗作'杓'。"杓，勺子柄。《说文·木部》："杓，枓柄也。从木勺声。"段玉裁注："枓柄，勺柄也。勺谓之枓，勺柄谓之杓。"杓也指勺子，如 BD14038 卷四三："尔时有波罗捺国市马人来至舍卫国，欲为众僧作饼、作豆麨、作麨，与麨奁、与量麨器、与盐、与盛盐奁、与苦酒、苦酒瓶、与木箒、与卮、与匕、与杓。"刻本中的宋、元、明、宫本此处也作'杓'。BD01605 误作"初"，或打算写"杓"字，形近而误。在表示舀取东西的工具上，两字构成古今字。

身—娠

妇人有三种智慧如实不虚：一自知有娠，二自知从某甲许得，三知男子有爱心于我。（S.3898 卷三一）

"娠"原卷作"身"。身，躯体。《说文·身部》："躬也。象人之身。从人声。"引申指怀孕，《诗·大雅·大明》："大任有身。"毛亨传："身，重也。"郑玄笺："重谓怀孕也。"后用"娠"来表怀孕义，《说文·女部》："女妊身动也。从女辰声。《春秋传》曰：'后缗方娠。'一曰宫婢女隶谓之娠。"《左传·哀公元年》："后缗方娠，逃出自窦，归于有仍，生少康焉。"杜预注："娠，怀身也。"

《大正藏》本的"娠"在写本中均作"身"，分别是 BD01832 五处、BD05822 九处、S.3898 一处、S.6636 十处、BD14940 一处、BD14668 两处、BD15378 一处、甘博 039 三处。如甘博 039："时有妇女夫出行不在，于余人边得**身**（娠）。"S.6636："时有妇人夫行不在，他边得**身**（娠）。"BD14940："时比丘尼破戒有**身**（娠），在悬厕上大小便，堕胎在厕中。"BD14668："王闻是语已，于其夜与此夫人交会，即便有**身**（娠）。"

尸—屍

时六群比丘尼学习咒术以自活命。咒术者，或支节咒，刹利咒，或起屍鬼咒。（BD05522）

"屍"原卷作"尸"。尸，人平卧。《说文·尸部》："陈也。象卧之形。"徐灏认为"尸"字源于"人"字篆体，《说文解字注笺》："尸，象卧形。其字即'人'篆之横体，末笔引而长之。"由人平卧引申指尸体。屍，尸体。《说文·尸部》："终主。从尸从死。"段玉裁注："终主者，方死无所主，以是为主也。《曲礼》曰：'在床曰屍。'"屍为"尸"的后起字，王筠《说文句读》："屍，乃'尸'之分别文。"在尸体意义上，"尸—屍"为古今字，现通行简化字又作"尸"。

写本中表示尸体主要用"屍"字。除 BD05522 有 1 处作"尸"外，其余 15 处均作"屍"，S.4867 八处、P.2521 六处、津艺 182 一处。

食—蚀

或言月蚀，或言不蚀，或言日蚀，或言不蚀，或言星蚀，或言不蚀，或言月蚀，有如是好报，有如是恶报，日蚀、星蚀亦如是。（S.3971）

原卷 9 处"蚀"除第一处外，其余 8 处均作"食"。"食"和"蚀"二字《说文》均收录，其释义均与日食、月食无涉。《释名·释天》："日月亏曰食。"《诗·小雅·十月之交》："日有食之。"孔颖达疏："日食者，月掩之也。"王力《古汉语字典》给"食"字设有一个义项，"日月亏蚀。……这个意义后来写作'蚀'。"在日月亏蚀这一意义上，"食—蚀"是一对古今字。写本《四分律》一共出现 9 处，8 处作"食"，1 处作"蚀"，刻本均作"蚀"。

戾—屎

尔时目连告诸比丘言："我见有众生没在**戾**中，受大苦痛，号哭大唤。"诸比丘语目连言："汝自言见有如是众生没在**戾**中、受大苦痛、号哭大唤，无有是处，虚称得上人法，波罗夷，非比丘。"（S.6636 卷五六）

"戻"即"屎",《大正藏》本即作"屎"。戻,源于"矢"字。矢,本义是箭矢。《说文·矢部》:"弓弩矢也。从入,象镝栝羽之形。古者夷牟初作矢。"借用指粪便,《左传·文公十八年》:"(惠伯)弗听,乃入,杀而埋之马矢之中。"即埋在马粪当中。为更好地示义,增加表人的"尸"而为"戻"。"屎"字《说文》未收,却收有"菡",《艸部》:"粪也。从艸胃省。"只是这一字形并未流行开来,多作"矢"或"戻"等,后用作"屎",现行简化字从之。《玉篇·尸部》:"戻,粪也。与'矢'同。俗又作'屎'。"写本《四分律》一共出现 15 次,分属 6 件写卷,其中作"戻"4 次,作"屎"11 次。

执—熟

有五种:牛汁,奶酪,生酥,熟酥,醍醐。(BD14038 卷四二)

"熟"原卷作 𤎟。执,食物加热到可以食用的程度。《说文·丮部》:"食饪也。从丮𦎫声。《易》曰:'执饪。'"引申指瓜果、庄稼成熟。《礼记·乐记》:"德盛而教尊,五谷时执,然后赏之以乐。"又引申指庄稼丰收。《急就篇》:"五谷执成。"王应麟补注:"执,成也。今作'熟'。"食物的执饪需要用火烹煮,故增"火(灬)"而作"熟"。后庄稼成熟、瓜果成熟、庄稼丰收等也作"熟",在这几个意义上,"执—熟"构成一组古今字。

调查写本,S.6366"熟蒜"、S.287"熟果"和 S.3898"土地丰熟"作"熟",BD14038 六处煮熟义作"执"。

箳—筒

物者,衣钵、针箳、尼师坛,下至饮水器。(BD01605)

"筒"原卷作"箳"。箳,《说文·竹部》:"断竹也。从竹,甬声。"箳,指竹筒,玄应《一切经音义》引《三苍》:"箳,竹管也。"随着语音的发展,声符"甬"标音作用不明显,故借用从同的"筒"。筒,一种乐器。《说文·竹部》:"通箫也。从竹同声。"借用久了,使得"筒"字也沾染上了竹管义。写本保存了较早的写法,而刻本却改作后起字"筒"。针筒,即装针的竹管、筒子,为比丘常用物之一。慧琳《一切经音义》卷六一"针箳"条,"下音同。案:针箳者,或用竹、或从木而作以盛针。唯不许骨牙角作者,非也。"(《大正藏》54/713c)

写本中,草头与竹头混用,故"箳"又从"艹",如 S.6366 卷二四:"若比丘尼藏比丘尼若钵、若衣、若坐具,针筒,自藏,教人藏,下至戏笑,波逸提(四十三竟)。""筒"原卷作 萮。

喜—憙

见比丘不憙起立,不憙作礼,不憙请比丘坐,不憙比丘坐。(BD15378)

4 处"憙"原卷均作"喜"。"喜""憙"二字均在《说文·喜部》,前者释为

"乐也",后者释为"说(悦)也"。段玉裁憙下注曰:"乐者,无所著之词;悦者,有所著之词。"著,依附、附着,用于此处相当于能不能带宾语,"无所著"不能带宾语,"有所著"能带宾语。段氏认为表"乐"之"喜"相当于形容词,表"悦"之"憙"相当于动词。徐灏《说文解字注笺》:"'喜''憙'古今字。"《玉篇·心部》释"憙"为"乐也",与《说文》对"喜"的解释一致。"憙"为"喜"的后起字,只是后来"喜"又流行开来。虽然在《说文》中两字有区别,但从写本实际用例看,两字混用,如同一写卷 BD15378 中表"喜好"义 4 处用"喜"1 处用"憙",而《大正藏》本此 5 处刚好相反。BD01605 一共 12 处,表喜乐义 8 处、表喜好义 4 处,均作"喜"。

夹—狭

自今已去,若欲改作者先解前界,然后欲广狭作从意。(BD06011卷三五)

"狭"原卷作"夹"。夹,两侧扶持。《说文·大部》:"持也。从大侠二人。"后引申出狭窄义,如《管子·霸言》:"夫上夹而下苴,国小而都大者弒。"《后汉书·东夷传·东沃沮》:"其地东西夹,南北长。"李贤注:"夹音狭。"这一意义后增"阝"而作"陕"。《说文》未收"狭",收有"陕",《阜部》:"隘也。从阜,夹声。"段玉裁注:"俗作'陿''峡''狭'。"《玉篇·阜部》:"陕,不广也。亦作'狭'。"《集韵》:"陕,《说文》'隘也',或作'狭'。"只是后来"狭"字得以保留下来。在表示"狭窄"意义上,"夹—狭"组成古今字。写本《四分律》一共出现 3 处,均作"夹",如 S.4867:"若众集坐处迮 夹(狭)。"BD06011 两处均作"夹"。这三处在《大正藏》本和《中华大藏经》本均作"狭"。

见—现

饮酒有十过失:令色恶、少力、眼不明、喜现瞋、失财、增病、起斗诤、有恶名流布、无智慧、死堕地狱,是为十。(BD15378)

"现"原卷作"见"。见,本义看见。《说文·见部》:"视也。从儿从目。"后引申出显现、出现。《广韵·霰韵》:"见,露也。'现',俗。"《易·乾》:"九二:见龙在田。"陆德明释文:"见,贤遍反。""见"即"现","见龙"即现龙,与"潜龙"相对。高亨注:"是即今之'现'字,出现也,对上文'潜'字而言。"这一意义后用"现"来分担,BD01605 十处、BD05522 一处、BD02960四处等均用"现"。

向—嚮

尔时世尊在舍卫国。有六群比丘尼在白衣家内,嚮孔中看。(BD14940 卷四九)

"齃"原卷作"向"。向,朝北的窗户。《说文·宀部》:"北出牖也。从宀从口。"《诗·豳风·七月》:"十月蟋蟀入我床下,穹窒熏鼠,塞向墐户。"毛传:"向,北出牖也。"齃,趋向、朝向。《集韵·漾韵》:"鄉,面也。或从向。"后借"齃"指窗户,如《荀子·君道》:"便嬖左右者,人主之所以窥远收众之门户牖齃也。""向"字意义过多,故借用"齃"字分担其窗户义。这一借用逐渐流行开来。在表窗户义上,"向—齃"是古今字。《大正藏》本中表窗户义用"齃"。而写本中表窗户义,作"齃"5处(甘博039三处、BD06011一处、S.3971一处),作"向"4处(BD14940三处、BD14038一处)。

写—泻

(诸梵志)捉澡瓶水欲泻去而不能得出。念言:"大沙门所为。"既得去水。(BD02960卷三三)

"泻"原卷作"写"。《说文·宀部》:"写,置物也。从宀,舄声。"段玉裁注:"谓去此注彼也。《曲礼》曰:'器之溉者不写。'……俗作'泻'者,'写'之俗字。"雷浚《说文外编》:"此'写'之本义,为'泻'之本字。"写本均作"写",又如BD14038卷四三:"佛言:'不应泻粥者并具器,应更一人具器。'""泻"原卷作寫。"泻"实为"写"的增旁后起字。写本《四分律》中一共4处,均作"写",《大正藏》本作"泻"。《古今字字典》认为:"(泻)广泛使用约从魏晋开始。"这一时间恐要后移,至少在写本《四分律》中未出现。

解—懈

时世尊知贾人心中所念,即语贾人言:"汝等莫于如来发爪所生毛发许懈慢心,亦莫言世人所贱。"(S.3898卷三一)

"懈"原卷作"解"。解,本义是解剖。《说文·角部》:"解,判也。从刀判牛角。"借指心中的松懈,《战国策·秦策三》:"悉忠而不解。"鲍彪注:"解、懈同。"由于是心中的感受,故增"心"而作"懈"。如S.3971:"精进不懈,念无错乱。"该写卷一二处均作"懈"。"心"又换位到"解"下组成上下结构,如BD14519:"时有比丘增上慢自记,后精勤不懃。"

调查发现,写本多作"懈",一共21处,其中作"懈"17处、作"懃"3处、作"解"1处。

匈—胸

时六群比丘尼不着僧祇支入村,露胸、腋、乳、腰带。(BD05522卷三〇)

"胸"原卷作"匈"。匈,本义是胸腹之胸。《说文·勹部》:"膺也。从勹凶声。"《管子·任法》:"以法制行之,如天地之无私也。是以官无私论,士无私议,民无私说,皆虚其匈以听于上。"《史记·高祖本纪》:"项羽大怒,伏弩射中汉王,汉王伤匃。"。"匃"与身体有关,故增肉旁而为"胸"。《玉篇·肉部》:"胸,膺也。"。段玉裁《说文解字注》:"今字'胸'行而'匃'废矣。"又作上下结构,朱骏声《说文通训定声》:"字亦作'臂'。"在这一意义上,"匃—胸"构成古今字,写本《四分律》中多作"匃",一共 9 处,8 处作"匃",1 处作![字].

匊—嗅

如来嗅此可得十下。(S.2793)

"嗅"原卷作![字],即"匊",写卷中常有习惯性的末笔增撇。写本的"匊"和刻本的"嗅"本字当作"臭"。"臭"本义是用鼻子闻。《说文·犬部》:"禽走,臭而知其迹者,犬也。从犬从自。"段玉裁注:"引伸假借为凡气息芳臭之称。"用鼻子闻则与"鼻"有关,故加"鼻"作"匊",《说文·鼻部》:"以鼻就臭也。从鼻从臭,臭亦声。读若畜牲之畜。"如《汉书·叙传上》:"不絓圣人之罔,不匊骄君之饵。"颜师古注:"匊,古'嗅'字也。"口鼻相通,故"匊"又换作口旁。"嗅"字《说文》未收,徐灏《说文解字注笺》:"今字作'嗅'。"如 BD14505 卷一六:"若以此诸香恐怖人,彼人嗅香若怖以不怖,波逸提。若以如是香恐怖人,前人不嗅者,突吉罗。"此两处写卷均作"嗅"。在用鼻子闻的意义上,"匊—嗅"是一组古今字,均由"臭"演变而来。写本《四分律》一共出现 6 处用鼻子闻的场合,4 处作"匊",2 处作"嗅"。

县—悬

时弥却摩纳还入钵摩大国,见国内人民扫除道路,除去不净,以好土填治、平正,以花布地香汁洒之,悬缯幡盖,敷好氍毹。(S.3898 卷三一)

"悬"原卷作![字],即"縣(县)"。县,悬挂。《说文·県部》:"系也。从系持県。"《诗·魏风·伐檀》:"不狩不猎,胡瞻尔庭有县貆兮?""县"表悬挂。后借指行政区划。《左传·哀公二年》:"克敌者,上大夫受县,下大夫受郡。"杨伯峻注:"春秋以前,县大于郡,战国时,则郡大于县。"为了以示区分悬挂义增"心"底而作"悬"。段玉裁注:"古悬挂字皆如此作。引伸之,则为所系之称。《周礼》:'县系于遂。'《邑部》曰:'周制,天子地方千里,分为百县。'则系于国。秦汉县系于郡。《释名》曰:'县,县也,县系于郡也。'自专以'县'为州县字,乃别制从心之悬挂,别其音'县'去'悬'平,古无二形二音也。"写本《四分律》中,作"悬"占绝对优势。一共 17 处,作"悬"14 处,作"县"2 处,作"玄"1 处。

邪—耶

乃令汝等教授我耶?(BD15378)

"耶"原卷作"邪"。该写卷四处语气词均作"邪"。邪，郡名。《说文·邑部》："琅邪郡。从邑牙声。"这一本义后类化而作"琊"，在表郡名时"邪—琊"是一组古今字。"邪"后又有不正、语气词等意义。

"耶"字《说文》未收，该形体由"邪"讹变而来，详见《秦汉魏晋篆隶字形表》①。在表语气词义上，"邪"和"耶"开始无别，如 BD14038"犹如捕鱼人声**邪**"《大正藏》本作"耶"。只是后来各自发展，"邪"主要表不正义，语气词用法主要由"耶"字来分担。这一意义上，"邪—耶"是一组古今字。写本中还是以"耶"为主，BD07604 两处、BD06024 两处和 BD01605 十六处均作"耶"。

要—腰

听作腰带广三指绕腰三周。（S.3971）

两处"腰"原卷均作"要"。要，即"腰"的古字，《说文·臼部》："身中也。象人要自臼之形。从臼，交省声。㔝，古文要。"《墨子·兼爱中》："昔者，楚灵王好士细要。"随着语言的发展，"要"引伸出诸多义项，为突显与身体有关故增月（肉）旁而为"腰"。《玉篇》："腰，骻也。"写本《四分律》中一共 16 处，作"腰"10 处（BD05522 三处，甘博 039 六处，BD14519 一处），作"要"3 处（S.3971 两处、甘博 039 一处），作"膋"1 处（S.3971），作"胃"2 处（BD02960 一处，S.4867 一处）。

遥—遥

提婆达乘此恚意，自往耆阇崛山，手执大石，遥掷世尊。（BD14668卷四）

"遥"原卷作**遙**，即"遥"。遥，逍遥，遥远。《说文·辵部》："逍遥也。又远也。从辵䍃声。""遥"为"遥"的古字，《集韵·宵韵》："遥，远也。或作'遥'。"《篇海类编·辵部》："遥，古'遥'字。"又如 BD05522 **遙**。从"䍃"之字多仿此，如"摇"作"搯"，《正字通·手部》："'搯'同'摇'。""谣"作"䚻"，《说文·言部》："䚻，徒歌。从言、肉。"段玉裁注为："䚻谣，古今字也，'谣'行而'䚻'废也。"

"遥"的构件"缶"在写本中又作"壬"，如 S.3971 卷五三："壬明日清旦便往宾头卢所，遥见王来，便作是念：'此王今怀恶心来，若我不起当夺我命，我今若起彼失王位。'""遥"原卷作**遙**，其中"缶"作"壬"，且右上方作"爫"。右上方又省作"丷"，如 S.3898 卷三一："时苏罗婆提女遥见弥却摩纳来，语言：'年少！何故行步速疾，汝有所须耶？'""遥"原卷作**遙**。

---

① 徐无闻主编《秦汉魏晋篆隶字形表》（上），北京：中华书局，2019 年，第 436 页。

阴—荫

以是故，绕佛身、头荫其上耳。(S.3898)

"蔭"原卷作**阥**，即"阴"。又如写卷 S.6636："从荫中移病比丘至日中。""荫"原卷作"陰"，同"阴"。阴，阴暗，太阳晒不到的地方。《周礼·考工记·轮人》："凡斩毂之道，必矩其阴阳。"贾公彦疏："背日为阴。"太阳晒不到是因为有遮蔽，故引申出遮蔽义。《诗·大雅·桑柔》："既之阴女，反予来赫。"郑玄笺："我恐女见弋获，既往覆阴女。"陆德明释文："阴，郑音荫，覆荫也。"在树荫意义上，"阴"增"艹"分化出"荫"字。荫，树荫。《说文·艸部》："艸阴地。从艸阴声。"段玉裁注："引伸为凡覆庇之义也。"《楚辞·山鬼》："山中人兮芳杜若，饮石泉兮荫松柏。"荫，遮蔽、覆盖；荫松柏，就是头上被松柏覆盖着。

在遮蔽、覆盖意义上，"阴—荫"构成古今字。写本《四分律》一共 15 处，其中 8 处作"荫"(S.3898 和 BD14038 各两处，BD03667、S.969、BD14668 和 Φ.325 各一处)，7 处作"阴"(S.6636 四处、BD01832 两处、S.3898 一处)。

淫—婬

其有行婬欲非障道法。(BD01605)

"婬"原卷从水作**淫**，该写卷共 16 处，均从氵作"淫"。

淫，慢慢浸渍。《说文·水部》："侵淫随理也。从水㸒声。一曰久雨为淫。"段玉裁注："浸淫者，以渐而入也。""《月令》曰：'淫雨蚤降。'《左传》曰：'天作淫雨。'郑曰：'淫，霖也，雨三日以上为霖。'"久雨义后增"雨"而作"霪"，在这意义上，"淫—霪"构成古今字。

由久雨义引申出过度义。《书·大禹谟》："罔游于逸，罔淫于乐。"孔传："淫，过也。"《国语·周语下》："言爽，日反其信；听淫，日离其名。"韦昭注："淫，滥也。"男女之间的过度，自然引申出淫荡的意义。如《易·系辞上》："慢藏诲盗，冶容诲淫。""淫"即淫荡，过分地打扮妆饰，容易诱人起淫心。这一意义后换旁作"婬"。《说文·女部》："私逸也。从女㸒声。"段玉裁注："厶作私，非也，今正。厶音私，奸衺也。逸者，失也。失者，纵逸也。婬之字今多以淫代之。'淫'行而'婬'废矣。"BD01832 三处和 BD05822 五处均从女作"婬"。"淫—婬"二字在淫荡意义上构成古今字。只是"婬"字并未流行开来，《第一批异体字整理表》将其废除。

帀—迊—匝

村者有四种：一者周匝垣墙，二者栅篱，三者篱墙不周，四者四周屋。(津艺 182 卷一)

"匝"原卷作"帀"。又如 S.6366 **帀**(绕三匝而去)、S.4036 **帀**(若裹时一匝缠一波逸提)、P.3340 𢂷(尔时王即从座起礼菩萨足绕三匝而去)、BD14668 𢂷(绕三匝而去)。

币,较早见于甲骨文和金文等,《古文字谱系疏证》将其归于脂部,并指出"甲骨文,辞残,义不详",而在金文中"读师,指军队"。[1]"币"字至晚到西汉而指周匝,《史记》中《项羽本纪》和《高祖本纪》均有"三币",即三周的意思。《说文·币部》:"周也。从反之而币也。"段玉裁认为,"周"当作匊,"各本作'周',误,今正。《勹部》:'匊,币徧也。'是为转注。"

币,以倒"之"来会意,表往复环绕之意。为突显这一意义,增"辵(辶)"而为"迊",如 BD01605:"绕三匝而去。""匝"原卷作迊。写卷常见,又如BD14149 迊(若裹时一匝缠一波逸提)。"辶"在书写时又可以省点,如S.3898 迊(周匝净妙浴池园果)和迊(右绕三匝而去)。"辶"省点后,类似竖折形,与上面一横相连而作"匝"。

写本《四分律》一共 12 处,作"币"6 处(BD14668 两处,S.6366、S.4036、P.3340 的、津艺 182 各一处),作"迊"2 处(BD01605 和 BD14149 各一处),作"迊"省点 3 处(S.3898 两处、BD14668 一处),作"币"1 处(BD14668)。

责—债

> 父母若夫主为听汝不? 不负人债不?(甘博 039 卷四八)

"债"原卷作"责"。责,求取。《说文·贝部》:"求也。从贝束声。"段玉裁注:"引伸为诛责,责任。《周礼·小宰》:'听称责以傅别。'称责,即今之举债。古无'债'字。俗作'债',则声形皆异矣。"责引申义过多,故增旁而为"债"。刻本均作"债",写中作"债"占优势。

全面调查写本《四分律》,一共 26 处,作"债"19 处(BD05522 十处、BD05822 两处、BD02239 两处、S.3971 两处、BD06011 一处、BD07434 一处、P.2521 一处),作"责"7 处(BD05522 四处、甘博 039 两处、BD06011 一处)。

剬—制

> 无犯者,最初未制戒,痴狂心乱痛恼所缠。(四十九)(BD05522 卷二九)

"制"原卷作"剬"。剬,截断使之齐。《说文·刀部》:"断齐也。从刀耑声。"段玉裁注:"齐字衍。"由截断引申出制定义。《史记·五帝本纪》"依鬼神以剬义。"张守节正义:"剬,古'制'字。"又在其《史记正义论字例》中专门分析了这两个字:"'制'字作'剬',此之般流,缘古少字通共用之。"钱大昕《三史拾遗》持不同看法,认为制的篆体"隶变为'制'",然后"或讹为

---

① 黄德宽主编《古文字谱系疏证》四,北京:商务印书馆,2007 年,第 3141 页。

'剬'",即从篆体到"制"是隶变,从"制"到"剬"是讹误。

制,本义是剪裁、制衣。《说文·刀部》:"裁也。从刀从未。未,物成有滋味,可裁断。一曰止也。"《诗·豳风·东山》:"制彼裳衣,勿士行枚。"由剪裁引申出制定义,《易·节》:"《象》曰:泽上有水,节,君子以制数度、议德行。"

在制定意义上,"剬—制"为古今字。"制戒"之"制"刻本均作"制",写本中两字共存,作"剬"者 BD01605 二十八处、BD05822 三十处、BD05522 二十七处;作"制"者 BD01832 二十处、BD02239 三十处。

禠—诅

　　若比丘尼,有小因缘事,便咒诅:"堕三恶道,不生佛法中。若我有如是事,堕三恶道,不生佛法中;若汝有如是事,亦堕三恶道,不生佛法中",波逸提。(BD03840)

"诅"原卷作禠,即"禠"。"虍"的俗写中,构件"七"常作"土",上部构件简作横。诅,《说文·言部》:"詶也。从言且声。"又训詶为"祷也"。咒诅,即诅咒、咒骂。禠,为"诅"的古字,《汉书·五行志上》:"明年,屈釐复坐祝禠要斩。"颜师古注:"禠,古'诅'字。"又如 BD02816"诅"也作禠。

坐—座

　　比丘后时着衣持钵往檀越家敷座而坐。(BD14519)

"座"原卷作坐,即"坐"。坕,《说文·土部》:"止也。从土,从畱省。"坐,坕的古文,段玉裁注:"今古文行而小篆废矣。止必非一人,故从二人。《左传》:'鍼庄子为坐。'凡坐狱讼,必两造也。"林义光《文源》:"象二人对坐土上形。""坐"本是动词,后来又引申为名词,表示所坐的地方,即"座位",又引申出多种意义。为了分担其表名词座位义,加形符"广"而为"座"。

尊—樽

　　毕陵伽婆蹉得铜杓、得樽。佛言:"听畜,众僧亦尔听畜。"(BD14038)

"樽"原卷作尊,即"尊"。尊,又从"廾"。《说文·酋部》:"尊,酒器也。从酋,廾以奉之。《周礼》六尊:牺尊、象尊、箸尊、壶尊、大尊、山尊,以待祭祀宾客之礼。尊,尊或从寸。"作为酒器的尊,多用木竹制成,故增"木"而作"樽"。

三、敦煌写本《四分律》古今字特征

(一) 字形关联度高

古字与今字之间字形关联度高。通过全面调查,我们分析了 53 组古今字。其中,51 组形体上有关联:34 组通过添加构件而演变成今字,17 组变换构件或笔划而成今字。仅 2 组字形上无关联,即"身—娠""食—蚀"。

(二)一些特殊字形和构件体现存古、复古倾向

文字使用有较强的时代性,但也不可避免地使用古体字,或者使用古字的笔划元素。文字使用的古今杂糅现象较为普遍,正如启功先生所说:"每一个时代中,字体至少有三大部分:即当时通行的正体字;以前各时代的各种古体字;新兴的新字体或说俗体字。……前一时代的新体,到后一时代常成为正体或说通行体。"①写本《四分律》中个别字形采用古体的写法,集中体现了抄写者存古的倾向。

夏—友

此六群比丘衣是我亲友寄我,游行人间,恐虫坏,故晒耳。
(BD14668 卷六)

"友"原卷作"夏",源于"友"小篆作 ,以两只手来会意。友,志趣相同的人。《说文·又部》:"同志为友。从二又,相交友也。"段注:"《周礼注》曰:'同师曰朋,同志曰友。'""二又,二人也。善兄弟曰友,亦取二人而如左右手也。"该件写卷 10 处均作这一字形,其中有一处先作"友",校对后改为"夏",即: 。

散—散

自散种子。(BD14038)

"散"原卷作 ,这一字形源于"散"的篆体,小篆作 ,隶变后作"散"。《说文·肉部》:"散,杂肉也。从肉㪔声。"段注认为是会意,"㪔,分离也。引申凡㪔皆作'散'。'散'行而'㪔'废矣。"由杂肉引申出分散义。《集韵·换韵》:"散,分也。隶作'散'。"《龙龛手镜·支部》:"㪔,音散。"《篇海类编·支部》:"㪔,同'散'。"左上角构件常连笔,如上图 054 (譬如种种花散置案上)。右边构件常发生变异,或作"攵"、或作"支"、或在"攵"或"又"的上面加"口"。写本《四分律》一共 38 处,作"散"15 处,作 7 处,作 15 处,作 1 处。

另外,构件也能体现存古倾向。BD05522:"或得病或无伴去或水 (陆)道断。"又如 BD14149:"若水 (陆)道断若有恶兽难。"陆,写卷的字形当是受其籀文影响,其构件"八"写作类似"北"。《说文·阜部》:"陆,高平地。从阜从坴,坴亦声。隦,籀文陆。"

---

① 启功《古代字体论稿》,北京:文物出版社,1964 年,第 37—38 页。

BD06011"肯"作"肯",第三笔作"㇏"。《说文》收有"肎",即"肯"的古字。肎,附在骨头上的肉。《说文·肉部》:"骨间肉,肎肎箸也。从肉,从冎省。"写本《四分律》一共出现 10 处表愿意的"肯",分布在 5 件写卷(BD06024 一处、BD06011 三处、S.6366 两处、甘博 039 一处、敦研 032 三处),均作此形,具有周遍性。

BD07434 负。负,会意字,《说文》收在《贝部》,字形析作"从人守贝"。写本中上部构件"人"与"刀"形似,或源于其篆体。

(三)古今字来源多样

词义的引申和文字的借用促进了古今字的产生。古代汉语词汇是以单音节为主,这种单音节机制不利于词汇意义的丰富。为了更好地传情达意,引申这一方法就被广泛使用,正如唐兰先生所说,"分化""引申""假借"是文字史上的三条大路①。词义引申使得语言表意更丰富,同时在文字层面又不必创造出新的文字去记录。不利影响也很明显,一些字引申的直接后果就是义项过多,影响到语言表达的明确性,于是就通过添加构件或改变构件来明确其意义。这样就产生了区别字,原有的字与后起的区别字构成古今字的关系。

写本《四分律》具体用字也能反映引申对古今字的作用,如"身"本义是躯体,引申指怀孕。为分担这一引申义,另造一个"娠"字。《说文·女部》:"娠,女妊身动也。"段玉裁注:"凡从辰之字皆有动意,'震''振'是也。妊而身动曰娠,别词也。浑言之则妊娠不别。《诗》:'大任有身,生此文王。'传曰:'身,重也。'盖妊而后重,重而后动,动而后生。"

如 BD14519:"时有女人执比丘足礼,动身失不净,疑。""执"原卷作"摰"。执,拘捕罪人。《说文·丮部》:"捕罪人也。从丮从㚔,㚔亦声。"由拘捕罪人引申指拿、持义,如《诗·邶风·简兮》:"左手执钥,右手秉翟。"执,握持的意思。为分担这一引申义,故增"手"而作"摰"。《说文·手部》:"摰,握持也。"桂馥义证:"'握持也'者,《释诂》:'拱,执也。'执即摰。"

文字假借促进了汉字的演变,促进了古今字的产生。假借是借用音同或音近的字来记录另一个词。一般情况下,借过之后换个语境被借字与借字仍各自独立,例如,在特定的语境下借"蚤"表"早",换个语境两字毫无关联各自独立。但一旦一借不还,那么被借字与借字之间在某一意义上就是古今字关系,例如表担这一动作的"何"借用表荷花的"荷"之后,这一意义一般就由"荷"来分担,于是"何荷"在表担这一意义上构成一组古今字。写

---

① 唐兰《中国文字学》,上海:上海古籍出版社,2005 年,第 76 页。

本《四分律》中也一样,如前文提到的"夹狭"。在狭窄意义上"夹"借用"狭",一借不还,在这一意义上"夹—狭"就构成古今字。除借字一借不还而成为今字以外,还有一种是古字被借作他用,为记录古字的意义而增添或变换构件。如 BD14038"孰酥"之"孰",本义就是煮熟,《左传·宣公二年》:"宰夫胹熊蹯不孰。"借作疑问代词并被大量使用之后,其煮熟义反而不显,故中增"灬"而作"熟"。"县"和"悬"也是如此。

异体字的不同发展方向也会造就古今字。异体字和古今字原本没有关联,前者是共时层面的文字异形现象,后者是从历时角度得出的文字现象;前者音义完全相同,后者仅某一义项上相同、字音也未必相同。异体字的出现不符合语言经济化原则,要么发展演变后各司其职各有侧重,要么淘汰一个保留一个。淘汰的形体和保留下来的形体,最初是异体字,但纵向看是古今字。如前文讨论的"煖—煗"二字。两字均见于《说文》,释义一致,造字方法一样,只是声符不同。最初为异体字。《集韵·缓韵》:"煖,或作煗、暖。"后"煖"逐渐退出,而"煗、暖"被保留下来。段玉裁"煖"字下注:"今通用'煗'。"《第一批异体字整理表》保留了"暖"而废弃了其他几种字形。

第五章　敦煌写本《四分律》
用字构件研究

敦煌文献用字纷繁复杂,前文我们从宏观上分类描述了敦煌写本《四分律》当中用字的现存情况,现在我们从微观着眼,从文字内部的组成来寻求规律,这就要求我们对其中的字形加以拆分,研究其中的构件。汉字当中的构件又叫部件,是汉字的组成部分。汉字形体的组装是有序的,由笔划组成构件,由构件组成整字,即笔划、构件、整字三个层级。在这些层级当中,构件起着关键的作用,处于核心地位。故而我们有必要对敦煌写本《四分律》当中用字构件进行专项研究,并选择典型构件探讨其变异与混同。

第一节　构　件　概　述

汉字研究离不开字形,王宁先生曾精辟地指出:"汉字本体的研究必须以形为中心,而且必须在个体考证的基础上探讨其总体规律。"①要讨论汉字的形体就离不开汉字的构件,要探讨总体规律更离不开汉字的构件,写本用字更是如此,因为不少字形不能按照传统的六书来分析,这时就需要对其中的构件进行系统考察,从而寻找其演变的规律,如 S.4036 将"笃"写作篤,《说文·马部》:"笃,马行顿迟。从马竹声。"写本用字从"艹",既不表声又不表义,原来写本中构件"竹"常作"艹"。构件"艹"在写本中又能作"卅",如 BD05553 薦等。

构件,顾名思义,即构成汉字的部件,是由笔划组成的、表示一定音义信息的构形单位。构件的最大特征就是能够拆分,而且还能逐级拆分,如"煌"字,首先分成"火"与"皇"两个构件,而"皇"又能分成"白"与"王"两个构件。我们把"火"与"皇"叫做一级构件,将"白"与"王"称为二级构件。这

① 王宁《汉字构形学讲座》,上海:上海教育出版社,2002 年,第 15 页。

种逐级拆分的特点是传统文字学中的"偏旁""部首"所没有的。"偏旁"是合体字的结构单位,是汉字的直接组成部分,或表音、或表义,不能逐级拆分,拆分以后就不能表音或表义。"部首"是"偏旁"的一部分,是用来检索汉字的特殊偏旁,也是不能逐级拆分,拆分以后就不是部首或是另一个部首,如"解",一般都列入"角"部,"角"作为构件还能进一步拆分,而作为部首就不能再拆分。当然构件的拆分也不是越细越好,构件是由笔划组成,一般不用拆分到笔划,正如臧克和先生所指出的:"汉字结构如果拆分到笔划的层次,就像有的西方学者将汉字的笔划对应于英语里的字母,其实已经不能反映汉字的结构属性。"①

另外,构件的拆分还应遵循理据性原则,如"裹"我们应当首先将其分为"衣""果"两个一级构件,而不能仅从形式上分为"亠"、"果"、"衣"三个构件。形符"衣"被分开后表义功能不明显,所以在写本中发生变异,其中"衣"直接写作"衣",如 BD14505 卷一六:"时六群比丘中有一人以看军阵故为箭所射。时同伴比丘即以衣裹之,异还。""裹"原卷作 **裏**,下部"衣"作"衣"。这一写法表义更明确,但导致中间部分过长,从而影响了整个字形的外观,故写本中又将其中的构件"果"简省成"田",如 BD14149 卷二九:"彼比丘尼若身生痈及种种疮,不白众,使男子破一下刀一波逸提;若裹时,一匝缠一波逸提。""裹"原卷作 **裏**。

构件,王宁先生分为四类:表形构件、表义构件、示音构件、标示构件,另外补充了一类:记号构件,其实是分为五类。表形构件主要是就古文字阶段的象形字而言的,隶书以下的近代文字阶段已经很难再分析出表形构件,写本《四分律》中所使用的文字也是如此。故而我们将敦煌写本《四分律》中用字的构件分成四类:表义构件、示音构件、标示构件及记号构件。

表义构件指的是一些构件单独使用时本身就能表示意义,如"手(扌)"表示的是用手施行的某一动作,如甘博 039 **挛** 是牵的俗字,因牵与手有关,故改变了原来的表义构件"牛",变"牛"为"手","手"就是表义构件。当然,这些构件的表义功能也只是一个大致的范围,往往表示的是一个类别,如甘博 039"舞"作 **僻** 等,因与人有关,故增加了表义构件"亻",表示这类字意义大多与人有关。同时,有些构件单独不能提示字义,只有几个构件结合在一起才能提示意义,这些构件我们也将它们看成是表义构件,如 BD05822 将"觅"写作 **覔**,以构件"不"和"见"来会意。

示音构件,即能够提示整字读音的构件,指这些构件单独成字时的读音

---

① 臧克和《字符与字类》,《天津师范大学学报》,2003 年第 3 期。

能够提示整字的读音,主要是形声字当中的声符。而在俗字当中,还包括增旁俗字的本字,如甘博 039 𦙶,构件"背"就是示音构件。增旁俗字大多增表义构件,这样原来的本字就沦为构件,而且一般是起提示语音作用,如甘博 039 卷四八:"若年十岁曾出 𥪰者,听二年学戒,满十二与受戒。"𥪰为"適"的增旁俗字,原来的本字"適"就变为示音构件。"出適"即出嫁的意思,此处是指曾经出嫁过的女子要先学戒两年到了十二岁就能受戒。《大正藏》本此处作"出嫡"不辞,当是误认为 𥪰 的本字是"嫡"字。

　　标示构件,既不表义又不表音,只是起着区别和指事作用的构件,如"少"与"小"两字是以下面一撇来区分,这样"少"中的下面一撇就是一个标示构件。俗写中混用部分确实有标示构件混同的现象,但也有不少新增的标示构件,最典型的例子就是"土"加点作"圡",从而与士相区分,这个点就是标示构件。标示构件还包括起指示作用的构件,如"刃"中的点、"本"中的短横等。

　　记号构件,指那些既与音义无关又不起区别作用的构件,这些构件只有形式上的作用,如甘博 039 㖞的两点,只起装饰作用,我们认为是记号构件。又如甘博 039 男,"力"的左边加装饰性的一撇,这一撇就是记号构件。除了装饰性的构件,记号构件还包括一些原来有所指改写后却变得无法解释的构件,如写卷甘博 039 把"逆"写作 逆,《说文·辵部》:"逆,迎也。从辵,屰声。"俗写变"屰"作"羊"形,既不表义又不示音,只是个记号。

　　构件与构件的组合方式,王宁先生认为:"现代汉字构件接合的方式有以下几种差别: A. 离与接。B. 夹与交。C. 连与重。"手写过程中构件及其组合方式有其特别之处。首先,本是一个完整的构件,在书写时却被断开变成两个相离的构件,如构件"弓"在俗写当中常被断开,如上图 054 卷一:"如是舍利弗,彼诸佛及声闻众在世,佛法流布。""弗""佛"的构件"弓"等在原卷中均被断开。又如 BD14149 卷二九:"阿姨但食,我实有信心。""姨"的构件"弓"也被断开。

　　其次,本相离的构件在手写过程中发生变异。或变成相接,如构件"殳"在手写时发生了变异,首先是"又"作"く","又"原本是与"卩"相离的,作"く"后就与左边的一竖相接。然后是"卩"发生变化,由不封口变成了封口。如 BD14149 卷二九:"安隐比丘尼语提舍比丘尼言:'可共往至檀越家。'报言:'欲往可尔,二人俱往。'""报"原卷作 報。又如 BD14149 卷二九:"安隐比丘尼衣服齐整,不失威仪。檀越见已,生欢喜心,以此欢喜心便与供养。""服"原卷作 服。或变成相交,如 BD14505 卷一六:"时彼礼娑伽陀足,遗已而去。""遗"原卷作 **遠**。"垚"下面两个"土"本是相离的,却变成了相交的"廿"。又如甘博 039 **異**,构件"田"与"共"本相离,手写时却相交。

再次,本相接的构件在手写时发生变异。或变成相离的,如 BD14038 卷四三:"患疮臭,应洗,若以根汤、茎、叶、华、果汤及小便。""茎"原卷作 **莖**,构件"巛"本与横相接,在手写中却变成三点,且与横相离。或变成相交的,如 BD14505 **喜**,构件"丷"本与横相接,手写中却变成相交。

最后,本相交的构件在手写中发生变异。或变成相离的,如 BD14505 卷一六:"不犯者,若道路行渡水,或从此岸至彼岸,或水中牵材木。""牵"原卷作 **牽**,上部构件变成"云"后与其他构件相离。又如 BD05822 **直**,构件"十"变成"亠",且与下面的构件相离。

第二节　敦煌写本《四分律》用字常用构件的演变

汉字的层级体系一般分为笔划、构件及整字三个层次,而在这一层级体系中构件处于中间层次,是汉字结构属性的主要体现者。写本用字主要也是以其构件的不同来区别于刻本用字,具有自己独特的构件系统和组合规律。故而对其构件的探讨有利于字形的识别及解释,有利于汉字结构属性和书写规律的整体把握。下文我们就针对敦煌写本《四分律》中的用字,选择几个常用的构件为例来具体探讨其在手写系统中的混同与变异。

所谓混同指原本不同的构件在手写系统中变为相同,如"广"作"疒",BD14149 卷二八:"衣食摄者,与衣、食、床、卧具、医药,随力能办,供给所须。""床"原卷作 **牀**。又如"厂"作"疒",P.2521 卷五九:"若比丘知有法,令少欲不多欲,令知足不无厌,令易护不难护,令易养不难养,令有智慧不愚痴。""厌"原卷作 **猒**。甘博 039"厌"作 **猒**。

所谓变异即原本某个构件在手写系统中变成几个不同的构件,如"魚"的构件"灬",或变作三点,如 BD14149 卷二九:"诸居士各各持饭干、饭麨、鱼及肉来就僧伽蓝中,与诸比丘尼。""鱼"原卷作 **魚**。或变作"小",如 BD14149 卷二九:"诸居士各各持饭麨、干饭、鱼、肉种种羹饭来诣僧伽蓝中与诸比丘尼,我等先已食,以是故少受耳。""鱼"原卷作 **象**。或作"大",如 S.6862 卷二四:"时诸比丘尼闻,其中有少欲知足行头陀乐学戒知惭愧者,呵责偷罗难陀比丘尼言:'云何索 **鯦** 求油,索油求 **鯦**?'"其构件"鱼"从"大"。

一、构件"口"的混同与变异

（一）混同

1．"𠙹"的混同

留

时迦留陀夷骂打比丘尼，若唾，若华掷、水洒，若说粗语、诡语劝喻。（甘博 039 卷四九）

"留"原卷作 。《说文·田部》："畱止也。从田，𠙹声。"作为声符的构件"𠙹"书写不方便，故常写作"叩"，又如 BD05822 、津艺 182 及 BD14668 等。有时只有右边作"口"，如 BD14038 卷四二："佛言：'听饮八种浆。若不醉人，应非时饮；若醉人不应饮，若饮如法治；亦不应以今日受浆，留至明日。'""留"原卷作 ，这一写法上部构件左边省点，右边作"口"。其左上角构件还能作"夕"形，如 BD01832 卷二七："时有比丘尼度他乳儿妇女，留儿在家，后家中送儿还之。""留"原卷作 。

瑠

地处者，地中伏藏未发出七宝：金、银、真珠、琉璃、贝玉、砗渠、玛瑙，生像金，宝衣被。（津艺 182 卷一）

"琉"原卷作 ，即"瑠"。《集韵·尤韵》："瑠，瑠璃，珠也。或作'琉'。"这一写法当是受"留"俗写的影响。又如 BD05330 等。"琉"在写本中又作"流"，如 BD01605 卷一八："金银、车璩、马瑙、真珠、虎魄、水精、琉璃、象马、奴婢库藏溢满，威相具足。""琉"原卷作 。写本《四分律》中一共出现 10 处"琉璃"，其中有 7 处作"璃"，1 处作"離"，1 处作"璃"，1 处误作"玩璃"。

坐

时有居士名私呵毗罗，调象师，乘五百乘车载石蜜从道而过，于道中见佛足迹，千辐轮相，光明了了，即寻迹而去，遥见世尊在树下坐。（BD14038 卷四二）

"坐"原卷作 。坐是"坒"的古文，《说文·土部》"坒，止也。从留省，从土。坐，古文坒。"受"留"影响，其上部构件常作"口"，唯一不同的是上部构件当中左边"口"的较为常见，如 BD01832 、S.2975 等。《干禄字书》收有三种字形："坐坐 ，上俗、中下正。"其作为正体之一的 ，写本也有该字形，如甘博 039 卷四八："尽形寿不得高广大床上坐是沙弥尼戒，若能持者答言能；尽形寿不得非时食是沙弥尼戒，若能持者答言能。""坐"原卷作 。

座

婆蹉即以神足合小儿持来,着阁上房中,至檀越所,敷①座而坐。（S.6636 卷五六）

"座"原卷作**座**。写本中表"座位"之"座"常以"坐"表示,作"座"的却不多见,写本《四分律》中还有一处用例,即 S.3971 卷五三:"时大迦旃延清旦着衣持钵,通已八人,往王忧陀延宫,敷座而坐。""座"原卷作**座**。

2．"恐"构件"凡"作"口"

若有人未离欲,入彼林中身毛皆竖,故名恐畏林。（上图 054 卷一）

"恐"原卷作**恐**,构件"凡"作"口"。又如 BD05553 **恐**、BD07434 **恐**、P.2521 **恐**、P.3340 **恐**、S.3898 **恐**及 BD14505 **恐**等。

3．"冖"作"口"

"疋"中的"冖"常作"口",如 BD06011 卷三五:"众人大集,来往周旋,共为知友,给与饮食,极相爱念,经日供养。""旋"原卷作**旋**,"疋"中的"冖"作"口"。

4．"マ"作"口"

诸比丘尼疑,不敢入无比丘僧伽蓝中。（BD14149 卷二九）

"疑"原卷作**疑**,构件"マ"作"口"。又如 BD07278 **疑**、BD06011 **疑**等。从疑之字也多作这种写法,如 BD01605 卷一八:"无犯者,最初未制戒,癫狂心乱,痛恼所缠。（弟八十一波逸提竟）""癫"原卷作**癫**,又如津艺 182 **癫**等。

5．"殳"构件"几"作"口"

P.3340 卷三一:"八名般阇罗,九名弥悉梨,十名懿师摩。"

"般"原卷作**般**。"殳"构件"几"作"口"很常见,又如 BD14038"榖"作**榖**、S.4036"毁"作**毁**、津艺 182"毁"作**毁**、甘博 039"毁"作**毁**、BD14505"擊"作**擊**、甘博 039"墼"作**墼**、上图 054"没"作**没**、P.3340"槃"作**槃**、S.4036"声"作**声**、P.3340"设"作**设**、S.3898"设"作**设**、BD14038"设"作**设**及 BD14038"瑿（醫）"作**瑿**、**醫**等。

"几"作"口"的同时,构件"又"还可以写作"攵",如 BD14505 卷一六:"或此没彼出,或以手画水,或以水相浇灒。"原卷"没"作**没**。又如 BD02009 **没**及 BD14505 **殴**等。

从"攵"之字也能换成从"殳",然后其中"几"也作"口",或者直接在"攵"上加"口",如 BD14505 卷一六:"诸比丘见已皆惊怖言:'毒蛇！毒

---

① 敷,《大正藏》本作"数",形误。

蛇!'即取所烧薪散掷东西,迸火,乃烧佛讲堂。""散"原卷作敝。又如甘博039卷四九:"世尊以无数方便呵责已,告诸比丘:'听唤来谪罚。'""数"原卷作數。"数"的这一写法很常见,又如S.3898數等。

6. "面"的内部作"口"

> 莲华色不忆有神足,后乃知,即以神足力飞往佛所,头面礼足已,却住一面。(BD14940 卷四九)

"面"原卷作面。面,小篆作圖,《说文·面部》:"面,颜前也。从百,象人面形。"从百从口会意,"百"是古'首'字,"口"段玉裁认为"左象面"。李孝定《甲骨文字集释》持不同意见,认为当从目,以五官之中的目来代表整个面部,并指出:"篆文从百,则从口无义可说,乃从目之讹。"隶变后,字形的表义特征不明确,其下部与"回"的俗写作"囬"同形,受其影响内部常讹作"口",又如 BD14668百及 S.3971面等。

(二)变异

1. "口"作"人"

> 当知有诸尼捷子往离奢住处,举手大哭,称怨言:"私呵将军自杀牛,为沙门瞿昙及比丘僧设饭食。"(BD14038 卷四二)

"哭"原卷作哭。《干禄字书》:"哭哭,上俗下正。"两个构件"口"均能作"人",如 S.4036 卷二九:"诸比丘尼数来诣寺住立、言语、戏笑或呗或悲或(《大正藏》本无"或"字)哭者,或自庄严身者,遂乱诸坐禅比丘。""哭"原卷作哭。又如 BD14038 卷四二:"尔时尼捷子等往诣离奢住处,举手大哭,""哭"原卷作哭。

2. "口"作"厶"

> 尽形寿不得高广大床上坐,是沙弥尼戒,汝能持不?能者答言能。尽形寿不非时食,是沙弥尼戒,汝能持不?能者答言能。(BD05822 卷二七)

"坐"原卷作坐。这一写法当是坐中的两个构件"口"作"厶"的结果。又如甘博039貪、捐等,详见前文混用部分。

3. "哉"中构件"口"的变异

> 尔时阿难即至世尊所,头面礼足,却住一面,白佛言:"善哉!世尊!愿听女人在佛法中出家受大戒。"(甘博 039 卷四八)

"哉"原卷作哉。哉,收在《说文·口部》,表示语气的停顿,本从口。但写本中其构件"口"均发生变异,一共 28 处无一处作"口"。

作竖折撇最多,共 20 处,如 BD14038哉、S.4104哉等 20 处,其中S.3898 中有一处不清晰,能看出撇形。

作类似"夕"形共 7 处,如傅 099 、S.3898 等；

作撇形 1 处,敦研 032 。

二、构件"扌"的混同与变异

(一) 混同

1."方"作"扌"

行草书中"方"常写成"才"形,容易与"扌"相混。《干禄字书》:"旅,上俗下正。"写本《四分律》中也有不少"方"与"扌"相混的俗字,如：

"旋"中的"方"作"扌",如 BD02960 卷三三:"亦如飞鸟周旋往来,入地如水出没自在,履水如地而不没溺,身放烟火如大火聚。""旋"原卷作。"旋"从"扌"写本常见,又如 BD14505 卷一六:"作者,下至扫屋前地；风雨时者,下至一旋风、一淛雨着身。""旋"原卷作。又从"木",如 BD06011 卷三五:"众人来往周旋,共为知友,给与饮食,极相爱念,是故众人往诣梵志聚集处。""旋"原卷作,构件"方"作"木"。

"遊"中的"方"作"扌",如 BD14038 卷四二:"尔时世尊从王舍城人间遊行(此一条事如上展转食戒无异,故不出也)。""遊"原卷作。"遊"的构件"方"作"扌"写本常见,又如 BD02960 及 BD14505 等。构件"方"又作"才"形,如 S.3898 卷三一:"时菩萨除欲爱,恶不善法,有觉有观,喜乐一心,遊戏初禅,是谓菩萨最初得胜善法。""遊"原卷作。

"菸"中的"方"作"扌",如 BD14038 卷四三:"复有五种净：若皮剥,若剧皮,若腐,若破,若瘀燥。""瘀"原卷作,即"菸",构件"方"作"扌"。作"菸"是。《说文·艸部》:"菸,郁也。从艸於声。一曰痿也。"菸燥之"菸"即取其痿义,此处是让果实变得不新鲜,使之不能作为种子,然后才能食用。慧琳《一切经音义》"菸瘦"条:"《韵集》:一余反。今关西言菸,山东言蔫,蔫音于言反,江南亦言痿。痿又作萎,于为反。菸邑,无色也。"(《大正藏》54/636c)

"於"中的"方"作"扌",如 S.3898 卷三二:"众生异见,异忍,异欲,异命,依异见,乐欟窟。众生以是乐欟窟故缘起法甚深难解。复有甚深难解处,灭诸欲爱,尽涅槃。"此处四个"於"原卷均从"扌"。"於"写本从"扌"很常见,如 BD05330 ,甘博 039 及 S.6636 等。

"族"中的"方"作"扌",如上图 054 卷一:"诸比丘因我故大得利养,得修梵行,亦使我宗族快行布施,作诸福德。""族"原卷作,构件"方"作"扌",且右上方作"厶",从而与"挨"同形。

2．"木"作"扌"

《说文·木部》："木，冒也。冒地而生。东方之行，从屮，下象其根。凡木之属皆从木。"又《手部》："手，拳也。象形。凡手之属皆从手。"两者原本形义均无关联，但"手"在左右结构的汉字中作"扌"，与"木"形体相近。宋人王观国就注意到这点，《学林》卷五"格"条："史书言格杀、格斗者，当用从手之挌，而亦或用从木之格。如《汉书》《子虚赋》用从木之格。盖古人于从木从手之字，多通用之，如櫕枪、攬抢之类是也。"①

"柄"从"扌"，如 BD06011 卷三五："比坐者当觉之，若手不相及者，当持户钥若拂柄觉之，若与同意者，当持革屣掷之，若犹故睡眠，当持禅杖觉之。""柄"原卷作枘，构件"木"作"扌"后与表执持的"抦"同形，《玉篇·手部》："抦，执持也。"写本中"柄"常从"扌"，如 BD01605 卷一八："除杖手石，若以余户钥、曲钩、拂抦、香炉柄挃者，一切突吉罗。"

"村"从"扌"，如 BD06011 卷三五："尔时布萨日有众多比丘于无村旷野中行。""村"原卷作扸。

"機"从"扌"，如津艺 182 卷一："若以機关攻击破村，若作水浇，或依亲厚强力，或以言辞辩说诳惑而取，初得，波罗夷。""機"原卷作撽。又如 S.3898 揓 等。

"極"从"扌"，如 BD06011 卷三五："时有一比丘去世尊不远極过差歌咏声说法。""極"原卷作揫。

"检"从"扌"，如 BD06011 卷三五："自今已去，比坐者当共相检校，知有来者、不来者。""检"原卷作捡。

"槛"从"扌"，如 BD14038 卷四二："时诸比丘患鼠入屋，未离欲比丘皆惊畏。佛言：'应惊令出，若作鼠槛盛出，弃之。'""槛"原卷作揽。鼠槛，即装鼠的笼子。慧琳《一切经音义》"鼠槛"条："胡黤反。《说文》：槛，栊也；栊，牢也，一曰圈也。"（《大正藏》54/704a）

"校"从"扌"，如 BD06011 卷三五："自今已去，比坐者当共相检校，知有来者、不来者。"其中"校"原卷作挍。检校，即查看、核实，又如 S.6366 卷二五："诸比丘尼即自相检校谁为此事，即知六群比丘尼中有作此事者。"其中"检""校"二字均从扌作捡挍。

"檀"从"扌"，如 S.6636 卷五六："尔时有比丘，檀越家病，往问讯。""檀"原卷从扌作擅。

---

① 王观国《学林》，北京：中华书局，1988 年，第 163 页。

3."牛"作"扌"

特

时菩萨年少,发绀青色,颜貌殊特,年壮盛时心不乐欲,父母愁忧、涕泣、不欲令出家学道。(P.3340 卷三一)

"特"原卷作**持**,与"持"同形,此处是"特"无疑,"殊特"一词是与众不同的意思,用于此处指菩萨相貌与众不同。

物

不犯者,若鸠罗耶草,文若草,娑婆草,若以氎劫贝碎弊物,若用作支肩物,作舆上枕,无犯。(BD01605 卷一九)

"物"原卷作**㺩**。《说文·牛部》:"物,万物也。牛为大物,天地之数,起于牵牛,故从牛,勿声。"写本中"物"的构件"牛"省撇而作"扌"。

4."矢"作"扌"

彼相近敷高座说义,互求长短。(BD06011 卷三五)

"短"原卷作**挴**,从"扌"。构件"豆"上的一横又作点,如 BD01605 **捉**等。"短"从"扌"较早见于东汉的碑刻《韩仁铭》,且流通范围较为广泛,故韵书加以收录,《广韵·缓韵》:"挴,同'短'。"由于"扌"在写本中又作"才"形,故"挴"又从"才",如 S.3898 卷三一:"食如是食,寿命如是,寿命限齐如是,住世长短如是,受如是苦乐,从彼终生彼,从彼终复生彼,从彼终生此。""短"原卷作**揎**。

5."丩"作"扌"

王刹利水浇头种者,取四大海水,取白牛右角,收拾一切种子盛满中置金辇上。(BD01605 卷一八)

"收"原卷作**扙**。《说文·攴部》:"收,捕也。从攴,丩声。""收"本是形声字,但其声符"丩"表声不明显,形符"攵"表义功能也不如"扌"明显,故写本中多从"扌"。"攵"亦作"又"形,如 S.3971 卷五三:"时王即还拘睒弥修治城堑,收检谷食柴薪,聚集军众,守城警备。""收"原卷作**扙**。

6."弓"作"扌"

若癫發倒地,若病动转,或为力势所持被系闭命难、梵行难,无犯。(BD01605 卷一七)

"發"原卷作**拨**,构件"弓"作"扌"。

(二) 变异

1."扌"作"木"

"掘"中的"扌"作"木",如 S.1895 卷一一:"若比丘尼自手掘地,波逸提。""掘"原卷作**柮**。

"摄"中的"扌"作"木",如 BD14149 卷二八:"若比丘尼多度弟子,不教二岁学戒,不以二法摄取,波逸提。""摄"原卷作▢。

"授"中的"扌"作"木",如 BD14149 卷二八:"汝云何多度弟子而不教授?以不教授故众事不如法也。""授"原卷作▢。又如 P.2521 ▢ 等。

"提"中的"扌"作"木",如 BD05321 卷三〇:"彼比丘尼无病而乞酥食,一咽,一波罗提提舍尼。""提"原卷两处均从木作"榶"。

"拄"中的"扌"作"木",如 BD14038 卷四三:"时众僧食厨坏,诸比丘以木拄之,木在不净地,有疑:'不知净不?'佛言:'净,得食。'""拄"原卷从木作"柱"。

2. "扌"作"忄"

时有比丘小小瞻病,或一▢起,或一▢卧,或一与杨枝水,便取彼衣钵。(BD07434 卷四一)

"扶"原卷均从"忄"。《说文·手部》:"扶,左也。从手,夫声。"手,在字的左边作"扌",与"忄"形近而混,又如 S.6636 ▢ 等。

3. "扌"作"才"

"拍"中的"扌"作"才",如 S.6366 卷二五:"若比丘尼共相拍,波逸提。""拍"原卷作▢。

"指"中的"扌"作"才",如 S.6366 卷二四:"若比丘尼作大房户扉、窗牖及余庄饰具,指授覆苫齐二三节,若过者,波逸提。(二十)""指"原卷作▢。又如甘博039 ▢ 等。

三、构件"攵"的混同与变异

(一)混同

1. "殳"作"攵"

"發"中的"殳"作"攵",如津艺182 卷一:"地处者,地中伏藏未发出七宝:金银、真珠、琉璃、贝玉、砗渠、玛瑙、生像金,宝衣被。""發"原卷作▢,构件"殳"作"攵",又如甘博039 ▢、▢ 等。另外,其构件"癶"也发生变异,或作"艹",如 S.3898 ▢;或作类似"业"形,如 BD02960 ▢、BD01605 ▢ 等。从"發"的"撥"也如此,如 S.6636 卷五六:"时有比丘病,余比丘往问讯撥衣看面。""撥"原卷作▢。

"磬"中的"殳"作"攵",如 BD01605 卷一八:"若二人共在暗地语,当弹指若謦欬惊之。""謦"原卷作▢,即"磬",且构件"殳"作"攵"。

"殺"中的"殳"作"攵",如 BD00148 卷四四:"若殺父母、殺阿罗汉、恶心出佛身血。"第二个"杀"原卷从"攵",而第一个"杀"的构件"殳"中的

"几"写本作"口"。又如 S.1415 卷五五:"佛问言:'汝以何心?'答言:'不以
散心。'佛言:'不犯散,犯淫,波罗夷。'"两个"殺"原卷均从"女"。

2."又"作"女"

> 或顺流或逆流,或此没彼出,或以手画水。(BD14505 卷一六)

"没"原卷作没,构件"又"作"女"。

（二）变异

1."女"作"戈"

> 不犯者,若比丘营众僧事、塔寺事、瞻视病人事嘱授比丘若道由村
> 过,若有所启白,若为唤,若受请,或为力势所执,或为系缚将去,或命
> 难、梵行难,无犯。(BD01605 卷一九)

"启"原卷作戌,构件"女"作"戈"。

2."女"作"又"

> 不犯者,或有所启,若被唤道由边过,或彼宿止处,或为强力将去,
> 或缚去,或命难,或梵行难,不犯。(S.6366 卷二五)

"启"原卷作啓,"女"作"又",如 BD14149 卷二八:"衣食摄者,与衣、
食、床、卧具、醫药,随力能办,供给所须。""醫"原卷作醫。又如
BD06011 醫。

3."女"作"支"

"散"中的"女"作"支",如上图 054 卷一:"譬如种种花散置案上,风吹
则散。何以故? 以无线贯穿故。"第一个"散"原卷从"支"作散。

"数"中的"女"作"支",如 BD14940 卷四九:"摩诃迦叶是故外道,何故
数骂阿难言是年少,令彼不悦耶?""数"原卷作数,构件"女"作"支",又如
BD05882 数等。构件"支"在俗写中又常加点,"数"从支的俗写也一样加
点,如 BD00148 卷四四:"何等人得满数不应呵?""数"原卷作数。

"致"中的"女"作"支",如 BD05309 卷六〇:"若诤事起时,不以七灭诤
法一一灭者,当知此诤而致增长坚固,不得如法如律如佛所教而灭。""致"
原卷作致,俗写从"支"。构件"支"又能加点,如 BD14505 卷一六:"六者增
致疾病,七者益斗讼,八者无名称、恶名流布,儿者智慧减少,十者身坏命终、
堕三恶道。"原卷"致"作致。

"緻"中的"女"作"支",如 BD14038 卷四二:"得磨滄緻。佛言:'听
食。'""緻"原卷作緻。《四分律名义标释》卷二八"磨滄緻"条:"即浓石
蜜,甘蔗汁煎稠者是也。"(《卍续藏》44/618b)

4."女"分成两个构件

> 拘律陀念言:"齐入如此法,得至无忧处,无数亿千那由他劫,本所

不见。"（BD02960 卷三三）

"数"原卷作 𢿛，右边的构件"攵"变成了两个相离的构件：上"ユ"下"又"。又如 BD05321 𢿛、BD14149 𢿛 及 BD05522 𢿛 等。

　　　　诸比丘尼疑，不敢入无比丘僧伽蓝中。（BD14149 卷二九）

"敢"原卷作 𣀊，右边的构件"攵"变成了两个相离的构件：上"ユ"下"又"。又如 BD05522 𣀊 等。或上作"宀"，下作"又"，如 BD05522"敢"作 𣀊。

四、"爿"的变异

1. "爿"作"广"

　　　　有男有女同一牀坐、同一器食、同一器饮，歌舞戏笑、作众伎乐。（BD00148 卷四四）

"牀"原卷作 床。《说文·木部》："牀，安身之坐者。从木，爿声。"其声符"爿"标音功能不明显，故俗写中常改为从广，变成从广从木的会意字。《玉篇·广部》："床，俗'牀'字。"俗写中又增点而成 床。"广"写本中又作"疒"，"床"也一样可从疒，如 BD14149 卷二八："衣食摄者，与衣、食、床、卧具、医药，随力能办，供给所须。""床"原卷作 疢。

2. "爿"作"土"

　　　　尔时有居士浣衣已，着墙上晒。粪扫衣比丘见，谓是粪扫衣，即持去。（S.6636 卷五六）

"墙"原卷作 墻。《说文·啬部》："牆，垣壁也。从啬，爿声。"垣壁大多由土堆砌而成，故改"爿"为"土"。墙或从"广"作"廧"，而写本中又出现"廧"增"土"旁的情况，如 BD14668 卷五："露处者，无墙壁若树木，无篱障及余物障。""墙"原卷作 墻。又如 BD14038 墻 等。

3. "爿"作"扌"

"牀"中的"爿"作"扌"，如 BD07413 卷四："若闻牀声，若闻草蓐转侧声，若闻身动声，若闻共语声……是谓从闻生疑。""牀"原卷作 㧜，构件"爿"作"扌"。又常增点，如 S.3971 卷五三："时王忧陀延即礼迦游延足已，更取卑牀坐。""牀"原卷作 㧜，右边习惯性的增点，又如 S.3898 㧜。

"将"中的"爿"作"扌"，如 S.3898 卷三一："时彼婆罗门妇是苏阇罗大将女。""将"原卷作 㧜，其中"爿"作"扌"，且右上方省点作"夕"。构件"夕"又能写作"⺈"，如津艺 182 卷一："时诸比丘作是念：此猕猴在我等前回身现其淫相，将无与余比丘作不净行耶？""将"原卷作 㧜，又如上图 054 㧜、S.4036 㧜 等。从将之字也一样，如 BD14505 卷一六："除水已，若酪

[图]、若清酪[图]、若苦酒、若麦汁器中弄戏者，突吉罗。"

五、构件"艹"的混同与变异

《说文·艸部》："艸，百卉也。从二屮。凡艸之属皆从艸。"又《竹部》："竹，冬生艸也。下垂者，箁箬也。凡竹之属皆从竹。"两者形近义通，故常常混用。另外，"艹"隶变多作"艹"，如《曹全碑》中"药"作[图]、"蒙"作[图]等。《干禄字书》中"蒙"的通体、"苟"的俗体、"著"的俗体及通体、"若"的通体等均从"艹"。

（一）混同

1. "竹"作"艹"

BD05553 卷三〇："不犯者，或时有如是病，或时父母得病、被系闭为洗沐梳发，若有笃信优婆夷遇病、被系闭与洗浴，或为强力者所执，无犯。""笃"原卷作[图]。《说文·马部》："笃，马行顿迟。从马竹声。"写本中其构件"竹"常作"艹"，又如 S.4036 [图]、S.3898 [图] 及 S.6366 [图] 等。

除此，还有"符""节""筋"等，如 S.3971 卷五三："或诵刹利咒，或诵鸟咒，或诵枝节咒，或诵安置舍宅符咒若火烧鼠啮物能为解咒。""符"原卷作[图]。

S.4036 卷二九："时舍卫城中俗节会日。诸居士各各持饭、干饭、鲹鱼及肉来就僧伽蓝中，与诸比丘尼。""节"原卷作[图]。又如 S.3971 [图]。

BD05522 卷二九："佛言：'自今已去听下着树皮，若皮堕以缕綖缀，若断听用筋、若毛、或用皮带系之。'""筋"原卷作[图]。

S.6366 卷二四："若比丘尼藏比丘尼若钵、若衣、若坐具、针筒，自藏，教人藏，下至戏笑，波逸提。（四十三竟）""筒"原卷作[图]，当是由"箭"变化而来。

2. "艹"作"艹"

"慈"中的"艹"作"艹"，如 BD01605 卷一九："诸居士见皆共嫌之，自相谓言：'此沙门释子不知惭愧，无有慈心，断众生命。'""慈"原卷从"艹"作[图]。又如 S.4104 [图]。又从"艹"，如 BD05822 卷二七："大姊僧听！我某甲沙弥尼，今从僧乞二岁学戒，某甲尼为和上，愿僧与我二岁学戒慈愍故。""慈"原卷作[图]。

"差"中的"艹"作"艹"，如 BD05335 卷一二："尔时大爱道比丘尼，差摩比丘尼，莲华色比丘尼……如是等五百比丘尼，大爱道为首，于舍卫国王园中夏安居。""差"原卷从"艹"作[图]。

（二）变异

1. "艹"作"卝"

"莂"从"卝"，如 S.3898 卷三一："若今定光如来不授我别者，我当于此处形枯命终，终不起也。""别"原卷作**莂**，其中"艹"作"卝"，宋、元、明、宫本也作"莂"。

"藏"从"卝"，如甘博 039 卷四八："彼非比丘尼、非释种女，覆藏他重罪故。""藏"原卷作**蔵**。"藏"字俗写，常省去构件"丬"，又如 BD00239 **藏** 等。

"草"从"卝"，如甘博 039 卷四八："不得偷盗乃至草叶。""草"原卷作**草**。又如 BD06011 **草**、**草** 等。

"苌"从"卝"，如甘博 039 卷四八："时诸比丘尼发长。佛言：'听剃。'""长"原卷作**苌**。又如 BD01605 **苌**。

"等（莘）"从"卝"，如 S.3898 卷三一："过去诸佛、如来、至真、等（正）觉，以何物受食？诸佛世尊不以手受食也。""等"原卷作**等**。又如 S.4036 **莘**、S.510 **莘** 等。

"第（苐）"从"卝"，如甘博 039 卷四八："**苐**二**苐**三亦如是说。""第"原卷作"苐"，而其中"艹"作"卝"。又如 BD14149 **苐** 等。

"菓"从"卝"，如 BD14038 卷四三："尔时比丘食不破菓，大便已，子生，比丘畏慎。""菓"原卷作**菓**。又如 BD14149 **菓**、S.4036 **菓** 等。

"共"从"卝"，如 BD07278 卷五五："时有黄门强捉比丘共行淫，疑。""共"原卷作**共**。又如 S.4036 **共**。

"黄"从"卝"，如 BD07278 卷五五："时有黄门强捉比丘共行淫，疑。""黄"原卷作**黄**。

"茎"从"卝"，如 BD14038 卷四三："自今已去，听以刀破疮，患疮臭应洗，若以根汤，茎、叶、华、菓汤及小便洗。""茎"原卷作**茎**，其中"巛"作三点。

"苦"从"卝"，如 S.510 卷三四："当教先学书，我等死后，快得生活，无所乏短，不令身力疲苦。""苦"原卷作**苦**。又如 S.3971 **苦**。

"蘭"从"卝"，如 BD14940 卷四九："时去比丘尼住处不远，有渠流通水。比丘尼以道在下承流，觉乐，有疑。诸比丘白佛。佛言：'不犯波罗夷，犯偷蘭遮。比丘尼不应以道承水流。'""蘭"原卷作**蘭**。

"蓝"从"卝"，如 BD05522 卷三〇："时舍卫城中有一多知识比丘尼命终。时诸比丘尼在比丘僧伽蓝中立塔。""蓝"原卷作**蓝**。

"蔓"从"卝"，如甘博 039 卷四八："若有人与洗沐头已，止于堂上，持优钵罗华鬘、阿希物多华鬘、瞻婆华鬘、苏曼那华鬘、婆师华鬘授与彼，彼即受之，系置头上。”“曼”原卷作𢄩。又如 BD14038 𦱤及上图 054 𦱲等。

“萝”从“卄”，如 S.4036 卷二九：“不犯者，若戏笑语，若疾疾语，若独语，若梦中语，欲说此乃错说彼，无犯。”“梦”原卷作夣。

“莫”从“卄”，如甘博 039 卷四八：“彼比丘为僧所举，如法、如毗尼、如佛所教，犯威仪、未忏悔、不作共住，莫随顺彼比丘语。”“莫”原卷作莫。

“蒲”从“卄”，如 P.3340 卷三一：“时摩竭王蒲沙备虑边国，遣人处处卫逻。”“蒲”原卷作𦳕。

“菩”从“卄”，如 S.3898 卷三一：“尔时王赏赐婆罗门已，差四乳母扶侍、瞻视定光菩萨：一者肢节乳母，二者洗浴乳母，三者与乳乳母，四者游戏乳母。”“菩”原卷作菩。

“茄”从“卄”，如 BD06011 卷三五：“不知安笴何处。佛言：‘安着绳床、若木床下、若悬着杙上、若龙牙杙上、衣架上。’”“架”原卷作𦱶，即“茄”。

“萨”从“卄”，如 S.3898 卷三一：“尔时王赏赐婆罗门已，差四乳母扶侍、瞻视定光菩萨。”“萨”原卷作薩。

“苏”从“卄”，如甘博 039 卷四八：“若有人与洗沐头已，止于堂上，持优钵罗华鬘、阿希物多华鬘、瞻婆华鬘、苏曼那华鬘、婆师华鬘授与彼，彼即受之，系置头上。”“苏”原卷作蘇。又如 BD06011 蘇、S.3898 蘇等。

“剃”从“卄”，如 BD05822 卷二七：“作如是白已，然后与出家。当作如是出家：与剃发着袈裟已，教右膝着地，合掌作如是语：‘我某甲归依佛、归依法、归依僧，我于如来法中求出家。’”“剃”原卷从“苐”作薊。

“蓰”从“卄”，如 S.3898 卷三一：“若彼祠祀众中有第一多智慧者，当以金钵盛满银粟或以银钵盛金粟，并金澡瓶、极妙好盖、履屣及二张好叠、众宝、杂厕杖，并庄严端正好女名曰苏罗婆提，与之。”“屣”原卷作蓰，即“蓰”。又如 BD05822 蓰等。

“薪”从“卄”，如 BD02960 卷三三：“时诸梵志皆欲破薪，而不能得破。诸梵志念言：‘此皆是大沙门威力所为。’适得破。”“薪”原卷作薪。

“叶”从“卄”，如甘博 039 卷四八：“不得偷盗乃至草叶。若式叉摩那取人五钱、若过五钱，若自取、教人取，若自斫、教人斫，若白破、教人破，若烧、若埋、若坏色者，彼非式叉摩那、非释种女。”“叶”原卷作葉。又如 S.3898 葉、BD06011 葉等。

“萧”从“卄”，如 BD06011 卷三五：“佛言：‘比坐者当觉之。若手不相及者，当持户蕭、若拂柄觉之；若与同意者，当持革屣掷之；若犹故睡眠，当持禅杖觉之。’”“萧”原卷作萧。

“著”从“卄”，如 BD06011 卷三五：“尔时有著白衣衣服受具足戒，受具足戒已,即著入村中乞食。""著"原卷作🖼。

2. "艹"作"䒑"

"莿"从"䒑",如 BD02960 卷三三:"此二人于我诸弟子中最为上首,智慧无量无上,得二解脱,未至竹园,如来已授记,莿二人为匹,同友二人并诸弟子到如来所。""莿"原卷作🖼。

"苔"从"䒑",如 BD00148 卷四四:"尔时世尊慰劳客比丘:'乞求易得不? 住止和合不? 道路不疲极不?'苔言:'住止和合,乞求易得,道路不疲极。'""苔"原卷作🖼。

"菓"从"䒑",如 BD02960 卷三二:"佛告迦叶:'我发遣汝在前已,我诣阎浮提取阎浮果,先来至此坐,此菓色好香美,汝可食之。'""菓"原卷作🖼。

"盖"从"䒑",如 BD06011 卷三五:"若从筒中出。佛言:'当作🖼。'彼用宝作🖼。佛言:'不应尔,当以骨、牙、角、铜、铁、白镴、铅、锡、苇、竹、木。'""盖"原卷均从"䒑"。

"敬"从"䒑",如 S.4036 卷二八:"诸比丘尼闻世尊制戒得度人。时诸比丘尼便度与童男、男子相敬爱,愁忧、喜瞋恚女人受具足戒。""敬"原卷作🖼。又如敦研 032 🖼、BD02960 🖼 等。

"若"从"䒑",如 BD14038 卷四三:"自今已去,听以刀破疮,患疮臭应洗,若以根汤,茎、叶、华、菓汤及小便洗。""若"原卷作🖼。又如 S.3971 🖼、S.6749 🖼、BD02009 🖼、BD05522 🖼 和 BD06011 🖼 等。

"餝"中的"芳"从"䒑",如 BD01605 卷一八:"宝庄饰者,铜、铁、铅、锡、白镴以诸宝庄饰也。""饰"原卷作🖼,即"餝",其中的"艹"作"䒑"。《玉篇·食部》:"餝,同饰。俗。"又如 S.1415 🖼 等。"饰"在写本中又作🖼,见于 S.3971 卷五三:"彼与出家人同除舍饰好,与诸比丘同戒,不杀生,放舍刀杖。"

"塔"中的"艹"作"䒑",如 BD05522 卷三〇:"时舍卫城中有一多知识比丘尼命终。时诸比丘尼在比丘僧伽蓝中立塔。""塔"原卷作🖼。

3. "艹"作"䒺"

BD07278 卷五五:"我与苦痛女人共行淫,彼不受乐,得无犯。""苦"原卷作🖼。

BD07278 卷五五:"时有黄门强捉比丘共行淫,疑。""黄"原卷作🖼。

4. "艹"作"卅"

时菩萨见此四人已,极怀愁忧,厌患世苦,观世如是,有何可贪?
（S.3898 卷三一）

"苦"原卷作**苦**。又如 BD05522 卷三〇："时偷罗难陀比丘尼向暮至居士家就座而坐,随坐时顷不语主人开门而去。""暮"原卷作**暮**。

5."艹"作"竹"

> 时诸比丘舌上多垢。佛言："听作刮舌刀。"彼用宝作。佛言："不应尔,听用骨、牙、角、铜、铁、白镴、铅、锡、舍罗草、竹、苇、木。"(S.3971 卷五三)

"苇"原卷作**苇**,构件"艹"作"竹"。"苇",即芦苇。《诗·豳风·七月》："七月流火,八月萑苇。"孔颖达疏："初生为葭,长大为芦,成则名为苇。"此处当取芦苇秆用于制作刮舌刀,又叫"刮舌篦"。慧琳《一切经音义》卷六二"刮舌篦"条："上关滑反。已释律第一卷中。下璧迷反。《考声》云:'麫篦等也。'亦作'箆'。"(《大正藏》54/721a)《南海寄归内法传》卷一有详细的介绍,"或可别用铜铁作刮舌之篦,或取竹木薄片如小指面许,一头纤细以剔断牙,屈而刮舌勿令伤损,亦既用罢即可俱洗,弃之屏处。"(《大正藏》54/208c)

六、构件"彳"的混同与变异

(一) 混同

1."彳"作"氵"

"彳"与"水"在形义上均无联系,本不应相混,但"水"居左边写作"氵"。"彳"与"氵"在手写中形体相近,写本《四分律》中就出现了不少"彳"旁作"氵"旁的现象。

"彼"中的"彳"作"氵",如 BD14038 卷四三："彼便持宝作筒。""彼"原卷作**波**,从"氵"作"波"形。又如 BD05522 **波**、BD01605 **波**等。

"得"中的"彳"作"氵",如 S.3898 卷三一："尔时菩萨得厌离已,即日出家,即日成无上道。""得"原卷作**浔**,从"氵"作"浔"。这一写法写本常见,又如 BD01605 **浔**、BD05522 **浔**及 BD02960 **浔**等。

"复"中的"彳"作"氵",如 BD00148 卷四四："我不能常至白衣家乞索饮食、所须之具。此诸客比丘今已懈息,本未有知识,今已有知识。我今宁可不复求索,于是即止。""复"原卷作**溟**。"复"从"氵",写本《四分律》中较常见,又如 S.1970 **溟**、S.510 **溟**及甘博 039 **溟**等。从"复"之字一样,如 BD00148 卷四四："尔时六群比丘重作羯磨,⋯⋯与如草覆地。""覆"原卷作**覆**。又如 P.2521 **覆**等。

"微"中的"彳"作"氵",如 BD05522 卷三〇："时诸比丘尼有老者或羸病,气力微弱,不能从此住处至彼住处。""微"原卷从"氵"作**溦**。

2.“彡”作“氵”

“须”中的“彡”作“氵”。BD00148 卷四八:“汝离此住处去,不须在此住。”“须”原卷作**須**。其构件“彡”在写本中常作“氵”,如 S.2795 **須**、S.2793 **須**及上图 054 **須**等。构件“氵”又置于横下如 BD14668 卷四:“王子报言:‘可尔。’即问提婆达:‘汝须何等?’”“须”原卷作**須**,变成了一个半包围结构。

（二）变异

1.“氵”作“冫”

《说文·水部》:“水,准也。北方之行。象众水并流,中有微阳之气也。凡水之属皆从水。”又《仌部》:“仌,冻也。象水凝之形。凡仌之属皆从仌。”两者意义有关,形体相似,故常混用,如《干禄字书》:“减减,上俗下正。”“冻涷,上俗下正。”

“漏”从“冫”,如 BD05522 卷三〇:“此比丘尼多种有漏出,最初犯戒。”“漏”原卷从“冫”作**漏**。

“洛”从“冫”,如 BD06011 卷三五:“佛言:‘不得以宝作,当用骨、牙、若角、铜、铁、白镴、铅、锡、苇、若竹、若木作。’患零落。佛言:‘当绳缠。’”“落”原卷作“洛”,且从“冫”作**洛**。

“没”从“冫”,如敦研 032 卷四二:“时目连见舍利弗默然,即于舍卫国没不现,如人屈申臂顷至彼池边,化作大龙象王,于彼七象王中形色最胜。”“没”原卷从“冫”作**没**。

“渠”中的“氵”作“冫”,如 BD06011 卷三五:“当作如是结唱界方相:若空处、若树下、若山、若谷、若岩窟、若露地、若草积处、若近园边、若冢间、若水涧、若石积所、若树杌、若荆棘边、若汪水、若渠侧、若池、若粪聚所、若村、若村界。”“渠”原卷从“冫”作**渠**。

“染”中的“氵”作“冫”,如 BD06011 卷三五:“佛言:‘自今已去听黑月数法染使黑,白月数法染使白。’”“染”原卷从“冫”作**染**。

“涕”从“冫”,如 BD05522 卷三〇:“诸比丘尼闻,其中有少欲知足行头陀乐学戒知惭愧者,呵责诸比丘尼言:‘汝等云何辄受(当为度)常漏大小便、涕唾常出者,污身、污衣、床褥、卧具耶?’”“涕”原卷从“冫”作**涕**,构件“弟”作“苐”。

“治”从“冫”,如 BD05822 卷二八:“汝当善受教法,应劝化作福治塔,供养众僧。”“治”原卷作**治**,从“冫”后与“冶”同形,写本常见,又如 BD02960 **治**等。

2.“氵”作“彳”

“波”从“彳”作“彼”形,如 S.1937:“若比丘为女人说法,过五六语,波逸提。""波"原卷作![字形]。

七、构件"礻"的变异与混同

(一) 混同

1. "方"作"礻"

《说文·㫃部》："㫃，旌旗之游，㫃蹇之皃。从中曲而下，垂㫃相出入也。"隶变后左边变成"方"，而"方"在手写中由于形近经常作"礻"。

"施"中的"方"作"礻"，如 BD02960 卷三三："若使世尊将诸弟子入罗阅城，先至园中者，我当即以此园地施之，立精舍。""施"原卷作![字形]。施，从㫃，也声。形符内部的构件"方"在写本中常作"礻"，又如 BD05822 卷二七："众僧大功德，大神力(《大正藏》本作"威神")，多檀越布施；汝供给处多，今但可食，不须衣。"又如 BD14149 ![字形]。

"旃"中的"方"作"礻"，如 BD05553 卷三〇："诸比丘尼闻，中有少欲知足行头陀乐学戒知惭愧者，呵责伽罗旃陀输那比丘尼言：'汝云何乃使外道妹香涂摩身耶？'""旃"原卷作![字形]。《说文·㫃部》："旃，旗曲柄也，所以旃表士众也。从㫃，丹声。"原卷字形"方"作"礻"，"丹"在俗写中受"舟"影响而常增点。

"族"中的"方"作"礻"，如 BD05822 卷二八："族性女听！此是如来、无所着、等正觉，说八波罗夷法，犯者非比丘尼、非释种女。""族"原卷作![字形]。

2. "礻"作"礻"

《说文·示部》："示，天垂象，见吉凶，所以示人也。从二。三垂，日月星也。观乎天文以察时变，示，神事也。凡示之属皆从示。"又《衣部》："衣，依也。上曰衣，下曰裳。象覆二人之形。凡衣之属皆从衣。"两者意义差别较大，但作部首时形体接近，故而经常混用。

"被"中的"礻"作"礻"，如 BD01832 卷二七："若舍崩坏，若为火烧，若中有毒蛇、恶兽，若有贼入，或为强力者所执，若被系闭，或命难、梵行难，不犯。""被"原卷作![字形]。又如 BD00148 ![字形]。

"初"中的"礻"作"礻"，如 BD05822 卷二七："谁诸大姊忍僧与彼某甲沙弥尼二岁学戒和上尼某甲者，默然；不忍者说。是初羯磨，如是第二、第三说。""初"原卷作![字形]，从"礻"，又如 BD14149 ![字形]。其右边的构件"刀"受其篆体影响在写本中常作![字形]。

"袒"中的"礻"作"礻"，如 BD06011 卷三五："尔时舍利弗从座起，偏袒右肩，右膝着地，合掌白佛言：'年不满二十而受具足戒，当言是受具足人不？'""袒"原卷作![字形]。《说文·示部》："袒，衣缝解也。从衣，旦声。"形符

"衣"在写卷中省点作"衤"。

3. "冠"中的构件"元"作"衤"

我今举国一切所有及脱此宝冠相与,可居王位治化,我当为臣。（P.3340）

"冠"原卷作**冠**,其中构件"元"作"衤"。这一写法源于"乚"的变体,首先是"乚"在拐弯处断成两笔,而其中的弯钩断开后居于字的下部显得过于分散,故变成一点。

4. "禾"作"衤"

"稱"中的"禾"作"衤",如

彼时提阁婆提王闻此使语已,即怀愁忧,集诸群臣,语言:"汝等思惟,当以何报作何等方宜 **稱** 可彼意。"（S.3898 卷三一）

"稱"原卷作 **稱**。

（二）变异

"衤"作"禾",如 BD01605 卷一八:"尔时佛在舍卫国祇树给孤独园。尔时有众多比丘共集在一处,诵正法,诵毗尼。""祇"原卷作 **祇**,左边写作"禾",右边是习惯性增点。

八、构件"灬"的混同与变异

构件"灬"一般是指火,《集韵·果韵》:"火,或书作灬。"《正字通·火部》:"灬即火字变体,凡四点在下者均属火部。"其实,四点在下者未必均属火部,如"魚""馬""鳥"等。写本中还有其他一些构件或构件的部分混同作"灬",而其变异大多是连笔作横。

（一）混同

1. "僉"构件"从"作"灬"

时城内家家各敛饮食,聚在一处,饭佛及僧。（BD14038 卷四二）

"敛"原卷误作"撿",且写作 **撿**,构件"从"作"灬"。

尔时佛在舍卫国。有二比丘,一名智慧,二名卢酰那,惠斗诤,共相骂詈,口出刀劍,互求长短。（BD00148 卷四四）

"劍"原卷作 **劍**,构件"从"作"灬"。

2. "寡"构件"分"作"灬"

复次优波离若寡闻不知修多罗而举他罪,即生彼语,问言:"长老!此事云何? 此有何义?"便不能分别答彼问。（P.2521 卷五九）

"寡"原卷作 **寡**。《说文·宀部》:"寡,少也。从宀,从颁。颁,分赋也,故为少。"书写时构件"分"常作"灬"。"灬"又能连笔成一横,如 BD05309

卷六〇:"复次优波离举他比丘:命不清净、寡闻、不诵修多罗。""寡"原卷作宜。

3."兼"的下部作"灬"

　　时彼拘睒弥主出种种甘馔饮食,兼与黑酒,极令饱满。(BD14505卷一六)

"兼"原卷作兼。又如BD07604兼。从"兼"之字多仿此,如BD01605慊和BD14038嫌等。

4."叩"作"灬"

　　游戏乳母者,诸童子等乘象、乘马、乘车、乘舆,诸杂宝器、乐器、转机关,作如是种种供养之具供养、娱乐定光菩萨,擎孔雀盖从之。(S.3898卷三一)

上揭例中两处"嚣(器)"下面的"叩"均作"灬"。

5."亦"的下部作"灬"

　　谁诸长老忍僧今呵责二沙弥令舍此事者,默然;谁不忍者说。是初羯磨,第二、第三亦如是说。(BD01605 卷一七)

"亦"原卷作亦,虽连笔但确实有四个点。又作三个点,如 BD05822 卷二八:"我某甲今从众僧乞受具足戒,某甲尼为和上,愿众僧慈愍故拔济我。第二第三亦如是说。""亦"原卷作亦。从"亦"之字也一样,如 BD01605 卷一八:"如是语顷,波斯匿王大臣寻王车迹来诣园中,跪拜王足已,各在一面立。""迹"原卷作迹。又如 BD02960迹等。

(二) 变异

"然"中的"灬"作"一",如 S.3898 卷三一:"时定光如来默然受王请。""然"原卷作然。又如 BD06011然。从然之字也一样,如 S.3898 卷三一:"道侧作栏楯,然好油灯安置其上。""然"原卷增火作燃。其中"然"的构件"灬"连笔成横,又如 BD02960燃等。

"照"中的"灬"作"一",如 BD02960 卷三二:"其夜四天王持供养具来诣世尊所,皆欲闻法供养,夜暗时放光明照四方犹如大火聚,合掌礼如来足已,在前而住。""照"原卷作照,又如 S.3898照。

又如 BD02960"煞"作煞,S.3898"嘿"作嘿等。

九、构件"工"的混同与变异

前文类化俗字部分提到的"寻",其构件"工"类化为"口",如 BD02960卷三二:"佛告言:'汝并在前,吾寻后往。'""寻"原卷作寻。除此以外,写本中还出现以下几种情况。

（一）混同

1.“土”作“工”

恠

云何入居士家着他妇璎珞衣服在床上卧，使居士嫌怪耶？
（BD01832 卷二七）

“怪”原卷作**恠**，当是“恠”的俗写，构件“在”写作“左”形，其中“土”
作“工”。

等

此比丘憎我曹，本供给我**等**所须饮食、洗浴之具，今止不复与我。
我**等**宁可举此比丘耶？（BD00148 卷四四）

原卷“等”的构件“土”讹作“丄”，再进一步讹作“工”，又如 S.4036 卷二
九：“汝**等**闻世尊制戒听比丘尼僧半月从比丘僧求教授，而汝**等**云何不往
求教授耶？”又如 S.3898 **等**。

2.“匕”作“工”

“老”中的“匕”作“工”，如 BD06011 卷三五：“谁诸长老忍僧解某处说
戒堂者，默然；谁不忍者，说。”“老”原卷作**老**。又如 BD05335 **老**、
BD01065 **老** 和 S.3898 **老**等。

“尼”中的“匕”作“工”，如 S.3898 卷三一：“时菩萨气力已充，复诣尼连
禅水侧，入水洗浴身已，出水上岸，往菩提树下。”“尼”原卷作**尼**，《干禄字
书》：“尾尼，上俗下正。”又如 BD05335 **尼** 等。从尼之字也一样，如
BD05335 卷一二：“朱泥比丘尼，婆泥比丘尼，如是等五百比丘尼。”“泥”原
卷作**泥**。又如 S.3898 **泥**等。

3.“犬”作“工”

时私呵居士闻佛说法，极大欢喜，即施诸比丘人别一器黑石蜜。
（BD14038）

“器”原卷作**器**，又如 S.3898 **器**及 BD00148 **器**等。

4.“厶”作“工”

时世尊知其国人心中所念，即以偈向郁鞞罗迦叶说……（BD02960
卷三三）

“偈”原卷作**偈**，其内部的“厶”作“工”，又如同卷的**鸡**。“勾”先讹作
“句”，如 BD05335 **偈**、P.3340 **偈**等，“厶”作“匕”，然后再进一步讹
作“工”。

5.“半”作“工”

若休道，或为贼所将去，或为恶兽所害，或为水所漂，无犯。（BD14149）

"害"原卷作**害**，又如 BD05309 **害**、P.3340 **害**等。从"害"之字也一样，如甘博 039 卷四八："若得长利檀越施衣割截衣应受，依乞食出家受大戒，是比丘尼法。""割"原卷作**割**。又如"辖"作"辖"，《篇海类编·车部》："辖，本作'辖'，省作'辖'"。

6. "戒"中分化出"工"

> 有五法不应与解依止羯磨，从与人受大戒乃至与善比丘共斗。（BD00148）

"戒"原卷作**戒**，构件"卅"作"工"下加两点，又如 BD06011 **戒**等。从戒之字也一样，如 BD05335 卷一二："般陀报阿难言：'我所诵唯一偈耳，云何教诫比丘尼？云何说法？'""诫"原卷作**诫**。

7. "詹"中分化出"工"

"詹"内之"言"的上部常写成"工"形，如甘博 039 **瞻瞻**、BD14149 **瞻瞻**、S.6636 **瞻**、S.3971 **瞻**及津艺 182 **檐**等。

（二）变异

1. "工"作"匕"

> 时有一比丘去世尊不远，极过差歌咏声说法。（BD06011 卷三五）

"差"原卷作**差**。又如 BD05335 **差**、P.3340 **差**等。

2. "工"作"土"

> 应学问诵经，勤求方便。（甘博 039 卷四八）

"经"原卷作**经**，其中"工"作"土"。从"巠"之字大多仿此，如甘博 039 **颈**、BD14505 **轻**、S.4036 **经**、S.3898 **迳迳**、P.2521 **经**、BD05479 **鞋**及 BD01605 **径**等。

> 若人因他得知佛法僧，此**恩**（恩）难报，非衣食床卧具医药所能报**恩**。（甘博 039 卷四八）

"因"原卷作**因**。"因"先作"囙"，《干禄字书》："囙因，上俗下正。"写本常见，如 BD07604 **囙**。从"因"之字大多仿此，如 BD02960 **烟**、BD06011 **烟**和 BD05321 **因**等。"囙"内部的"コ"在写本中常与"工"相混，"工"又讹作"土"，又如上揭例句中的"**恩**（恩）"。

3. "工"作"五"

> 时诸比丘尼见迦毗罗即骂詈，言："此弊恶下贱工师种，坏我等塔，除弃僧伽蓝外。"（BD14149 卷二九）

"工"原卷作**五**。从"工"之字多仿此，如 BD06011 卷三五："或黄眼，或赤眼，或烂眼，或有红眼，或黄赤色眼。""红"原卷作**红**。又如 BD05822 卷二六："尔时婆伽婆在毗舍离猕猴江侧高阁讲堂上。""江"原卷作**江**。

4."左"的构件"工"变异

作"匚",如 S.3898 卷三一:"左右即承教,严驾羽宝车已,前白王言:'严驾已办,王知是时。'""左"原卷作 左。又如 BD01605 左。"匚"上面一横又可以作点,如 BD14668 左。

作"コ",如 BD06011 左。写本中一共 37 处,作 左 17 处、作 左 11 处、作"左"9 处。

第三节　敦煌本《四分律》用字构件的特征

一、追求内在系统性

汉字以形表意,而"形"又是由构件组成,汉字的表意功能以构件或构件的组合来体现。相同构件一般具有某一类相同的意义,拥有共同构件的汉字聚合在一起,这样就形成了汉字自身的系统性。如《说文》记录草本植物的字从"艸",木本的从"木",五百四十部形成一个有机整体。

写本《四分律》用字的具体构件也一样,尽管对原有构件加以破坏,但相同构件在写本中发生相同的变异,仍然保持汉字自身的系统性。原有构件虽遭到破坏,但汉字的系统性仍得以保持。构件的构意进一步泛化,甚至淡化,但内在的系统性仍在。如构件"灬"体现的构意是火或与火有关,但"兼""敛""亦"等字构件变为"灬"后并没有破坏原有从火之字的系统性,而是丰富了构件"灬"的内涵:由单纯表意变为既表意又表形。

追求系统性还体现在相同构件的变化方向基本一致。前面 9 种常用构件的混同与变异,都不是发生在某个字发生身上,而是发生在包含相同构件的一类字身上,而且演变方式大多相同或相近。又如构件"它"的演变,就发生在"驼""陀""蛇"等一类字身上。

"驼"的变化,如 BD14505 卷一六:"云何声恐怖人?或贝声、鼓声、波罗声、象声、马声、驼声、啼声,以如是声恐怖人,令彼人闻恐怖、不恐怖波逸提,若以如是声恐怖人,彼不闻突吉罗。""驼"原卷作 驼。《广韵·歌韵》:"驼,骆驼。驒,俗。"又如 S.3971 驼、P.2521 驼。右边又可省作"也",如 BD06011 驼等。

"陀"的变化,如 S.4036 卷二九:"时迦罗比丘尼好喜斗净,不善忆持斗净事,后瞋恚嫌责尼众。时诸比丘尼闻,其中有少欲、知足、行头陀、乐学戒、知惭愧者,嫌责迦罗比丘尼言……""陀"原卷作 陀。又如 P.3340 陀、

S.1937 ⟨图⟩、S.3971 ⟨图⟩、BD05335 ⟨图⟩等。右边又作"也",如 BD14519:"迦留陀夷与女人粗恶语。""陀"原卷作⟨图⟩。又如 S.3971 ⟨图⟩等。

"蛇"的变化,如 S.3971 卷五三:"彼作是念:'此是筐,此是⟨图⟩,筐异⟨图⟩异,从此筐中出⟨图⟩。'"三个"蛇"字右边均作"也"。《玉篇·虫部》:"虵,正作'蛇'。"又如津艺 182 ⟨图⟩、BD01832 ⟨图⟩、S.3971 ⟨图⟩、BD14038 ⟨图⟩、傅188099 ⟨图⟩。构件"虫"又增撇,如 BD05822 ⟨图⟩、BD05522 ⟨图⟩、BD06011 ⟨图⟩及 BD14505 ⟨图⟩等。与前两字不同,"蛇"的右边构件在写本《四分律》中均作"也"。虽"蛇"在写本中没有作"虵",但字书中确实有这一字形。《字汇·虫部》收有"虵",释为"同蛇"。《龙龛手镜·虫部》也收有"虵"字,然释为"逶虵也"。

二、追求外在美观性

汉字在表意的同时,也尽量追求外形的美观。对称和平衡是追求外形美观的基本要求,一旦不符合这一要求,汉字构件就发生相应的变化。如"步",《说文·步部》:"行也。从止少相背。"小篆字形有其内在的平衡,但隶变以后,下部构件遭到破坏,故写卷常增点而作"步"。如 BD14505 卷一六:"力势者,第一象力、第一马力、第一车力、第一步力也。""步"原卷作⟨图⟩。上部构件又作"山",如 BD14505 卷一六:"汝持我名往至祇桓中问讯世尊:游步康强教化有劳耶?""步"原卷作⟨图⟩。构件"山"自身对称,构件"少"左右两点对称。又如 S.3971 中的⟨图⟩。

又如"外",《说文·夕部》:"远也。卜尚平旦,今夕卜,于事外矣。"左右不平衡,右边构件"卜"显得单薄,故写卷常增一撇点,使其美观。如 BD01605:"彼以僧事塔事故,外人有初立寺初立房初作池井而设会布施,不得赴彼请。""外"原卷作⟨图⟩。又如 S.6862 ⟨图⟩和 BD14668 ⟨图⟩。

又如"夭"增撇。《说文·夭部》:"屈也。从大,象形。"小篆字形有其内在的平衡,隶变后上面顶部破坏了整字平衡,故写卷常增撇。正如张涌泉所说:"'夭'顶部一撇使整个字形有向左倾倒之势,俗书在其右下侧加上一撇,全字便协调安稳了。"[①]从"夭"之字多仿此,如 BD14668 卷四."阿那律如是再三劝之。跋提亦再三报言:我不出家。""跋"原卷从"夭",并增撇作⟨图⟩。又如 BD14149 ⟨图⟩。又如 BD01605 ⟨图⟩从夭,并增撇。又如 S.960 ⟨图⟩。又如甘博 039 卷四八:"我某甲今从僧乞受大戒,和尚尼某甲。众僧拔济我,慈愍故。""拔"原卷作⟨图⟩,从"夭"并增撇。又如敦研 032 ⟨图⟩。又如

---

① 张涌泉《汉语俗字研究(增订本)》,北京:商务印书馆,2010 年,第 148 页。

敦研 032"吷"从"夭",并增撇作![字形].

除了改变构件外,还可以改变构件间的连接方式来追求字形的美观。"旦"中的构件"日"和"一"本是相离结构,用两者来会意,《说文·旦部》:"明也。从日见一上。一,地也。"但在写本中常作相接结构,如甘博 039 ![字形]和 BD00148 ![字形]等。构件"日"和"一"之间存有缝隙,破坏了汉字的整体性,故增一短竖和一点来连接,形成一个整体。从旦的"但""疸"亦然,如甘博 039 ![字形]、S.3898 ![字形]和 BD06011 ![字形]等。这一相接结构或右边一竖拉长与"一"相接,如 S.4036 ![字形]和 BD02960 ![字形]等,这样与"旦"易混。

三、体现表音性

汉字构件除了一些装饰性的外,一般分为表音和表意两种。表音成分的介入,使文字更为完善。正如王宁先生所说:"汉字有了示音构件的介入,就有了更先进的区别手段,字面所含的信息量也更多样化了,在汉字构形历史上是一大进步。"①写本《四分律》常用构件的演变当中,也有表音的目的,如"曼"中构件"又"常作"万",这一变化当是为了表音。写卷当中从"曼"的"蔓""缦""慢"等,其中构件"又"也常作"万"。

如 BD14038:"迦摩罗国诸比丘得如是尽形寿药:沙蔓那摩诃……""蔓"原卷作![字形],下部构件作"万"。

又如 BD06011:"或曲指,或六指,或缦指。""缦"原卷作![字形]。缦指,手指相连的一种病,《四分律名义标释》:"缦指者,谓指相连而成缦也。"(《卍续藏》44/589a)又称"网缦指",如《大般涅盘经》卷二八:"是业缘得网缦指如白鹅王。"

又如 BD14505 卷一六:"若物主为性慢藏,所有衣钵、坐具、针筒放散狼藉,为欲诚敕彼故而取藏之。""慢"原卷作![字形]。

这三个字均从"曼"得声。曼,本从"又"。《说文·又部》:"引也。从又冒声。"隶变以后,声符"冒"发生变形,难以辨认,更难以起到表音的作用。《龙龛手镜》未将"曼"归入"又部"而是归入"日部",并认为"鼻"是其或体,"莫官反,路远也;又音万,长也"。慧琳《一切经音义》卷三"傲慢"条:"下麻瓣反。《广雅》:'慢,缓也。'《声类》:'慢,倨也。'《说文》:'惰也,从心曼声也。'曼字从又,俗从万,讹也。瓣音白慢反。曼音万。"(《大正藏》54/326b)"曼"作"鼻",构件换成同音的"万"后表音更明显。

又如"痔"写卷作"症"。BD14519 卷五七:"我女有癫病,若言痈,若有

---

① 王宁《汉字构形学导论》,北京:商务印书馆,2015 年,第 133 页。

白癞,若言干枯病,若言狂,若言痓病,若言常有血出病,若言足下常热病。"痓,即"痔"的换旁俗字。痔,《说文·疒部》:"后病也。从疒寺声。"寺,祥吏切,邪母;痔,直里切,澄母。两者读音差异较大,"寺"很难起到声符表声的功能,故声符换为"止"。止,诸市切,章母。《广韵》音系中,澄母仄声与章母合流,章母字的"止"更能体现澄母仄声字"痔"的实际读音。《大字典》收有"痓"字,却无例证,可补。

又如"哑"在 BD05822 和 BD06011 中作"瘂"。哑,是一种疾病,故换"疒"旁作"痖"。《集韵·马韵》:"哑,倚下切。瘖也。或作'痖''瘂'。""哑""痖"均以"亚"为声符,这一声符或不如"阿"更能体现当时"哑"的读音,直到现在在粤语中"哑"读如"阿"①。故"痖"又换声符作"瘂",其演变过程:哑—痖—瘂。

---

① 《汉语方言大词典》"哑人"条"哑"注音"粤语 a55"。(第 4088 页)

第六章　敦煌写本《四分律》
用字总体特征

通过对写本《四分律》用字的全面考察和构件分析,我们对其文字使用情况和形体演变规律获得一些整体认识:用字杂糅现象明显,正和俗、繁和简、古和今等共存;写本《四分律》用字的总体趋势是简化,但也离不开繁化;类化推动具体用字发生各种演变;不同的演变途径造成了同形字,破坏了汉字系统。

一、总体趋势是简化,但也离不开繁化

汉字以其独有的方块形体发挥着记录汉语的职能,这一职能的正常发挥,离不开书写和辨认,从书写的角度看越简单越好,从辨认角度看越丰富越好,正如王宁先生所说:"就书写而言,人们始终希望符号简单易写;而就识认而言,人们又希望符号丰满易识。然而越简化,就越易丢掉信息,给识别带来困难;追求信息量大、区别度大,又难免增加符形繁度,给书写和辨认增加负担。二者的要求是相矛盾的。汉字就在易写和易识的矛盾中,不断对个体符形进行调整,以实现简繁适度的优化造型。"①

写本《四分律》中繁化与简化并行,便捷性要求字形简化,表意性又要求繁化。简化是汉字的主要发展趋势。这一趋势是由文字的工具性决定的,正如唐兰先生所说:"文字原来是致用的工具,所以总是愈写愈简单。"②作为重要的辅助性交际工具,文字发展演变过程中一直遵循便利性原则。文字自产生之时就沿着简化的总趋势不断地发展演变。③ 便利性原则在方块形体的汉字身上尤为明显,推动着汉字不断简化。这在相同构件的处理上体现得较为明显。相同构件或直接省去一个,如"濕"省"糹"。BD02960卷

---

① 王宁《汉字构形学讲座》,上海:上海教育出版社,2002年,第6页。
② 唐兰《中国文字学》,上海:上海古籍出版社,2001年,第117页。
③ 何琳仪《战国文字通论》,南京:江苏教育出版社,2003年,第202页。

三三:"尔时尊者阿湿卑给侍如来。""濕"原卷作![字形]。这一字形与"㵼"相近,《隶辨·缉韵》认为"醳散关之㟙㵼"中的"㵼"字是"濕"的讹误:"《说文》濕从㬎,㬎从日从絲。累即㬎之省,而讹日为田耳。"①或用重文符号代替,如"麤"常简写成一个"鹿"加两点或两撇,如 BD05822:"欲施麤劝施细者。""麤"原卷作![字形],即在"鹿"上加两点。或加两撇,如 BD01605:"或见与妇女![字形]恶语,或见与妇女前自叹誉身。"

除了前文讨论过的简体字外,俗字中的省旁、省笔和连笔等是简化,换旁俗字中也有一部分是简化。同时,汉字的表意功能又要求符号尽可能地丰富,这在汉字的增旁中体现得较为明显,如"泉"增"氵"、"然"增"火"等,虽说是叠床架屋,但表意功能确实明显增强。

繁化主要表现形式是增笔和增旁。除俗字外,古今字中的大部分今字也是在古字的基础上增旁而成。另外,具体用字中的借音字和换旁字若换成比原来字笔画多的也属于繁化。同时,构件的拆分与换用等有时也会导致一定程度的繁化。

写本用字繁化或为了更好地示义,增旁多是增加形符更明显地表意,如"果""熏""园"等增"艹","背""颠""發"等增"疒","勤""喜""责"等增"忄","号"增"口","胡"增"足","梁"增"木","泥"增"土","泉"增"氵","然"增"火","暑"增"小","党""舞"增"亻"等。如写本"果"在果实、果园中多增"艹"。如 BD14038 卷四三:"佛言:'不应不净果便食,应净已,食之。应作五种净法食:火净、刀净、疮净、鸟啄破净、不中种净,此五种净应食。'""果"原卷作![字形]。果,果实,《说文·木部》:"木实也。从木,象果形在木之上。"构件"木"的表意特征不明显,故增"艹"头以凸显其义,又如 BD14149![字形]、S.4036![字形]、BD02960![字形]等。

写本用字繁化或为了增加区别特征,汉字以形辨义,过于相近的形体降低了区分度,为了突出区别故增旁或增笔,如"土"通过增点而与"士"相区别。BD00148 卷四四:"彼称国土作依止羯磨。""土"原卷作![字形]。"土"和"士"结构不同,前者"从二从丨",后者"从十从一",《说文·土部》:"二象地之上,地之中。"段注:"上各本作下,误,今依《韵会》正。地之上,谓平土面者也。土二横当齐长,士字则上十下一,上横直之长相等,而下横可随意。今俗以下长为土字,下短为士字,绝无理。""丨,物出形也。"段注:"此所谓'引而上行读若囟'也。合二字象形为会意。它鲁切。《广韵》引《文字指归》曰:'无点。'按:《文字指归》盖以无点者它鲁切,有点者徒古切,田地主

<hr />

①　顾蔼吉《隶辨》,北京:中华书局,1986 年,第 192 页上。

也。释氏书国土必读如杜是也。"关于"土"字右边加一点,《隶辨》卷三中顾蔼吉认为:"土本无点,诸碑士或作土,故加点以别之。"①"士"与"土"在隶书中区别不明显,故加一点来区别。张涌泉先生持同样观点:"又如'土'与'士'仅底下一横画长短稍异,为了把这两字区别开来,俗书便于'土'字增点作'圡'。"②曾良先生也这样认为:"在俗字中,'土'写作'圡','士'字写作'士'、'土'均可,靠点的有无来区分。"③

写本用字繁化主要是为了突显其意义,让表意特征更为明显,但也有极少数繁化是为了表音,让表音特征更明显。如 BD01605 卷一九:"时六群比丘作兜罗绵,纻绳床、木床、大小褥。""纻"原卷作 𥾔,《大正藏》校勘记云,宋、元、明、宫本作"贮"。兜罗绵,梵语的音译,名称用字不统一,慧琳《一切经音义》多处有释义,"覩罗绵"条:"梵语也。西国细绵也。古译云兜罗绵。"(《大正藏》54/329b)"兜罗绵"条:"上都侯反。梵语细㲲绵也,即柳花絮、草花絮等是也。"(《大正藏》54/371b)"蠹罗绵"条:"上当固反。或作妒罗绵,旧言兜罗绵皆一也。"(《大正藏》54/510b)"姤罗绵"条:"丁固反。旧言兜罗绵也。"(《大正藏》54/765c)可见,兜罗绵即细绵。此处当用"贮",用其贮藏、盛装义,即将细软绵装在绳床、木床、大小褥里。《说文·贝部》:"贮,积也。从贝宁声。""贮"后又从衣作"袊",《通俗文》:"装衣曰袊也。"又从糸作"紵(纻)"。这几种字形均从"宁"得声,而写卷却换成从"著"得声。

写本用字繁化或为了字形的美观。如"笑",演变成从口从关的"咲"后,开始只是末笔习惯性的增笔,如 BD05822 咲(或戏笑语)。为了外形的对称,在左边的撇上也增笔,如 BD14505 咲(或戏笑语)和 咲(下至戏笑者)。

二、类化推动写本《四分律》用字发展

文字的类化本质上是类推思维对文字发展演变的影响,既有外部的因素也有文字自身的因素。"文字受自身形体或者相邻文字结构的影响,以及受使用环境中相关词汇语义的沾染,在思维类推作用下,产生非理性的形体类推,增加或改变其中一个字的构件或偏旁。"④类化主要表现在三个方面:字际类化、字内类化和因义类化等。

---

① 顾蔼吉《隶辨》,北京:中华书局,1986 年,第 94 页上。
② 张涌泉《汉语俗字研究》,北京:商务印书馆,2010 年,第 85 页。
③ 曾良《俗字与古籍文字通例研究》,南昌:百花洲文艺出版社,2006 年,第 160 页。
④ 毛远明《汉魏六朝碑刻异体字研究》,北京:商务印书馆,2012 年,第 335 页。

　　字际类化，就是通常所说的受上下文影响而类化，即一个字受其前后文影响，通过增加构件或改变构件等，使其与上下文用字结构趋同。这种类化古已有之，主要是符号间相互影响造成的。王引之《经义述闻》卷三二"上下相因之误"条将其细分为两类，"本有偏旁而误易之者"和"本无偏旁而误加之者"。写本较为常见，如 BD06011 卷三五："或内外曲，或上气病，或瘊病，或吐沫病。""沫"原卷作㖞，即"味"，"未"中的两横在写本中经常相等，如 BD00148 卷四四"未"原卷作未。"沫"作味，主要是受前文"吐"的类化。

　　字际类化还能一个字发生不同的类化，如"责"字在"呵责"和"嫌责"中类化成不同的形体。如甘博 039 卷四八："比丘尼不应骂詈比丘、呵责，不应诽谤言：'破戒、破见、破威仪。'""责"原卷作㖞，呵责，即呵斥，如《三国志·魏志·三少帝纪》："性情暴戾，日月滋甚，吾数呵责，遂更忿恚。"呵斥，需要开口说话，故增"口"而为"啧"。又如 BD14668 卷五："诸比丘闻，中有少欲知足行头陀乐学戒知惭愧者，嫌责提婆达伴党比丘：'汝等云何言提婆达是法语比丘、律语比丘，提婆达所说我等忍可。'""嫌"该写卷从心作㦒。换成"心"旁后，影响到下文的"责"字。受其类化，"责"增旁而作愭。

　　字际类化还有特殊的一类，即受形近字的类化，如 BD01832 卷二七："若为强力者所夺无犯。""夺"原卷作㐫，其下部当是受"集"的类化。

　　字内类化，是一个符号内部构件相互影响的结果，其中某一构件受另一构件影响而发生构件趋同。前文讨论过的"願""颠""寻""濡"都属于此类。又如 BD14519 卷五六："若大小便时失不犯，若冷水若煖水中洗失不犯。""煖"原卷作㷶，即"煖"右边构件类化而趋同。又如 S.6366 卷二五："时园主留一人守园，自持蒜诣毗舍离卖。""留"原卷作㽞，其右上角作"口"。受其影响，左上角也类化成"口"。如甘博 039 㽞 和津艺 182 㽞。

　　因义类化，是文字符号使用者根据文字符号的意义而产生的心理类推，如前文说过的"泉"增"氵"、"梁"增"木"等都是根据其意义而类化。如疾病有关的常类化而增"疒"，如"凸背"的"背"在 S 3898 中作㾹。当这一类化被广泛使用后，正常的"背"也增"疒"头，如甘博 039 㾹（听在比丘背后敷座诵）和 BD14519 㾹（时有女人捉比丘背）。甚至连"康"也因类化而换成"疒"头，如 BD14505 卷一六："时末利夫人即疾下楼，语那陵迦婆罗门言：'汝持我名往至祇桓中，问讯世尊：游步康强，教化有劳耶？'""康"原卷作㾘。康强，即身体健康、强健，写卷当中因健康而联想到疾病，故换成"疒"头。

汉字类化不仅影响着个别汉字的形体,还影响到整个汉字系统,推动了汉字的发展演变。对个别汉字形体的影响极为明显,不论是更换构件还是添加构件,字形都随之发生改变。另外,类化还破坏了原有的构字理据。

其一,从汉字结构的解析看,汉字类化完善了传统的造字方法,一定程度上补充了传统六书。不论是许慎的"六书"还是戴震的"四体二用",都难以分析一些类化字的构造。如 BD00148 𩒠、上图 054 𩕋,都是"顾"的类化。"顾"原本从页原声,是个形声字,但字形类化后从两个"页",既不是形声也不是会意。类似的还有 BD06011"颠"作𩕳等。

其二,从汉字系统看,汉字类化促进了汉字偏旁或构件的归并,有助于汉字的归类。汉字的归类,有利于人们识读汉字、理解汉字和使用汉字。归类工作古人早已关注,许慎坚持"以类相从"的原则将汉字进行归类。表义形符在归类中发挥着极其重要的作用,而汉字的类化更多地是汉字形符的类化。毛远明先生在谈到碑刻类化字时指出:"形符表示意义类别,抽象程度高,呈封闭性,数量有限,完成思维类推比较容易;形符结构相对于声符要简单得多,易于添加或改换,因此类化字以形旁类化为主,应是理所当然的。"①

写本《四分律》中,通过类化中的换旁或增旁等,将一些字系联在一起。如"心(忄)"旁字表示与心情、心性有关,写本《四分律》中除了"惭""愧""念"等以外,又类化出了一些从心的汉字。

"勤"增"心"作"懃",S.4104 卷五九:"我当独在静处懃(勤)修精进而不放逸。"又如 BD05822 懃。勤,勤劳;"勤修精进"更多地是内心的修行、修养,故类化增"心"。

"嫌"从心作"慊",如 BD14149 卷二八:"其中有少欲知足行头陀乐学戒知惭愧者,嫌责诸比丘尼。""嫌"原卷作慊。又如 BD05522、BD14668 中的"嫌"也从心。"嫌"是心理活动,《说文·女部》:"不平于心也。一曰疑也。从女兼声。"段注:"《心部》曰:'慊,疑也。'嫌与慊义别。"与心理活动有关,故写卷中"嫌"换成"忄"旁。

"喜"增"心"作"憙",如 BD14149 卷二八:"时诸比丘尼便度与童男男子相敬爱愁忧憙(喜)瞋恚女人受具足戒。"又如 S.4036 卷二九:"时迦罗比丘尼好憙(喜)斗诤,不善忆持斗诤事。"

"姓"从心作"性",如 BD01605:"时舍卫城中有一大姓婆罗门,名耶若达。""姓"原卷作性。又如 BD05822 性(族姓女听)。BD02960:"时迦叶

---

① 毛远明《汉魏六朝碑刻异体字研究》,北京:商务印书馆,2012 年,第 359 页。

受佛教已,即从坐起上升虚空,还下礼世尊足,以手摩扪如来足,以口呜之自称姓字。""姓"原卷作**性**。

"责"增"心"作"愤",如 BD14668"嫌责提婆达伴党比丘"中的"责"增旁而作**愤**。

其三,从文字演变看,类化推动汉字字形的演变。类化体现在汉字发展的方方面面,前文谈到的俗字、简体字以及误字等或多或少都有类化的成分;类化贯穿于汉字发展过程的每个阶段,正如张涌泉先生所说:"类化是古今汉字共同存在的一种字形类推现象。"①类化与简化、繁化等一起推动着汉字发展,简化过程中有类化,繁化过程中也有类化。

当然,类化也导致整个汉字系统中异体字增多。异体字增多不符合语言文字经济化原则,这一原则决定了类化字大多是临时性的,一旦脱离具体语境,大多难以识读理解。

三、同形字的出现破坏了汉字系统

同形字,一个汉字形体记录了两个或两个以上词。本来字和词应是相对应的,同形字的出现破坏了汉字系统。裘锡圭先生在《文字学概要》中专门谈及"同形字":"同形字这个名称是仿照同音词起的。不同的词如果语音相同,就是同音词。不同意义的字如果字形相同,就是同形字。同形字的性质跟异体字正好相反。异体字的外形虽然不同,实际上却只能起一个字的作用。同形字的外形虽然相同,实际上却是不同的字。"②并将同形字分成四类:结构性质不同的同形字、同为表意字的同形字、同为形声字的同形字、由于字形变化而造成的同形字。就写本《四分律》而言,其同形字主要是第四类,即因字形变化而同形。

(一)因构件换位而同形

障—郭

BD06011 卷三五:"佛说障道法者。""障"原卷作**郭**,左右互换。写卷常见,又如 BD01605 **郭**、甘博 039 **郭**等。

构件"阝"既能表示"阜"又能表示"邑",大致是在左者为阜,与山有关,在右者为邑,与城有关。"障"和"郭"二字均见于《说文》,前者在《阜部》训"隔也"表屏障义,后者在《邑部》训"纪邑也"表古邑名。但在实际应用中却常混用,早在汉代碑刻中就有混用例,王念孙《读书杂志》卷一○《汉隶拾

---

① 张涌泉《敦煌文献类化字研究》,《敦煌研究》,1995 年第 4 期。
② 裘锡圭《文字学概要(修订本)》,北京:商务印书馆,2013 年,第 201 页。

遗》在解释《郙阁颂》之"郙"字时说:"碑文作郙者,移阜于右耳,非从邑也。"①"障"字从阜,与山陵有关,以山为屏障来阻隔。但写本中多将"阝"置于右边,与"郭"同形。

壁—墣

BD14668 卷五:"覆障者,若树若墙壁若篱若衣及余物障。""壁"原卷作 墣。又同卷:"露处者,无墙壁若树木,无篱障及余物障。""壁"原卷作 墣。这种写法将形符"土"置于左边。

《大字典》收有"墣",《集韵》"同'坿'",坿,《说文》释为"增也",即增益、增补。"墙壁"之"壁"构件换位后与"墣"同形。《敦煌俗字典》"壁"下未收"墣"形。

清—彭

BD14668 卷四:"诸根坚固如调龙象,意不错乱犹水澄清。""清"原卷作 彭。《说文·彡部》确实收有与之形似的"彭",释为:"清饰也。从彡青声。"但上揭例句中的 彭 与"清饰"义无涉,不能按"清饰"来理解,实为"清"的构件换位,又因书写习惯右旁写作"彡"形。此处是以水之"澄清"来喻意念纯正而不错乱。换位后与表"清饰"之"彭"字同形。

(二) 因构件简省而同形

本来是两个字,简化后变成一个字,如前文说到的"與"和"与"、"嚮"和"向"。又如"蟲"省"口",如 BD14940 卷四九:"时比丘尼结跏趺坐,血不净出,污脚跟指奇间,行乞食时虫草着脚。诸居士见,皆蟲笑。""蟲"原卷作 蚩,省"口"旁、再省去中间一横,即"蚩",又如 BD05822 蚩 等。蚩,从"虫"表示一种动物。《说文·虫部》:"蚩,虫也。从虫之声。"蟲,从"口"表示笑的样子。《玉篇·口部》:"蟲,笑貌。""蟲笑"当从口,简省构件"口"后就与"蚩"同形,只是写卷又省去中间一横。

(三) 因构件添加而同形

"甘"增"艹",如 BD14038 卷四二:"得水和甘蔗汁。佛言听饮。""甘"原卷作 苷。又如 BD14505 卷一六:"木酒者,梨汁酒、阎浮果酒、苷 蔗酒、舍楼伽果酒、蕤汁酒、蒲桃酒。"

"甘"和"苷"两字均见于《说文》,《甘部》:"甘,美也。从口含一。一,道也。"《艹部》:"苷,甘艹也。从艹从甘。"本来是两个字,前者意为味美、甘甜,后者意为甘草。"甘蔗"之"甘"当用前者,取味美、甘甜义,写卷添加"艹"后与表甘草的"苷"同形。

---

① 王念孙《读书杂志》,南京:江苏古籍出版社,1985 年,第 985 页。

又如"长"增"艹"，如 BD01605 卷一九："世尊以此因缘集比丘僧，呵责六群比丘言：'汝所为非，非威仪，非沙门法，非净行，非随顺行，所不应为，云何汝等多作广长覆疮衣？'""长"原卷作䓞。又如 BD06011 卷三五："善现龙王寿极长，生厌离心而作是念：'今生此长寿龙中，何时得离此身？'""长"原卷作䓞。BD14668 卷四："时提婆达往阿阇世所语言：'王以正法治者得长寿，汝父死后乃得作王，年已老耄，不得久在五欲中而自娱乐，汝可杀父，我当杀佛，于摩竭国界有新王新佛治国教化，不亦乐耶？'""长"原卷作䓞。又如 BD05822"长"作䓞。

"长"和"苌"两字均见于《说文》，《长部》："长，久远也。从兀从匕。兀者，高远意也。久则变化。亡声。"其《艹部》："苌，苌楚，跳弋。一名羊桃。从艹长声。"苌楚，朱骏声《说文通训定声》认为"即夹竹桃也"。《诗经·桧风·隰有苌楚》："隰有苌楚，猗傩其枝，夭之沃沃，乐子之无知。"上揭写卷用例当用表久远义的"长"，添加"艹"后与表苌楚的"苌"同形。

（四）因构件换用而同形

某字构件在写本中常因类化而换用，如前文的"沫"换从口后就与"味"同形。构件换用，常造成同形字。

篱—櫔

　　屏障处者，若树、若墙、若篱、若衣、若复余物障。（S.6366）

"篱"原卷作櫔。篱，篱笆。《释名》："篱，离也。以柴竹作之。"竹子制成，故从竹；又可以用木头制成，故写卷换旁从木作"櫔"。这一写法与表山梨之"櫔"同形，《尔雅·释木》："櫔，山梨。"邢昺疏："在山之名则曰櫔，人植之曰梨。"

瓶—洴

　　尔时摩竭国瓶沙王听诸比丘常在池中洗浴。（BD14505 卷一六）

"瓶"原卷作"洴"。《集韵·庚韵》："洴，水声。或作泙、滂。"又因"并"和"井"相通，《正字通·水部》："洴，俗'泩'字。"写卷中"瓶"受"沙"类化而换构件，这样就与表水声的"洴"同形。

另外，"瓶"写本中多省去右边的横，右边稍有不同，或作类似"凡"形，如 BD06011 瓶，或在"凡"的基础上加一点，如 BD02960 瓶。

彼—被

　　向为彼比丘所打。（BD01605）

"彼"原卷作被，即"被"，俗写中衣旁常省点作示旁。S.3971："智证彼天眼清净。""彼"原卷作祊。又如 BD14668："若他与作，彼不犯。""彼"原卷作祊。

拍—柏

　　若女根女根相拍。（S.6366）

　　"拍"原卷作"柏"。写卷中，"扌"旁常作"木"旁，如同写卷"打"字也从木作"杍"。当"拍"从木后就与原有的"柏"构成同形字。

（五）因构件讹误而同形

　　一般的形误字，不属于同形字。但是，写卷中还有特殊的一类形误字，即因俗字形体相近的误字，这类字出现的频率较高，而且有着自身的系统性。这类字我们也将其纳入同形字的范围，如前文提到的"私"作"和"、"句"作"勾"等。

貌—狠

　　舍卫城中颇有如此像貌沙门不？（BD01605）

　　"貌"原卷作狠，误作"狠"字。又如 BD14668 狠、狠、BD14519 狠和甘博 039 狠等。

　　"貌"（又作"皃"）和"狠"本是两个字。貌，容颜、容貌。《说文·皃部》："皃，颂仪也。从人，白象人面形。凡皃之属皆从皃。皃，皃或从页，豹省声。貌，籀文皃从豹省。""貌"为"皃"的籀文。狠，从犬，表示犬斗声。《说文·犬部》："狠，吠斗声。从犬艮声。"段玉裁改为"犬斗声"，注云："犬各本作吠。今依宋本及《集韵》正。"这一讹误当是受"貌"的俗写作狠（羽 237：迦留陀夷颜貌端正）影响，"狠"左边构件常讹作"犭"，与"狠"同形。

　　敦煌写卷用字多是民间俗字，抄写人文字功底参差不齐，写卷用字随意性较大。魏晋以后，汉字构件组合方式的相对集中，高频构件较为稳定，构件的表意特征日渐概括。种种因素引起汉字形体的区别特征不明显，甚至发生混淆，导致同形字的产生。同形字的出现不利于汉字的识读和理解，破坏了汉字系统，故而多是临时性的，难以保存下来。

四、构字理据既有传承也有演变

　　汉字属于表意文字，凭借不同形体来记录汉语，其形体特征与其表达的意义之间有着某种对应关系。形体结构中意义信息或明或暗，既有单独描摹真实物体，也有构件间相因生义。这些约定俗成的意义信息一般称之为构字理据。随着汉字发展，汉字结构遭到破坏，构字理据在继承的同时也发生改变。通过对具体用字及其构件的系统考察，我们发现写本《四分律》具体用字的构字理据在传承的同时也发生了演变。

（一）理据由明而晦

節—茚

时黄头见王卧已，在前长跪，按脚及处处支节，解王疲劳。
（BD01605 卷一八）

"節"原卷作茚，该写卷还有两处也从"艹"。《说文·竹部》："節，竹约
也。从竹即声。"段玉裁认为："约，缠束也。竹节如缠束之状。《吴都赋》
曰：'苞笋抽节。'引伸为节省、节制、节义字。又假借为符卪字。"从竹，本义
为竹节，构字理据明显。但写卷多从"艹"，从竹不多。通过全面调查，写本
《四分律》中的"節"字有 27 处从"艹"：BD01605 三处、BD05822 三处、
BD05522 一处、S.4036 两处、S.3898 五处、S.6366 一处、S.3971 七处、
BD14668 两处、BD14149 两处、傅 188099 一处，仅有 7 处从竹：S.6366 五处、
BD01832 两处，另外写卷 BD01832 还有 1 处不清晰。竹子是一种植物，易
"竹"为"艹"，构字理据不显。

（二）理据丧失

施—祂

诸比丘尼受此施食食已，然后方诣居士家食。（BD14149 卷二九）

"施"原卷作祂。施，旗子飘动的样子。《说文·㫃部》："旗皃。从㫃
也声。垒栾施字子旗，知施者旗也。""施"从㫃得意，与旗帜有关，"㫃"《说
文》释为："旌旗之游，㫃蹇之皃。从中曲而下，垂㫃，相出入也。"隶变后左
边变成"方"，而"方"在手写中由于形近而经常作"礻"。又如 BD02960 祂
和 BD05822 祂等。

类似的还有写卷中的"旃"和"族"均从"礻"。这些字写卷从"礻"后构
字理据遭到破坏，原有理据丧失。类似的还有"旋"在写卷 BD14505 中作
捉。原本从"㫃"，意义与旗帜有关，写本从"扌"构字理据丧失。

（三）理据重构

触—觕

不得身相触乃至共畜生。若比丘尼有染污心，与染污心男子身相
触。（甘博 039 卷四八）

"触"原卷作觕。又作上下结构，如 BD01605："若欲从沟渎泥水处过
相近，举手招唤余比丘触彼，无犯。""触"原卷作牵。触，用角相抵抗。《说
文·角部》："抵也。"段玉裁认为当作"牴也"。本是形声字，写卷却改成"从
牛从角"会意。

臭—臰

彼授二道烂臭者大戒。佛言：不应授二道烂臭者大戒。（甘博 039）

两处"臭"原卷均作"髡"。臭,是"嗅"的古字,"从自从犬"会意。《说文·犬部》:"禽走臭而知其迹者,犬也。"段玉裁注:"走臭犹言逐气,犬能行路踪迹前犬之所至,于其气知之也。故其字从犬、自。自者,鼻也。引伸假借为凡气息芳臭之称。"写卷多改成"从自从死",又如 S.969:"彼于塔四边大小便令臭气来入。""臭"原卷作 髡,该写卷还有一处"臭"作"嗅"。又如 S.4867 中的两处"臭"也作"髡"。

默—嘿

谁诸长老忍僧于此处、彼处结同一说戒、同一利养结界者,默然;谁不忍者,说。(BD06011 卷三五)

"默"原卷作 嘿,"灬"置于字的下部,变成上下结构。默,从"犬"得意,本义是狗悄悄地追逐人,《说文·犬部》:"默,犬暂逐人也。从犬黑声。读若墨。"段玉裁注:"假借为人静穆之称,亦作'嘿'。"《玉篇·口部》:"嘿,与'默'同。"写本多作从口的"嘿",如 BD05822:"谁诸大姊忍僧与彼某甲沙弥尼二岁学戒和上尼某甲者,默然。""默"原卷作 黑。构字理据由"从犬黑声"变成"从口黑声"。

下编
考　释　篇

第七章　敦煌写本《四分律》 用字与字典编纂

辞书编纂过程中,字形、字义固然重要,但书证、例证也不容忽视,关于两者的关系,张涌泉先生曾形象地指出:"如果说字形、字义是字典的骨骼,那么书证、例证就是字典的血液。"至于书证和例证的区别,该文指出,"举证包括书证和例证。辞书界通常把列举前代字书、韵书中的音义称为书证,而把古今文献中的实际用例称为例证。"①敦煌文献保存了大量当时人书写的真实字形,为大型辞书的编纂提供珍贵的例证。

《大字典》的编纂为人们的学习和研究提供了便利,其极强的便利性毋庸置疑,但稍显不足的是,有不少字仅沿袭前代字书而缺乏明确的释义和具体的例证,不利于人们的理解和使用。王力先生《理想的字典》中将"缺乏例证"作为普通字典对于新兴意义的三种毛病之一,并指出:"这样没有例证,就不知道它们始见于何书,也就不知道它们是什么时代的产品。"②除了对产生新兴意义的字缺乏例证,其收录的不少文字的俗写也一样缺乏例证。敦煌写本正好能够弥补这一不足,写本保存了汉字书写较早的面貌,为不少字形提供宝贵的例证。下面就依据写本《四分律》中的实际用例,从补充例证、提前例证及补充字形等方面来完善《大字典》的编纂。

第一节　补　充　例　证

例证,是字典编纂的重要组成部分,恰当的例证有利于人们对于字词的理解,有利于字典价值的发挥。然而,在实际编纂过程中,部分字词却很难

---

① 张涌泉《大型字典编纂中与俗字相关的若干问题》,见《旧学新知》,杭州:浙江大学出版社,1999年。

② 王力《理想的字典》,见《龙虫并雕斋文集》,北京:中华书局,1980年,第1册,第371页。

找到例证,这就造成不少例证缺乏的情形。最终给人们的使用带来不便,无形中降低了字典的品质。敦煌文献由于书写面貌真实自然,保存了当时汉字的许多具体而特殊的写法,或多或少能提供一些例证。全面调查写本《四分律》用字,我们发现其具体用例可以为大型字书补充例证。

寶

> 所谓珍宝者,金银、真珠、琉璃、珊瑚、车璩、马瑙。(BD05330 卷三六)

"寶"原卷作𡪄,"珍"原卷作𤤴,"寶"中的构件"缶"作"尔",当是受𤤴的类化。《大字典》收有该字,却无例证,可补。又如 P.3340 卷三一:"所谓七寶者,一轮寶,二象寶,三马寶,四珠寶,五玉女寶,六主藏臣寶,七典兵寶。""寶"字的构件"缶"均作"尔"。

俻

> 时王即还拘睒弥,修治城堑,收检谷食、柴薪,聚集军众,守城警备。(S.3971 卷五三)

"备"原卷作俻。俻,同"备"。《大字典》收有该字,却无例证,可补。"俻"的右下角构件又可作"用",如 P.3340 卷三一:"时摩竭王洴沙俻虑边国,遣人处处卫逻。"右上角又减作两笔,如 Φ.325 卷二六:"时有一大将,勇健多智,众术俻具,善能斗战。"

墎

> 譬如于城郭国邑中有讲堂广大高显,有聪耳人在中不劳听力而闻种种音声。(S.3971 卷五三)

"郭"原卷作墎。郭,本从邑,但邑作"阝"后表义功能不明显,故增土旁作"墎"。《大字典》收有"墎",但无例证,可补。这一写法常见,又如 P.2521 卷五九:"若比丘于城墎村落作多不净行,非沙门法。"S.6636 墎 和 BD14519 墎 等。

懴

> 诸大德! 我今欲说波罗提木叉戒,汝等谛听,善心念之,若自知有犯者即应自懴悔;不犯者默然。(BD06011 卷三五)

"懴"原卷作懴,构件"从"作"十",又如 BD00148 懴。"韯"的构件"从"大多能作"十",如《玉篇·韭部》:"韯,思廉切。山韭。或作'韱'。"从韯之字也一样,如《玉篇·歹部》:"殲,子廉切。尽也,死也。又作'殱'。"《大字典》收有"懴",但无例证,可补。

玔

> 尔时婆伽婆在舍卫国祇树给孤独园。时六群比丘尼畜妇女庄严身

具、手脚钏及猥处庄严具。（BD05522 卷二九）

"钏"原卷作𤣩。该件写卷共出现 5 处，均作"珚"。《大字典》收有"珚"字，并依据《玉篇》和《集韵》释为"玉环"，却无例证，可补。《说文新附·金部》："钏，臂环也。从金，川声。""珚"即"钏"换旁，由金属制成故从金，而又能以玉制成故换旁从玉。

厨

时众僧食厨坏，诸比丘以木拄之，木在不净地，有疑：不知净不？佛言："净，得食。"（BD14038 卷四三）

"厨"原卷作厨。《大字典》：厨，同"厨"。无例证，可补。厨，又作"廚"。《说文·广部》："廚，庖屋也。从广，尌声。""廚"在写本中又能换位作尉，如 BD14505 卷一六："尔时诸比丘欲为诸病比丘煮粥、若羹饭，若在温室、若在尉屋、若在浴室中，若熏钵、若染衣、若然灯、若烧香。"尉即"廚"的换位写法，将"尌"中的构件"寸"换到整个字的右边，成为左右结构。

渧

佛言："听以羊毛、若劫贝、鸟毛渍油中，然后渧着鼻中，四边流出。"（BD14038 卷四三）

"渧"原卷作渧。渧，同"滴"，"滴"又从適作"滴"，《集韵·锡韵》："滴或从適。"《大字典》收有"滴"字，但无例证，可补。

垍

时有众多小儿脱衣置一处，作土堆戏。有粪扫衣比丘见，即持去。诸小儿见，语言："莫持我衣去。"（S.1415 卷五五）

"堆"原卷作垍，即"垍"，手写时右上方的一撇常省去。《大字典》收有"垍"字，但无例证，可补。"垍"又作"塠"，即"堆"的俗字。慧琳《一切经音义》卷三"垍阜"条："上都回反。《考声》云：'土之高貌，土聚也。'《集训》云：'丘阜高也。'《说文》作'自'，小阜也。……经文作'塠'，俗字也。"《龙龛手镜·土部》"堆"字下收有四种俗体，分别是"垍""塠"以及这两种字形的省撇。

豿

有五种肉不应食，象肉、马肉、人肉、狗肉、毒虫兽肉，是为五。（P.2521 卷五九）

"狗"原卷作豿。这一字形是"狗"的类化字，当是受"豺""豹"等字类化而来，《大字典》收有"豿"字，释为"同'狗'。熊虎的幼子名"，实为"狗"的异体。

寇

若水陆道断,贼寇恶兽难,若河水瀑涨,若为强力所执,若被系闭,命难,梵行难,如是众难,不遣信问讯者,无犯。(BD14149 卷二九)

"寇"原卷作**寇**,同"寇"。《大字典》收有该字,却无例证,可补。

寇,暴乱。《说文·攴部》:"暴也。从攴从完。"徐锴系传:"当其完聚而欲寇之。"《诗·大雅·桑柔》:"民之未戾,职盗为寇。"郑玄笺:"为政者,主作盗贼为寇害,令民心动摇不安定也。"构件"完"被"攴"加入后示义不明显,其中"宀"又与"穴"相混,故作"寇"。写卷 BD14149 两处均从穴。另外,"宀"又与"冖"相混,如上揭卷二九用例在 S.4036 中作**冠**,构件"攴"作"攵"。

挵

除水已,若酪浆、若清酪浆、若苦酒、若麦汁,器中弄戏者,突吉罗。(BD14505 卷一六)

"弄"原卷作**挵**。《大字典》收有该字,却无例证,可补。

挵,同"弄"。弄,"从廾持玉"会意,"廾"表示双手,隶变以后示义不明显。故挵从手、上、下,取用手上下把玩之义。又如甘博 039 卷四八:"时有余女人欲受戒者。彼比丘尼将往佛所,中道遇贼,贼即将毁辱、戏弄。""弄"原卷作**挵**。其右边构件"上"与"下"又能共笔作"卡",如 BD01605 卷一八:"见根者,实见**挵**阴失精,……是谓见根。"

写本中一共有 3 种写法,作"挵"占大部分。全面调查,作"挵"20 处:BD14668 一处、BD14505 四处、甘博 039 七处、BD14519 八处,作"弄"9 处:S.6636 八处和 BD14940 一处,作"挵"仅 BD01605 中的 2 处。

躄

喻骂者,汝似旃陀罗种,汝似除粪种……汝似盲瞎人,汝似秃人,汝似躄跛人,汝似痖聋人。(BD06024 卷一一)

"躄"原卷作**躄**。《大字典》收有"躄",无例证,可补。

躄跛人,即跛子。《素问·痿论》:"故肺热叶焦,则皮毛虚弱急薄着,则生痿躄也。"王冰注:"躄,谓挛躄,足不得伸以行也。"构件"足"与"止"相通,故"躄"又换旁作"躄",如 BD02239 卷二八:"诸比丘尼闻世尊制戒得度十岁曾嫁女人与二岁学戒,满十二与授具足戒,便度他盲、瞎、跛、躄、聋及余种种病者,毁辱众僧。""躄"原卷作**躄**。

另外,该字在写本中写法多样。或作左右结构,如上揭卷二八用例的"躄"在 S.4036 中作**躄**。或作"躃",如 BD05822 卷二七:"时诸比丘尼便度盲、瞎、癃、躄、跛、聋、痝、痖及余种种病者,毁辱众僧。""躄"原卷作**躃**。

"躄"与跛意义相近,也是一种病,故又换作"疒"头,如上揭卷二八中的"躄"在 BD14149 中作"癖",与癖好之"癖"同形。

乞

其儿妇亦有如是福力,以一裹香涂四部兵及四方来乞者,随意令足,香故不尽,乃至起去。(BD14038 卷四二)

"乞"原卷作乞。又如甘博 039 乞等。《大字典》收有"乞"字,无释义无例证。

"乞"即"乞"。"乞"在写本还有其他写法,其一,上部讹作"上",下部讹作"匕",如敦研 032 卷四二:"尔时有长老上座多知识,村间乞食来,聚落(右侧有删去符号)在一处食。""乞"原卷作乞。又如 BD14668 乞等。其二,上部讹作"上",下部作"乙",如 BD14668 卷六:"有因缘事欲人间行,不堪持行,今从僧乞结不失衣法。""乞"原卷作乞。从乞的"乾"也如此,如 BD14668 卷六:"时有一比丘有乾痟病,有粪扫僧伽梨患重。""乾"原卷作乾。其三,下部作"乚",如 BD06011 卷三五:"复不称和尚名,教乞戒而不乞。"

牵

若比丘尼有染污心与染污心男子身相触,从腋已下膝已上身相触,若捉、若摩、若牵、若推、逆摩、顺摩、若举、若下、若捉、若捺。(BD05822 卷二八)

"牵"原卷作牵。牵,《说文·牛部》:"引前也。从牛,象引牛之縻也。玄声。"声符表音不明显,笔划复杂,故上部构件换作"去",形符"牛"换成"手"。《大字典》收有"牵"字,却无例证,可补。又如 BD05522 卷三〇:"时诸比丘尼闻世尊制戒听度弟子,便度负债人及诸病者。与授具足戒已,债主来牵捉,若病者常须人守视不得远离。""牵"原卷作牵。

墙

第三者,若半有篱障,若多无篱障,若都无篱障,若垣墙,若堑亦如是。(BD14038 卷四三)

"墙"原卷作墙,即"墙"。《大字典》收有该字,却无例证,可补。"墙"在写本中常增"广"。墙,左边又作类似"牛"形,如 BD01161 墙。《大字典》依《龙龛手镜》收有从牛的"犅",也没有具体例证,可补。

璖

所谓珍宝者,金银、真珠、琉璃、珊瑚、砗璖、马瑙。(BD05330 卷三六)

"璖"原卷作璖。《大字典》:"璖,同'璩'。"并引《集韵·鱼韵》为书证,无例证,可补。

敳

　　时诸比丘种菜,自散种子后,疑,言:"我自种,不敢食。"白佛。佛言:"种子已变尽,听食。"(BD14038 卷四三)

　　"散"原卷作**敳**。慧琳《一切经音义》卷三六"掷敳":"下散,正体之字。"(《大正藏》54/549b)《大字典》收有敳字,但字形有误,左下部构件应作"月(肉)",《大字典》无例证,可补。

　　左上角又可连笔,如上图 054 **散**。《大字典》收有这一"散"字,并依《正字通》释为"'散'的讹字",也无例证,可补。

屎

　　尔时目连告诸比丘言:"我见有众生没在**矢**中,受大苦痛,号哭大唤。"诸比丘语目连言:"汝自言见有如是众生没在**屎**中、受大苦痛、号哭大唤,无有是处,虚称得上人法,波罗夷,非比丘。"(S.6636 卷五六)

　　屎,即"屎"。《玉篇·尸部》:"屎,粪也。与'矢'同。俗又作'屎'。"《大字典》收有该字,却无例证,可补。写本《四分律》一共出现 15 次,分属 6 件写卷,其中作"屎"4 次,作"屎"11 次。

螫

　　诸比丘破浴室薪,空木中蛇出,螫比丘杀。(BD14038 卷四二)

　　"螫"原卷从"亦"作**螫**。《说文·虫部》:"虫行毒也。从虫赦声。"其构件"赤"形近而作"亦"。《大字典》收有"螫",无例证,可补。

踹

　　或青发,黄发,白发,大长,大短,妇女踹,天子,阿修罗子,捷闼婆子……如此人不得度受具足戒。(BD06011 卷三五)

　　"踹"原卷作**踹**。《大字典》收有该字,却无例证,可补。踹,同"腨",胫骨后肉,脚肚子的意思。

洴

　　定光如来观察提婆跋提城人民,诸根纯淑,即使化城,忽尔火然。(S.3898 卷三一)

　　"淑"原卷作**洴**。《大字典》:洴,同"淑"。无例证,可补。

訢

　　尔时大爱道比丘尼、差摩比丘尼、莲华色比丘尼、提舍瞿昙弥比丘尼、波梨遮罗夷比丘尼、诉弥比丘尼……(BD05335 卷一二)

　　"诉"原卷作**訢**。《大字典》收有"訢"字,却无例证,可补。

嚏

时世尊嚏。诸比丘咒愿言:"长寿。"诸比丘、比丘尼、优婆塞、优婆夷亦言:"长寿。"大众遂便闹乱。(S.3971 卷五三)

写本"嚏",元、明本作"嚔"。《大字典》收有"嚏"字,其音项(五):同"嚔"。引《广韵》作书证而无例证,可补。

麩

若比丘无病为自炙故,在露地然火,若然草木、枝叶、纻麻、刍麻、若牛屎、糠、粪扫麩一切然者,波逸提。(BD14505)

麩,破碎的麦壳。《大字典》引《龙龛手镜·麦部》:"麩","麩"的俗字。无例证,可补。写本作 **麩**,可补这一简体字形。

耘

既知非谷,即耘除根本。(BD15378 卷六〇)

"耘"原卷作 **秏**。耘,最初从员,《说文·耒部》:"穣,除苗闲秽也。从耒员声。耘或从芸。"形符换成"禾"形近义通。《大字典》收有"秏"字,但无例证,可补。

愤

诸比丘闻,中有少欲知足行头陀乐学戒知惭愧者,嫌责提婆达伴党比丘。(BD14668 卷五)

"责"原卷作 **愤**。《大字典》收有"愤",音项(二):同"责"。无例证,可补。嫌责有着心理活动的成分,故增心旁;又有着口头上的表达,故增"口"作"啧",如甘博 039 卷四八:"比丘尼不应骂詈比丘、呵责。""责"原卷作 **啧**。

疰

我女有癫病,若言痈,若有白癫,若言干枯病,若言狂,若言疰病,若言常有血出病,若言足下常热病。(BD14519 卷五七)

疰,即"痔"的换旁俗字。《大字典》收有该字,却无例证,可补。

繕

尔时佛在舍卫国祇树给孤独园。叶六群比丘作兜罗绵紵绳床、木床、大小褥。(BD01605 卷一九)

"紵"原卷作 **繕**。紵,《说文·系部》:"檾属。细者为絟,粗者为紵。从糸宁声。"换声符作"繕"。繕,同"紵"。《大字典》收有该字,却无例证,可补。

潢

尔时十七群比丘在阿耆罗婆提河水中嬉戏,从此岸至彼岸,或顺

流,或逆流,或此没彼出,或以手画水,或水相浇濆。(BD14505 卷一六)

"濆"原卷作濆。濆,同"濆"。《大字典》收有"濆",无例证,可补。

第二节　提前例证

字书、辞书的例证很重要,其首例尤为重要。写本《四分律》中具体用例能为《大字典》中的部分字提前例证。写本保存了一些特殊字形,而这些字形在传世文献中很难找到具体用例。

鏊

毕陵伽婆蹉得煎饼鏊。佛言:"听畜,众僧亦尔听畜。"(BD14038 卷四二)

鏊,一种用于烙饼的平底锅。《大字典》收有该字,且以《景德传灯录》为例,可提前。

骄

时波斯匿王严四种兵出外游猎,从人各各分张骄追逐群鹿。天时大热,王疲乏,遥见末利园相去不远,即回车往,留车在外,步入园中。(BD01605 卷一八)

骄,马跑的样子。《大字典》收有该字,且例证为《华严经》,可提前。又如 BD15378 骄等。

窓

诸龙常法,有二事不离本形,若眠时、若淫时不离本形。时龙王身胀满房中,窗、户、向、孔中,身皆凸出。(BD06011 卷三五)

"窗"原卷作窓。窓,同"窗"。《大字典》收有该字,且首例为白居易《秦中吟》,可提前。

茊

尔时大爱道比丘尼、茊摩比丘尼、莲华色比丘尼、提舍瞿昙弥比丘尼……如是等五百比丘尼,大爱道为首,于舍卫国王园中夏安居。(BD05335 卷一二)

"差"原卷作茊。茊,《大字典》音项(二):同"差"。例证是姚合《春日闲居》,可提前。俗写中"艹"常作"兰",同理,"差"中的"兰"也可作"艹"。

砗

所谓珍宝者,金银、真珠、琉璃、珊瑚、车璩、马瑙。(BD05330 卷三六)

"车"原卷作**砗**。车璩是一种美石,故增石旁作"砗"。《大字典》收有"砗(砗)"字,出复音词〔砗磲〕义项3.次于玉的美石。首例为王念孙的《广雅疏证》,可提前。

浔

时菩萨除去喜身受快乐,**浔**圣智,所见护念乐,游戏三禅,是谓菩萨**浔**三胜法。何以故? 由系意专念不放逸故。(S.3898 卷三一)

《大字典》"浔"字义项❸用同"得"。例证为《宋元以来俗字谱》,可提前。

宄

不知忏悔,不善入**宄**,不善出**宄**,年不满五岁,有是五法,不应无依止而住。(BD05479 卷五九)

宄,同"定"。《大字典》收有该字,且据《宋元以来俗字谱》引《通俗小说》及《岭南逸事》为例证,可提前。

冠

时王复重语言:"汝可作大王,我今举国一切所有及脱此宝冠相与,可居王位治化,我当为臣。"(P.3340 卷三一)

"冠"原卷作**冠**。《大字典》收有该字,且引宋范仲淹《和章岷从事斗茶歌》为例证,可提前。

瘊

或有一卵,或无卵,或癀,或身内曲,或身外曲,或内外曲,或上气病,或瘊病,或吐沫病,……如此人不得度受具足戒。(BD06011 卷三五)

《大字典》收有该字,且以《医部汇考·西门①四·单方》为例证,可提前。

宋

时菩萨复作是念:此不用处定,非息灭、非去欲、非灭尽、非休息、非成等正觉、非沙门、非得涅槃永寂之处,不乐此法,便舍阿蓝迦蓝而去,更求胜法。(P.3340 卷三一)

"寂"原卷作**宋**。《大字典》:宋,同"寂"。例证依据《宋元以来俗字谱》引《通俗小说》等,可提前。这一写法是受"叔"的俗字影响,除此之外,又作"宋",如 BD02960 卷三三:"汝今颜色和悦诸根寂定,如有所得将不见法耶?""寂"原卷作**宋**。又如 S.3898**宋**。

---

① "西门"当作"面门",《大字典》误。

恐

彼病比丘作如是念：我当受不好三衣，恐瞻病者取去。（BD07434
卷四一）

"恐"原卷作恐。恐，同"恐"。《大字典》收有该字，且据《宋元以来俗
字谱》引《娇红记》《岭南逸事》为例证，可提前。

離

时诸比丘尼多度弟子，后皆离和上去，不被教授，不按威仪，着衣不
齐整，乞食不如法，处处受不净食，或受不净钵食。（BD14149 卷二八）

"離"原卷作離。離，同"离"。《大字典》收有该字，且首例是元揭傒斯
《与尚书右丞相书》，可提前。

另外，右边构件"离"下部又可以写作三点，如 BD06011："和尚离见闻
处受具足戒。""离"原卷作離。

流

比丘尼以道在下承流，觉乐，有疑。（甘博 039 卷四九）

"流"原卷作流。俗写中经常省去最上面的一点，又如 S.6636 流、
BD02960 流等。《大字典》收有该字，且据《宋元以来俗字谱》引《岭南逸
事》为例证，可提前。

蝻

尔时七日天大雨，极寒，文骥龙王自出其宫，以身绕佛，头荫佛上而
白佛言："不寒不热耶，不为风飘日暴，不为蚊虻所触娆耶？"（S.3898 卷
三一）

"虻"原卷作蝻，即"蝻"。《玉篇·虫部》："虻，虫名。"字又作"蝱"，慧
琳《一切经音义》卷三"蚊蝱"条："下莫耕反。《声类》云：'蚊蚋之属，似蝇
而大。'《说文》云：'山泽草花中化生也。'亦生鹿身中，形大者曰蝱，形小者
而斑文曰蠓。"（《大正藏》54/323c）《大字典》收有该字，且例证为《圆觉
经》，可提前。

貌

即寻迹而去，遥见世尊在树下坐，颜貌端正、诸根寂静、得上调伏，
犹如龙象王最胜无比，譬如澄渊无有浊秽。（BD14038 卷四二）

"貌"原卷作貌。貌，同"貌"，又如 S.6636 貌等。《大字典》收有该
字，且首例为辽杨佶《张琪墓志铭》，可提前。"貌"的构件"皃"在写本中又
作"皀"，如 S.3898 卷三一："我夫人生一男儿，颜貌端正世之希有，始生出胎
无人扶侍自行七步而说此言。""貌"原卷作貇。俗写中，构件"豸""犭"相
通，故"貇"又作"狠"，如 BD01605 卷一八："即问左右人言：'舍卫城中颇有

如此像貌沙门不？'""貌"原卷作 狠，与"狠"同形。

疱

尔时诸比丘盛热时身体疱痱出，污垢臭秽，畏慎不敢洗浴，恐犯过半月洗浴。（BD14505 卷一六）

疱，《大字典》收有该字，且义项❸皮肤上生长的疮疱。首例为清吴骞《拜经楼诗话》，可提前。

澁

云何味恐怖人？若以味与人，若醋、若甜、若苦、若澁、若咸、若裟裟味，以如此味恐怖人令彼人尝味。（BD14505 卷一六）

"澁"原卷作 澁，又如羽 237 澁。《大字典》收有"澁"字，首例引唐李善《文选注》，可提前。

飤

时婆罗门语彼牛言："我昼夜餧飤、摩扪、刮刷，望汝当与我尽力胜彼牛。云何今日反更使我输金千两耶？"（BD06024 卷一一）

"飤"原卷作 飤。飤，同"饲"。《龙龛手镜》将"飤"视为"饲"的俗字。《大字典》收有该字，且以唐玄装《大唐西域记》为例，可提前。此"飤"《大正藏》本作"飤"，《说文·食部》："飤，粮也。从人、食。"段玉裁注："以食食人物，其字本作'食'，俗作'飤'，或作'饲'。"

聽

时私呵居士闻佛说法，极大欢喜，即施诸比丘人别一器黑石蜜。诸比丘不受，世尊未听我曹受黑石蜜。（BD14038 卷四二）

"聽"原卷作 聽，《大字典》收有"聽"，例证为明方孝孺《与友人论井田》，可提前。《说文·耳部》："聽，聆也。从耳、悳，壬声。"声符"壬"表声不明显，故在写本中常发生变异，或省作两点，如甘博 039 卷四八："尔时阿难即至世尊所，头面礼足，却住一面，白佛言：'善哉！世尊！愿聽女人在佛法中出家受大戒。'""听"原卷作 聽。或省作一横，如 BD15378 聽 等。或直接省掉"壬"，如 BD14668 卷四："念已，即语跋提言：'若阿那律母聽子出家，我当放汝。'""聽"原卷作 聽。

微

顶生王有子名遮罗，遮罗王有子名跋遮罗，跋遮罗王有子名微。（P.3340 卷三一）

"微"原卷作 微。微，同"微"，其构件"几"俗写中作类似"刂"形，如 S.3971 卷五三："断他肢节，杀害系闭，断他钱财，役使作业，言辄虚诈，发起诤讼，弃舍他人断除如是诸不善事。""役"原卷作 役，其构件"几"作类似

"夕"形。《大字典》收有"微"字,且依据《宋元以来俗字谱》引《通俗小说》等为例证,可提前。

悉

定光如来……自身作证而自娱乐,与人说法,上、中、下言悉善,有义有味,具足修梵行。(S.3898 卷三一)

"悉"原卷作**悉**。又同卷:"随众生所造行皆悉知之。""悉"原卷作**悉**。悉,同"悉",先省去构件"采"上之撇,再将下部的一撇一捺连笔成横。《大字典》收有该字,且例证为清代陈鸿墀的《全唐文纪事》,可提前。

涨

若水陆道断,贼寇恶兽难,若河水瀑涨,若为强力所执,若被系闭,命难,梵行难,如是众难不遣信问讯者,无犯。(BD14149 卷二九)

涨,同"涨"。《玉篇·水部》:"涨,大水也。"《集韵·漾韵》:"涨涨,大水皃。或省。"《字汇·水部》:"涨,与'涨'同。"《大字典》收有该字,且例证为清蓝鼎元《仪封先生传》,可提前。又如 BD14505 **涨**。

涨,写本又作"長",如 BD05522 卷三〇:"或大水瀑涨,或为强力者所执,若被系闭,或命难梵行难,被摈而不去者,无犯。""涨"原卷作**長**。S.4036:"若水大涨。""涨"原卷作**長**。又如 Φ.325:"时遇暴雨河水汎**長**(涨),漂失衣钵、尼师檀、针筒。"

第三节　补　充　字　形

痹

时彼祠祀众中第一上座大婆罗门,是王大臣,有十二丑:瞎、偻、凸背、瘿、黄色、黄头、眼青、锯齿、齿黑、手脚曲戾、身不与人等、凸髋。(S.3898 卷三一)

"背"原卷增"疒"作**痹**,"凸背"是一种病,故增"疒"。除了指病,又扩展到一般的背,如甘博 039 卷四八:"在前教,彼羞惭。佛言:'听在比丘背后敷座诵,若十种衣中一一衣听作障。'""背"原卷作**痹**。又如 BD14519:"时有女人捉比丘背。""背"原卷作**痹**。此两处用例与疾病无关,指一般的背。

《敦煌俗字典》"背"下缺这一字形,《大字典》也未收这一字形。

癫、瘨

云何名不舍戒?癫狂舍戒,癫狂人前舍戒,心乱舍戒,心乱人前舍戒,痛恼舍戒,痛恼人前舍戒,哑舍戒……如是等不名舍戒。(津艺 182

卷一）

颠，先类化作"顛"，如 P.2521 、BD06011 ，再加"疒"而成 。《说文》收有"瘨"，段玉裁注："按：今之颠狂字也。《广雅》：'瘨，狂也。'《急就篇》作'颠疾'。"写本也有用例，如 BD09436 卷四七："诸比丘语言：'汝忆犯重罪，波罗夷、僧伽婆尸沙、偷兰遮不?'即答言：'我先 狂心乱，多犯众罪，出入行来，不顺威仪。此是我 狂心乱，非是故作。诸长老！莫数难诘问我。"又如 BD00239 等。

《大字典》未收癫。《敦煌俗字典》"颠"下共收有三种字形，缺 和 两种字形。

逶

我寻究修多罗毗尼法律，与共相应，而不违背。（傅 188100）

"违"原卷作 。逶，即"违"字，《汉语大字典》未收，《龙龛手镜·辵部》："逶，音违。"S.388《正名要录》也收有该字形。

第八章 敦煌写本《四分律》
用字考辨

　　敦煌写本《四分律》保存了大量汉字书写的自然状态,是汉字研究尤其是近代汉字研究不可多得的载体。在全面探讨其类型的基础上,我们选取了常用构件系统论述了这些构件在手写过程中的变异与混同。本章将利用这些变异与混同的规律,再结合前人的方法,择取部分字形进行个案考察。

第一节　考辨的方法

　　关于写本用字具体考辨的方法,张涌泉先生《汉语俗字研究》归纳为偏旁分析、异文比勘、归纳类比、字书佐证、审查文意等五种。黄征师《敦煌俗语言学论纲》总结为涵咏文义、归纳汇证、比勘异文、剖析字形、查考字书、沿流溯源等六大类。借鉴前辈们的做法,结合敦煌本《四分律》本身的特点,我们采用以下几种方法来考辨其中的具体用字。

一、参照刻本,利用石刻

　　《四分律》通行的是刻本,包括《大正藏》本和《中华大藏经》本,这些刻本虽有一些错误,但毕竟经过不少专家的整理,凝结着前贤们的心血,尤其是后者,它以八种版本与《赵城金藏》对校,而且文字大多采用的是俗写形式,可信度较高。我们在整理敦煌本的过程中,遇到一些俗字或模糊的地方就利用刻本及其校勘记来辨识,如 BD14668 卷四:"尔时提婆达往至太子阿阇世所,以神通力飞在空中,或现身说法、或隐身说法、或现半身说法、或不现半身说法,或身出烟、或身出火,或变身作婴**烖**,身着璎珞、在太子抱上转侧,唻太子指。"**烖**,《大正藏》本和《中华大藏经》本此处作"孩",**烖**是"孩"的俗字,正仓院圣语藏本作"姟"。另外,这一俗写形式石刻中也有同样的用例,如《徐义墓志》:"美人乳侍,在于婴孩。"①"孩"作██。《大字典》"姟"下释为"古代最大的数目名",可补一个义项,即"孩"的俗字。《敦煌俗字典》"孩"下无此字形,可补。

二、注意文字本身的系统性

敦煌写卷用字本身有着较强的系统性,一个构件的演变一般不会只发生在一个汉字身上,而是发生在含有这个构件的一类汉字当中,如上揭BD14668 ██,我们认为是"姟"字,是依据文字本身的系统性而得出的。写卷中"亥"常写成"灾"形,从"亥"之字亦然,如 BD14505 卷一六:"不犯者:或暗地坐无灯火,或大小便处遥见谓言是象若贼若恶兽,便恐怖;若至暗室中无灯火处、大小便处闻行声、若触草木声、若謦欬声而怖畏。""欬"原卷作██。"欬"在写本中又从"口",如 BD01605 卷一八:"若二人共在暗地语,当弹指若謦欬惊之,若不尔,突吉罗。""欬"原卷即从口作██。

三、结合语境,揣摩文意

文字的考辨还离不开其使用环境,主要包括具体所在的词语和文段。如 BD01605 卷一九:"尔时佛在舍卫国祇树给孤独园。时跋难陀释子非时入村,与诸居士共██蒲。"我们判断██即"樗",依据写卷习惯,左边的"扌"是"木"的替换,右下方的"于"即"亏"的俗写,如甘博 039 卷四八:"若式叉摩那行淫欲法,非式叉摩那、非释种女,与染污心男子共身相摩触,犯戒,应更与戒。""污"原卷作"汙"。"樗"的这一写法很常见,如《敦煌俗字典》:"津艺 22《大般涅槃经》卷第四:'樗蒲围棋,学诸工巧。'""樗"作██。

除了文字本身的系统性外,我们还可以结合文意从词义来判断,樗蒲是一种博戏。佛典文献常见,如《中本起经》卷下:"如是至三,婆罗门不解,走出祇洹,见二人樗蒲,心自念言:'此必智者,能解我疑。'"(《大正藏》4/60a)《菩萨本缘经》卷上:"世间恶子多诸过患,饮酒樗蒲贪色费用,臣等敢奏不咎责,王子若能从今已往,更不以财惠施于人,则可听住;若不止者,便当摈之远着深山。"(《大正藏》3/58b)中土文献也有用例,如马融《樗蒲赋》:"昔玄通先生游于京都,道德既备,好此樗蒲。"葛洪《抱朴子·百里》:"或有围棋樗蒲而废政务者矣,或有田猎游饮而忘庶事者矣。"

---

① 《北京图书馆藏中国历代石刻拓本汇编》,第 2 册,第 64 页。

四、翻检字书，利用佛经音义

　　文字的辨认及解释都离不开字书，黄征先生《敦煌俗语言学论纲》列了六种主要的字书，即《说文解字》《干禄字书》《正名要录》《汉语大字典》《敦煌俗字典》及《高丽大藏经异体字典》。除此，佛经音义中对文字的演变也有大量记载。

　　如 S.3898 卷三一："（胜怨王）告敕人民：'汝等从此莲花城至药山掘地至膝，以杵**搗**令坚，以香汁洒地，左右道侧种殖种种花，道侧作栏楯，然好油灯安置其上，作四宝香炉金银琉璃颇梨。'"**搗**，即"搗"，右边的"鸟"上部少一撇。俗写中上边一撇常省去，如 BD05822"愧"作**愧**和 BD00148"卑"作**畀**等；"鸟"内部的"山"写作"止"，写卷中"山""止"往往不别，参看混用俗字部分。"搗"为'擣'的换旁俗字。《正字通》："搗，俗'擣'字。"慧琳《一切经音义》卷一四："鎚擣"条："坠追反。《考声》：'槌，击也，持也，打铁鎚也，摘也。'亦作槌、椎。下刀老反。《考声》：'春也。'《说文》：'以手椎擣也，一云筑也。从手寿省声。'或作'捯'，或作'搗'。"（《大正藏》54/392b）又作"搗"，《干禄字书》："搗、擣，上俗下正。"慧琳《一切经音义》卷一〇"擣以"条："当老反。《考声》：'手春也。'从祷省。经文从鸟作'搗'，俗字也，非正体。春音束龙反。"（《大正藏》54/367b）

　　又如 BD02960 卷三三："时迦叶念言：'此大沙门极为端正、人中第一，或能为水所**漂**。'即将徒众乘一树船往求世尊。世尊尔时在外露地经行，地燥如旧。"**漂**，即"漂"的增旁。《慧琳音义》卷四三："漂没，上匹遥反，顾野王云：'流也。'《说文》：'浮也，从水票声。'经作'漂'，通俗字也。"（《大正藏》54/595c）《龙龛手镜》将"漂"和"漂"列为一组，"漂，俗"。《敦煌俗字典》"漂"下共收两种字形，右边均加"寸"。张涌泉先生考证出"漂"即"漂"的俗字，并指出《汉语大字典》的解释不恰当，"所谓'水貌'实应即水上有漂浮之貌，漂漂非二字二义也。"[1]写本常见，如 BD06011 卷三五："时隔使（驮）流河水外结不失衣界。诸比丘往取衣，为水所漂。诸比丘往白佛。佛言：'自今已去，不得隔使（驮）流水外结不失衣界，除常有桥者。'""漂"原卷作**漂**。又如 BD14505 卷一六："不犯者，若实知彼人物相体悉而取举，若在露地为风雨所漂渍取举。""漂"原卷作**漂**。又如 S.6862 卷二三："是中时者，若夺衣、失衣、烧衣、漂衣，是名时。（四竟）""漂"原卷作**漂**。

---

　　①　张涌泉《汉语俗字新考》，《浙江大学学报（社科版）》，2005 年第 1 期。

除了佛经音义，段玉裁的《说文解字注》也是文字研究中不可或缺的一本工具书，如 BD00148 卷四八："除此十三种，为余人作羯磨，后解羯磨得解，若駆出不成駆出。(瞻波捷度具足竟)"駆即"驱"的换旁俗字。《说文·马部》："驱，驱马也。从马，区声。"段玉裁注："岂俱切，古音在四部。俗作'駈'。"《匡谬正俗》卷三："丘之与区，今读则异，然寻案古语，其声亦同。……今江淮田野之人，犹谓丘为区。"写本多作"駈"，如上图 054 卷一："时有波离国贩马人驱五百匹马住毗兰若。""驱"原卷作駈。又如津艺 182 卷一："若为王、王大臣所捉，若杀，若缚，若驱出国，汝是贼，汝痴，汝无所知，是比丘波罗夷不共住。""驱"原卷作駈。又如 P.2521 卷五九："复有五法依止，若驱出、若去、若休道、若休不与依止、若至戒场上，有是五法失依止。""驱"原卷作駈。又如 BD05479 駈及 S.3971 駈等。

五、排比用例，归纳汇证

文字的考辨还离不开实际用例，主要包括含有相同字形的用例，还包括相同词句而字形有别的用例。如 BD14668 卷五："时有众多比丘从迦尸国渐渐游行至羁连止宿，晨朝着衣、持钵入村乞食，法服齐整，行步庠序，低目直前，不左右顾视，以次乞食。"低，左边是"亻"，右边是"臣"，即"伛"，实则是"低"字的俗讹。"氐"俗写常作"互"形，《干禄字书》："互氐，上通下正。诸从氐者并准此。"如 BD14149 卷二九："彼独行无护。为护故应差二三比丘尼为伴，往至大僧中，礼僧足已、曲身、低头、合掌，作如是说……""低"原卷作互，此处的"低"写卷 S.4036 作伍。其构件"互"上的一横又讹作一点，如 S.4036 卷二九："彼独行无护。听为护故应差二三比丘尼共行，彼当往大僧中，礼僧足已，曲身，低头，合掌，作如是说……""低"原卷作伍。由于形似，"互"又讹作"臣"。

除了"互"与"臣"在字形上相似外，"臣"在意义上也与"低"有关。《说文·臣部》："臣，牵也，事君也(按："也"段注本改作"者")。象屈服之形。"此处伛当是利用"臣"象屈服之形而造的一个会意字，从人从臣会意，对人屈服，向人低头。

第二节　敦煌写本《四分律》用字例释

前文在讨论写本用字的辞书编纂价值时谈到补充例证与提前例证两个方面的价值。另外，在字形收录方面也有很重要的价值，如写本《四分律》收有"卷"的两种字形，即 专（如 BD14668 尾题："律藏初分第三专"）与卯（如 BD05822"二分弟九卯本草一校"）。两种写法可以补充大型字书的收字。同时，有些字形虽被收录，但却没有解释和例证，对其考辨有利于完善字典的编纂。利用前文提到的方法，我们择取写本《四分律》中的部分字形加以考辨，以期补充大型字书的字形和释义。

押

　　不犯者，若道路行渡水，或从此岸至彼岸，或水中牵材木、若竹、若押顺流上下，若取石、取沙，若失物沉入水底，此没彼出，或欲学知浮法而浮、擢臂、画水、灒水一切无犯。（BD14505 卷一六）

　　押，《敦煌俗字典》未收。"押"同"捭"，《字汇·手部》："押"同"捭"。写本中"卑"字或"卑"旁字多省去上面一撇，如 BD02960 卷三三："优波提舍言：'我唯乐闻为要，不在广略也。'阿湿卑言：'汝欲知之，如来说因缘生法，亦说因缘灭法，若法所因生，如来说是因；若法所因灭，大沙门亦说此义，此是我师说。'""卑"原卷作早。这一写法常见，又如 BD00148 卑、BD06011 早、P.3340 卑及 S.3898 早等。"婢"字写本中也一样省撇，如 BD01605 卷一八："复作是念：'将是我先以和蜜干饭分施与沙门，以此因缘故今得勉婢，受如是快乐耳？'""婢"原卷作捭。

　　捭，是两手向外出击的意思，《玉篇·手部》："捭，两手击也。"但该义与此不符，此处用与"材木""竹"并列，当指某一物体。依据俗写中"扌"与"木"相混的规律，此处的"押"当为"椑"的换旁俗字。《大字典》无此义项，可补。正仓院圣语藏本此处作"桿"，当是与"押"形近而误。其演变过程如下：

椑→捭→押

　　椑，水上运载工具，相当于排，又作"簰"，如《中阿含经》卷五四："复作是念：'我今宁可于此岸边收聚草木，缚作椑栰，乘之而度。'彼便岸边收聚草木，缚作椑栰，乘之而度，安隐至彼。"（《大正藏》1/764b）"椑"字宋、元、明本作"簰"。上揭《四分律》卷一六中的"若押"之押，《大正藏》本作"簰"。慧琳《一切经音义》卷三三："簰上"条："败佳反。《方言》：'簰谓之筏。'南方名簰，北人名筏也。"（《大正藏》54/527b）《四分律名义标释》"若簰"条："步皆切，音牌。大桴也。《广雅》云：'簰、泭，筏也。'今编竹木，以水运为簰。秦人名筏，江南名簰。"《广雅》："簰，筏也。"字亦从竹作"箄"，王念孙《广雅疏证》："箄、箪、簰，并同。"如《后汉书·岑彭传》："九年，公孙述遣其将任满、田戎、程泛，将数万人乘枋箄下江关，击破冯骏及田鸿、李玄等，遂拔夷

道、夷陵,据荆门、虎牙。"李贤注:"枋箄,以木竹为之,浮于水上。'枋'即
'舫'字,古通用耳。'箄'音步佳反。"①

　　时诸比丘二界相接。佛言:"不应尔,当作 式。"(BD06011 卷
三五)

,即"檦"字,从"票"之字多加"寸",为"標(标)"的增旁俗字,《敦煌
俗字典》未收。写本"式",《人正藏》本作"幖帜",校勘记云:宋、元、明、
宫、圣本作"标式"。

　　"标式"或"幖帜"都是标记的意思,此处佛要求做一标记以防两界相
混。又如 S.1415 卷五五:"佛言:'汝以何心?'答言:'以盗心。'佛言:'移标
相若直五钱,波罗夷。'""标"原卷作 。正仓院圣语藏本也作"檦"。"标
相"是标记的意思,此处是比丘分地时移动了土地的标记,佛因此而制戒。
这一字形习见,石刻中也有不少用例,如《元演墓志》:"故镂石标美,万代流
馨。"②"标"原作 。又如《元濬嫔耿氏墓志》:"标名族于西周,炳炎宗于
东汉。"③"标"原作 。

　　《大字典》释为:"檦,'檦'的讹字。"按照俗写"寸"与"刂"相混的惯例
(参见第四章"混用俗字"部分),"檦"实是"檦"的俗字。同时,俗写也有从
"票"之字多加"寸"的情况,如"瀕"及"鏢"等。据此,《大字典》"檦"字当增
加一个义项,即"标"的俗字,且"檦"字条下无例证,可补上例。

　　若作锡杖头 鑲,若作伞盖子及斗头 ,若作曲钩,若作刮污
刀,若作如意,若作玦钮,若作匙,若作杓,若作钩衣鍮,若作眼药篦,若
作刮舌刀,若作摘齿物,若作挑耳篦,若禅镇,若作熏鼻筒,如是一切无
犯。(BD01605 卷一九)

,《龙龛手镜·金部》:"鏢,刀剑鞘下饰也。"《大字典》援引《龙龛手
镜》,释为:"刀剑鞘下的装饰物。"其实,"鏢"即"镖"的俗字,《敦煌俗字典》
未收。《汉语俗字研究》也释为"镖"的俗字。《说文·金部》:"镖,刀削末铜
也。"段玉裁注:"削者,刀鞞也。俗作'鞘'。刀室之末以铜饰之曰镖。"后来
词义有所扩大,由"刀剑鞘"扩大到其他物品,上揭第一处是用于锡杖,《四
分律行事钞资持记》卷二:"镖音飘,或去呼,刀剑鞘下饰,今谓锡杖欑饰

① (南朝宋)范晔撰,(唐)李贤注《后汉书》,北京:中华书局,1982 年,第 660 页。
② 《北京图书馆藏中国历代石刻拓本汇编》,中州古籍出版社,1989 年,第 4 册,第 9 页。
③ 同上,第 4 册,第 17 页。

也。"(《大正藏》40/329a)第二处是用于伞。斗头镖,《毗尼关要》卷一四:"斗头镖,即伞顶也,如今时作银顶。"(《卍续藏》40/612a)由"铜饰"扩大到其他材质,上揭例中就是骨、牙、角。可见,例中的"镖"是锡杖和伞上由骨、牙、角制成的饰物。从具体用例看,"鏢"即"镖"的俗字,而且"镖"泛指饰物。

闿

堂者,多**闿**露。库者,积藏诸车乘、辇舆、贩卖之物。仓者,储积米谷。(BD14668 卷六)

闿,即"闿"。《说文·门部》:"闿,天门也。从门,昌声。楚人名门曰闿阖。""天门"义与此处不合,此处为宽敞的意思,与"闿阖"之闿无关,而是"敞"的俗字,声符"昌"表"敞"音,形符"门"表义。另一写卷 BD03667 该句作:"堂者,多**敆**露。"**敆**(敆)当是"敞"的形误字。此处是用于解释"堂",而"多敞露"正好是堂的特点。《四分律》中把"堂"分为讲堂、经行堂、食堂、阁堂、燃火堂、说戒堂等,其共同特点就是敞露,如卷五三:"彼天耳清净过出于人耳,闻二种声人、非人,譬如于城郭国邑中有讲堂广大高显,有聪耳人在中不劳听力而闻种种音声。"(《大正藏》22/965a)"广大高显"正是"敞露"之义。

荛

若比丘无病为自炙故在于露地然火,若然草木、枝叶、纻麻、**荛**麻、若牛屎、糠、粪扫戮,一切然者波逸提。若以火置草木、枝叶、麻纻、牛屎、糠、粪扫戮中然者,一切波逸提。(BD14505 卷一六)

"荛"即"蒭"的俗字,参《敦煌俗字典》"蒭"字下第五种字形。俗写"刍"常写成"多"形,如 BD05522 卷二九:"若用毳,若劫贝,若俱遮罗,若乳叶草,若蒭摩,若野蚕绵一切物。""蒭"原卷作**蒭**。又如津艺 182 卷一:"空处者,若风吹毳、若劫贝、拘遮罗、若差罗波尼、若刍摩、若麻、若绵……""刍"原卷作**刍**。又如 BD05553 卷三〇:"尔时婆伽婆在舍卫国祇树给孤独园。时六群比丘着衣摇身趋行,为好故。""趋"原卷作**趋**。因这一俗写而产生了不少异文,如《十诵律》卷一二:"衣者,麻衣、白麻衣、赤麻衣、刍麻衣、翅夷罗衣、憍施耶衣、劫贝衣。"(《大正藏》23/84b)"刍",宫、圣、圣乙本作"荛"。又如东晋天竺三藏帛尸梨蜜多罗译《佛说灌顶咒宫宅神王守镇左右经》卷五:"神名拘陀利比呵梨荛陀。"(《大正藏》21/510c)"荛",元、明本作"蒭"。

"蒭"为"刍(刍)"的后起字,《玉篇·艸部》:"刍,茭草。《说文》云:'刈艸也。'俗作'蒭'。"唐李匡乂《资暇集》卷中"俗字"条:"俗字至伙,刍字已有二草在心,今或更加草,非也。"这种看似重复的情况,其实是因为原来的意符不够明显,加"艹"以突显其义。刍摩,粗草衣。唐慧琳《一切经音义》卷一四:"刍摩,或云'苏摩',或言'谶摩',此云'粗布衣',应言'粗草衣'。"佛典常见,如《杂阿含经》卷一〇:"复次,比丘!灌顶王法复有八万四千四种衣服,所谓迦尸细衣、刍摩衣、头鸠罗衣、拘沾婆衣。"(《大正藏》2/68a)

箮

尔时有波罗㮈国市马人来至舍卫国,欲为众僧作饼、作豆䴷、作䴷,与䴷㕜、与量䴷器、与盐、与盛盐㕜、与苦酒、苦酒瓶、与木**箮**。(BD14038 卷四三)

《大字典》收有该字,但既无解释,又无例证。"箮"即"簜"的省旁,《敦煌俗字典》未收。

簜,大竹。《说文·竹部》:"大竹也。从竹汤声。《夏书》曰:'瑶琨筱簜。'""簜可为干,筱可为矢。"段玉裁注:"簜者竹名,以竹成器亦曰簜。"可见由竹子制成的容器也称"簜"。如《书·禹贡》:"筱簜既敷。"孔安国传:"筱,竹箭;簜,大竹。"孔颖达疏:"筱,小竹;簜,大竹。"两人对"簜"的解释一样。由大竹引申指用来盛物的器皿,木箮,即木制的盛物器皿。慧琳《一切经音义》卷五九"箮中"条:"他朗反。《说文》:'大箭也。'以木若瓦为之,短阔于桶。律文作'欓',当朗反。《广疋》:'欓,茱萸也。'欓非此用也。"(《大正藏》54/700c)又作"欓",上揭例句《大正藏》本即作"欓"。《正字通·木部》:"欓,《通雅》曰:欓乃桶之转声。"此说大致可信,桶为透母董韵,欓为透母荡韵,一声之转。其他文献中也有不少"欓"指盛物器皿的用例,如郦道元《水经注·谷水》引张璠《汉记》:"于是发使天竺,写致经像,始以榆欓盛经,白马负图,表之中夏,故以白马为寺名。此榆欓后移在城内愍怀太子浮图中。"榆欓,用榆木制作的器皿用以盛经。方以智《物理小识·器用类·担水止沫注》:"担水欓者,恐其沫之跃也,编竹木'十'字浮其上,则跃沫不出。"

铫

尔时比丘患疮,须唾涂以**铫**底熨。比丘白佛。佛言:"听用。"(BD14038 卷四二)

铫,即"铫",右边为"垗",即"兆"的俗写,《干禄字书》:"垗兆,上通下正。"《五音集韵·小韵》:"兆,俗作'垗'。"从"兆"之字亦然,如 BD14038 卷四三:"世尊知而故问阿难:'我于谷贵时慈愍诸比丘故听八事:界内共宿、界内煮、自煮、自手取食、受早起食从食处持余食来、胡桃果等食、水中可食物、足食已不作余食法听食,诸比丘今故耶?'""桃"原卷作**桃**。又如 S.3971 卷五三:"时诸比丘患耳中有垢。佛言:'听作挑耳篦。'彼用宝作。佛言：'不应尔，听用骨牙角乃至竹木作。'""挑"原卷作 **桃**。又如 BD05522 卷二九："不犯者，或有如是病，若命难梵行难着庄严具逃走，或为强力者所执，无犯。""逃"原卷作 **逃**。又如 S.3971 卷五三："拘婆罗知之，便作是念：'彼自严疾行象，必欲逃走。若我白，王必夺其命。此是我师，教我辛苦。'遂藏不语人。""逃"原卷作 **逃**。

铫，一种煮汤水用的小锅。《说文·金部》："铫，温器也。一曰田器。从金，兆声。"后称"铫子"或"吊子"。段玉裁注："今煮物瓦器谓之铫子。"慧琳《一切经音义》卷一二"釜铫"条："下条吊反，《考声》云：'烧器也。'浅于釜。施系而提之曰铫。"(《大正藏》54/376a)敦煌文献中常见，如《敦煌变文集·维摩诘经讲经文》："煎汤幸有黄金铫，熬药宁见白玉锅。""铫"古作"鐎"。《一切经音义》卷一四："索鐎"条："今作'铫'，同。子消反。"(《大正藏》54/697c)

牒

时世尊即还入窟，自襞僧伽梨四 **牒**，右胁卧犹如师子，脚脚相累，极患疼痛，一心忍之。(BD14668 卷三)

牒，即"牒"，正仓院圣语藏本此处作"牒"，宋、元、明、宫本作"揲"。牒、揲都是叠衣物的意思，《大正藏》本即作"叠"。徐复先生《敦煌变文词语研究》："唐人俗语称'摺衣物'为'揲'。"①又作"㩧"，如 BD02960 卷三三："王即下象，自叠象上褥作四重，敷地，前白佛言：'愿世尊坐。'""叠"原卷作 **㩧**。

砥

时偷罗难陀比丘尼晨朝着衣持钵往白衣家，有小儿在碓白边眠。偷罗难陀触他白，白转 **砥** 杀小儿，疑。佛问言："汝以何心？"答言："不以杀心。"佛言："无犯，而不应触他碓白。"(S.6636 卷五六)

砥，即"碻"省撇，《敦煌俗字典》未收。写本中"自"常省去上面一撇，如 BD05522 卷三〇："时有贼因突狱而出，遥见僧伽蓝门开，便来入。时诸守狱人追后而来，问诸比丘尼：'颇见如是如是贼不？'""追"原卷作 **追**。又如 S.1415 卷五五："时有众多小儿脱衣置一处，作土埳戏。有粪扫衣比丘见，即持去。诸小儿见，语言：'莫持我衣去。'""埳"原卷作 **埳**。

碻，坠落，佛典文献常见，如《佛本行经》卷五："教吾怀恶逆，以山石碻佛；从是恶友教，背违佛圣师。"(《大正藏》4/95c)又如《佛说佛名经》卷五："或以水沈溺，或塞穴坏巢，土石碻砰，或以车马躏轹、践蹋一切众生，如是等

---

① 徐复《敦煌变文词语研究》，《中国语文》，1961 年第 8 期。

罪无量无边。"(《大正藏》14/208c)又作"搥",慧琳《一切经音义》卷四六"搥压"条:"又作'磓',同。丁回反。谓投下也。《广雅》:'搥,擿也。'压,于甲反。自上加下也。"(《大正藏》54/611b)

尔时阎浮提内米谷熟,人民炽盛,土地极乐,有八万四千城郭,有五十五亿村,有六万小国土。(S.3898 卷三一)

,即"豐",上面的构件写成"囲"形。《敦煌俗字典》收有"豐"的俗字,但上部构件中间的两竖均出头作"曲"形,唯一例出头较短,敦研 129《金光明经》:"安隐乐,人民炽盛。"《说文·豐部》:"豐,豆之豐满者也。从豆,象形。一曰《乡饮酒》有豐侯者。""豆"上面构件过于复杂,为书写的方便简化成"囲"形。

上面的构件又可简化成"曲",如 S.3971:"彼作是念:王舍城牢固,唯有水谷饮食尽乃可得,而城内水谷、饮食丰多。""豐"原卷作。写本常见,如《敦煌俗字典》收有字。刻本也有用例,如慧琳《一切经音义》"豐稔"条:"上敷风反,正体字也。《周礼》:'豊,大也。'《国语》:'盛也。'《说文》:'豆之满者。从豆象形,从二丰,从山、豆。'经文从曲作'豊',俗字也。豐音同上。"(《大正藏》54/501a)石刻中也有同样用例,如北魏《元斑妻穆玉荣墓志》:"豐肌弱骨。"①"豐"作。东魏《李显族造像碑》:"皇祚民豐。"②"豐"作。上部构件简化成"曲"后,就与表"行礼之器"的"豊"字同形,《说文·豊部》:"豊,行礼之器也。从豆象形。"

摩诃男语阿那律言:"若不能出家者,我今当白兄持家业事:应典领作人修治屋宅,奉望贵胜及诸知亲,出入王所威仪礼节其事如是,田种作务及时节。"(BD14668 卷四)

,即"耕"。从上揭用例看,"研"是"耕"的俗写,敦煌写本常见,《敦煌俗字典》"耕"字下列有五种字形,其中前两种均从"并",又如 BD05522 卷三〇:"莫向日月神祀舒脚,若欲起房舍、耕田种作当向日月及向神祀庙舍。""耕"原卷作。又如 S.1415 卷五五:"时去祇桓不远有居士耕。有客比丘见,语言:'此是僧地,莫耕。'"两个"耕"原卷均作"研"。石刻中亦有用例,如北魏《张猛龙碑》:"风教反正,野畔让耕。"③"耕"作。隋《王曜墓志》:

① 《北京图书馆藏中国历代石刻拓本汇编》,第 4 册,第 73 页。
② 《北京图书馆藏中国历代石刻拓本汇编》,第 6 册,第 90 页。
③ 《北京图书馆藏中国历代石刻拓本汇编》,第 4 册,第 121 页。

"春耕秋获。"①"耕"作 。

"耕",一般俗写为从禾从井,即"秄",《干禄字书》:"秄耕,上俗下正。"写本《四分律》中也有用例,如 P.3560 卷三〇:"莫向如来塔及声闻塔大小便及除弃粪扫荡器不净水,亦莫向如来塔及声闻塔舒脚,若欲起房舍及耕田种作者当向如来塔及声闻塔。""耕"原卷作 。又如 BD14038 卷四二:"其奴有如是福力,以一犁耕七垄出。""耕"原卷作 ,其构件"禾"省了右边一捺。秄,当是由"从禾从井"的基础上演变而成的。从井之字俗写常作从"并",如《字汇·刀部》:"刱,俗'剙'字。"可以比勘,进一步证明"秄"是"耕"的俗字,其演变过程如下:

耕→秄→秄

《大字典》收有该字,第一版据《龙龛手镜·禾部》"秄,北萌反"而注音"bēng",无释义,无例证;第二版据《字汇补·禾部》注音"hé",释为"同'脉'。稆头"。当据写本、石刻用例补一音"gēng",义同"耕"。

诸比丘在道行,见有人 牛令犊子饮已,复 。犊子口中涎出,似乳。(BD14038 卷四二)

,即"搆"的简写,《龙龛手镜·手部》:"搆","搆"的俗字。《敦煌俗字典》收有"搆"的俗字,但字形稍有不同,其右下方比上揭例中 多一竖,即 。

从"冓"之字多仿此,如《干禄字书》:"溝,上通下正。"又如"膡"作 ,可以比勘。如 S.6636 卷五六:"若作道想,若疑偷兰遮;若非道想,不疑僧伽婆尸沙。如是于股间、间……若非道想不疑僧伽婆尸沙。"

时有经营比丘作新房,误失石,堕比丘上,即死,疑。佛问言:"汝以何心?"答言:"不以杀心。"佛言:"无犯。失 、若木头、榑栱、屋栋,种种材木堕亦如是。"(S.6636 卷五六)

即"墼"的简省,指砖块,《敦煌俗字典》未收。左上方的构件写本中常省作"车"形,如《敦煌俗字典》中"擎"的三种字形均从"车"。"殳""支"经常混用,又讹作"支"。《说文·支部》:"支,小击也。"《说文·殳部》:"殳,以杸殊人也。"段玉裁改"杸"为"杖"。"支"与"殳"形近义通,故俗写中相混,林义光《文源》:"(殳)象手执殳形,亦象手有所持以治物,故从殳之

───────────────

① 《北京图书馆藏中国历代石刻拓本汇编》,第 9 册,第 65 页。

字与又、攴同意。"敦煌写卷中"攴"常作"又"或"攴",如 BD14668 卷四:"佛从窟出,语诸比丘:'汝等何为执此杖石绕窟大唤,如捕鱼者得鱼唤声?'""声"原卷作**殻**。又如 BD14668 卷六:"树者,与人等足荫覆跏趺坐;场者,于中治五谷处;车者,若车回转处;船者,若船回转处。""谷"原卷作**殻**。

墼,又作**墼**,见于甘博 039 卷四八:"彼僧伽蓝中求教授,或受请,或听法,无坐处。佛言:'听若石上坐,若在墼上坐,若在杌木头上坐,若草上树叶上坐,若梁上坐。'"写本中"攴"字的上部常写作"口"形或类似"口"形,《干禄字书》:"**攴**攴,上俗下正。诸从攴者并准此。"如写卷 BD14505"毁"作**毁**、"没"作**没**、"擊"作**擊**,BD14038"瞖"作**瞖**或**瞖**、"设"作**設**、"殼"作**殼**。

暜

> 世尊有如是教:一切污辱众僧者不得受具足戒。时有欲受戒者,彼将至界外脱衣看。时受戒者惭耻,**暜**留受戒事。(BD06011 卷三五)

暜,为上下结构,当为"稽"的俗字。上面类似"秋",当是"秌"的俗讹;下面是一横再加一个"日"字,当是"旨"的俗写。《干禄字书》:"**旨旨**旨,上俗、中通、下正。"从旨之字亦然,如 P.3340 **詣**、BD14940 **栺** 等。

"稽"的这种写法石刻中亦有用例,如北周《僧妙等十七人造像记》"会稽郡山阴县民潘弘理"[1],"稽"作**稽**,上部构件也讹作"秋"。写本中"稽"的构件"尤"还能讹作"九",如 BD14541《四分比丘尼戒本》:"稽首礼诸佛,及法比丘僧。""稽"原卷作**稽**。

稽,延迟、延误;稽留,属同义连文,即延误的意思,上揭例中即需要受戒者脱衣查看其身体是否符合要求,这一做法令受戒者感到惭愧、羞耻,从而延误了受戒事。中土文献也有用例,如《墨子·号令》:"传言者十步一人,稽留言及乏传者,断。"孙诒让《墨子间诂》引苏时学云:"稽留,谓不以时上闻。""不以时"就是延迟、延误的意思。

膠

> 云何香恐怖人?若根香、萨罗树香、树**膠**香、皮香、肤香、叶香、花香、果香、若美香、若嗅气,若以此诸香恐怖人,彼人嗅香,若怖己、不怖,波逸提。(BD14505 卷一六)

膠,"膠"的简省,构件"彡"作"小"。《敦煌俗字典》"膠"下收有两种俗字形式,构件"彡"一作"小",一作"水"。构件"参"中"彡"在俗写中常作"小",如 S.3898 卷三一:"雪山南有一仙人,名曰珍宝,少欲乐闲,心无所贪,

---

① 《北京图书馆藏中国历代石刻拓本汇编》,第 8 册,第 132 页。

修习禅定,获五神通,教授五百梵志使令诵习。""珍"原卷作**珎**。又如 S.6366 卷二五:"若不得男子时,或以胡膠作男根,内着女根中,既得适意,不名行淫。""膠"原卷作**脒**。受"小"影响,"小"又增点,如 S.6366 卷二五:"若比丘尼以胡膠作男根,波逸提。""膠"原卷作**脒**。

《大字典》:"脒,觮的讹字。"并附有按语:"《字汇补·角部》:'觮,同觮。'《康熙字典》误引为'脒'。"其实,"脒"是"膠"的俗字,此处《字汇补·角部》的这一例证,正好做一旁证,进一步证明"彡"俗写作"小"。

粎

诸比丘食饮粗恶而皆羸瘦,若世尊听诸神足比丘诣郁单越取自然**粎**米食者,当往。(上图 054 卷一)

粎,该字为左右结构,左"米"右"允",为"粎"的俗字。俗写"亠"往往作"厶",如"抗"作"抝"(见《敦煌俗字典》)又如"坑"作**坑**(S.3971。又 S.6366 **坑**、津艺 182 **垯**等)。"厶"亦能作"亠",如"始"作**始**,见 BD06011 卷三五:"汝始发心出家,功不唐捐,果报不绝。"又如同卷:"若堕胎若厌祷杀,自作方便若教人作,非沙门非释种子。""胎"原卷作**胎**。

"粎"为"粳"的俗字,《敦煌俗字典》"粳"下只收有"秔"字,可补这一字形。《正字通·米部》:"粎",同"粳"。上图 054 其后作"粳":"佛告目连言:'诸有神足比丘可往至彼取粳米食,无神足者当云何?'"BD02960 共出现 5 次"粳米",均作"粳"。

字亦从禾作"秔",《正名要录》:"右字形虽别,音义是同。古而典者居上,今而要者居下。"《四分律》"粳米酒",《毗尼关要》作"秔米酒",即卷一二:"酒者:木酒,秔米酒,余米酒,大麦酒。若有余酒法作酒者,是。"(《卍续藏》40/589b)《一切经音义》卷一五"秔粮"条:"上古衡反,《声类》:'不黏稻也。'《说文》:'稻属也,从禾亢声也。'经中从更作'粳',俗字也。"(《大正藏》54/398c)

拏

应作白四羯磨,应如是作:集僧已,为彼二人作**拏**;作**拏**已,为作忆念;作忆念已,应与罪。(BD14668 卷五)

拏,上"与"下"手",即"舉"的简省。这一写法当是受"與"写作"与"的影响,如 BD05822《四分律》卷二七:"不犯者,欲施少者劝使多与。""与"原卷即作简体。《敦煌俗字典》"举"下收有 6 种字形,未收此形,可补。

作举,《四分律行事钞资持记·释羯磨篇》:"作举,谓僧中德人举罪告僧。"(《大正藏》40/197b—c)作举,即自恣之日,从僧众中请出有德望的人,让他举发安居期间比丘所犯之罪。作举一词,佛典律藏文献习见,如《摩诃僧祇律》卷七："佛语诸比丘：'是提婆达多痴人，破和合僧勤方便，执持破僧事已，屏处三谏、多人中三谏、僧中三谏，此事犹故不舍者，僧应与作举羯磨。'"(《大正藏》22/282a)又如《十诵律》卷三四："大德僧听！某房舍僧立作举、作器房。若僧时到僧忍听某房作举、作器处，是名白。如是白二羯磨。僧立某房作举、作器房竟，僧忍默然故是事如是持。"(《大正藏》23/249b)

秸

时既出其罪，方知比丘中秕**秸**秽恶。(BD15378 卷六〇)

秸貌似"秸"字，写本"吉"的俗写上部构件可从"土"。《书·禹贡》："三百里纳秸服。"孔安国传："秸，稾也。"稾，谷类植物的茎秆，《说文·禾部》："稾，秆也。从禾高声。"但结合前文表茎秆义的"秸"与此处语境不符。《四分律》卷六〇："譬如农夫治谷，当风箕扬，好谷留聚其下，秕䅸随风除之。"结合前文，世尊是以农夫治谷来喻去除恶比丘的方式和意义，与好谷相对的是秕谷而非茎秆。右边构件实为"告"的简省，即"秸"字。

《玉篇·禾部》："秸，禾大熟。"然而此处的"秸"字与禾熟义无涉，当是"䅸"的换旁俗字。䅸，禾皮，又作"糩"。《集韵·沃韵》："糩，禾皮。一曰地名。或作'䅸'。"秕䅸，即谷粒当中不饱满的和空壳的，例中是用来比喻比丘当中的恶比丘。刻本中也有"䅸"与"秸"两相混用的情况，如《四分律》卷二："若比丘有欲心触衣钵、尼师檀、针筒、草䅸乃至自触身一切突吉罗。"(《大正藏》22/581a)"䅸"，宋、元、明、宫本作"秸"。

類

彼比丘尼种**類**骂比丘，乃至说他所讳，说而了了者，波逸提。(BD14149 卷二九)

類即"類"的简省，其左上角类似"小"，当是"米"的简省，左下方为"豕"，当是"犬"的替换。《龙龛手镜·页部》收有"額"字，并释为"類"的俗字，当是**類**的讹误。"類"的构件"犬"常作"豕"，如 BD01605 卷一九："尔时佛在释翅搜尼拘類园中。""類"原卷作**類**。这一字形与"貌"相似，故产生了混用的情况，如 S.6636 卷五六："佛言：'严好比丘忆一生事，我忆无数生种种之事，乃至受形相**類**、有所言说皆悉忆之。'"**類**，《大正藏》本误作"類"，这也从侧面证明"類"的俗写与"貌"形似。

种类，表示各种各样的意思，这一用法《大词典》未收。例中是以各种各样的形式骂比丘，关于骂的形式《四分律》具体分为 3 类，即 BD06024 卷一一："若面骂，若喻骂，若自比骂。"

橛

上处者，若举物在树上、墙上、**橛**上、杙上、龙牙杙上、衣架上、绳

床上、木床上、若大小蓐上、机上、地敷上。（津艺 182 卷一）

村者有四种：一者周匝垣墙，二者栅 ，三者 墙不周，四者四周屋。（同上）

即"攡"字。《集韵·支韵》："摛，《说文》：'舒也。'扬子云作'攡'。"表舒义的摛字与此处不符，此处当为从"木"之"欂"的俗写，写本中构件"扌"与"木"常相混。欂，同"篱"，《集韵·支韵》："篱，藩也。或作'攡'。"篱的制作材料可以是竹，也可以是木，《释名·释宫室》："欂，离也。以柴竹作之。"故"篱"的形符可以换成"木"而作"欂"。

写本中"篱"常作"欂"，如 S.6636 卷五六："佛问言：'汝以何心取？'答言：'粪扫衣取。'佛言：'无犯，而不应于墙上、若篱上、若堑中取粪扫衣。'""篱"原卷作 。又从"扌"作"攡"，如 BD14038 卷四三："第三者若半有 （篱）障，若多无 （篱）障，若都无（篱障），若垣墙若堑亦如是；第四者僧作白二羯磨结。"

（胜怨王）告敕人民："汝等从此莲花城至药山掘地至膝，以杵捣令坚，以香汁洒地，左右道侧种殖种种花，道侧作栏楯，然好油灯安置其上，作四宝香炉、金银、琉 、颇梨。"（S.3898 卷三一）

，即"瓈"，"璃"的俗字，从"离"之字常写作"禹"，如 BD14149 卷二八："时诸比丘尼多度弟子，后皆離和上去。""離"原卷作 。又如 BD14668 卷五："露处者，无墙壁若树木，无篱障及余物障。""篱"原卷作 ，即"摛"，右边也写作"禹"。又如 BD02960 卷三三："所谓法者，布施、持戒、生天之法，呵欲不净，赞叹出离为乐。""离"原卷作 。又如 S.3898 卷三一："尔时菩萨得厌离已，即日出家，即日成无上道。""离"原卷作 。《敦煌俗字典》"离"下 16 种字形，其中就有 11 种字形左边作"禹"或类似"禹"形。

琉璃，青色宝石，又作"瑠璃"，又叫"吠瑠璃""毗瑠璃"等。慧琳《一切经音义》卷一："吠瑠璃"条："上扶废反，次力鸠反，下音离。梵语宝名也。或云毗瑠璃，或但云瑠璃，皆讹略声转也。须弥山南面是此宝也，其宝青色莹彻有光，凡物近之，皆同一色。"（《大正藏》54/317b）

《大字典》："瓈，次于玉的美石；古代'杂佩'类的佩件。"可补这一义项，即"璃"的俗字。

时迦 陀夷闻之，生疑，往世尊所头面礼足，却坐一面，以此因缘具白世尊。（S.6636 卷五六）

留,即"畱","留"的俗字,《龙龛手镜·田部》:"畱,今。畱,正。"迦留陀夷,是和尚的名字。《翻梵语》卷三"迦留陀夷比丘"条:"旧译曰:亦云迦楼陀夷。迦留者持,陀夷者起。声论者云:正外国音,应柯卢陀夷。柯卢翻为早,亦云黑;陀夷翻为生,亦云起。谓早生,亦谓黑起,以日初出时生故名早生,有优陀夷比丘色白,柯卢陀夷色黑,故以起黑受称。"(《大正藏》54/1006a)"留"的这一写法石刻中也有类似的用例,如东魏《张瑾墓志》:"星移东井,常山兴缔构之功。"①"留"原作畱。

《大字典》"畱:同'畹'。"可补一义项,即"留"的俗字。"留"写本中又作畱(S.6636)、畱(S.6366)和畄(BD01605),前两种字形《敦煌俗字典》已收,未收"畄"及"畱"形。

犎

当护持是戒,如犎牛爱尾,和合一处坐,如佛之所说。(BD06492《尼戒本》)

犎字,上"牧"下"牛",《汉语大字典》和《敦煌俗字典》未收,实为"犛"字的换旁字。《说文·犛部》:"犛,西南夷长毛牛也。从牛,𠩺声。"其声符"𠩺",董作宾认为是"鼇之初文"。只是形体过于生僻,不适合做声符,难以起到表声的效果,故敦煌写卷中将其简写作"牧"。犛牛,即牦牛,野牛,《山海经·东山经》:"其中鳙鳙之鱼,其状如犁牛。"郭璞注:"牛似虎文者。"佛典文献中多次以"牦牛爱尾"作喻,形象地告诫僧尼,应该像野牛爱其尾一样地爱护并坚守戒律而不犯戒。如《央掘魔罗经》卷一:"常为寒暑饥渴所逼,足蹈尘土恒如野鹿,不越小戒如牦牛爱尾,守护不舍如乌伏子,如折牙象无复形好,彼复何须习无价衣?"(《大正藏》2/521c)又如《佛本行经》:"人恋宗亲,不能舍离;牦牛爱尾,为火所烧。"(《大正藏》4/68b)

"犛"的这一写法敦煌卷子中习见,如 BD00890、BD01047、BD02299、BD02332、BD03158、BD05628、BD05778、BD06492、BD06577、BD05628、BD05778、BD06492、BD06577、BD06697、BD09430、BD01237、BD01500、BD01903、BD03922、BD04289、BD04672、BD05152、BD05399、BD06836、BD07564、BD14039 等写卷。

除此之外,该字在写卷中还有几种写法:其一,上面构件稍有不同,如 BD03871 犎 和 BD05362 犎。其二,作"猫"或其变体,如 BD00465 猫、BD01106 猫、BD02407 猫、BD05453 猫 和 BD02147 猫;"苗"的俗写加一横,如 BD02828 猫 BD03809 猫;"苗"下加两点,如 BD03150 獏 和

① 《北京图书馆藏中国历代石刻拓本汇编》,第 6 册,第 23 页。

BD04519 禣。其三，从"牛"或其变体，如 BD00208 犕、BD05515 犕 和
BD02542 犕。

惚

　　无犯者，最初未制戒，痴狂心乱，痛恼所缠也。（弟一百九竟）
（BD05822 卷二七）

　　"恼"原卷作 惚。惚 为"恼"的俗字。《干禄字书》："惚恼，上俗下
正。"《敦煌俗字典》："敦研 365《大般涅槃经》卷第十五：'永离一切烦恼怨
贼。'"其中"恼"也作这一字形。慧琳《一切经音义》卷一五"苦恼"条："奴
倒反。《说文》：'痛恨也。'经文作'惚'，非也，非经意，下愚之情妄书，不成
字。"写本常见，又如 BD01605 惚 字。

　　"瑙"的俗写右边也能从"忽"，如 BD01605 卷一八："宝者，金银、璜珠、
虎魄、车渠、马瑙、琉璃、贝玉、生像金。""瑙"原卷作 瑙。又如 S.3898 惚
字等。

　　《大字典》"惚"下未设"恼的俗字"这一义项，可补。

捅

　　黄头即以 捅 叶取水与王，王自以水洗，黄头为王揩脚。（BD01605
卷一八）

　　捅，左边为"扌"，右边为"禺"，该字字书不载。我们认为此字当从木
作"楀"，《正字通·木部》："楀，俑类也……即木偶。"然木偶义与此处不符，
此处是"藕"的俗字，《敦煌俗字典》"藕"下收有三种字形，未收这一字形。

　　"藕"，《说文·艸部》作"蕅"，释为："芙蕖根也。从艸、水，禺声。"其中
形符"水"地位不太明显，作用不够重要，故常发生变异，或作"耒"，或作
"亻"，《说文通训定声》："字亦作'藕'、作'藕'。"其形符"耒"上的两横可以
断开，写作两撇，如 BD14038 卷四三："时诸比丘食已，得水中可食物：藕
根、迦婆陀、菱芰、藕子，于比丘边作余食法。"写作两撇后，下面一撇与
"木"组成"禾"字，上揭第一个"藕"宫本作"藕"，因其中的形符类似"禾"而
误。上面两撇断开以后，与"禾"联系得不紧密，这一松散结构为其脱落、演
变打下基础。再加上藕本身也是种养在水中，与禾有诸多相似之处，故其形
符演变成"禾"，如敦研 032 卷四二："彼诸龙象王来下入池，净澡浴饮水，以
鼻拔取藕根，净洗泥秽而食之，得好容色，气力充足。""藕"原卷作 藕。由
形符"禾"进一步讹作"木"，讹作"木"以后就与形符"艹"重复，汉字系统的
经济性原则使得人们舍弃形符中的"艹"而保留"木"。形符"木"居于字的
左边时常省去右边一撇，这样就与"扌"发生混同。

剫

是中刀净、疮净、鸟净应去子食，火净、不中种净都食。复有五种
净：若皮剥、若剫皮、若腐、若破、若瘀燥。（BD14038 卷四三）

剫，为"皮"的增旁俗字。慧琳《一切经音义》卷七五"皮剥"条："被碑
反。《考声》云：'皮亦剥也。'经文从刀作'剫'，俗字也。"（《大正藏》54/
793c）又卷九四"剫析"条："上被眉反，下音昔。按：剫析即皮剥之谓。析犹
分析、支解也。字书并无从刀作剫字，盖俗用字者也。"（《大正藏》54/898a）

剫，剥开。《玉篇·刀部》："剫，剥也。"《集韵·支韵》："剫，刀析也。"
《龙龛手镜》："剫，匹美反。剫，剥也。无正文，假借用。"剫，本字当为"皮"，
《史记·刺客列传》："聂政大呼，所击杀者数十人，因自皮面决眼，自屠出
肠，遂以死。"索隐："皮面谓以刀刺其面皮，欲令人不识，决眼谓出其眼睛，
《战国策》作'抉眼'，此'决'亦通，音乌穴反。"①《广雅》："皮，离也。"又
"皮，剥也。"上揭《史记》例句中的"皮"在《理惑论》中被改为"剫"："聂政剫
面自刑。"

妻

女报言："父母遣我与君作妻。"弥却摩纳报言："我今修梵行，不
须汝，若有爱欲者乃须汝耳。"（S.3898 卷三一）

妻，即"妻"的俗字。写本中"妻"字常在首笔"一"下加两点，石刻中亦
有用例，如北魏《张元祖妻一弗造像记》："太和廿年，步辇郎张元祖不幸身
丧亡，妻一弗为造像一区（躯），愿令亡夫直生（升）佛国。"②"妻"即作妻。
又如北魏《王遵敬及妻薛氏砖志》："熙平元年九月八日河东郡王遵敬铭记
并妻薛。"③"妻"作妻。

除"妻"外，"索"的俗写也在首笔"一"下也常加两点。如 S.6862 卷二
四："比丘尼无有厌足，不知惭愧，外自称言我知正法，求酥索油，求油索酥，
如是何有正法？""索"原卷作索，首笔横下加有两点。又 BD01605 卷一八：
"若有二人俱来索。应问言：'汝物其形何似？'若言相应者应还，若不相应
当语言：'我不见如是物。'""索"原卷作索。

硌

不犯者，或有所硌，若被唤道由边过，或彼宿止处，或为强力将去，
或缚去，或命难，或梵行难，不犯。（S.6366 卷二五）

---

①　（汉）司马迁撰，（南朝宋）裴骃集解，（唐）司马贞索隐，（唐）张守节正义《史记》，中华书
　　局，1982 年，第 2524 页。

②　《北京图书馆藏中国历代石刻拓本汇编》，第 3 册，第 31 页。

③　《北京图书馆藏中国历代石刻拓本汇编》，第 4 册，第 34 页。

启，即"啓"。《说文·攴部》："启攵，教也。从攵，启声。"《说文》小篆作左右结构，《玉篇》作上下结构"啓"。"攵"在写本中常作"又"形，如 S.3971 卷五三："时王即还拘睒弥修治城堑，收检谷食柴薪，聚集军众，守城警备。""收"原卷作**权**，"攵"作"又"形。石刻中也有构件"攵"作"又"的用例，如《元焕墓志》："月维仲冬，日缠上旬，庭建龟桃，堂启龙輴。"① "启"作 **啓**，其形符"攵"也作"又"形。

其声符"启"的构件"户"上面常写作一横，如北魏《元新成妃墓志》："宝胄启于伯阳。"② "启"作 **戌**。由于形近，"户"进一步讹作"石"，写本常见，如羽 237 **啓**（是故启尊）。另外，构件"户"还有一种写法，即省去一点而作"尸"，如 BD01605 卷一九："不犯者，若比丘营众僧事、塔寺事、瞻视病人事嘱授比丘若道由村过，若有所启白，若为唤，若受请，或为力势所执，或为系缚将去，或命难、梵行难，无犯。""启"原卷作 **戌**，构件"户"作"尸"。

緝

时有病比丘身患疮，污衣、卧具。佛言："听畜覆身衣。"或有衣毛结
緝 着疮，或时患痛。佛言："听取大价好衣覆身着内，外着涅槃僧。"
（BD07434 卷四一）

緝，"緝"的俗字，《敦煌俗字典》未收。该字为左右结构，右边是"耳"字上加两点"丷"，此两点当源于"艹"的俗写，即"艹"俗写作"丷"，然后又与下面的"耳"共享了一横，可见右边是"茸"字，《说文·艸部》："茸，艸茸茸皃。从艸耳声。"多用于饰品，如 S.3971 卷五三："尔时六群比丘畜腰带，头安茸。佛言：'不应尔。'""茸"写卷误作 **背**。

"緝"当为'茸'的增旁后起字，指丝饰品，《集韵·锺韵》："緝，丝饰。"又如甘博 039 卷四九："彼腰带头作鸟**緝**。佛言：'不应尔。'彼作蔓陀罗腰带。佛言：'不应尔。'"鸟緝即用鸟的羽毛制成的饰品。《大正藏》作"緷"，宫本作"緝"，均是形近而误。

此处"结緝"之"緝"《大正藏》本作"毤"，校勘记：宋本、元本作"缉"，明本、宫本作"毻"。结緝当是指粗衣物的起毛结球等，看起来与作为饰品的緝相似。

蒤

酒者，木酒、粳米酒、余米酒、大麦酒，若有余酒法作酒者是。木酒者，梨汁酒、阎浮果酒、甘蔗酒、舍楼伽果酒、**蒤** 汁酒、蒲桃酒。

---

① 《北京图书馆藏中国历代石刻拓本汇编》，第 4 册，第 8 页。
② 《北京图书馆藏中国历代石刻拓本汇编》，第 4 册，第 50 页。

（BD14505 卷一六）

蔜，为"蔜"的俗字，《敦煌俗字典》"蔜"收有两种字形，未收这一字形。《干禄字书》："**蔜**蔜，上俗下正。"《大正藏》本即作"蔜"。《说文·艸部》："蔜，艸木花垂貌。从艸，豲声。"其中的"生"讹作"王"，"豕"又讹作"麦"。《四分律名义标释》卷一四："蔜汁：儒追切，音綏。《尔雅》云：'棫，白桵。'郭璞曰：'桵，小木丛生，有刺，实如耳瑙、紫赤色、可食。'《本草》云：'蔜子，啖之，亦止鼻衄，久服轻身，益气不饥。其木高五七尺，茎间有刺，叶细似枸杞而尖长，花白，子红紫色。'又云：'类乌头豆，但略圆而匾，外有文理，附其茎而生，类五味子，核入药，生函谷、川谷及巴西，今河东亦有之。'《本草》作蔜字，从生从豕，言生子之多莫若于豕。今桵核是也。俗作'蔜'。"（《卍续藏》44/512b）

字亦作"蔜"，从艹从麦从生，如上揭例句中"蔜汁酒"，宋、元、明、宫本即作"蔜"。又如 P.2521 卷五九："尔时世尊在迦陵伽国**蔜**罗林中。时长老波摩那诣世尊所，头面礼足，却坐一面。"蔜汁酒，即由蔜子汁酿成的酒。构件"生"又作"去"，如 BD14038 卷四二："今有八种浆，是古昔无欲仙人所饮，梨浆、阎浮浆、酸枣浆、甘蔗浆、蔜果浆、舍楼伽浆、婆楼师浆、蒲桃浆。""蔜"原卷作**蔜**。又省略"艹"，如"蔜罗林"写卷 S.4104 作"**蔜**罗林"。

拣

《汉语大字典》"拣"设有三个音义：其一，装，装束；同"束"。其二，搂拣。其三，同"竦"。写本《四分律》中还有两种其他的用法。

一、同"梳"。

　　诡语者，若男子净洗浴，以好香涂身，梳治须发，着好华鬘，璎珞严身，持孔雀毛盖，岂更有余事胜此者也？（甘博 039 卷四九）

"梳"原卷作 **拣**。写本中从"充"之字与从"束"之字常混用，如 BD05553 卷三○："我等妇庄严其身、梳发、香涂摩身，此比丘尼亦复如是。""梳"原卷作**疎**，当是"疏"的俗写，《广韵·鱼韵》："疏，俗作疎。"梳发离不开手，故"疎"又换旁作"拣"。

二、同"擞"。

　　时有比丘欲心共女人抖擞衣，疑。（BD14519 卷五七）

"擞"原卷作**拣**。圣本和圣乙本作"楝"，"楝"《说文·木部》释为短椽，此处与"短椽"义无涉，当是"拣"的讹混。"拣"和"擞"在"抖擞"一词中常混用，慧琳《一切经音义》卷六○"抖拣"条："下桑狗反。《考声》云：'抖擞，振动衣物令去尘垢也。'此二字无定体，译经者随意作之。"（《大正藏》54/707a）

蹲

或青发，黄发，白发，大长，大短，妇女**蹲**，天子，阿修罗子，捷闼婆子，……如此人不得度受具足戒。（BD06011 卷三五）

敦煌写本中，"專（专）"与"尃"经常相混，参见曾良先生《俗字及古籍文字通例研究》①。究其原因，当是二字俗写均可作"專"，写本《四分律》中亦有用例，以"博"和"转"为例，如 BD01605 卷一八："尔时佛在舍卫国祇树给孤独园。时六群比丘以手**博**（搏）十七群比丘，其被**博**（搏）人高声大唤言：'止止！莫尔！'"S.6366："若比丘尼嗔恚故不喜，以手**博**比丘尼者，波逸提。（六十三）""博"是"搏"的俗字，颜元孙《干禄字书》："**博**博，上通下正。"此处通"搏"，即拍打的意思。津艺 182 卷一："若多分坏，若一切坏，偷兰遮；若骨间行不净，偷兰遮；若穿地作孔，**搏**泥作孔，若君持口中犯偷兰遮；若道想若疑如是一切偷兰遮；若道作道想，波罗夷。"**搏**即"抟"，抟泥就是捏泥。又如 BD07413 卷四："若闻草蓐转侧声。""转"原卷作**转**。此外，"惠"的俗写也类似，如 BD07604 卷一〇："时跋难陀释子先有一居士恒好惠施，意欲饭佛、比丘僧，兼布施好衣。""惠"原卷作**惠**，也省去了中间的一横加一点，可作一旁证。

"专"俗写为"專"，《干禄字书》："專专，上通下正。"同理，**蹲**即"蹲"的俗字，参《敦煌俗字典》，只是《敦煌俗字典》中收录的字形稍有差异，"足"的构件"止"作"正"。"蹲"又同"腨"，《玉篇·足部》："蹲，腓肠。正作'腨'。"《集韵》："腨，《说文》：'腓肠也。'或作'蹲'。"腓肠，胫骨后肉，即脚肚。腨或从足作"踹"，《佛本行集经》卷九："六者太子手足柔软，七者太子手足指间具足罗网，八者太子踹如鹿王。"（《大正藏》3/692c）"踹"，宋、元、明本作"腨"。《龙龛手镜》："踹，胫肠也。"慧琳《一切经音义》卷二四："双腨"条："下船耎反。《说文》：'蹲足踹肠也，从月耑声。'或作'踹''膞'。经文从专从足作'蹲'，亦通也。"（《大正藏》54/459a）

"妇女**蹲**"，指妇女的腿肚子，有细而长的特点。此处是罗列男子不得度受具足戒的种种情况，其中包括长得像妇女，如卷三五："或身如女身，……如此人不得度受具足戒"，此处又加以"妇女**蹲**"，其实就是太瘦的意思。中世纪印度是以瘦为病的，故有"病瘦"一词，《四分律》共出现 11 次，且每次都与"医药"连用。而长有像妇女的腿肚子就是太瘦的形象表达。这样与前文"太长"和"太短"相一致，即太长、太短、太瘦等均不得度受具足戒。

---

①　曾良《俗字及古籍文字通例研究》，百花洲文艺出版社，2006 年，第 53 页。

唻

尔时提婆达往至太子阿阇世所，以神通力飞在空中，或现身说法、或隐身说法、或现半身说法、或不现半身说法，或身出烟、或身出火，或变身作婴姟身着璎珞、在太子抱上转侧，唻太子指。（BD14668 卷四）

唻，为"欶"的换旁俗字，《敦煌俗字典》未收，表示吮吸的意思。上揭例句《大正藏》本即作"欶"。《集韵·觉韵》："欶，《说文》：'吮也。'或作'嗽'。"《说文·欠部》："欶，吮也。"《通俗文》："含吸曰欶。"欶，当为中古的一个俗语词，直到后世依然较通俗，如黄侃《蕲春语》："今语以口内吸曰欶。"慧琳《一切经音义》卷二六"欶乳"条："又作'嗽'，同。所角反。《三苍》云：'欶，吮也。'《通俗文》：'含吸曰嗽。'经文作'嗽'，俗字也。"（《大正藏》54/480c）"欶"又增"口"作"嗽"，如慧琳《一切经音义》卷一七"嗽于"条："又作'欶'，同。山角反。嗽，吮也。经文从口作'嗽'，俗字也。"（《大正藏》54/415b）字或作"嗍"，如北魏杨衒之《洛阳伽蓝记·景宁寺》："呷啜莼羹，嗍嗍蟹黄。"唐张鷟《游仙窟》："十娘忽见鸭头铛子，因咏曰：'嘴长非为嗍，项曲不由攀。'"

甚詹

或有风病，或有热病，或有甚詹癖病，或癣病，或有喉戾，或有兔缺，或无舌，或截舌，……如此人不得度受具足戒。（BD06011 卷三五）

甚詹，左边是"甚"字，右边是"詹"的俗写，俗写中"詹"字内构件"言"的上部常写成"工"形，如甘博 039 瞻瞻、BD14149 瞻瞻、S.6636 瞻 和 S.3971 瞻 等。当读如"痰"，是借"痰"的音而另造的一个形声字，左形右声，左边的"甚"字，当取其过量义而作形符。《说文·甘部》："甚，尤安乐也。从甘，从匹。"段玉裁注："引伸凡殊尤皆曰甚。"

"痰癊"指体内过量水液停留于某一部位而产生的疾病。慧琳《一切经音义》多次解释"痰癊"，如卷二九"痰癊"条："上音谈，下阴禁反。案：痰癊，字无定体。胸鬲中气病也。津液因气疑结不散，如筋胶引挽不断，名为痰癊。四病根本之中，此一能生百病，皆上焦之疾也。"（《大正藏》54/502c）又如卷七八"痰癊"条："上嗽旦反，下阴禁反。《考声》：'痰癊，鬲中病也。'《文字集略》：'胸中病也。'案：痰癊，胸鬲中疾也。二字并从疒，炎阴皆声。鬲音格。"（《大正藏》54/816c）痰癊，又作"痰饮"，张仲景《金匮要略·痰饮欶嗽病脉证并治》："其人素盛今瘦，水走肠间，沥沥有声，谓之痰饮。"

裓

舍与僧时，往僧中偏露右肩、脱革裓、向上座礼、胡跪、合掌，当作是语："大德僧听！我某甲比丘故畜尔许长衣过十日，犯舍堕，我今舍与

僧。"（BD14668 卷六）

茫，为上下结构，上部构件为"艹"，即"艹"的变体，下部构件为"徙"的俗写。俗写中"辶"常写作"之"，如 BD00148 **徙**、BD05522 **走**、BD05553 **茫**、BD02960 **徒**、P.3340 **起**、S.3898 **起**、S.4036 **役**、BD01605 **徙** 及 BD07278 **徙** 等。

茫，即"蓰"的俗写，《孟子·滕文公上》："或相倍蓰。"赵岐注："蓰，五倍也。"蓰的"五倍"义与此处不合，此处通"屣"。又如 S.3898 卷三一："若彼祠祀众中，有第一多智慧者当以金钵盛满银粟，或以银钵盛满金粟，并金澡瓶、极妙好盖、履屣及二张好叠，众宝杂厕杖，并庄严端正好女，名曰苏罗婆提，与之。""屣"原卷作 **徒**。屣指鞋，革屣指皮制的鞋，《南史·夷貊传上·林邑国》："贵者着革屣，贱者跣行。"佛典文献常见，如《长阿含经》卷一四："着好华鬘，染曰绀色，拭面庄饰，镮纽澡洁，以镜自照，着宝革屣，上服纯白，戴盖执拂，幢麾庄饰，沙门瞿昙无如此事。"（《大正藏》1/89a）《贤愚经》卷七："诸女子辈皆脱革屣，中有一女而独不脱，并屣入水。"（《大正藏》4/399a）

枨

东方有阿耨大池，水清澄无有尘秽，食之无患。去此不远更有池广五十由旬，其水清澄无有尘秽，有藕根如车轴，若取 **枨** 之，其汁如乳，食之如蜜。（敦研 032 卷四二）

枨，左"木"右"片"，即"枍"。《干禄字书》："枍枍，上俗下正。"《广韵·锡韵》：枍，"枍"的俗字。两字除了形近外，意义上也有联系。《说文·木部》："枍，破木也。从木从斤。"《说文·片部》："片，判木也。"枍，从木从片，当为"片"的增旁后起字。

枍的对象由"木"扩展到"藕"亦通，但藕一般不用剖着吃，此处以作"折"解为长。S.6636 卷五六："时目连告诸比丘：'诸长老！比方有池名阿耨达，其水清净无有垢秽，中有分陀利华如车轮，其根如车轴，折之汁出，色白如乳，其味如蜜。'""折"原卷作 **枍**。分陀利华，即白莲花，其根也就是藕。

"木"与"扌"旁常混，参见混用俗字部分。"枍"与"折"也常混用，《说文·木部》："枍，一说折也。"石刻中也有混用情况，如北齐《赫连子悦墓志》："公明闲薄领，剖枍如流，曾未崇朝，丝绳并解。"[1]"枍"原作 **枍**。

---

① 《北京图书馆藏中国历代石刻拓本汇编》，第 8 册，第 53 页。

蘍

尔时诸比丘欲为诸病比丘煮粥若羹饭,若在温室、若在厨屋、若在浴室中若**蘍**钵、若染衣、若然灯、若烧香。诸比丘皆畏慎不敢作。（BD14505卷一六）

蘍为"蘍"的换位俗字。俗写中局部构件中的"灬"常置于整体的下面,如"默"作**黙**（BD00148）,又BD00239**然**等。又如"燃"作**燃**（BD02960）。

蘍,或省旁作"勲",正仓院圣语藏本此处作"勲"。"勲"的俗写也是"灬"置于整体的下面,《正字通·力部》:"勋,俗作'勲'。"蘍字或作"薰",《篇海类编·艸部》:"蘍,臭菜。或作'薰'。"

"蘍"此处指用火烟熏炙的意思,具体熏法《四分律》中亦有记录,卷五二:"彼畜钵不熏,生垢,患臭。佛言:'听熏。'彼不知云何熏。'听作炉若釜若瓮,种种泥涂,以杏子、麻子、泥里,以灰平地作熏钵场,安支以钵置上,钵炉覆上,以灰壅四边,手按令坚,若以薪若牛屎壅四边烧之,当作如是熏。'"（《大正藏》22/952b）

痾

时诸比丘尼便度盲瞎癃躄跛聋瘖**痾**及余种种病者,毁辱众僧。（BD05822卷二七）

痾,即"痾"字。《大字典》"痾"下设置了三个义项:"❶同'疴';❷宿怨、旧仇;❸用同'屙'。"三个义项均不合。此处是"哑"的换旁俗字,《敦煌俗字典》"哑"下共有两种字形,未收这一字形。

哑是一种疾病,故换"疒"旁作"痖"。《集韵·马韵》:"哑,倚下切。痖也。或作'痖''瘂'。"写本《四分律》中确有不少作"痖"的用例,如BD06024卷一一:"盲瞎者:盲瞎、癃躄跛、聋**痖**及余众患所加。"又同卷:"汝是盲瞎、秃躄跛、**痖**聋及众患所加人。"又同卷:"汝似盲瞎人、汝似秃人、汝似躄跛人、汝似**痖**聋人。""痖"又换声符作"痾",如BD06011卷三五:"或身班,或身疥瘙,或身侵淫疮,或**痾**,或聋,或**痾**聋,或卷足指,或跛,或曳脚,或一手一脚一耳,或无手无脚无耳,或无发无毛,……如此人不得度受具足戒。"这一写法或是受方俗音影响,直到今天不少方言中哑巴之"哑"读如"阿"。

䏶

时诸居士皆共讥嫌言:"此比丘尼不知**䏶**足,外自称言我知正法,如是何有正法?云何先受我请已,复受他种种饭食,食已,后方受我食。"（S.4036卷二九）

猒，即"猒"，只是左上方的"日"作"口"。《说文·甘部》："猒，饱也。从甘猒声。"猒，本义是饱，引申有满足的意思。《大正藏》本此处作"厌"，"厌"为"壓"的本字。《说文·厂部》："厌，笮也。从厂猒声。"后来，文字系统内部发生了调整，人们借"厌"表示满足，而增"土"为"壓"来表示压迫、镇压。写本却保存了原始写法而作**猒**。

或左边中间增横，如甘博 039 卷四九："时有比丘尼在白衣家内住，见他夫主共妇鸣口、扪摸身体、捉捺乳，年少比丘尼见已，便生厌离佛法心。""厌"原卷作**猒**。又如 S.3898 **猒** 等。

或右边"犬"的捺上增点，如 BD05321 卷三〇："时诸居士见皆共讥嫌言：'此比丘尼不知惭愧、乞求无厌，外自称言我知正法，如是有何正法？乞酥而食如贼女淫女无异。'""厌"原卷作**猒**。

或"厌"换作"广"旁，如津艺 182 卷一："云何舍戒？若比丘不乐修梵行，欲得还家厌比丘法，常怀惭愧，贪乐在家，贪乐优婆塞法。""厌"原卷作**厭**。

或"厌"换作"疒"旁，如 P.2521 卷五九："佛告比丘：'若汝知有法，令多欲不令少欲、令无厌不知足、令难护不易护、令难养不易养、令愚痴无智慧，比丘！汝应知如是法非法、非毗尼、非佛所教。'""厌"原卷作**痲**。

痲

　　若比丘尼故自手断人命，若持刀与人教死、赞死、劝死，若与非药，若堕人胎，**痲**祷咒诅杀，若自作若教人作若自作。（BD05822 卷二八）

痲，由"疒"与**能**组成，即"瘫"字。**能**即"能"的俗字，《干禄字书》："**能**能，上通下正。""能"的俗写常从"长"，如 BD06024 卷一一："汝于众人前毁訾我言'一角可牵'使我大惭愧于众人，是故不**能**复出力与彼竞驾。若**能**改往言更不名字形相毁我者，便可往语彼长者言：'**能**更与我牛共驾百车者，更倍出二千两金。'"又如 BD01605 **能** 等。

痲，即"瘫"字。《龙龛手镜·疒部》："瘫，同'魘'。"此处用作禰的假借，禰祷属同义连文，祈祷鬼神与人作祟。慧琳《一切经音义》卷三六"禰缚"条："上益琰反，《考声》：'禰，禳也。'《广雅》：'压，镇也。'《集训》：'禰，着也。'案：禰，亦祷也，祈祷精魅鬼神与人为祟，或造符书唤人名字，或作彼人形像埋藏于神祠、或灶下、或十字路上，名为禰祷。"（《大正藏》54/545b）希麟《续一切经音义》"禰祷"条："上于琰反。《切韵》：'禰，禳也。'从示厌声。经文作'厌'，音于艳反，弃也、恶也，非禰禳字。下都胎反。《切韵》：'求福也。'《论语》云'祷于上下神祇'也。"（《大正藏》54/958b）

窑

　　时有贼盗比丘衣钵、坐具、针筒。比丘捉贼得，内着地窑中，遂命过。（S.6636 卷五六）

　　窑为左右结构，右边类似"匋"，"缶"中的"山"换成了"止"，即"窑"的俗字，《敦煌俗字典》未收。俗写中"匋"字当中的"山"也常作"止"，如S.3971 卷五三："尔时有信乐陶师作种种器与诸比丘，比丘不敢受。"又如S.6636 卷五六："时有比丘陶师为檀越。檀越语言：'大德！须器，便见语。'彼答言：'可尔。'"

　　"窑"同"陶"，均为"匋"的后起字。《说文·缶部》："匋，瓦器也。从缶，包省声。"玄应《一切经音义》卷一四"陶师"条："又作'匋'，同。大劳反。《史记》：'陶，瓦器也。'《苍颉篇》：'陶，造瓦家也。舜始为陶于河滨。'是也。……诸书亦借音为姚，字体作'窑'，音姚。《通俗文》：'陶灶曰窑。'《苍颉篇》：'窑，烧瓦灶也。'"（《续修四库》全书第 198 册第 161 页上）由"瓦器"引申指烧制瓦器的场所。《广雅·释宫》："匋，窑也。"王念孙《广雅疏证》："匋，通作'陶'，……陶与窑声相近……是'陶'即'窑'也。"《大智度论》卷三一："第六日出，大地、须弥山等，皆悉烟出，如窑烧器。"（《大正藏》25/290b）"窑"，宋、元、明、宫本作"陶"。"匋"由土制成，故又增土。清蓝浦等《景德镇陶录》："窑或作窑、窑等字。"上揭例句《大正藏》本此处作"窖"，当是与"窑"形近而误。

麨

　　若比丘无病为自炙故在于露地然火，若然草木、枝叶、纻麻、薥摩、若牛屎、糠、粪扫麨，一切然者波逸提。若以火置草木、枝叶、麻纻、牛屎、糠、粪扫麨中然者，一切波逸提。（BD14505 卷一六）

　　麨即"麨"俗字，《敦煌俗字典》未收。写本《四分律》中"麦"多写作简体"麦"，如 BD14505 卷一六："酒者，木酒，粳米酒，余米酒，大麦酒，若有余酒法作酒者，是。"从"麦"之字多仿此，如 S.4036 卷二九："时舍卫城中俗节会日。诸居士各各持饭、干饭、麨鱼及肉来，就僧伽蓝中与诸比丘尼。诸比丘尼受此施食，食已，然后方诣居士家食。""麨"原卷作麨，又 S.3898 麨等。又如"䵃"作䵃，S.4104 卷六〇："有五非法举，非时不以时，不实不以实，损减无利益，粗䵃不柔和，瞋恚不以慈心，是为五。"又如前文的麨（BD14505）、麨（P.2521）等。

　　麨，破碎的麦壳。《龙龛手镜·麦部》：麨，"麨"的俗字。《一切经音义》卷三〇"穰麨"条："上壤章反。《考声》云：'穰，禾黍穗余也。'《说文》亦'黍柼也。从禾襄声'。柼，音良计反。下蝇即反。《考声》云：'麨，麦糠也。'《文字集略》云：'麮，麦皮也。'《文字典说》：'从麦弋声。'弋音翼也。"
（《大正藏》54/507a）由麦壳进一步引申，用来泛指谷物的外壳，如《沙弥律
仪要略增注》卷下："铁钵，用杏子、麻子、稻麮等熏作黑色、鸽色或孔雀咽
色。"（《卍续藏》60/266c）

㤪

若比丘依聚落若城**㤪**住，污他家行恶行，污他家亦见亦闻，行恶行
亦见亦闻。（BD14668 卷五）

㤪，即"邑"字。"邑"上的"口"，原卷写作尖口"厶"，而下部的"巴"省
笔作"巳"。写本当中汉字构件"巴"作"巳"的还有"把""肥""色""绝"等。
"把"中的构件"巴"发生变异，如 S.4867 卷二一："自今已去，与比丘结戒，
集十句义乃至正法久住，欲说戒者当如是说：不得手把散饭食，尸叉罽赖
尼。""把"原卷作**犯**。又如 BD14541 **杞**。"肥"中的构件"巴"发生变异，如
BD14505 卷一六："时有居士请众僧明日食，即于其夜办具种种肥美饮食。"
"肥"原卷作**肥**。"色"中的构件"巴"发生变异，如 BD02960 卷三二："我发
遣汝在前已，我诣阎浮提取阎浮果，先来至此坐。此果色好香美，汝可食
之。""色"原卷作**色**，《干禄字书》："**色**色，上俗下正。"。又如 BD06011 卷
三五："或有红眼，或有黄赤色眼，或青翳眼，或黄翳眼，或白翳眼，或水精眼，
或极深眼，或三角眼。""色"原卷作**色**，又如 BD05822 **色**等。从"色"之字
多仿此，如 BD05822 卷二八："汝始发心出家功不唐捐、果报不绝，余所未知
当问和上阿阇梨。""绝"原卷作**绝**。

雍

时诸比丘患**雍**疮疥种种疮病，脓血流出污身、污衣、污卧具。
（BD01605 卷一九）

雍，左右结构，右边是"隹"，左上是"亠"，左下方表面看是三撇，实是
"乡"的连笔，整体看是"雍"的换位字。"雍"同"痈"，刻本即作"痈"，是一
种毒疮。

"雍"又可省去上面的"亠"，如 BD06011 卷三五："或身如女身，或有名
籍，或避官租赋，或痈疮，或身驳，或尖头，或左臂坏，或右臂坏。""痈"原卷
作**雍**。

毒疮是一种病，故又在此基础上增"疒"，如 BD05822 卷二七："女人有
如是诸病：癞、痈疽、白癞、干痟、瘨狂、二形、二道合、道小、常漏大小便、涕
唾常流出，汝有如此病不？""痈"原卷作**雍**。又如 BD06011 卷三五："丈夫
有如是病：癞、痈疽、白癞、干痟、颠狂病，汝今有此诸病不？""痈"原卷作
雍。又如 S.4036 卷二九："时跋陀罗迦毗罗比丘尼身生痈，使男子破之。"

"痈"原卷作⿸疒雍。又如 S.6636 雍、P.2521 ⿸疒雍 及 BD14149 ⿸疒雍 等。

毒疮长在身体上，故又在 雍 的基础上增加"月（肉）"旁，如甘博 039 卷四八："女人有如是诸病：癞、白癞、痈疽、干消、癫狂、二根、二道合、道小、大小便常漏、大小便涕唾常出，汝有如是诸病不？""痈"原卷作 ⿱雍月，即"臃"的换位俗写，换作上下结构。

輿

库者，储积藏诸车乘辇 輿 贩卖之物。（BD14668 卷六）

輿，即"轝"字，当是"輿"的换旁俗字，《说文·车部》："輿，车輿也。从车舁声。"而"舁"字较生僻，一般人未必认识，其表声作用不太明显，故而改用较常见的"與"字作为声符来表声。《集韵·御韵》："輿，舁车也。或作'轝'。"

写本《四分律》中"輿"均写作"轝"，如 S.3971 卷五三："时六群比丘出外，辄乘彼象马、车乘、辇輿，捉持刀剑共戏。""輿"原卷即作 轝，正仓院圣语藏本此处作"举"，当是"轝"的形误字。又如 S.3898 卷三一："游戏乳母者，诸童子等乘象、乘马、乘车、乘輿，诸杂宝器、乐器、转机关，作如是种种供养之具，供养娱乐定光菩萨，擎孔雀盖从之。""輿"原卷作 轝。写本《四分律》中这一写法习见，又如 BD03667 轝、BD01605 轝、BD14505 轝 等。

蘥

时诸比丘睡眠。佛言："比坐者当觉之，若手不相及者，当持户 蘥、若拂柄觉之；若与同意者，当持革屣掷之；若犹故睡眠，当持禅杖觉之。"（BD06011 卷三五）

蘥，即"蘥"的俗写，中间三个"口"写作一个"口"，又如 BD01605 卷一八："手者，两手。彼比丘瞋恚以手搏比丘者，波逸提。除手已，若户钥、拂柄、香炉、柄捵，一切突吉罗。""钥"原卷作 蘥。中间三个"口"还有写作两个"口"的，如 BD14505 卷一六："除手脚指已，若杖、若户钥、若拂柄及一切余物相击攊者，一切突吉罗。""钥"原卷作 蘥。《说文·艸部》："蘥，爵麦也。从艸龠声。"段玉裁注："爵，当依今《释艸》作'雀'。"蘥的雀麦义与此处不合，此处当通"钥"。钥，又叫"键"，上贯门闩、下插入地的木棍。《方言》第五："户钥，自关之东，陈楚之间谓之键，自关之西，谓之钥。"

㨼

时六群比丘尼、沙弥尼、式叉摩那来至寺内，共六群比丘沙弥共住，更相调弄，或共呗，或共哭，或共戏笑，乱诸坐禅比丘。诸比丘白佛。佛言："应唤来 㨼 罚。若不改，应为沙弥尼、和尚阿阇梨作舍教授羯磨。"（甘博 039 卷四九）

 为"谪"的俗字，如 BD01605 卷一八："汝所为非，非威仪、非沙门法、非净行、非随顺行，所不应为，云何汝等自手捉金银使王罚谪居士并财物没入于官？""谪"原卷作 。这一俗写经过了两步，第一步，"谪"从"言"表示用语言责备，但责备的主体和对象都离不开人，故换"亻"旁而作"倘"。第二步，从"商"之字又经常加"辶"，如 S.3971 卷五三："时诸比丘患食物入齿间。佛言：'听作摘齿物。'""摘"原卷增"辶"而作 。又如 BD14038 卷四三："彼器有陷孔处，食入中，数摘洗，穿坏。""摘"作 。同卷："不知云何灌。佛言：'听以羊毛若劫贝鸟毛渍油中，然后渧着鼻中。'""渧"原卷作 ，当是"滴"增"辶"而成。与其他从"商"之字一样，故"倘"增"辶"而为"倘"。"谪"俗写作"倘"，其演变过程大致如下：

谪—倘—倘

"倘"为"谪"的俗字，陈五云等《佛经音义与汉字研究》中已经论述①。"谪"写本中又作"譎"，如 S.287 卷四四："僧已为善法比丘作罚谪。彼若受忏悔者，善。""谪"原卷作 。慧琳《一切经音义》卷一一"譎罚"条："上张革反，俗用字也。《毛诗传》曰：'谪，责也。'杜预注《左传》云：'譎，谴也。'《方言》：'谪，怒也。'郭璞曰：'谓相责怒也。'《说文》：'譎，罚也。'正体作'譎'，从言从帝从口。今经文从适作'譎'，俗字也。"（《大正藏》54/373a）

《大字典》："倘，同'适'"，未列"同'谪'"这一义项，可补。

彼令男子剪 。佛言："不应令男子剪 。"（甘博 039 卷四八）

扴，摩擦，《说文·手部》："括也。从手介声。"段玉裁注："扴于石谓摩硰于石也。"《易·豫》"介于石"唐陆德明释文："马作'扴'，云'触小石声'。"由摩擦义引申出弹奏义。此两处的"扴"均与摩擦、弹奏义无涉，结合语境，当是"抓"的讹误，而"抓"又为"爪"的增旁俗字，即：

爪—（增旁）—抓—（讹误）—扴

此处是比丘尼让男子帮她剪指甲，表示"爪"无疑，《大正藏》本此处即作"爪"。而且《四分律》卷五一："时比丘爪长。佛言：'听剪。'"爪，圣乙本即作"扴"。又如 S.3898 卷三一："时贾人虽得发爪，不能至心供养。""爪"原卷作 。

尔时十七群比丘在阿耆罗婆提河水中嬉戏，从此岸至彼岸，或顺

---

①　陈五云、徐时仪、梁晓虹《佛经音义与汉字研究》，南京：凤凰出版社，2010 年，第 407 页。

流,或逆流,或此没彼出,或以手画水,或水相浇潸。(BD14505 卷一六)

潸,同"潸",《字汇·水部》:"潸,俗'潸'字。""赞"俗写作"赞",《说文·贝部》:"赞,见也。从贝,从兟。"构件"兂"与"夫"由于形近而混用,石刻中也有混用例,如《元孟辉墓志》:"樊侯入赞,维周之贞,乃祖乃父,弼魏之明。"①"赞"原卷作赟。

从"赞"之字多仿此,如"鑚"作"鑚",《篇海类编·金部》:"鑚,本作'鑚'。"《正字通·金部》:"鑚,俗'鑚'字。"《世说新语·俭啬》:"王戎有好李,卖之,恐人得其种,恒鑚其核。"又如"赞"作"讚",津艺 182 卷一:"若复作余语毁佛法僧乃至学事,便赞叹家业乃至非沙门、非释子,以如是语了了说,是名舍戒。""赞"原卷作讚。又 BD05822 卷二八:"若持刀与人教死、赞死、劝死,若与非药,若堕人胎⋯⋯彼非比丘尼、非释种女。""赞"原卷作讚。

《说文·水部》:"潸,污洒也。一曰水中人。从水赞声。"由"污水"引申指一般的水,此处的"浇潸"就是用河水相互浇洒。慧琳《一切经音义》卷九"浇潸"条:"下又作溅、嚖二形,同。子旦反。《说文》:'潸,相污洒也。'《史记》:'五步之内以血溅大王衣。'作溅。杨泉《物理论》云:'恐不知味而唾嚖。'江南行此音,山东音濽,子见反。"(《大正藏》54/357b)

斑

时舍卫城中有一大姓婆罗门,名耶若达,多饶财宝,生业无量,田地谷食不可称计,金银、车渠、马瑙、斑珠、虎魄、水精、琉璃、象马、奴婢库藏溢满,威相具足。(BD01605 卷一八)

斑,即"瑱",为"真"的增旁俗字,受"珠"类化而增"王"旁。真或直的上部"十"俗写常作类似撇横的形状,如 BD01605 卷一八:"时毗舍佉母闻如来说法,甚大欢喜,前礼佛足,绕已而去,心存于法,直出祇桓门,忘取璎珞、宝衣、严身具,还家乃忆。""直"原卷作盲。

真珠,即珍珠。佛典常见,如《须摩提女经》卷一:"尔时有长者名阿那邠邸,饶财多宝:金银、珍宝、砗磲、码碯、真珠、琥珀、水精、瑠璃,象、马、牛、羊、奴婢、仆从不可称计。"(《大正藏》2/837c)《大词典》首例为唐贾岛《赠圆上人》诗:"一双童子浇红药,百八真珠贯彩绳。"可提前。

鑲

不犯者,若铁、若铜、若铅锡、若白镴、若竹、若木、若苇、若舍罗草用

---

① 北京图书馆金石组编《北京图书馆藏中国历代石刻拓本汇编》,第 4 册,第 85 页。

作针筒，不犯。若作锡杖头镊鑺，……如是一切无犯。（BD01605 卷一九）

鑺，左边为"金"，右边为"藁"，即"鑺"的俗字，俗写当中"竹"与"艹"常相混。《大字典》收有"鑺"字，但并未释义，引用了《龙龛手镜》和《字汇补》。《龙龛手镜·金部》："鑺，作管反。"《字汇补·金部》："鑺，音纂。见《篇韵》。"《大字典》中的例证是宋李诫《营造法式·小木作制度一·版门》，可提前。

"鑺"，圆形金属套。字又从赞作"鐕"，宫本此处作"穳"，当是"鐕"的形误字。慧琳《一切经音义》卷五九"镖鑺"条："匹烧反。《说文》：'刀削末铜也。'《释名》云：'矛下头曰镈。'音存闷反，江南名也；关中谓之鐕，音子乱反。律文作'镖鑺'，非体也。"（《大正藏》54/702a）《四分律名义标释》卷一六："镖，抚招切，音飘。谓锡杖柄下之镖鑺也。"（《卍续藏》44/527b）其后照搬了慧琳的解释。"鑺"又作"纂"，如《南海寄归内法传》卷四："西方所持锡杖，头上唯有一股铁卷，可容三二寸。安其錞管，长四五指。其竿用木，粗细随时，高与肩齐。下安铁纂，可二寸许。其镮或圆或偏，屈各合中间，可容大指，或六或八，穿安股上，铜铁任情。"（《大正藏》54/230b）慧琳《一切经音义》卷六四"楼纂"条："子管反。锡杖下头铁也。应作鐕，子乱反。关中名鐕，江南名镈。镈，音在困反。《释名》：'矛下头曰镈也。'"（《大正藏》54/733a）

第九章　敦煌写本《四分律》词语考释

第一节　文字辨认有利于词语的考释

佛典词语的考释,对于了解并掌握佛经的内容意义重大,对于汉语史研究以及辞书编纂也是一个前提条件。就具体的词语考释而言,前辈们多有阐述,郭在贻先生曾指出:"词语考释一类的工作,必须具备四个程序,方能称得上是高层次的研究。这四个程序是:求证、溯源、祛惑、通文。"①至于具体方法,郭先生在《训诂学》中明确指出:"据古训;破假借;辨字形;考异文;通语法;审文例;因声求义;探求语源。"

其中"辨字形"一方面是辨别字形的讹误,如前文提到的《中华大藏经》本《四分律》中"畜生果"就是"畜生男"的讹误,纠正了这一讹误才能正确理解文意。字形的讹误多是个别的、随机的,而写本中的某些写法却具有普遍性、系统性的特点。故而,识别汉字的具体写法,尤其是写本中具体写法,对写本书写规律的深入探讨,有助于词语的解释乃至文意的把握。如 S.6636卷五六:"尔时世尊在毗舍离。有不信乐离奢以弊物裹五钱置粪聚间,遣人𡳞伺,若见取者将来。"𡳞即"微",写本中构件"几"作"夕"形,与上面一横组成"歹"。此处"微"表伺义,《管子·势》:"顺于天,微度人。"微度,即伺察、揣度。《史记·孝武本纪》:"会窦太后治黄老言,不好儒术,使人微得赵绾等奸利事,召案绾、臧,绾、臧自杀。诸所兴为者皆废。"裴骃集解:"徐广曰:'纠微伺察之。'"②表伺义的"微"当是通"䚵",《说文·见部》:"䚵,司也。从见,微声。"段玉裁注:"司者,今之伺也,许书无'伺','司'下当有'视'字。"段氏认为当释为"伺视"。《广雅·释诂三》:"䚵,伺也。"微伺,属同义连文,就是伺察的意思。佛典常见,如《贤愚经》卷一一:"于时城中人

---

① 郭在贻《禅宗著作词语汇释序》,江苏古籍出版社,1990 年。
② 《史记》,第 452 页。

民之类,各各行哭云亡小儿,展转相问:'何由乃尔?'诸臣聚议,当试微伺,即于街里处处安人。"(《大正藏》4/425c)《生经》卷二:"王使乳母更抱儿出,及诸伺候见近儿者,便缚将来。甥酤美酒,呼请乳母及微伺者,就于酒家,劝酒大醉眠卧,便盗儿去。"(《大正藏》3/78c)又作"微司","司"与"伺"为古今字,《说文·人部》:"候,司望也。"段玉裁注:"'司'各本作'伺',非。今正。司者,今之伺字也。"如《汉书·赵广汉传》:"广汉使所亲信长安人为丞相府门卒,令微司丞相门内不法事。"①《大词典》解释为"暗中伺察",不确,稍显望文生训,当释为"伺察",此处"微"当是"伺"的意思。

第二节　敦煌本《四分律》词语例释

除了辨别字形外,词语的考释还离不开古注、历代字书及实际用例等方法。李维琦先生归纳的考释方法有:"一、利用古注,二、翻检辞书,三、与中土文献比勘,四、从佛经本身求解,五、从众多的使用同一词语的语句中归纳,六、以经证经,七、揣摩文例,八、比照非汉文佛典。"②我们择取写本《四分律》中的部分词语,通过辨认用字来加以解释,以期完善辞书的编纂。

一、补充失收词语条目

词语的考释离不开辞书,同时又能完善辞书的编纂。写本《四分律》中的部分词语能补充辞书失收的条目,如"无在""端意""忆持""诱诳""为且"等词,《大词典》失收。如 S.4036:"时迦罗比丘尼好喜斗诤,不善忆持斗诤事,后瞋恚嫌责尼众。"忆持,记忆且受持的意思,佛教文献习见,仅《四分律》就出现 27 次。BD06011:"时诸比丘夜集欲说法。时坐卑座有疑。佛言:若夜集说法者,座高卑无在。"无在,都可以、都行的意思,用于此处指夜晚说法时高座矮座都可以坐。

标相

佛言:"汝以何心?"答言:"以盗心。"佛言:"移 **揱** 相若直五钱,波罗夷。"(S.1415 卷五五)

"**揱** 相"难以理解。**揱** 即"橰","標(标)"的增旁字,从票之字常增"寸",如前文提到的"漂"及"镖"等。

---

① （汉）班固撰,（唐）颜师古注《汉书》,北京:中华书局,1983 年,第 3205 页。
② 李维琦《考释佛经中疑难词语例说》,《湖南师范大学学报(社科版)》,2003 年第 4 期。

标相，是标记、记号的意思，此处是比丘分地时移动了土地的标记，佛因此而制戒。佛典文献常见，如《大庄严论经》卷九："应当念被服，剃头作标相，一切皆弃舍，云何复诤竞？"（《大正藏》4/304a）此处是通过剃头来作标记。又如《摩诃僧祇律》卷一一："彼家在何处何巷陌，门户那向，示我标相。具问知处已，明日着入聚落衣往到其家。"此处"标"圣本作"樹"，当是"橛"的讹误。此标相也是指标记。又如《贤愚经》卷一三："此染衣者，过去、未来、现在三世圣人标相，我若害之，则为恶心趣向三世诸贤圣人。"（《大正藏》4/4384a）

《大词典》失收"标相"一词。

称可

彼时提阇婆提王闻此使语已，即怀愁忧，集诸群臣，语言："汝等思惟，当以何报作何等方宜稱可彼意。"（S.3898 卷三一）

稱，即"称"，其构件"禾"写本作"礻"。这一写法常见，如 S.4867 卷二一："此沙门释子无有惭愧，外自称言我知正法，如是何有正法，水中大小便如似猪、狗、牛、驴、骆驼。""称"原卷作禰。

"称"上古就有"相称、符合"的意思，《孟子·公孙丑下》："古者棺椁无度，中古棺七寸，椁称之。"此处是说椁的大小与棺相称。"可"也有"相称、符合"的意思，《荀子·正名》："故可道而从之，奚以损之而乱？"杨倞注："可道，合道也。""可道"即与道相称的意思。"称可"一词为同义连文，即符合、满意的意思，佛典常见，《长阿含经》卷一六："迦叶言：'若有异学欲来入佛法中修梵行者，当留四月观察，称可众意，然后当得出家受戒。我今能于佛法中四岁观察，称可众意，然后乃出家受戒。'"（《大正藏》1/104c）称可众意，即符合众意。又如《中阿含经》卷三三："父母亦以五事善念其子，云何为五？一者爱念儿子，二者供给无乏，三者令子不负债，四者婚娶称可，五者父母可意，所有财物尽以付子。"（《大正藏》1/641a）婚娶称可，即婚娶满意。

次死

复有五：一数见女人，二既相见、相附近，三转亲厚，四已亲厚生欲意，五已有欲意，或犯死罪若次死罪，是为五。（P.2521 卷五九）

次，上古就有降一等的意思，《论语·季氏》："生而知之者上也，学而知之者次也，困而学之又其次也。"《孙子·谋攻》："凡用兵之法，全国为上，破国次之；全军为上，破军次之；全旅为上，破旅次之；全卒为上，破卒次之。"次死罪，即次死之罪的简称，《抱朴子外篇》卷一四："及于犯罪上不足以至死，则其下唯有徒谪鞭杖，或遇赦令，则身无损；且髡其更生之发，挞其方愈之创，殊不足以惩次死之罪。"

次死,比死降一等,即将要死。佛典文献常见,《四分律》卷七:"彼贼复言:'汝等若不相觅,何故从此道行,岂不欲相害耶?'即打比丘次死,夺取衣钵。"(《大正藏》22/608c)此处是将比丘打得快要死的意思,意谓打得很严重。《四分律》中共出现6次"次死"。又如《大智度论》卷六一:"'饭欲消时,受若死、若死等苦'者,是富乐若无常;破坏离时忧愁遂死若次死,受诸苦恼。"(《大正藏》25/493a)此处将"死"与"次死"并列,也可看出"次死"指将要死的意思。《根本萨婆多部律摄》卷一二:"时有织师与妇共斗,其妇遂便舍家而去。苾刍见之,与为同伴,在路而行。是时织师随后寻见,谓其眩诱,打之次死。"(《大正藏》24/597a)次死,即将死,打得很严重的意思。

盪涤汁

若人有慈心以米泔汁、若盪涤汁弃着不净水虫中,使彼虫得此食气。(BD14038 卷四二)

刻本中的宋《资福藏》本、元《普宁藏》本、明《嘉兴藏》本、宫本、圣本均作"荡",写本作"盪",是。"荡"是"盪"的假借。盪,洗涤器皿。《说文·皿部》:"盪,涤器也。"段玉裁注:"盪者,涤之甚者也。……荡者,盪之假借。"又如 P.3560 卷三〇:"汝等莫向日月及神祀庙舍大小便,亦莫向日月神祀除去粪扫及诸荡器不净水,莫向日月神祀舒脚。""荡"原卷作𤄷。写本《四分律》中一共4处,除上揭2处作"盪"外,还有 BD05522 中的2处作"荡"。

盪涤,洗刷器皿。慧琳《一切经音义》5处解释"盪涤"一词,如卷二八:"盪涤,徒朗反,下庭之反。盪涤,洒器物也。《說文》:'涤,洒也。'"(《大正藏》54/493a)又卷四八:"《通俗文》:'澡器谓之荡涤也。'"(《大正藏》54/625c)

盪涤汁,即洗过器皿的汤水。佛典文献常见,多作"荡涤汁",如《优婆塞戒经》卷四:"虽是贫穷非不能施,何以故?贫穷之人亦有食分,食已洗器弃荡(久本作"盪")涤汁,施应食者亦得福德。若以尘䴾施于蚁子,亦得无量福德果报。"(《大正藏》24/1056a)《优婆塞戒经》卷五:"虽以不净荡涤汁等施应食者,然有遮护,竟不得食,如是施主亦得福德,何以故?以施主心慈怜愍故。"(《大正藏》24/1059c)《十住毗婆沙论》卷五:"饿鬼者,食唾、食吐、食荡涤汁、食脓血、屎、尿等。若我行业应于此三恶道受者,愿令是罪此身现受。"(《大正藏》24/45b)

倒易

时有比丘盗心到易他分物筹,彼疑。佛言:"举筹便波罗夷。"(S.1415 卷五五)

上揭例中"到易"难以理解,"到"刻本作"倒",是。又如 BD14505 卷一六:"时娑伽陀食饮饱足已,从座起去,于中路为酒所醉倒地而吐。""倒"原卷作到。

此处的"倒"表示交换的意思,"易"也有交换的意思。"倒易"属同义连文,表示改变、交换义,佛典习见,《四分律》卷五五:"时有比丘倒易绳床,言:'此亦是僧,彼亦是僧。'佛言:'不应倒易。'时有比丘倒易木床、大小褥若枕,'此亦是僧,彼亦是僧。'"此处是有比丘交换绳床和木床,佛因此制戒。又如《大比丘三千威仪》卷二:"九者,欲益澡水当先浇水三洗令净;十者,欲着水当三倒易水满持入。"(24/921b)此处是要换三次水再装满拿进去。中土文献也有用例,《后汉书·杨赐列传》:"而令搢绅之徒委伏畎亩,口诵尧舜之言,身蹈绝俗之行,弃捐沟壑,不见逮及。冠履倒易,陵谷代处,从小人之邪意,顺无知之私欲,不念《板》《荡》之作、虺蜴之诫。"①此处是将帽子和鞋子互换的意思。

端意

谛听善心念者,端意专心听法故曰谛听善心念之。(BD06011)

"端"字的本义是"直",《说文·立部》:"直也。"段玉裁注:"用为发耑、耑绪字者假借也。"端,正而不斜。《佛般泥洹经》卷一:"佛经可读、可讽、可学、可持、可思、可正心、可端意、可转相教。"(《大正藏》1/165b)"端意"和"正心"并列,可见"端"即"正"义,用于此处表示佛经可以端正意念。

端意,即端正意念、专心的意思。《增壹阿含经》卷二五:"于是,有人扫偷婆不以水洒地、不除去瓦石、不平整其地、不端意扫地、不除去秽恶。"(《大正藏》2/688b)端意扫地,即专心扫地。此处是罗列五种不当行为,其中包括"不端意扫地"。《四分律》卷四〇:"汝等当念闲居树下,端意坐禅,思惟妙义。"(《大正藏》2/766b)端意坐禅,即端正意念、专心坐禅的意思。又如《中本起经》卷二:"佛敕比丘:端意低头,勿妄顾视。色欲乱人,唯道能制,抑情捡心,智者必能。今有女人,名阿凡和利,与五百女人俱欲听说法,汝曹各护净行,持之勿放。"(《大正藏》2/161b)端正意念以防"色欲"乱心。

系闭

若水大涨,若为强力者所执,若被繋闭,若命难梵行难,不得即日往诣比丘众中,无犯。无犯者,最初未制戒,痴狂心乱痛恼所缠。(第一百三十九竟)(BD14149 卷二八)

繋,即"繋"。《说文·糸部》:"繋繘也。一曰恶絮。从糸毄声。"上部构件"毄"为声符,较为复杂,写本中常发生变异,其左边简省作"車",其右

---

① 《后汉书》,第1780页。

上方构件"几"连笔作"口"。从"瞉"之字大多如此，如 BD14505 卷一六："除手脚指已，若杖、若户钥、若拂柄及一切余物相擊擭者，一切突吉罗。""擊"原卷作**擊**。又如 S.4036 **擊**。

"闭"原卷作**閇**，构件"才"发生变异。闭，本义关门。《说文·门部》："闔门也。从门；才，所以距门也。"构件"才"段玉裁认为："才，所以距门也。从门而又象撑距门之形，非才字也。……考王逸少书《黄庭经》三用'閇'字，即今閉也。而中从午，盖许书本作'从门午，午，所以距门'。春字下曰：'午，杵省也。'然则此午亦是杵省，距门用直木如杵然。转写失真，乃昧其本始矣。"写卷或作类似"扌"形，如 BD14668 **閇**；或作"干"，如 BD01605 **閇**；或作"下"或其变体，如甘博 039 **閇**和 BD14038 **閇**等。引申指关押、拘禁，《后汉书·窦宪传》："后事发觉，太后怒，闭宪于内宫。"

系闭，即拘禁、囚禁的意思，当属同义连文。"系"上古就有拘禁、囚禁的意思，《礼记·月令》："（孟夏之月）断薄刑，决小罪，出轻系。""轻系"即罪轻而被拘禁的人，其中"系"表示拘禁、囚禁义。"系闭"一词《四分律》中共出现 30 次。慧琳《一切经音义》卷一四"系闭"条："鸡诣反。顾野王云：'拘束也，留滞也。'郑玄曰：'连缀也。'《说文》'闭'字从扌。经文从下，俗字也。"（《大正藏》54/393c）

《大词典》失收"系闭"，而收有"系狱"一词，《报任少卿书》："彭越张敖南面称孤，系狱抵罪。"其中"系"也是拘禁、囚禁的意思。

牛迹水

时菩萨报言："我舍转轮王位出家学道，岂可贪于边国王位而处俗耶？王今当知，犹如有人曾见大海水后见牛跡水，岂可生染着心？此亦如是。岂可舍转轮王位习粟散小王位？此事不然。"（P.3340 卷三一）

"跡"为"迹"的换旁，辵部与足部相通，王力先生认为："辵部也可以认为足部的分支。"①《广韵·昔韵》："迹，足迹。跡，同'迹'。"

牛迹水，即牛足迹里的水，常与大海水比较以显其微，佛典常见，《大宝积经》卷一一："魔今欲蹙大无极树以使摧折、拔其根本，以牛迹水欲比大海，反长怨贼，无益之城起凶敌心。"（《大正藏》11/63b）又如《佛说阿阇贳王女阿术达菩萨经》卷一："不可以牛迹水澡洗人，除垢热；恒水净无数人，恒水流满大海。声闻法牛迹水，不能除世间热；菩萨法如恒水，能饱满大千刹。"（《大正藏》12/84a）以牛迹水与恒水对比，来形象说明声闻法不如菩萨法。

牛迹水，源于"牛蹄之涔"，《淮南子·泛论训》："夫牛蹄之涔，不能生鳣

① 王力《古代汉语》，北京：中华书局，1999 年，第 649 页。

鲔,而蜂房不容鹄卵,小形不足以包大体也。"高诱注:"泞,雨水也。满牛蹄中,言其小也,故不能生鳣鲔也。"或简称"牛蹄",《说苑》卷一一:"(庄)周曰:'乃今者周之来,见道傍牛蹄中有鲋鱼焉,太息谓周曰:"我尚可活也?"'周曰:'须我为汝南见楚王,决江、淮以溉汝。'"①或简称为"牛泞",如《广弘明集》卷二〇:"二乘之宏博,八藏之沈秘,竞以浅深较其优劣,亦犹蚁垤之小比峻于嵩华、牛泞之微争长于江汉。"(《大正藏》52/246b)

《大词典》收有"牛泞",未收"牛迹水"。

牵捉

时诸比丘尼闻世尊制戒听度弟子,便度负债人及诸病者与授具足戒已。债主来牵捉。(BD05522 卷三〇)

"牵捉"原卷作**牵捉**。牵,拉、挽,《说文·牛部》:"引前也。从牛,象引牛之縻也。玄声。"段玉裁本作"引而前也",注:"牵引叠韵。引伸之,挽牛之具曰牵。牛人牵傍是也。牲,腥曰饩,生曰牵。又凡联贯之词曰牵。"本从牛,写卷常改"牛"为手,上部构件径讹作"去",如 BD05822 卷二八:"从腋已下膝已上身相触,若捉、若摩、若牵、若推、逆摩、顺摩、若举、若下、若捉、若捺。""牵"原卷作**牵**。捉,从手足声,《说文》释为二义:"搤也。一曰握也。"前为捉拿、捕获,后为抓握、握持,导致"牵捉"有两个义项。

其一为牵拉、捉拿,如上揭"债主来牵捉",即债主前来牵拉、捉拿。又如《撰集百缘经》卷一〇:"即便瞋恚,骂辱众僧。寻即牵捉,闭着室中。"(《大正藏》4/250c)同卷还有一处:"时彼贼帅,先遣一人,往看林中无有人不。见辟支佛在一树下端坐思惟,即前牵捉,系缚将来,到贼帅边,欲共杀之。"(《大正藏》4/256a)从后文关在室中和系缚将来看,此两处重在捉拿。

其二为牵拉、抓握,《佛本行集经》卷五三:"时,优波离童子之母,牵捉其子优波离手,将以奉佛。"(《大正藏》3/899c)此处是牵着、握着优波离的手。又如《贤愚经》卷五:"我若逃突,女欲心盛,舍于惭愧,走外牵捉,及诽谤我,街陌人见,不离污辱。我今定当于此舍命。"(《大正藏》4/381a)此处是女子出外牵拉、抓握他人的意思。又如《十诵律》卷一一:"若比丘瞋恨不憙牵捉比丘,能牵者波逸提,不能牵突吉罗。"(《大正藏》23/78b)结合后文"能牵者"和"不能牵"看,此处重在牵拉。

食直

不犯者,若与父母、若与塔作人、与讲堂屋舍作人计挍食**直**,或为强力者所夺,无犯。无犯者,最初未制戒,痴狂心乱,痛恼所缠。(弟一

---

① 刘向《说苑》,上海:上海古籍出版社,1990 年,第 98 页上。

百七竟）（BD05822 卷二七）

直是"直"的俗字。《干禄字书》："**直**直，上俗下正。"写本习见，如 S.1415 卷五五："时有比丘盗他水，彼疑。佛言：'直五钱，波罗夷。'""直"原卷作**直**。石刻中也有这种写法，如《元譓墓志》："历官羽林监、直阁将军。"① "直"原作**直**。又如《元引墓志》**直**、《元倪墓志》**直**、《元谭墓志》**直**等。从"直"之字多仿此，如"植"作**柤**（S.3898），"殖"作**殖**（S.3898）、**殖**（BD02960），"值"作**值**（BD02960）等。

食直，用于购买食物的金钱或用于交换食物的物品，《摩诃僧祇律》卷一一："钱者，种种钱；钱直者，余物；食者，麨饭、麦、饭、鱼、肉；食直者，钱物。"（《大正藏》22/321b）《十诵律》卷八："食直者，可买食物。"（《大正藏》23/56a）从两处解释可知，"食直"用来买食物的钱财或用来交换食物的物品。《佛本行集经》卷五八："而彼聚落有一长者，是其父王旧日知识，将此五百波利沙般以相付嘱，而语之言：'今以此钱付嘱于汝，为我食直，我若须食而来此者，必将此钱为我买食。当至之时，汝亦不须问我来所，但我到此，汝必当知须食故来。'"（《大正藏》3/919b）"食直"一词《四分律》中共出现 4 次，其中有 2 次用于开缘当中，上揭 BD05822 卷二七是六群比丘尼将沙门衣送给休道者和外道者，世尊因此而制戒"若比丘尼持沙门衣施与外道白衣者波逸提"，但若充当食直就不算犯戒。还有一次用于开缘的是卷一四："不犯者，宿受食有余，与父母、与塔作人、与房舍作人计价与食直……无犯。"也是充当食直就不算犯戒。

榻蹬

时有乞食比丘晨朝着衣持钵往白衣家，见有方独座榻蹬，看左右不见人，念言："取此于我有益。"即持去，疑。佛问言："汝以何心取？"答言："盗心取。"佛言："若价直五钱取离本处，波罗夷。"（S.1415 卷五五）

"榻"原卷作**榻**，左边作"才"，实为"木"的简省，即"榻"字，《集韵·盍韵》："榻，牀也。或作'榻'。"两字常混，如《佛本行集经》卷一六："尔时，太子其夜自复见五大梦：第一梦见，席此大地持用作榻，以须弥山安为头枕；东方大海，安左手臂；西方大海，安右手臂；南方大海，安置两足。"（《大正藏》3/728a）"榻"，圣本作"擒"，实为"榻"的俗讹。上揭 S.1415 卷五五"榻蹬"，《大正藏》本作"榻蹬"，《中华大藏经》本作"氉毹"。

榻蹬（又作"榻蹬""氉毹"），指毛毯类的织物。慧琳《一切经音义》卷二六"氉毹"条："上他盍反。《释名》云：'施之大床前榻上以登上大床。'因

---

① 《北京图书馆藏中国历代石刻拓本汇编》，第 4 册，第 84 页。

以名之。甑音得恒反。"(《大正藏》54/472c)佛典常见,如《佛说骂意经》卷一:"人持戒乃孝顺,报父母恩耳,何以故? 不杀万物得长生,不盗物皆富,不淫、不乱、不欺皆信,不饮酒皆净,父母有时堕是中便安隐。于佛寺中斋宿,不得卧沙门绳床、榻凳、机上及被中,皆为犯戒。"(《大正藏》17/531c)"榻凳",宋、元、明、宫本作"甑甑"。又如《佛说观佛三昧海经》卷五:"何时得一坚冷之处,安身卧眠不亦快耶? 作是念时狱卒罗刹以叉擎床,敷大榻甑至罪人所,罪人见已心生欢喜,欲卧榻甑,气绝命终,生铁机上。"(《大正藏》15/672c)"榻",宋、元、明本作"甑"。

推觅

时有贼囚突狱而出,遥见僧伽蓝门开,便来入。时诸守狱人追后而来,问诸比丘尼:"颇见如是如是贼不?"不见者言:"不见。"其守狱者即便处处**椎觅**得贼。(BD05522 卷三〇)

椎,即"椎"字,实为"推"的换旁俗字,俗写中"扌"与"木"常混。写本中也有"椎"写作"推"的用例,如 BD01605 卷一八:"不犯者,若有病须人**推**打,若食噎须**推**脊。"两处"椎"均作"推"。**觅**,即"觅"的俗字"覔",以"不""见"来会意。

推,本义是推动。《说文·手部》:"排也。从手隹声。"引申出推究、审问义。慧琳《一切经音义》"推征"条:"上音吹。《考声》云:'穷诘也。'《集训》云:'审也,问也。'《说文》:'排也。'从手隹声,一说云从隼也。"(《大正藏》54/341c)如《文选·潘岳〈马汧督诔〉》:"雍州从事忌敦勋劾,极推小疵。"吕延济注:"言忌其功效,推穷小过也。"意谓忌妒其功劳,故推究小的过失。

推觅一词,当属同义连文,表寻找、寻求义,佛典文献常见,《大庄严论经》卷一五:"尔时彼王遣千余人乘象驰马四方推觅。时有老母在于道傍,见彼诸人行来速疾,即问之言:'何为乃尔?'诸人答言:'推觅塔树。'"(《大正藏》4/345a)即四方寻觅塔树。又如《贤愚经》卷一:"尔时太子自取利木,刺身出血,虎得舐之,其口乃开,即噉身肉。二兄待之,经久不还,寻迹推觅,忆其先心,必能至彼,餧于饿虎。"(《大正藏》4/352c)即按照其踪迹寻找太子。又如《杂宝藏经》卷一:"儿发去后,贼来破家、劫掠钱财,并驱老母异处出卖。儿既来还,推觅其母,即知处所,多赏钱财勉赎其母,即于本国而为生活,资财满足,倍胜于前。"(《大正藏》4/450c)即儿子回来寻找母亲。以上推觅都是寻找的意思。

为且

时有众多比丘亦从彼道行,后来亦止息道边,见此金囊在地,自相

谓言："为且持去，若有主识者当还。"即持而去。（BD01605卷一八）

为且，表示姑且、暂且义，上例中是暂且先拿走的意思。又如《佛说九色鹿经》卷一："王告夫人：'汝为且起，我作一国王，何所不得？'"（《大正藏》3/453b）夫人想得到九色鹿故托病不起床，国王让其暂且起床。《新华严经论》卷一八："但欣出世，净土菩萨及空观菩萨为但欣出世，行六波罗蜜，总是折伏现行无明，不得名为永断烦恼，为且以空观折伏无明。"（《大正藏》36/838）

为，上古就引申出副词义，如同将，表示将来。《孟子·梁惠王下》："克告于君，君为来见也。"赵岐注："君将欲来。""为"与"且"在表示将的意义上是相同的，而"且"又有姑且、暂且义，相因生义，故"为"也生出姑且、暂且义。

习乐

尔时六群比丘清旦着衣持钵至白衣家，白衣家内有常教化比丘尼，彼见比丘来，便起，问言："大德，我坐耶？"比丘言："莫坐。"彼比丘尼**習樂**，不堪久立，即便倒地得病。（甘博039卷四八）

習，为"習（习）"的省笔，省去了构件"白"的一撇，写本中构件"白"常省撇，如BD06011 **習**。俗写中构件"白"常省撇，如前文省笔俗字部分所谈及的"皆"及"揩"等。**樂**，为"樂（乐）"的省笔，省去了构件"幺"的点。

习乐，习于安乐，不能吃苦，多指娇生惯养。习，本义是鸟不断练飞。《说文·习部》："数飞也。从羽从白。"《礼记·月令》："（季夏之月）鹰乃学习。"陈澔集说："学习，雏学数飞也。"引申出习惯的意思，《论语·阳货》："性相近也，习相远也。"继而引申出习惯于的意思，如南朝宋鲍照《放歌行》："蓼虫避葵堇，习苦不言非。""习苦"指习惯于食苦恶。与之相对，"习乐"就有不能吃苦的意思，《四分律》中常见，如卷一一"此阿那律是豪贵子孙，习乐来久，不能忍苦，今诸长者共相逼近，即至阿那律所语言：'尊者习乐来久，不能忍苦，今诸长者共相逼近。尊者能入我舍内宿不？'"（《大正藏》22/637a）"习乐"与"不能忍苦"并列，也能看出其娇生惯养、不能吃苦的意义。又如卷一七："时诸童子小来习乐，不堪一食，至于夜半患饥，高声大唤啼哭言：'与我食来！与我食来！'"（《大正藏》22/679a）同样的文字又见于卷三四。又如卷三八："时瞻婆城有大长者子，字守笼那，其父母唯有此一子，甚爱念之，生来习乐，未曾蹑地而行，足下生毛。"（《大正藏》22/843b）其他佛典文献常见，如《佛说未曾有因缘经》卷一："王叉手曰：'今我此身习乐来久，不堪苦坐，愿佛垂恕。'"（《大正藏》17/576b）

诱诳

时有王家勇健人以信乐故从世尊出家。有异破戒比丘诱诳言："长老！彼某甲村中多有财物，亦有健人，而汝胜彼，今可共往取彼财物。"（S.1415 卷五五）

时六群比丘以石蜜诱诳小儿，欲将人间卖。父母见之，即问比丘言："大德！何所说？"彼答言："无所说。"即留小儿而去，彼疑。（S.1415 卷五五）

诱，本义是用语言诱导、教导，《礼记·乐记》："知诱于外。"郑玄注："诱，犹道也，引也。"错误的诱导即诱骗，《荀子·正名》："彼诱其名，眩其辞，而无深于其志义者也。"杨倞注："诱，诳也。但欺诳其名而不正，眩惑其辞而不实，又不深明于志义相通之理也。"《说文·言部》："诳，欺也。从言，狂声。"

诱诳，属同义连文，指欺骗、诱骗，佛典中常见，《杂阿含经》卷二五："时王所有一大鬼神，名曰乌荼，威德具足，故彼神不奈王何。时牙齿神作方便，今日王威势自然由此鬼神，我今诱诳共作亲厚。"（《大正藏》2/181c）此处是欺骗引诱而共作亲厚的意思。《佛本行集经》卷三一："时花鬘师见龟没水，作如是念：'奇哉，是龟！乃能如是诳逗于我，我今还可诱诳是龟，使令出水。'"（《大正藏》3/798a）此处是诱骗乌龟出水的意思。《杂宝藏经》卷三："尔时鸡者，我身是也；尔时猫者，提婆达多是也。昔于过去欲诱诳我，今日亦复欲诱诳我。"（《大正藏》4/465a）其中诱诳一词也是欺骗、诱骗的意思。

淫挊

时难陀比丘尼至华树下经行处，有贼将去淫挊。（甘博 039 卷四九）

挊，"弄"的俗字，同样抄写卷四九的 BD14940 此处即作"弄"。弄本指玩，《尔雅·释言》："弄，玩也。"玩的对象针对女人，就有了侮辱、奸淫义，甘博 039 卷四九："时六群比丘尼在彼有疑恐怖处人间游行。时诸贼伴见已作如是言：'此比丘尼是王波斯匿所敬爱，我等宁可妻弄之。'"佛典文献常见，《增　阿含经》卷二六："是时，流离王便舒手捉一释女而欲弄之。时女问曰：'大王欲何所为？'时王报言：'欲与汝情通。'"（《大正藏》2/692a）又如《诸经要集》卷一四："妇密语琢银儿：'汝诈作狂乱头于市，逢人抱持牵引弄之。'"（《大正藏》54/134c）《后汉书·孝质皇帝纪》："因行道路，发取妓女御者，而所使人又乘势横暴，略人妻妾，弄人妇女，殴拉吏卒，与盗贼无异。"上揭三处都是侮辱、奸淫的意思。《大词典》"弄"条下失设这一义项，《大字典》设有"奸污；淫乱"义，但举《警世通言》为例，例证偏晚。淫弄，当属同义连文,奸淫、玩弄的意思。

掌举

时即持饮食与诸比丘。诸比丘不受,言:"佛未听我曹受道路粮。"诸比丘白佛。佛言:"自今已去听作檀越食受,令净人**偿**举,不应自受。若有所须,随意索取。"(BD14038 卷四二)

时诸居士持食饮具往僧伽蓝与诸比丘赏举。后诸居士来,若自食,若持归,若与比丘食。比丘畏慎不敢食,作如是意:"我曹先手自**赏**举。"(BD14038 卷四三)

"偿举""赏举",不辞。刻本中的宋本、元本、明本、宫本这三处都作"掌举",是。写本中或是受方俗音影响而误。

举,有藏义,写本常见,如 BD14505 卷一六:"不犯者,若实知彼人物相体悉而取举;若在露地为风雨所漂渍取举;若物主为性慢藏所有衣钵、坐具、针筒放散狼藉,为欲诫勅彼故而取藏之;若借彼衣着而彼不收摄,恐失便取举之;或以此衣钵诸物故有命难、梵行难取藏之;一切无犯。"此处"取举"与"取藏"对用,可以看出,"举"即"藏"义。又如津艺 182 卷一:"比丘以盗心为他过物、若掷关外,若五钱、若过五钱,若埋藏举,若以辩辞言说诳惑,若以咒术过乃至方便,偷兰遮如上。""埋藏"与"举"连用,也能看出其意思相近。又如 BD14038 卷四二:"时油瓶举处不坚牢。佛言:'听着床下、若悬着壁上、龙牙杙上。'""举处",收藏的地方。BD14038 卷四三:"彼不洗便举置。佛言:'不应不洗举置。'洗已不燥,后虫生。佛言:'不应洗已不燥,应令燥举置。'"

掌举,掌管收藏的意思。上揭卷四二例是让净人掌管收藏,自己不应该接受;卷四三例是诸居士拿食物餐具请比丘帮他们掌管收藏。又如《四分律删繁补阙行事钞》卷二:"若凡得钱及安居衣直,不得手取,使净人知。无者指脚边地语言:是中知。着地已,自用叶砖瓦等遥掷覆上,后将净人令知持去。不可信者,令在前行;若可信者,任意掌举。"(《大正藏》40/71b)即如果是可信之人就任他掌管。又同书卷三:"若彼取,还与比丘者,当为彼人物故受敕净人掌举。(谓不解净法反还比丘也)若得净衣钵,应持贸易受持。"(40/370c)此处也是让净人掌管的意思。

正尔

时守材人遥见檀尼迦比丘语言:"大德!以汝取材故,今摄我去,汝可来为我决了,慈愍故。"比丘报言:"汝但去,我**㪴**尔往。"(津艺 182 卷一)

㪴,为武周新字之一,即"正"字。写本又作**㪴**,如 BD02960 卷三二:

"明日清旦,迦叶往诣佛所,白言:'时到,可就食。'佛告迦叶:'汝并在前,吾**正**尔后往。'"

正尔,即马上、立刻的意思。BD02960卷三二:"时迦叶明日清旦往诣世尊所,到已,白言:'今时已到,宜可就食。'佛告迦叶:'汝并在前,吾寻后至。'"比较卷三二的用例,前用"正尔后往",后用"寻后至"。可见,"正尔"即"寻"义,表示马上、立刻的意思。《四分律》中常见,如卷八:"今有此钱正尔市肉,大德可小留待。"(《大正藏》22/618c)卷一〇:"婢即至僧伽蓝中,高声白言:'今时已到。'时世尊从静室出,语彼婢言:'汝并前去,我正尔往。'"(《大正藏》22/629a)卷一三:"阿难报言:'且小住,我正尔当为白佛。'"(《大正藏》22/655b)卷一六:"时拘睒弥主闻佛无数方便说法劝化,心大欢喜已,顾看众僧不见娑伽陀,即问诸比丘言:'娑伽陀今为所在耶?'诸比丘报言:'在后,正尔当至。'"(《大正藏》22/671c)

其他佛典文献同样习见,《长阿含经》卷一八:"转轮圣王欲试居士宝,即敕严船于水游戏,告居士曰:'我须金宝,汝速与我。'居士报曰:'大王小待,须至岸上。'王寻逼言:'我今须用,正尔得来。'"(《大正藏》1/120b)又如《法苑珠林》卷四九:"我是大王守宫殿神,以王福德,正法治国,不枉人民,故先相告,王宜速出,衰祸不久正尔当至。"(《大正藏》53/655c)

中土传世文献也有用例,《世说新语》:"贺司空入洛赴命,为太孙舍人。经吴阊门,在船中弹琴。张季鹰本不相识,先在金阊亭,闻弦甚清,下船就贺,因共语。便大相知说。问贺:'卿欲何之?'贺曰:'入洛赴命,正尔进路。'"[1]进路,上路出发的意思,正尔进路即马上出发。又如《晋书·秃发傉檀载记》:"殿中都尉张猛大言于众曰:'主上阳武之败,盖恃众故也。责躬悔过,明君之义,诸君何故从此小人作不义之事!殿内武旅正尔相寻,目前之危,悔将无及。'"[2]

指奇

时比丘尼结跏趺坐,血、不净出,污脚跟指**奇**间,行乞食时,虫草着脚。诸居士见,皆嗤笑。(甘博039卷四九)

奇,即"奇"的俗字,上部构件"大"的一撇一捺写作两点,与下部构件"可"的起笔凑成"立"。写本常见,如BD02960 **奇**、BD05330 **奇**等。

奇,有分岔的意思。《四分律》卷五三:"彼嚼长杨枝。佛言:'不应尔,听极长者一搩手。'彼嚼杨枝奇者。佛言:'不应尔。'""杨枝奇"写本S.3971

---

① 余嘉锡《世说新语笺疏》,北京:中华书局,1983年,第740—741页。

② (唐)房玄龄等《晋书》,北京:中华书局,1974年,第3151页。

作"杨枝义奇","义"当为"叉"的俗字;正仓院圣语藏本及正仓院圣语藏本别写本均作"杨权奇",当是"杨枝叉奇"的讹误。"叉奇"连用,也能看出奇有分岔的意思,"杨枝叉奇"即杨枝的分岔部分。又如卷四九:"彼用用长厕草。佛言:'不应用长厕草,极长一搩手。'彼用叉奇厕草、杂叶、若用树皮、用草、牛屎拚,佛言:'不应尔。'""叉奇厕草",即分岔的厕筹,《四分律名义标释》卷三一解释为:"奇,棱也,枫也,亦叉也。故三叉及三棱木,谓之三奇,三木相倚,亦谓三奇。凡草木有叉棱者,不听用作厕筹,恐伤身体故也。《母经》云:'土块、软木皮、软叶、奇木皆不得用,所应用者,木、竹、苇。'"(《卍续藏》44/641c)

奇何以有分岔的意思? 当是由通"岐"而得来的,《大方广佛华严经》卷四七:"或服草衣,或树皮衣,皆执澡瓶,持三奇杖,威仪庠序,无有变异。"(《大正藏》9/695b)"奇",元、明本作"岐"。又如《大智度论》卷三一:"梵志自受其法,是其性;顶有周罗,执三奇杖,是其相。"(《大正藏》25/293b)"奇",元、明本作"岐"。

奇,分岔;指奇,即脚趾。《四分律》卷五〇:"时比丘早起油涂脚已,入聚落乞食。女人接足礼,油污手,捉比丘钵,余比丘见恶之。诸比丘白佛。佛言:'不应早起油涂脚,入聚落乞食。诸比丘脚劈破,听涂足跟足底油,涂至指奇。'"此处意指从足跟一直涂到脚趾。又如《天台智者大师禅门口诀》卷一:"治人身分肿,刀息破脚十指奇中,令出通;身肿满安息脚心下;身重作轻息;身轻重息。"(《大正藏》42/582c)

二、完善已收词语义项

写本《四分律》中的部分词语辞书虽已收录,但其解释却不太准确或义项不够全面,如《大词典》收有"抄断"一词,释为:"抄袭截断。"其解释有望文生训之嫌。其实,"抄断"就是截断、打断的意思,如 P.2521 卷五九:"比丘有五法不应将作伴行:恚大在前行;恚大在后;喜抄断人语次;不别善恶语,善语不赞、称美恶言;如法得利不以时为彼受。有是五法不应将作伴行。"

抄撮

时有异女人往屠牛处买肉持行,有鸱鸟抄 **撮** 其肉在空中,失堕乞食比丘钵中。彼女人见之,即语言:"大德! 此是我肉,莫持去。"(S.1415 卷五五)

撮,即"撮"的俗字,《中华大藏经》本此处也作"撮"。《龙龛手镜》收有"撮",释为"撮"的俗字。"最"的俗写常作上"宀"下"取",如 BD14505 中的 **宷**,构件"又"在俗写中常作 **乀**,如 BD01605"最"作 **宗**、BD06011"最"作与"取"作、BD05822"取"作以及 BD00148 中"聚"作等。石刻中"取"的构件"又"也作同样的变异，如《寇治墓志》："乃以能官取誉，当时见重。"①"取"原作。

抄，有取义，慧琳《一切经音义》卷六六"抄掠"条："上初窔反。《字书》云：'抄亦掠也。'《古今正字》云：'谓强取物也。'从手少声。"(《大正藏》54/743b)撮也有取义。《说文·手部》："撮，四圭也。一曰两指撮也。从手，最声。"桂馥义证："两指，当为三指。两指曰拈，三指曰撮。"《玉篇·手部》："撮，三指取也。"慧琳《一切经音义》卷七二"为撮"条："祖活反。《字林》云：'撮，手取也。'《文字典说》云：'三指撮也。'从手，最声也。"(《大正藏》54/773a)由三指取引申指禽类的抓取，如《庄子·秋水》："鸱鸺夜撮蚤，察毫末。"《敦煌变文集·燕子赋》："雀既被燕撮，直见鸟中王。"

抄撮，即抓取义。《大词典》"抄撮"条下设有两个义项：❶摘录；❷微细。未设"抓取"这一义项，当补。其实摘录义当由抓取义引申而来，抓取的物件若是典籍中的文字，自然就引申出摘录义。这一意义佛典文献常见，《佛藏经》卷二："是人现世得五过失，余人不知，唯得天眼比丘及诸天所知。何等为五？一说法时心怀怖畏，恐人难我；二内怀忧怖而外为他说；三是凡夫，无有真智；四所说不净，但有言辞；五言无次第，处处抄撮。"(《大正藏》15/794a)又如《分别功德论》卷一："八智、十慧、无漏、正见，越三界阂，无与等者，故曰无比法也。迦旃延子撰集众经，抄撮要慧，呈佛印可，故名大法藏也。"(《大正藏》25/31c)

简集

　　有五事不应作：不应说戒，若僧中问毗尼义不应答，若众僧差作羯磨不应作，若僧中拣集智慧者共平论众事不得在其例，若僧差作信命不应作。(BD00148 卷四四)

"拣"写本作，《大正藏》本作"拣"，其校勘记云宋、元、明、宫、圣本作"简"，《中华大藏经》本亦作"拣"。我们认为"简"为假借字，本字当是"柬"，《说文·束部》："柬，分别简之也。从束八，八分别也。"段玉裁注："《释诂》曰：'流、差、柬，择也。'《韵会》无'简'字为长，凡言'简练''简择''简少'者，皆借简为柬也。"②拣(揀)，当为"柬"的增旁后起字。简柬二字，都是古限切，均为见母字，同音假借。假借久了，使得"简"亦感染上"柬"

---

① 《北京图书馆藏中国历代石刻拓本汇编》，第 5 册，第 50 页。
② 《说文解字注》，第 276 页上。

义，如《北史·宋游道传》："忠臣奉国，事在其心，亦复何简贵贱？"①即不分贵贱的意思。"简"还能与"选"连用，如《吕氏春秋·简选》："简选精良，兵器铦利，令能将将之。"

简集，指选拔集合，《毗邪娑问经翻译记》："魏尚书令、仪同高公愍诸错习，示其归则，简集能人善辞义者，在宅上面出此经典，求正法人沙门昙林、婆罗门名瞿昙流支，兴和四年岁次壬戌月建在申朔次乙丑建功，辛巳甲午毕功，凡有一万四千四百五十七字。"（《全后魏文》卷六○）简集，《大词典》解释为"检阅集合"，释义不够全面，当补"选拔集合"这一义项。

疲极

时病比丘避有水处，疲极。佛言："病者无犯。"（S.4867 卷二一）

时彼比丘尼待僧说戒竟，经久住立，疲极。佛言："不应尔，听嘱一大比丘便去。"（BD14149 卷二九）

时上座比丘先至说戒堂扫洒、敷座、具净水瓶、具洗足瓶、然灯具舍罗，疲极。（BD06011 卷三五）

疲极，疲惫、疲倦，该词当属同义连文。"极"也有疲惫、疲倦的意思，郭在贻先生有详细的考证，可参。② 又《广雅》："困、疲、羸、券、僦……，极也。"③除了郭氏所举的"极"与"倦"互文外，其实还有"罢"和"极"互用例，如《史记·匈奴列传》："单于既得翕侯，以为自次王，用其姊妻之，与谋汉。信教单于益北绝幕，以诱罢汉兵，徼极而取之，无近塞。"司马贞索隐："徼，要也，谓要其疲极而取之。"张守节正义："徼，音古尧反。徼，要也，要汉兵疲极则取之，无近塞居止。"④均释"极"为疲极。此处"罢""极"互用，也能看出极的意思。《玉篇·网部》："罢，皮解切，休也；又音疲，极也。"⑤《世说新语·文学》："中朝时，有怀道之流，有诣王夷甫咨疑者。值王昨已语多，小极，不复相酬答，乃谓客曰：'身今少恶，裴逸民亦近在此，君可往问。'"⑥"小极"连用，更能看出"极"不能按照"非常"来理解，而是疲倦的意思，小极，即稍微有些疲倦。

"极"有疲倦义当无疑义，但为何有疲倦义？表疲倦义的"极"当是假借字，本字当作"尯"或"尯"，汉字书写体系中，"厶"与"口"常互换，参见本书

---

① （唐）李延寿《北史》，北京：中华书局，1974 年，第 1272 页。

② 郭在贻《新编训诂学丛稿》，浙江大学出版社，2010 年，第 162 页。

③ 王念孙《广雅疏证》，北京：中华书局，1985 年，第 58 页。

④ 《史记》，第 2908 页。

⑤ 胡吉宣《玉篇校释》，上海：上海古籍出版社，1989 年，第 3040 页。

⑥ 《世说新语笺疏》，第 201 页。

混用俗字部分。劇,《大字典》释为"极度疲劳",不确。其实就是"疲劳"的意思。《字汇·几部》:"劇,郭璞曰:'劇,疲极也。'司马彪曰:'劇,倦也。'许慎曰:'劇,劳也。'"《汉书·司马相如传上》:"览乎阴林,观壮士之暴怒,与猛兽之恐惧,徼劇受诎,殚睹众物之变态。"颜师古注:"劇,音与剧同。诎,音其勿反。徼,工尧反。徼,要也。诎,尽也。言兽有倦极者要而取之,力尽者受而有之。"①劇,《字汇》注为"竭戟切",极,《广韵》作"渠力切",两字音近。极表示疲倦义最初只是劇的假借。借用久了,人们习惯用"极"字,其本字逐渐被淘汰;甚至出现拿借字来解释其本字的,如上揭郭璞的注释,当然,这也从侧面证明"极"在魏晋时期很常见。疲极,是魏晋时期的俗语词。《后汉书·耿恭列传》:"可令敦煌、酒泉太守各将精骑二千,多其幡帜,倍道兼行,以赴其急。匈奴疲极之兵,必不敢当,四十日间,足还入塞。"②《法苑珠林》卷一〇:"菩萨曰:'城中男女皆疲极,孔雀衆鸟又疲极,寐。'"(《大正藏》53/361a)《太平广记》卷一〇引晋葛洪《神仙传·赵瞿》:"年七十余食雄兔,皆嚼其骨,能负重,更不疲极。"③

疲极一词《四分律》中多次出现,如卷三:"时罗阅城中有一比丘尼名曰慈,是慈、地比丘妹,闻慈、地比丘来至罗阅城中,即至慈、地比丘所,在前立,问讯:'远行劳耶? 不疲极耶?'"(《大正藏》22/587c)卷三二:"时父母与设三时殿,春、夏、冬使其子常游戏其中,五欲娱乐。时童子于五欲中极自娱乐已,疲极,眠睡,眠睡觉已,即观第一殿。"(《大正藏》22/789b)

疲极,《大词典》设有两个义项,第二义为"疲劳;非常疲劳",其实就是疲劳,"非常疲劳"有望文生训之嫌。

食分

时有一婢名曰黄头,常守末利园。时彼婢常愁忧,言:"我何时当免出于婢?"时彼婢晨朝得已食𠆶干饭,持诣园中。(BD01605 卷一八)

大沙门! 昨日何以故不来耶? 我昨日大祀,多人集会,我作是念:"云何今日沙门不来至耶?"我即留食𠆶。(BD02960 卷三三)

𠆶,即"分"的连笔,这一写法常见,又如 BD14038 卷四二:"妇作如是言:'居士但食,持我𠆶与此仙人。'其儿复作如是言:'父母但食,持我𠆶与此仙人。'儿妇及奴婢亦作如是言:'大家但食,持我𠆶与此仙人。'于是各𠆶食𠆶施辟支佛。"前三处当是"食分"的简称,后两处用作动词。

① 《汉书》第 2539 页。
② 《后汉书》,第 722 页。
③ 李昉等编《太平广记》,《四库全书》,上海:上海古籍出版社,1987 年,第 1043 册,第 58 页。

食分，即所分到的食物。《四分律》中多次出现，如卷二〇："时六群比丘中一比丘得食分少，见比坐分多，即语居士言：'汝今请僧与食自恣，欲与多者便与多，欲与少者便与少，汝居士有爱。'"（《大正藏》22/705a）此处指自己分到的食物比旁边的比丘少。又如卷四一："若比丘不肯作守物人，应福饶与粥；若故不肯，一切所受衣食分应与二分；若故复不肯，当如法治。"（《大正藏》22/864a）其他佛典文献常见，《起世经》卷一〇："尔时更有诸余众生，唤彼人言：'我等可共收取粳米。'彼即报言：'我前已取三日食分，汝自知时。'"（《大正藏》1/362a）又如《增壹阿含经》卷五〇："尔时，其婢语夫人曰：'设夫人不惠施沙门者，我今日所应食分，尽用惠施。'时彼夫人即出食分，细麨一升。"（《大正藏》2/824b）

《大词典》收有"食分"一词，释为："天文学用语，指日、月被食的程度。"当补"所分到的食物"这一义项。

熟手

时有牧牛人脱衣置头前而眠。有粪扫衣比丘见，谓是死人，作是念：世尊不听比丘取完死人衣，即取死人臂骨打头。彼觉起言："大德！何故打我也？"比丘言："我谓汝是死人。"彼牧牛人言："汝宁可不别我死生也。"即打比丘熟手。（S.1415 卷五五）

时有恶比丘盗比丘衣钵、坐具、针筒。余比丘言："此恶比丘盗比丘衣钵、坐具、针筒，应捉取与说法语。"即捉取打令熟手。后遂命过，彼疑。（S.6636 卷五六）

熟手，打的程度很重。如《根本说一切有部毗奈耶》卷三五："外道议曰：'我等六十岂可不能禁六人耶？打令熟手，驱之令出。'"（《大正藏》23/817a）熟手，表示打的程度很重，当来自"熟"的一种用法，即用在动词前面，表示反复、多次，如《摩诃僧祇律》卷一九："其夫后作是念：我妇得打，或能走去。即入，不见其妇，即问余人言：'何处去？'答言：'适出，随是道去。'即从后逐，见其妇随比丘后去，即生瞋恚。作是骂言：'弊恶沙门诱我妇去。'便捉比丘熟打，将诣断事官所。"（《大正藏》22/381b）《佛开解梵志阿颰经》卷一："具见人心，有欲态者，无欲态者，有诸喜怒、憎爱、愚智、强弱、易化难化、好道不好道，皆分别知之，如人喜沐浴，摩身不遍，复更熟摩。"（《大正藏》1/262c）《中阿含经》卷五九："复次，比丘！内无色想，外观色，赤赤色，赤见赤光。犹如加尼歌罗华，赤赤色，赤见赤光；犹如成就了棕衣，熟捣磨碾，光色悦泽，赤赤色，赤见赤光。"（《大正藏》1/800a）上揭例中的"熟打""熟摩""熟捣"中的"熟"都是反复、多次的意思。《南海寄归内法传》卷三："随处安坐令其憩息，幼向屏处，尊乃房前；卑则敬上而熟搦其膞后及遍身，尊乃抚下而频按其背不至腰足。"(《大正藏》54/223a) 前用"熟搦",后用"频按",可见"熟"即"频"义,表示反复、多次。

中土文献亦有不少用例,如王焘《外台秘要方》卷三〇:"取楮叶面着癣,用匙背打叶,叶碎即换,可三四度换,即差。亦可只用一叶,唯熟打使极碎,即裹之,勿令碎叶落,即差。"[1]韩鄂《四时纂要·冬令》卷五:"又造酱:豆黄簸去碎恶者,磨细一石,黄衣一石。豆黄净淘一遍,又淘之,取再淘豆水盛于瓮中,即入豆黄,次下黄衣,熟打封闭三日后入盐一斗,其盐曝干筛去泥土,正月已后渐渐更入盐,直至四月,酱熟,都入盐九斗,即足矣。"[2]《千金翼方》卷二一:"右六十七味,勿熬炼,直置,振去尘土,即捣;粗筛,下药三两、黍米三升、曲末二升,上酒壹斗伍升。净洮米,以水伍升煮米极熟,停如人肌,下曲末熟搦。"

熟,《大词典》和《大字典》均设有"仔细"义,多用于"熟视"一词当中,表示细看。由"视"这一动作联想到"打""摩""搦"等其他动作,投射到这些领域以后,其意思就随之发生变化,正如房德里耶斯所说:"一个词愈是频繁地用于不同的上下文,它的意义就愈有发生变化的危险。每一个新的上下文都会把人的心理引到新的方向,结果向他提示要创造一些新的意义。"[3]"熟"字也如此,在中古和近代由于广泛使用,从而引申出反复、多次义,《大词典》及《大字典》当补这一义项。"熟"表示反复、多次,"熟手"一词常用在打的后面,表示反复、多次地实施这一动作,进而引申出打的程度很重。《大词典》当补这一义项。

尾

时六群比丘互相看尾,谁尾长、谁尾短、著何药。诸比丘白佛。佛言:"不应更相看尾,问其长短,著何等药。"(BD14038卷四三)

尾,指男性生殖器。《大词典》未设这一义项,可补。《说文·尾部》:"尾,微也。从到毛在尸后。古人或饰系尾。西南夷皆然。"段玉裁注:"微当作散。散,细也。此以叠韵为训,如'门,扪也''户,护也'之例。《方言》曰:'尾,尽也。尾,梢也。'引申训为后,如《晋语》:'岁之二七,其靡有微兮。'古亦假微为尾。"由尾巴引申出交尾、交配义,如《书·尧典》:"厥民析,鸟兽孳尾。"孔传:"乳化曰孳,交接曰尾。"交尾、交配,与生殖器有关,故引

---

① (唐) 王焘撰,(宋) 林亿、孙兆等校正《外台秘要方》,《四库全书》,上海:上海古籍出版社,1987年,第737册,第265页上。

② (唐) 韩鄂《四时纂要》,《续修四库全书》,上海:上海古籍出版社,2002年,第975册,第40—41页上。

③ (法) 房德里耶斯著,岑麒祥、叶蜚声译《语言》,北京:商务印书馆,1992年,第221页。

申指生殖器,如《四分律》卷五〇:"彼共白衣浴,更相看尾,某甲长、某甲粗。"其中,"尾"也指男性生殖器。

【~治】 "治"《汉语大词典》设有 26 个义项,《汉语大字典》设有 21 个义项。在《四分律》当中,发现"治"字还有另有一种用法,即用作动词词缀,如:补治、填治、捣治、浣治、浣染治、缝治、摩治、泥治、平治、鞣治、梳治、拭治、晒治、辗治、修治、压(押)治、熨治。

浣治

彼比丘还不见衣,至寺内见有比丘浣治,即语言:"汝偷我衣,犯盗。"(S.1415 卷五五)

比丘后疮差,不持还本处。白佛。佛言:"若差,应浣染治还本处。"(BD07434 卷四一)

"浣治"即浣洗、洗涤的意思,治不表实义。《汉语大词典》未收,可增。"浣染治"即浣染,洗涤并染色的意思。

泥治

彼入第四禅,心不掉动,亦不懈怠,不与爱恚相应,住无动地,譬如密屋内外泥治、坚闭户向、无有风尘,于内然灯,无有人、非人、风、鸟扇动,其灯焰直上,无有曲戾,恬定而然。(S.3971 卷五三)

若男子净洗浴,以好香涂身,泥治须发,着好华鬘璎珞严身,持孔雀毛盖,岂更有余事胜此者也? 若女人亦如是。(甘博 039 卷四九)

泥,上揭两例均由平声破读为去声,《广韵》注为"奴计切",表涂抹或封固等动作,用稀泥或如稀泥一样的东西涂抹或封固。

摩治

作男根者,用诸物作:或以胡胶作,若饭作,或用麨作,或蜡作。若比丘尼以此诸物作男根内女根中者,一切波逸提。若不摩治内女根中者,突吉罗。(S.6366 卷二五)

梳治

时阿那律释子、跋提释子、难提释子、金毗罗释子、难陀释子、跋难陀释子、阿难陀释子、提婆达释子、优波离剃发师第九,各净洗浴已,以香涂身梳治须发,着珠璎珞,乘大象马出迦毗罗卫城。(BD14668 卷四)

晒治

时有比丘尼置僧伽梨在房,不看、晒治,虫烂色坏。(BD01832 卷二六)

填治

时弥却摩纳还入钵摩大国,见国内人民扫除道路,除去不净,以好土填治、平正,以花布地香汁洒之,悬缯幡盖,敷好氍毹。(S.3898 卷三一)

压治

时有贼盗取比丘衣钵针筒坐具。时比丘即捉贼压治,遂命过,疑。佛问言:"汝以何心?"答言:"不以杀心。"佛言:"无犯,而不应压治。"(S.6636 卷五六)

这一组词都含有共同语素"治",并且前面的语素表示某个动作。其中,语素"治"在这些词语当中并不表示具体的意义,相当于一个词缀。其意思由实而虚,当是内外因结合的结果,内因是"治"本身的原因,外因是为了满足语言韵律的需求。

治,用作动词指"整治、治理"义,上古习见,并由此引申出修建、作、备办、设置、医治等义。这一引申离不开认知心理的隐喻和类推,隐喻是建立在两个相似概念之间的投射,"所谓相似性就是两个事物之间相似的地方。相似有物理的相似性和心理的相似性之分,相似性还有程度上的不同。物理的相似性可以是在形状上、外表上或功能上的一种相似,心理相似性是由于文化、传说或其他心理因素使得说话者或听话者某些事物之间存在某些方面的相似。"①治人与治水之间有着相似性,如《管子·七法第六》:"治人如治水潦"。治,用作动词指治理,最初治理的物件还比较固定,从先秦文献当中的具体用例看,多指向国家这一特定的认知域,若从字形分析再往前推可能指向江河之类。从"水"这一特定的认知域"投射"到一般与之相似的认知域,就是隐喻和类推起作用的结果:投射到国家就是统治,如《易·说卦》:"圣人南面而听天下,向明而治,盖取诸此也。"投射到祭事等活动就是备办,如《周礼·天官·小宰》:"大丧小丧,掌小官之戒令,帅执事而治之。"郑玄注:"治谓共办。"投射到房屋、桥梁、堤坝等建筑物就是修建、修缮,如《管子·四时第四十》:"风生木与骨,其德喜嬴,而发出节时,其事号令,修除神位,谨祷獒梗,宗正阳,治堤防,耕芸树艺。"投射到病人就是医治,如《庄子·列御寇》:"秦王有病召医,破痈溃痤者得车一乘,舐痔者得车五乘,所治愈下,得车愈多。子岂治其痔邪?何得车之多也?子行矣!"投射到衣物、器械等就是制作,如《荀子·赋篇第二十六》:"无知无巧,善治衣裳。"如此等等,使得"治"能出现在诸多语境当中。治的广泛使用,自然引申出众多义

---

① 束定芳《隐喻学研究》,上海:上海外语教育出版社,2000 年,第 172 页。

项,使其能置于诸多动词后面,组成同义连文。这为其进一步语法化,充当词缀提供了条件。

"治"的所指过于宽泛,为其虚化提供了诱因和基础。"治"除了单用还能置于其他动词后面连用。语言用于交际,本身有着经济原则,而同义连文违背了这一原则,有可能演变为某一成分表义功能下降,只是起着陪衬作用。"V+治"的结构中,主要表义的当是前面的动词"V"了。除此,汉语词汇的双音化加速了其虚化的进程。词汇的双音化是为了满足韵律和音步的需要。冯胜利提出,汉语的标准音步是双音节音步。①再结合《四分律》的特点,随犯随制,居士的讥嫌及佛的告诫都是对话,韵律的要求显得尤为迫切。为了满足这一需求,原本一个单音动词就能表示的场合,却使用了"V+治"的模式,如"补"变成"补治"、"填"变成"填治"、"浣"变成"浣治"等。一开始还是"修治""缝治"之类的词语,"治"还带有实义,因为单独一个"治"字已有修治和制作等义。可与其他动词结合组成合成词后,"治"的实义不显,如上揭例句中的"晒治""压治""浣治"等。又如"钉治"一词,董志翘师认为:"钉治:钉。治,动词后缀,不表义。"②而方一新先生却有不同的解释,"在'～治'的复音结构中,'治'仍然是收治、整理义,词义尚未虚化。"并举雍治、营治、钉治、宰治、耕治五词为例,具体释义为"雍治:培土,栽培;营治:建造,经营;钉治:钉,收拾;宰治:宰杀;耕治:耕种,耕耘。"③从其解释来看,语素"治"在这些词语中的表义作用不太明显,尤其释"宰治"为宰杀、释"耕治"为耕种,这两例中"治"实义尤不明显。同时,其位置又比较固定,实在意义不明显而多表示附加意义。这符合词缀的要求,故而我们还是赞成把"治"看作词缀。

要言之,"治"在中古具体用例中,经常置于动词后充当词缀,这一用法当是内外因共同起作用的结果。《大词典》及《大字典》均未设这一义项,当补。

三、提前或补充例证

写本《四分律》中的部分词语能为辞书提供较早的例证,如"色力""眼力""忍可""随顺""调柔"等词能为《大词典》提供较早的例证。

斫划

至于扣时方知内空。既知内空,即便斩伐截落枝叶先去粗朴,然后

---

① 冯胜利《汉语韵律句法学》,上海:上海教育出版社,2000年,第88页。
② 董志翘《〈观世音应验记三种〉译注》,南京:凤凰出版社,2002年,第111页。
③ 方一新《中古近代汉语词汇学》,北京:商务印书馆,2010年,第663页。

鈥刬细治内外俱净,以作井栏。(BD15378)

鈥,本义是截断金属。《说文·斤部》:"剂断也。从斤金。"段玉裁注:"以斤斧之属制断金铁物也。"由截断金属引申到截断其他材质,如《文殊师利问菩提经》卷一:"又初发心如车匠集材,行道心如鈥治材木,不退转心如安施材木,一生补处心如车成运致。"(《大正藏》14/482b)此处是截断木材以制作车辆。

刬,同"铲",铲子。《说文·金部》:"鏯也。一曰平铁。从金产声。"由名词铲子义引申指动词铲削义。段玉裁注:"一曰平铁,谓以刚铁削平柔铁也。《广韵》曰:'铲,平木器也。'凡铲削多用此字。俗多用'刬'字。"

鈥刬,截断、铲削。上揭用例是介绍制作井栏的过程:先砍伐树木,再去除枝叶,然后就是截断铲削,最后才能"内外俱净"制作井栏。写卷中的"鈥"字,刻本宋本、元本、明本及宫本作"斲"。"鈥刬""斲刬"二词,《大词典》均未收录。"斲"又从石作"斫",故"斲刬"又作"斫刬",《大词典》收有"斫刬",并举明代陈继儒《珍珠船》的用例,例证偏晚。

案(按)行

时众多比丘按行房舍卧具,次至彼林中。彼狝猴来在诸比丘前住,举尾现相。(S.1415 卷五五)

"按"原卷作 ⿰扌𩥵。《说文·手部》:"按,下也。从手,安声。"段玉裁注:"以手抑之使下也。"桂馥《说文义证·手部》:"按,通作'案'。"如 S.6636 卷五六:"时有妇人夫行不在,他边得娠,往常所供养比丘尼所,语言:'阿姨!我夫行不在,他边得娠,与我药堕之。'比丘尼言:'大姊!我不解药,汝来,与汝茶腹。'即为茶之,令胎堕,疑。"写卷的"案"当是"按"的借音。

"按"由上按下的动作引申出上对下的巡行、巡视义,如《史记·卫将军骠骑列传》:"遂西定河南地,按榆谿旧塞。"裴骃集解:"如淳曰:'按,行也。榆谿,旧塞名。'或曰按,寻也。"[1]按行,同义连文,表示巡行、巡视的意思,如《增壹阿含经》卷四八:"诚敕已讫,轮即于海上回转,乘云而行。海中自然开道,广一由延,王与四种兵随轮如前巡行南界。……诚敕已讫,轮则西回,按行西界。"(《大正藏》2/807a)前用"巡行南界",后用"按行西界",可见"按行"表示巡行义。

"按行"又作"案行",如 BD00239 卷二八:"尔时安隐比丘尼多度弟子而不教诫,以不被教授故不按威仪、着衣不齐整、乞食不如法、处处受不净食、或受不净钵食、在小食大食上高声大唤如婆罗门聚会法。""按"原卷作 茱。

---

① 《史记》,第 2924 页。

此处"按"写卷 S.4036 也作 。又如津艺 182 卷一:"时有众多比丘案行住处,次至彼林中。时彼狝猴在比丘前,回身背之,现其淫相。"其他佛典常见,《大方便佛报恩经》卷二:"是时转轮圣王前后导从,案行国界,见诸众生受斯苦恼,愍而哀伤,而作是言……"(《大正藏》3/132a)《六度集经卷第六》:"国王晨往案行,获大狝猴,能为人语,叩头自陈云……"(《大正藏》3/32b)中土文献也有用例,《汉书·盖宽饶传》:"宽饶初拜为司马,……冠大冠,带长剑,躬案行士卒庐室,视其饮食居处,有疾病者身自抚循临问,加致医药,遇之甚有恩。"①《三国志·魏志·陈矫传》:"车驾尝卒至尚书门,矫跪问帝曰:'陛下欲何之?'帝曰:'欲案行文书耳。'"②

评谊

若比丘斗诤、不与上中下座评谊其事,则不入修妒路毗尼法律、不与相应。若诤事起时,不以七灭诤法一一灭者,当知此诤而致增长坚固,不得如法如律如佛所教而灭。若诤事如法得灭(反上句是)。若不与持法持律持摩夷者共评谊诤事,增长亦如上句说。若诤事如法灭(亦如上句是)。(BD05309 卷六〇)

"谊"原卷作 ,右边为"宜"。《玉篇·宀部》:"宜,今作'冝'。"《北海相景君铭》:"台辅之任,明府冝之。"同理,"誼"即"谊"字。评谊,《中华大藏经》本和《大正藏》本作"平宜"。"宜""谊"当是"议"的借音,《汉书·董仲舒传》:"故举贤良方正之士,论谊考问。"③中华书局本从王先谦说将"谊"校改为"议"。刻本中的"平",写本作"评",在评论、评议意义上两字组成古今字。

评谊,即平议,公平论断,《后汉书·霍谞传》:"谞时年十五,奏记于商曰:'将军天覆厚恩,愍舅光冤结,前者温教许为平议,虽未下吏断决其事,已蒙神明顾省之听。'"④此处是霍谞请求大将军在处理其舅舅的问题上公平、公正。由"公平论断"引申出一般的评论、讨论义,上揭写本《四分律》中的用的即此义。又如《三国志·杜畿传》:"畿谓卫固、范先曰:'卫、范,河东之望也,吾仰成而已。然君臣有定义,成败同之,大事当共平议。'"⑤玄奘《大唐西域记·憍萨罗国》:"其后僧徒忿诤,就王平议。"(《大正藏》51/930a)

亲厚

尔时摩竭国瓶沙王有守材人,与此檀尼迦比丘少小亲厚、知识。

---

① 《汉书》,第 3244 页。
② (晋)陈寿撰,(南朝宋)裴松之注《三国志》,北京:中华书局,1982 年,第 644 页。
③ 《汉书》,第 2519 页。
④ 《后汉书》,第 1615 页。
⑤ 《三国志》,第 192 页。

（津艺 182 卷一）

　　诸比丘随亲厚以众僧物与者,波逸提。(BD01605 卷一八)

　　厚,本与"薄"相对,用于具体的物体。后来引申到抽象的领域,指人与人关系亲密,东汉朱浮《为幽州牧与彭宠书》:"凡举事无为亲厚者所痛,而为见雠者所快。"①又用作动词,相当于"亲近"义,《汉书·翟方进传》:"厚李寻,以为议曹。"②

　　亲厚,指关系亲密,当属同义连文,如 S.3898 卷三一:"时王胜怨有婆罗门为大臣,名曰提阎浮婆提,是王少小周旋,极相亲厚。后于异时,王即分半国与此大臣。"后引申指关系亲密的人,如津艺 182 卷一:"若以机关攻击破村,若作水浇,或依亲厚强力,或以言辞辩说诳惑而取,初得波罗夷。"S.4104 卷五九:"若有大人为亲厚、若上座、若次座,彼作是念:'若有举我者,上座次座当佐助我。'"又如《佛说尸迦罗越六方礼经》卷一:"佛言:'恶知识有四辈:一者内有怨心,外强为知识;二者于人前好言语,背后说言恶;三者有急时,于人前愁苦,背后欢喜;四者外如亲厚,内兴怨谋。'"(《大正藏》1/251a)

　　《汉语大词典》,收有"亲厚",但"关系亲密者"这一义项首例为清潘荣陛《帝京岁时纪胜·元旦》,例证过晚。

齐限

　　听结戒场,当如是结:白二羯磨称四方界相若安杙、若石、若疆畔作齐限。……若荆棘,若堑,若渠,若池,若粪聚,若村村界,唱界齐限处已,众中当差堪能羯磨者。(BD06011 卷三五)

　　时诸比丘得酥油、蜜、黑石蜜,欲称量,白佛。佛言:"听刻木作铢两,如称齐限四五两,准以为斤数。"(BD14038 卷四三)

　　《说文·齐部》:"齐,禾麦吐穗上平。象形。"由"禾麦吐穗上平"引申指"一定的限度",从而与"限"意义相近。齐,又引申作动词,指"达到一定的限度",并改变声调读作去声,又写作"剂",慧琳《一切经音义》卷二九"齐限"条:"上寂丽反,去声字。郑注:'《周礼》云:节量也。'俗从刀作剂,字书无此字。"(《大正藏》54/500a)《四分律》中有不少"齐"用作动词的,如卷四:"时诸释子乘大象马,齐其界内下象,脱衣服、璎珞具并象。"(《大正藏》22/591a)此处是达到其界内就下象的意思。又如同卷:"自今已去,不得别众食,听齐三人食。所以然者,有二事利故,为摄难调故,为慈愍白衣家故。"(《大正藏》22/594a)此处是要求达到三人才能进食。又如卷一二:"时慈、

---

　　① 《后汉书》,第 1140 页。
　　② 《汉书》,第 3421 页。

地比丘其中间相去齐眼见耳不闻处,自相谓言:'此沓婆摩罗子有爱、有恚、有怖、有痴。'"(《大正藏》22/643a)此处是达到眼见耳不闻的限度。

　　齐限,属同义连文,表示界限、限制。如《大方便佛报恩经》卷六:"如屠儿杀羊,常怀杀心,作意杀羊,无所齐限。"(《大正藏》3/161a)《悲华经》卷三:"愿我为菩萨时,能作如是无量佛事:我于来世行菩萨道无有齐限,我所教化诸众生等,令其心净犹如梵天,如是众生生我界者,尔乃当成阿耨多罗三藐三菩提,以是等清净庄严佛刹。"(《大正藏》3/186c)《五分律》卷一八:"此诸比丘不齐限说法如小儿戏。诸比丘以是白佛。佛言:'应作齐限说法,说法竟,应咒愿。'"(《大正藏》22/121c)中土文献亦有用例,如《晋书·外戚传·羊琇》:"琇性豪侈,费用无复齐限,而屑炭和作兽形以温酒,洛下豪贵咸竞效之。"①

　　《大词典》收有"齐限","限制"这一义项举唐房玄龄《晋书》为例,例证稍晚。

---

① 《晋书》,第2411页。

结　　语

　　本书以敦煌文献当中有关《四分律》的写卷为对象,首次系统而深入地探讨其用字情况。写本《四分律》保存了大量这类不规范的手写字,自然而真实,是近代文字研究不可多得的材料。依据这些材料,我们全面调查其中的用字,并加以探讨,具体分为三个部分。

　　第一部分《文献篇》系统介绍相关写卷,挖掘校勘价值,探讨题记。

　　其一,搜集有关《四分律》的写卷,拍成照片,并加以介绍,形成本书的第一章,即敦煌本《四分律》叙录。通过全面调查,我们搜集到 161 件有关《四分律》的卷子:国图 57 件、法藏 8 件、英藏 36 件、俄藏 44 件、大谷 8 件、甘藏 2 件、津艺 1 件、上图 1 件、秘笈 1 件、北大 1 件以及傅斯年图书馆 2 件,并对这些写卷加以简单的介绍和描述。

　　其二,参照刻本中的《大正藏》本和《中华大藏经》本,逐字比对,形成第二章,发掘敦煌本《四分律》的校勘价值。我们利用写本完善传世刻本三十余处瑕疵,如刻本多处表疑问的"实"写本均作"审",刻本"走"写本作"走戏"等,均以写本为长。同时,简单介绍了写本《四分律》中的"脱文""衍文"及"异文"等,又以这些写卷为例介绍了敦煌写本当中的"倒乙""重文"及"删去"等校勘符号。

　　其三,探讨这些写卷的题记、旁注,管窥其历史文化价值等,形成第三章,即敦煌本《四分律》题记研究。如 BD14668 的题记除了交代抄经的时间(建初十二年)和抄写者姓名外,还记录了抄写的地点为酒泉,抄于酒泉藏于敦煌,说明该写卷是丝绸之路上佛教流传的物证。BD14505 的题记交代其属于日本天平"五月一日经",是民族间文化交流的产物。BD14519 和 S.1415 尾部题记相同,"大兴善寺邑长孙略等卅一人敬造一切经",这条题记透露出当时以社邑的形式集体写造一切经。

　　第二部分《用字篇》具体探讨其中的俗字、简体字、借音字、误字等,同时对其用字的构件加以分析,具体包含三章。

　　其一,利用电脑软件摘录出这些卷子照片中汉字的具体写法,建立一个个小型字形库。在此基础上全面分析用字情况,具体包括俗字、误字、借音字、简体字、古今字等。分 8 类分析俗字,得出俗字具有通俗性、依附性、系统性和装饰性等特点;分 4 类分析误字,并利用音误字探求当时西北方俗音,从中可以看出当时方俗音中明微不分、浊音清化等现象;分析写本中 38 个与《简化字总表》字形相同或相近的字,探讨其简化方式,为简化字溯源提供真实的例证,从中可见,汉字的简化是渐进的,而不是一蹴而就的,简体字大多源于俗字,简化遵循类推的原则;分析了 64 个借音现象,得出其借音现象具有一定程度的普遍性、继承性等总体特征;分析了 53 组古今字现象,通过全面调查发现,古字与今字字形关联度极高,古今字来源多样,个别字形体现当时抄经人存古复古的心理倾向。

这几种现象并非孤立存在,而有交叉,尤其是俗字和简体字。俗字中的省旁和省笔等本身就是简体字;简体字一开始是俗字,只是被广泛使用尤其是得到官方认可后,部分简体字一跃而为正字。借音字与古今字关系紧密,文字的假借促进了古字向今字分化。写本《四分律》中的"夹—狭",一开始只是借音字,"夹"借用"狭"表示狭窄义,但是借而不还,在表示这一意义上"狭"使用得更为广泛,最终被保留下来,故"夹—狭"二字在狭窄意义上就构成一组古今字。甚至同一组字在不同语境下二者都有可能,如写本《四分律》中"邪"和"耶",在表语气词是两者通用,最终后者使用得更为广泛被保留下来,在表语气词上二者是古今字;写本中还出现多次借"耶"表示不正的意思,在表不正意义上"耶"是"邪"的借音字。同样的例子还有"兽""狩"二字,在表示狩猎这一动作上,两者为古今字;但写本中却多次出现借"狩"表示野兽义,这一语境中"狩"成为"兽"的借音字。

其二,利用具体用字的字形,分析其构成部分,从而形成第四章,即敦煌写本《四分律》用字构件研究。手写字之所以区别于正字,就在于改变正字某些构件的写法。探讨具体用字构件的演变,分析了 9 个常用构件的混同与变异,进而发现写本构件在追求内在系统性和外在美观性的同时,部分构件的改变还能体现表音性,如"痔"写本作"症"、"哑"写本作"痾"、"纡"写本作"繻"等。构件表音功能的突显,丰富了汉字形体的内涵,是汉字发展史上的一大进步。

其三,在分析各种字形和常用构件的基础上,探寻写本《四分律》用字总体特征。首先,发展的总体趋势是简化,但同时也伴随着繁化。写本用字繁化或为了更好地示义,增旁多是增加形符更明显地表意,或为了增加区别特征,或为了字形的美观。其次,具体用字的演变离不开类化这一动力,汉字类化不仅影响着个别汉字的形体,还影响到整个汉字系统,推动了汉字的发展演变。对个别汉字形体的影响极为明显,不论是更换构件还是添加构件,字形都随之发生改变。另外,类化还破坏了原有的构字理据。当然,类化也导致整个汉字系统中异体字增多。异体字增多不符合语言文字经济化原则,这一原则决定了类化字大多是临时性的,一旦脱离具体语境,大多难以识读、难以理解。再次,不同的演变途径导致同形字的出现,破坏了汉字系统。或因构件换位而同形,如"障"作"鄣";或因构件简省而同形,如"噬"作"蛊";或因构件添加而同形,如"甘"作"苷";或因构件换用而同形,如"篱"作"橱";或因构件讹误而同形,如"貌"作"狼"。

最后,构字理据既有传承也有演变。部分构件理据由明而晦,构意不显,如"節"本从"竹",换从"艹";部分构件理据丧失,构意不再可识,如"旋""施"等从"礻";部分构件理据重构,如"觸"写本作"觟","觸"本是形声字,从角蜀声,写本中却改成从角从牛会意。

第三部分《考释篇》主要对相关写卷中的字词加以考释,形成最后三章,即敦煌写本《四分律》用字与字典编纂、用字考辨和词语考释。

其一,我们从补充例证和提前例证两个方面探讨了写本《四分律》中的辞书编纂价值,其中为《汉语大字典》补充例证的有 29 处,提前例证的有 22 处。如《汉语大字典》收有"垍"字,但无例证,可补写卷 S.1415 中的具体用例。除了补充例证,还能补充释义,如《汉语大字典》收有"捒"字,设有三个义项。写本《四分律》中还有两种其他的用法:同"梳",甘博 039"捒治须发";同"擞",BD14519"时有比丘欲心共女人抖捒衣"。

其二,字词的考释,既有利于对律文本身的理解,也有利于字书释义的补正,完善字书的编纂。最后两章是对写本《四分律》字词的个案考辨部分。利用具体用例,结合具体语境,翻阅字书,根据手写本身的系统性,具体探讨了写本《四分律》中的"押""櫻"等 51 个具体用字。其中"篛""耕"等《汉语大字典》虽已收录,但却既无解释又无例证。其实,"篛"即"簏"的俗字,"耕"即"耕"的俗字。

其三,我们利用对具体用字的辨认进而考释写本《四分律》中的部分词语。补充《汉语大词典》失收的词语 19 处,完善释义 7 处,补充或完善例证 5 处。

由于学力有限,对于有些词语我们还是存疑,如"作刺":

> 不兰迦叶语言:"居士!汝有大福力随意自在,不应往见沙门瞿昙,沙门瞿昙应来见汝,又法应尔:出家人应来问讯白衣。"彼作如是念:"未曾有沙门为沙门作刺,我何须辞不兰迦叶?不辞而去能使我作何等也?"(BD14038 卷四二)

"剌"即"刺"。刺有讽刺义,作剌当即讽剌。用于此处指沙门间未曾有相互讽剌的现象,即相互为难的意思。只是其他文献未找到相关用例,说服力不强。或许此处"剌"表名剌、名片义,意谓相互持名剌引见、介绍,只是同样缺乏用例加以佐证。对于这些未尽之处,只好留待将来进一步研究。

参 考 文 献

一、古籍

[1]（北齐）颜之推著,王利器集解《颜氏家训集解》,北京：中华书局,
　　1993 年。

[2]（梁）顾野王《原本玉篇残卷》,北京：中华书局,1985 年。

[3]（唐）颜元孙《干禄字书》,北京：中华书局,1985 年。

[4]（唐）张参《五经文字》,北京：中华书局,1985 年。

[5]（唐）慧琳、（辽）希麟《正续一切经音义》,上海：上海古籍出版社,
　　1986 年。

[6]（宋）陈彭年等《宋本广韵》,南京：江苏教育出版社,2008 年。

[7]（宋）陈彭年等《宋本玉篇》,北京：中国书店,1982 年。

[8]（宋）丁度等《宋本集韵》,北京：中华书局,2005 年。

[9]（宋）王观国《学林》,北京：中华书局,1988 年。

[10]（辽）释行均《龙龛手镜》,北京：中华书局,2005 年。

[11]（明）张自烈《正字通》（续修四库全书本）,上海：上海古籍出版社,
　　2002 年。

[12]（明）梅膺祚《字汇》,上海：上海辞书出版社,1991 年。

[13]（清）顾蔼吉《隶辨》,北京：中华书局,1986 年。

[14]（清）吴任臣《字汇补》,上海：上海辞书出版社,1991 年。

[15]（清）段玉裁《说文解字注》,上海：上海古籍出版社,1988 年。

二、今著

[1]陈五云、徐时仪、梁晓虹《佛经音义与汉字研究》,南京：凤凰出版社,
　　2010 年。

[2]陈晓强《敦煌契约文书语言研究》,北京：人民出版社,2012 年。

[3]董志翘《〈入唐求法巡礼行记〉词汇研究》,北京：中国社会科学出版
　　社,2000 年。

[4] 郭在贻《训诂学（修订本）》，北京：中华书局，2005 年。

[5] 化振红《〈洛阳伽蓝记〉词汇研究》，北京：中国文史出版社，2002 年。

[6] 黄征《敦煌语言文字学研究》，兰州：甘肃教育出版社，2002 年。

[7] 黄征、张涌泉校注《敦煌变文校注》，北京：中华书局，1997 年。

[8] 江蓝生《魏晋南北朝小说词语汇释》，北京：语文出版社，1992 年。

[9] 蒋冀骋《敦煌文书校读研究》，北京：文津出版社，1993 年。

[10] 蒋礼鸿《敦煌变文字义通释》，杭州：浙江大学出版社，2016 年。

[11] 蒋绍愚《近代汉语研究概要》，北京：北京大学出版社，2005 年。

[12] 季羡林《原始佛教的语言问题》，北京：中国社会科学出版社，1982 年。

[13] 李运富《汉字学新论》，北京：北京师范大学出版社，2012 年。

[14] 李维琦《佛经词语汇释》，长沙：湖南师范大学出版社，2004 年。

[15] 李申《近代汉语文献整理与研究》，石家庄：河北教育出版社，2002 年。

[16] 李正宇《敦煌学导论》，兰州：甘肃人民出版社，2008 年。

[17] 梁晓虹《佛教词语的构造与汉语词汇的发展》，北京：北京语言学院出
版社，1994 年。

[18] 梁晓虹《佛教与汉语史研究》，上海：上海古籍出版社，2008 年。

[19] 卢巧琴《东汉魏晋南北朝译经语料的鉴别》，杭州：浙江大学出版社，
2011 年。

[20] 吕澂《新编汉文大藏经目录》，济南：齐鲁书社，1980 年。

[21] 毛远明《汉魏六朝碑刻异体字研究》，北京：商务印书馆 2012 年。

[22] 裘锡圭《文字学概要》，北京：商务印书馆，2013 年。

[23] 汤用彤《汉魏两晋南北朝佛教史》，北京：中华书局，1983 年。

[24] 唐兰《中国文字学》，上海：上海古籍出版社，2005 年。

[25] 王宁《汉字构形学讲座》，上海：上海教育出版社，2002 年。

[26] 王宁《汉字构形学导论》，北京：商务印书馆，2015 年。

[27] 王建光《中国律宗通史》，南京：凤凰出版社，2008 年。

[28] 肖瑜《〈三国志〉古写本用字研究》，上海：上海教育出版社，2011 年。

[29] 杨宝玉《敦煌本佛教灵验记校注并研究》，兰州：甘肃人民出版社，
2009 年。

[30] 杨宝玉《敦煌文献》，北京：北京古籍出版社，2020 年。

[31] 叶贵良《敦煌道经词语考释》，成都：四川出版集团，2007 年。

[32] 曾良《敦煌文献字义通释》，厦门：厦门大学出版社，1998 年。

[33] 曾良《俗字及古籍文字通例研究》，南昌：百花洲文艺出版社，2006 年。

[34] 曾良《敦煌佛经字词与校勘研究》，厦门：厦门大学出版社，2010 年。

［35］张小艳《敦煌书仪语言研究》,北京：商务印书馆,2007 年。

［36］张涌泉《敦煌俗字研究》,上海：上海教育出版社,2015 年。

［37］张涌泉《汉语俗字丛考》,北京：中华书局,2000 年。

［38］张涌泉《敦煌写本文献学》,兰州：甘肃教育出版社,2013 年。

［39］张涌泉《汉语俗字研究》,北京：商务印书馆,2010 年。

［40］张涌泉、傅杰《校勘学概论》,南京：江苏教育出版社,2007 年。

［41］周有光《周有光文集》,北京：中央编译出版社,2013 年。

［42］朱承平《异文类语料的鉴别与应用》,长沙：岳麓书社,2005 年。

［43］朱庆之《佛教汉语研究》,北京：商务印书馆,2009 年。

三、论文

［1］陈士强《原始佛教的僧团制度叙要》,《普陀学刊》第二辑,上海：上海古籍出版社,2015 年。

［2］董志翘《汉语史研究应重视敦煌佛教文献》,《社会科学战线》,2009 年第 9 期。

［3］洪成玉《古今字辨正》,《首都师范大学学报(社科版)》,2009 年第 3 期。

［4］黄征《汉语俗语词研究的几个理论问题》,《杭州大学学报(社科版)》,1992 年第 2 期。

［5］黄征《敦煌俗字要论》,《敦煌研究》,2005 年第 1 期。

［6］黄征《敦煌学翻天覆地三十年》,《艺术百家》,2009 年第 3 期。

［7］黄征《敦煌俗语言学论纲》,《艺术百家》,2010 年第 2 期。

［8］黄仁瑄、聂宛忻《〈四分律〉之玄应"音义"校勘举例》,《语文研究》,2013 年第 3 期。

［9］姜伯勤《敦煌毗尼藏主考》,《佛学研究》,2018 年第 1 期。

［10］蒋绍愚《近代汉语研究概述》,《古汉语研究》,1990 年第 2 期。

［11］蒋绍愚《近十年间近代汉语研究的回顾与前瞻》,《古汉语研究》,1998 年第 4 期。

［12］李运富《早期有关"古今字"表述用语及材料辨析》,《励耘学刊》,2007 年第 2 期。

［13］林翔《从"简字"到"简体字"——清末民初文字改良文字改良策略的调整》,《中国语文》,2020 年第 3 期。

［14］卢巧琴、颜洽茂《中古译经年代与"感染生义"的判别》,《中国语文》,2010 年第 1 期。

［15］陆锡兴《谈古今字》，《中国语文》，1980 年第 5 期。

［16］钱群英《佛教戒律词汇研究》，浙江大学博士论文，2003 年。

［17］孙建伟《清末民国时期汉字简化运动的发生与发展》，《宁夏大学学报（社科版）》，2020 年第 1 期。

［18］汪维辉《佛经词语考释四则》，《浙江大学学报（社科版）》，2005 年第 5 期。

［19］王磊《〈金定四分律疏〉与中唐时期的戒律论争》，《中山大学学报》，2018 年第 1 期。

［20］吴蔚琳《〈善见律毗婆沙〉与〈四分律〉关系新探》，《世界宗教文化》，2018 年第 4 期。

［21］王贵元《汉字发展史的几个核心问题》，《中国语文》，2013 年第 1 期。

［22］王阳《吉昌契约文书字词考辨》，《宁波大学学报（社科版）》，2022 年第 2 期。

［23］谢俊涛《汉字通假的再审视》，《广东技术师范大学学报》，2021 年第 5 期。

［24］许征《论古今字与通假字之关系》，《新疆教育学院学报》，2009 年第 3 期。

［25］徐正考、马建民《古今字研究的困境与出路》，《山东社会科学》，2018 年第 8 期。

［26］杨宝忠、熊加全《〈汉语大字典〉异体字认同失误辨证》，《语文研究》，2013 年第 2 期。

［27］袁宾《敦煌文献语言的三个重要特性》，《艺术百家》，2009 年第 3 期。

［28］张涌泉《试论汉语俗字研究的意义》，《中国社会科学》，1996 年第 2 期。

［29］张涌泉《从语言文字的角度看敦煌文献的价值》，《中国社会科学》，2001 年第 2 期。

［30］张涌泉《汉语俗字新考》，《浙江大学学报（社科版）》，2005 年第 1 期。

［31］张涌泉《汉语俗字续考》，《中国文字研究》，2005 年第 4 期。

［32］张涌泉、胡方方《敦煌本〈四分律〉残卷缀合研究》，《浙江社会科学》，2015 年第 6 期。

［33］张涌泉《敦煌社邑文书人名录校匡正及其识读方法》，《语文研究》，2021 年第 3 期。

［34］张磊、胡方方《国图藏敦煌本〈四分比丘尼戒本〉残卷缀合研究》，《宗教学研究学》，2015 年第 4 期。

[35] 赵红《读〈敦煌俗字典〉》,《辞书研究》,2006 年第 1 期。

[36] 赵晨霞《吐鲁番出土文书字词再考释》,《语文研究》,2012 年第 2 期。

[37] 郑贤章《〈汉语大词典〉书证初始例试补》,《古汉语研究》,2000 年第
2 期。

[38] 郑贤章《从汉译佛典俗字看〈汉语大字典〉的缺漏》,《中国语文》,2002
年第 3 期。

[39] 周俊勋《敦煌词语札记》,《西北民族大学学报(社科版)》,2006 年第
6 期。

图书在版编目（CIP）数据

敦煌写本《四分律》用字研究／金双平著. —上海：
上海古籍出版社，2023.10
ISBN 978－7－5732－0879－8

Ⅰ. ①敦…　Ⅱ. ①金…　Ⅲ. ①《四分律》一汉字一研
究　Ⅳ. ①B943.3②H123

中国国家版本馆 CIP 数据核字（2023）第 183778 号

敦煌写本《四分律》用字研究

金双平　著

上海古籍出版社出版发行

（上海市闵行区号景路 159 弄 1－5 号 A 座 5F　邮政编码 201101）

（1）网址：www.guji.com.cn

（2）E-mail：guji1@guji.com.cn

（3）易文网网址：www.ewen.co

上海商务联西印刷有限公司印刷

开本 787×1092　1/16　印张 19　插页 2　字数 330,000
2023 年 10 月第 1 版　2023 年 10 月第 1 次印刷
印数：1—1,050

ISBN 978－7－5732－0879－8

H·265　定价：88.00 元

如有质量问题，请与承印公司联系